Notter, Frie

Sechs Vortraege ueb

Notter, Friedrich

Sechs Vortraege ueber Dante Alighieri

Inktank publishing, 2018

www.inktank-publishing.com

ISBN/EAN: 9783750116184

Sechs Vorträge

über

Dante Alighieri

von

Friedrich Notter.

Stuttgart.

E. Schweizerbart'sche Verlagshandlung und Druckerei.

1861.

Zu groß für's Wort ist, was mich drängt zu Worten:
Für Blinde hat zu viel er Lichts ergossen;

. . . .

Ihm, dem die Vaterstadt sie hat verschlossen,
Thät auf der Himmel seine hehren Pforten.

Michelangelo Buonarroti über Dante.

Vorrede.

Zur Ausarbeitung der hier an die Oeffentlichkeit gegebenen Vorträge über Dante, deren Abhaltung ursprünglich nicht in meinem Plane lag, hatte ich, die darin vorkommenden poetischen Uebersetzungen aus der Divina Commedia, der Vita nuova u. s. w. mitgerechnet, nicht viel über sechs Wochen Zeit, wobei für jede einzelne Vorlesung die Dauer von höchstens anderthalb Stunden einzuhalten war. Man wird es daher natürlich finden, wenn der Stoff, wie ich Dies gleich vornherein angedeutet habe, nicht überall erschöpfend behandelt ist, und man wird es vielleicht einigermaßen entschuldigen, wenn in dem unverweilt dem Druck überlieferten Werklein die Darstellung hie und da noch Spuren der Eile an sich trägt, und der wünschenswerthen Feile und Glätte, sowie mitunter der gehörigen Gliederung des Satzbaues entbehrt. Selbst abgesehen jedoch von der Kürze der Zeit, welche mir sowohl zur Abfassung, als zum Vortrag zu Gebot stand, war ich zu einer eigentlich kritischen Arbeit über Dante's Schriften im Allgemeinen, ja auch nur über die Divina Commedia insbesondere, durch vorhergegangene Studien nicht befähigt, und mein Ziel konnte, wie ich in der ersten Vorlesung ausdrücklich hervorhebe, im Wesentlichen nur dahin gehn, einen dichterischen Eindruck von dem großen Dichter bei meinen Zuhörern zu hinterlassen. Eine freundliche, mir durchaus unerwartete Aufforderung zu diesen Vorträgen war von der dem Aufforderer bekannten Thatsache ausgegangen, daß ich mich schon seit mehrern Jahren mit Dante beschäftigt hatte; allein ich war durch diese Beschäftigung mehr mittelbar als unmittelbar mit Dantes Schriften und, wenn ich mich so ausdrücken darf, mehr mit Dante's Geist als mit Dante's Wort bekannt worden. Dieselbe hatte nämlich in Entwerfung des Romanzenkranzes bestanden, der diesen Vorträgen jetzt als eigenes Werk angehängt ist, bei welcher ich eine sehr in's Einzelne gehende, sich systematisch abrundende Kenntniß von Dante's Dichtungen eher vermied, als suchte, um nicht in der Freiheit des eigenen Wirkens gestört zu werden; ich sah es als höhere Genugthuung für mich selbst an, wenn ich, mit den Ansichten und

Bestrebungen des Schöpfers der Divina Commedia mehr nur den Hauptzügen nach bekannt, mit den Ergebnissen, die er aus diesen Ansichten gezogen, auf meinem eigenen Weg zusammentreffen, als wenn ich zu Dem, was ich als mein eigenes Werk gab, nur durch ängstliche Anschließung an Das gelangen würde, was man bei Dante selbst besser lesen konnte. Selbst einzelne Widersprüche mit dessen Worten, wenn ich dadurch seiner Seele näher zu kommen hoffen durfte, schienen mir nicht unerlaubt, wie z. B. die in der LXIII. Romanze ausgesprochene Ansicht über das Schicksal, gegenüber von Dem, was Dante in der Divina Commedia eigenen Munds über diese unergründete Macht kundgibt.

Wird mir das Recht zu solchem Verfahren nun wohl unbeanstandet gelassen werden, so befähigte mich doch die seit Jahren andauernde Ausübung desselben nur unvollkommen, jetzt auf einmal über Dante's Werke mit genauem Anschluß an deren Buchstaben Bericht zu erstatten, zumal derselbe in jene kurze Zeit zusammenzudrängen war, die überdies durch die poetischen Uebertragungen aus der Divina Commedia, Vita nuova u. s. w. bedeutend in Anspruch genommen wurde. Ich habe mich daher, soweit ich blos als Berichterstatter aufzutreten hatte, häufig an zwei meiner Vorgänger, Wegele und Kopisch, angeschlossen, und bin ihnen da und dort mit fast wörtlicher Treue gefolgt, wie Dies in der Regel durch Verweisung auf genannte Schriftsteller unter dem Text von mir angedeutet wurde; zwei oder dreimal jedoch ist die Verweisung durch Versehen im Druck weggefallen, wie z. B. bei Dem, was S. 148 der Vorlesungen über die Päpste von Gregor VII. bis Innocenz IV. bemerkt wird, eine Bemerkung, die dem Wesentlichen nach Herrn Prof. Wegele angehört. Höhere Bedeutung wird mir vielleicht da zuerkannt werden, wo ich nicht blos über den buchstäblichen Inhalt referire, sondern über den allegorischen Sinn Beatrice's, Virgil's, Dante's selbst (soweit er eine Gestalt in seinem eigenen Gedicht bildet), über die „schöne Mitleidige“ und wiederum „Grausame“, welche Beatricens Bild eine Zeit lang aus Dante's Seele verdrängt, über die drei allegorischen Thiere, die dem Dichter im Anfang des Gedichtes entgegentreten, über den unter dem Bild eines Windhundes verheißenen Retter von Italien, über den Geheimsinn, der nach Ansicht Rossetti's und Anderer in Dante's Werken neben dem schon an sich mitunter schwierigen allegorischen Sinn noch besonders herlaufen soll, über die von dem Dichter selbst sich beigelegte Gabe der Hellsicht u. s. w. mich verbreite, oder mich über Dante's Ansichten vom Schicksal, von den Sterneinflüssen, von der Seligkeit der Nichtchristen, von der Engelssonne im Gegensatz zu der wirklichen, von dem weiblichen Element, ferner über des Dichters Verhältniß zur Philosophie des Boëthius ausspreche, ihn mit Jakob Böhme, die Divina Commedia mit dem Hirten des Hermas zusammenstelle, andererseits wieder den bezeichnenden Unterschied des Verfassers derselben von fast allen übrigen Mystikern hervorhebe u. s. w. Am wenigsten befriedigt mich meine eigene Auslegung in Bezug auf jene schöne Verdrängerin von Beatrice's Bild aus Dante's Herzen, die nach dessen eigener Versicherung die Philosophie gewesen wäre, und mir bleibt höchstens die Satisfaction daß, mindestens nach meinem eigenen Gefühl, bis jetzt eben so wenig die Deutung irgend eines Andern, diejenige des Dichters selbst mitgezählt, über diese widerspruchsvolle Gestalt ein genügendes Licht verbreitet hat. Daß irgend ein Mensch, geschweige ein Dante, von der Philosophie, wenn hinter derselben nicht irgend eine lebendige Persönlichkeit stehen sollte, in solcher von Herzensgluth überwallenden, allenthalben die deutlichen Spuren sinnlicher Anschauung an sich tragenden Weise sprechen werde, in welcher Dante in den hieher bezüglichen Gedichten spricht, ist, wenigstens nach meinem Urtheil, geradezu unglaublich, und der Dichter selbst scheint, wie ich an der betreffenden Stelle des Weitern ausführe, unabsichtlich anzudeuten, daß zu jenen Ausdrücken, wenigstens ihrer ursprünglichen Entstehung nach, ein Verhältniß zu einem Wesen aus Fleisch und Blut die Farben hergegeben. Gleiches ward von dem entschiedensten Verfechter der gegentheiligen Ansicht, Witte, zuletzt halbwegs eingeräumt (s. Anmerk. zu Dante Aligh. lyr. Ged. übers. v. Kannegießer u. W. 1842, II, S. 42; — Weiteres von dem scharfsinnigen Kritiker über diesen Gegenstand ist mir nicht bekannt geworden). Noch unglaublicher aber ist auf der andern Seite, daß Dante in den gleichen, die Geliebte als einzig Eine unmittelbar an die Gottheit anreihenden Ausdrücken, in welchen er von Beatricen gesprochen, schon wenige Jahre nach deren Tod auch von einer Andern sprechen und somit die Bedeutung der Erstern für ihn indirekt so gut als vernichten soll, — in Ausdrücken, deren tiefe Seelenhaftigkeit, deren aus seinem Innersten kommende Wahrheit, soweit sie sich auf Beatricen beziehen, er in der Divina Commedia geflissentlich und auf so rührend einfache, den großen Dichter kennzeichnende Weise hervorhebt (Fegef. XXIV, 49—54)! War Dante solcher überschwänglichen Sprache gegenüber einer zweiten Geliebten fähig, ja dann lag freilich auch schon unter den Ausdrücken für die erste keine wirkliche Seele; dann waren Beatrice wie jene Zweite nicht viel besser, als in die Herzensregion eingeführte Phantasiebilder, und Diejenigen, welche die Erstere zu einer bloßen Allegorie abschwächen wollten, hatten endlich nicht so gar Unrecht!

Entschiedener dürfte sich meine Ansicht über die verklärte Beatrice selbst vertheidigen lassen. Wenn ich sie als die zum Bewußtsein der Urseele rückgekehrte Selige und zugleich als die Repräsentantin von Dante's höherem Ich, als dessen individuellen Christus auffasse, so fällt sie damit, da das Streben des Dichters vorzugsweise auf die Kenntnisse eines vollwichtigen Theologen ging, mittelbar freilich mit der Theologie, für deren allegorische Darstellerin sie so oft ausgegeben wurde, zusammen; aber sie ist nicht die Theologie von vorn herein, nicht die Theologie an sich — mit einziger Ausnahme der S. 115 als Folgewidrigkeit bezeichneten

Stelle sondern nur die *Theologie für Dante*. Dieser hat, so lange er sich der Philosophie hingab, die Gottheit durch bloßes Ergründen der göttlichen Idee, durch die von ihm als Gottes Tochter und Gottes Geliebte bezeichnete *Weisheit an sich* zu erfassen geglaubt, welche Salomo und Jesus Sirach mit den gleichen Namen belegen; später wird ihm klar, daß zur vollständigen Erfassung Gottes nur die Reinheit des Herzens (der Seele) führen könne, und er redet nunmehr die Seele der herzensreinen Beatrice, durch welche sein eigenes Wissen von Gott fortwährend tiefer ausgebildet wird, als jene „Braut des Urliebenden“ und damit als seine eigene, höhere Seele, als die *Vergegenwärtigerin seines Gottesbewußtseins* an. Er macht insofern die gleiche Entwickelung in sich durch, die wir in der Bibel selbst treffen, deren ältere, angeblich bis Salomo hinaufreichende Ansicht als jene Vertraute und Freude des Ewigen, die ihn selbst in seinem Schaffen anschaut und aus ihm vor allen andern Wesen geboren ward, die Weisheit an sich darstellt, bis endlich der Gründer der Weltreligion in lebendigerer Anschauung sagt: „Selig, die reinen Herzens sind, denn *sie* werden Gott schauen.“

Ueber den Bund, nach Rossetti den „*Geheimbund*“, zu welchem Dante in näherer oder fernerer Beziehung gestanden haben soll, hab' ich mich ungern und nur deßhalb ausgesprochen, weil mehrere auf ein solches Verhältniß hinweisender Stellen des Dichters denn doch eine Erklärung verlangten; noch mehr aber weil ich von einigen meiner verehrten Zuhörer gefragt wurde, was ich von Rossetti's Ansichten hielte. Ein mir bei dieser Gelegenheit genannter Aufsatz über dieselben, der vor einem oder zwei Jahren im „*Ausland*“ gestanden hätte, ist mir bis jetzt nicht zu Gesicht gekommen.

Was die in die Vorträge eingestreuten sehr zahlreichen poetischen Uebersetzungen aus der Divina Commedia, aus der Vita nuova und aus sonstigen Schriften Dante's betrifft, so habe ich, mit Ausnahme von zwei oder drei ganz kurzen Stellen, deren Uebersetzer jedesmal mit Namen angeführt werden, stets meine eigene Uebertragung gegeben und diese in Bezug auf die Divina Commedia selbst der vortrefflichen, die meinige an sich weit überragenden *Streckfußischen* vorgezogen, theils weil ich, gar häufig in der vortheilhaften Lage nur einige Zeilen geben zu dürfen, durch Wegfall des dritten oder selbst des zweiten Reimes wörtlicher, hie und da vielleicht selbst deutlicher übersetzen konnte, als es meinem Vorgänger in den ihn fesselnden Banden möglich gewesen*;

* So werden z. B. gleich im ersten Gesang der D. C. die Worte über das Verhältniß Gottes zum Himmel:

> In tutte parti impera, e quivi regge:
> Quivi è la sua cittade, e l'alto seggio:
> O felice colui, cu'ivi elegge!

von *Streckfuß* übersetzt:

theils weil die jenen Stücken gegenüberstehenden, in den Romanzen vorkommenden Uebertragungen aus Dante'schem Texte selbstverständlich nicht nur mein eigenes Werk, sondern vier bis fünfmal sogar die gleichen sind, welche in den Vorlesungen vorkommen; endlich weil ich, nachdem einmal von mir ausgesprochen war, ich betrachtete es als die mir verbleibende Aufgabe, wenigstens ein dichterisches Bild von Dante's großer Schöpfung in meinen Zuhörern zurückzulassen, damit gewissermaßen auch die Pflicht übernommen hatte, mich in genannter Hinsicht an keinen fremden Beistand anzulehnen. Zufrieden gestellt durch diese sehr rasch gefertigten Uebertragungen bin ich keineswegs, und mehrere, z. B. die Wiedergabe der berühmten Worte über dem Eingang zur Hölle (S. 26 f.), scheinen mir, wenigstens was die zweite dort gegebene Terzine betrifft, mißlungen. An andern Stellen würden mir kleine Undeutlichkeiten aufgefallen sein, wenn ich Zeit gehabt hätte, ein frisches Auge zu gewinnen, wie z. B. auf S. 165 der Anfang der Worte:

> Und Blumen gleich, die von der nächt'gen Kühle
> Gesenkt und schwer, sobald die Sonne schafft,
> Geöffnet sich erheben auf dem Stiele,
> Erhob ich mich aus meiner matten Kraft,

besser lauten würde:

> Und gleich den Blumen, die von nächt'ger Kühle ꝛc.

weil bei dem Mangel eines zurechtweisenden Vordersatzes das Wort Blumen beim ersten Lesen als Nominativ genommen werden könnte. Allein die Eile gestattete keine Feilung.

Nur der eben vorgebrachte Entschuldigungsgrund, falls er als solcher gelten darf, bleibt mir, um darüber Nachsicht zu erbitten, daß S. 133 Fari-

---

> Er herrscht im All', dort ist die Herrscherstatt,
> Dort ragt sein Thron aus hoher Hofburg Zinnen:
> Heil Dem, den er erwählt dort oben hat!

Hier ist der Gegensatz von impera und regge gar nicht, oder wenigstens bei Weitem nicht deutlich genug gegeben, indem es zu diesem Ende eigentlich heißen müßte: „er herrscht zwar im ganzen All, aber dort ist die Stätte (der eigentliche Ort) seiner Herrschaft." Ich übersetze (S. 165):

> Allwärts gebeut er, doch er trägt die Krone
> Nur dort; dort ist sein Stuhl, dort seine Stadt:
> O selig, wen er wählt, daß er dort wohne!

Dies ist nicht nur wörtlicher und deutlicher; sondern, nach meinem Gefühl, auch edler und poetischer übertragen, als es von S. geschieht; allein nur weil ich nicht nöthig halte, vorangehende und nachfolgende Zeilen mitzureimen, befand ich mich in diesem augenblicklichen Vortheil über meinen ebenso gewandten als dichterischen Vorgänger!

nata unter Denjenigen steht, welche keinen Sinn für Versöhnung entgegenstehender Interessen gehabt; dieser Verstoß fiel mir bei Revision des Druckes sogleich auf, und ich habe die Verbesserung hinter den Vorträgen unter den Berichtigungen angeführt. Im Mund eben dieses Farinata hatte ich mir erlaubt, die Worte:

> . . . . . . ti fa manifesto
> Di questa nobil patria natio,

auf S. 34 poetisch so wiederzugeben:

> Es zeigt der Klang . . . . . .
> Daß in der edeln Stadt stand deine Wiegen.

indem ich das nachschleppende n, das unsre Sprache den mit einem Vokal endigenden weiblichen Hauptwörtern im Genitiv und Dativ anzuhängen gestattet, nach dem in Baiern und Oestreich für die gewöhnliche Umgangssprache herrschenden Gebrauch auch im Nominativ annahm. Später jedoch glaubte ich, mir dieses Recht für die Schriftsprache doch nicht herausnehmen zu dürfen, und habe deshalb unter den Berichtigungen die etwas minder wörtliche Uebersetzung angeführt:

> Daß jene Stadt einst Ort war deiner Wiegen.

Was die Anmerkungen betrifft, die bei der gedrängten Haltung des Ganzen um so unentbehrlicher wurden, sobald einmal vom Druck dieser Vorträge die Rede war, so sind diejenigen, die zur augenblicklichen Verständigung des Lesers nothwendig schienen, oder welche blos die Angabe der Quellen enthalten, denen ich mich angeschlossen, in der Regel unter den Text gesetzt, die andern, zahlreichern dagegen, deren Lesung minder für den Augenblick berechnet ist, und die daher meistens auch einen ausgedehntern Raum einnehmen, der, unmittelbar unter den Text gerückt, diesen auf eine dem Aug' unangenehme Weise unterbrochen haben würde, am Schluß in besonderer Reihe angefügt worden.

Wend' ich mich damit zur zweiten, für mich wichtigern Abtheilung meines Werkes, auf deren Publikation es ursprünglich allein abgesehen war, nämlich zu den Romanzen, so bitte ich vor Allem, das von mir auf S. 195 der Vorlesungen berührte, in dem Stoff selbst liegende Hinderniß einer vollkommen befriedigenden poetischen Darstellung nicht übersehen zu wollen. Was die Veröffentlichung betrifft, so sollten diese Poesien so, wie sie jetzt an die Oeffentlichkeit treten, selbst nachdem die Herausgabe der Vorlesungen beschlossen worden, nach meinem ersten Plane nicht erscheinen; vielmehr wollt' ich bei dieser Gelegenheit nur einige Proben meines eigenen Gedichtes mittheilen, theils weil dasselbe, wenn auch gerade an dem für die Vorlesungen angemessenen

Ort abschließend, *an sich* doch erst zur Hälfte vollendet war, theils weil meine Absicht, wenn ich mich auch mit der gewissenhaftesten Treue an Dante's Leben und Dichtungen anschloß, und insofern Das, was ich darbiete, auf S. 4 „gleichsam einen poetischen Commentar zu Dante und den Hauptpersonen der Divina Commedia“ nennen durfte, doch, wie schon angedeutet, nicht dahin ging noch gehen konnte, zu Wort und Leben des großen Florentiners eine Parallele in der Art zu geben, daß eine vorausgehende Berichterstattung über das eine und das andere nun umgekehrt zum bessern Verständniß oder wenigstens zur richtigern Würdigung meines Werkes beitragen würde. Jede poetische Leistung soll sich durch sich selbst genügend aussprechen, und so möchte denn auch die meinige lieber das lebendige Kind, als der todte Schatten von Dante's Gedicht und Erdenwandel sein. Es konnte wohl zu meinen stillen Wünschen gehören, meine Leser möchten mit des Dichters eigenen Werken, wenigstens mit der Vita nuova und Divina Commedia, möglichst bekannt sein, aber es konnte nicht eigentlich in meinem Zweck liegen, mein Publikum *zugleich* auf zwei oft ziemlich weit von einander abstehenden Wegen dem nämlichen Ziel zuzuführen, und so gleichsam in doppelter Person aufzutreten. — Allein der entschiedene Wunsch einer bedeutenden Zahl meiner Zuhörer, welchem sich denn auch derjenige meines Herrn Verlegers zugesellte, wollte die *Romanzen*, soweit sie fertig, unverweilt in Einer Folgereihe mit den *Vorlesungen* veröffentlicht haben. Hiezu kam meinerseits die Betrachtung, daß die bei Beginn meiner poetischen Arbeit keineswegs in Aussicht gestandene gegenwärtige Lage Italiens *jetzt eben den rechten, später vielleicht nicht mehr so günstigen Moment* zu Veröffentlichung einer Dichtung an die Hand gebe, deren Inhalt zum Hinblick auf den augenblicklichen Zustand jenes Landes und die Bewegung der Geister in demselben vielfach Anlaß werden dürfte. Ueberdies erwog ich, daß sofern Dante's poetische Seelenentwickelung, seine innere Geschichte, in dieser ersten Hälfte des Gedichtes bereits völlig zum Abschluß kommt, und diese Hälfte gerade mit jenem Abschluß endigt, dieselbe denn doch auch als ein für sich allein Bestand habendes Ganze betrachtet werden könne, welches auf dem Titel nicht nothwendig mit dem Beisatz „*Erster Theil*“ bezeichnet zu werden brauche. So willigte ich denn, nicht ohne zögerndes Bedenken, endlich in die unverweilte Herausgabe der ersten Abtheilung der Romanzen, und kann, der Aufnahme derselben von Seiten des größern Publikums gegenüber, mit Dante's Worten (Hölle II, 37 ff.) sagen:

Und wie wer nicht mehr wollend, was er wollte,
Vom Vorsatz weicht durch späteres Erwägen,
Und Das verwirft, was anfangs werden sollte,

So trat ich jenem dunkeln Strand entgegen.

Die Veröffentlichung der gesammten ersten Hälfte führte nun aber auch die Mittheilung jenes Gedichtes Rechtfertigung im Eingang nach, dessen ernster Ton hinter eine doch immerhin kritisirende Abhandlung über einen andern Dichter nicht recht passen will und eher an seiner Stelle gewesen sein würde, wenn die Romanzen abgesondert von den Vorlesungen erschienen wären!

Was die Darstellung von Dante's Person betrifft, so entsprach es meinem Zwecke, denselben in den Romanzen, befreiend von den Fesseln, welche er in der Divina Commedia durch Anbequemung an die Theologie seiner Zeit um sich gezogen, der eigenen ursprünglichen Empfindung zurückzugeben, immer mit gewissenhaftem Hinblick auf Das, was er in der Göttlichen Komödie selbst oder in seinen sonstigen Schriften eigenen Mundes als jene Empfindung andeutet. In den Vorlesungen habe ich besonders zwei Stellen hervorgehoben, an welchen sein eigenes, unmittelbares Gefühl der von ihm in der Divina Commedia angenommenen Doctrin zu widersprechen schien, nämlich einerseits die Worte S. 30 f. über das Schicksal, denen ich gleich dort einen entgegengesetzten Ausspruch aus dem Convito an die Seite stellte, und demselben später, S. 194 f. noch ein, anfangs von mir übersehenes, freilich nicht allgemein als Dante's Erzeugniß anerkanntes Sonett beifügte; andrerseits die Stelle von dem immer noch den direkten Willen Gottes darstellenden Einfluß der Gestirne, während Dante's eigener Empfindung nach eine den Grundgedanken der Schöpfung einigermaßen störende oder schwächende Macht in die Welt einzugreifen scheine (S. 84 f.). Auch hier war mir im ersten Augenblick ein andrer Passus aus Parad. XXIX entgangen, durch welchen meine Vermuthung bestätigt werden dürfte, indem es dort V. 50 von den sehr bald nach ihrer Erschaffung gefallenen und sofort aus dem Himmel gestoßenen Engeln heißt:

als bereits ein Theil der Engel
Den Stoff gestöret eurer Elemente.

come degli Angeli parte
Turbò'l suggetto de vostri elementi.

Mag das Wort suggetto statt als Stoff auch als Unterlage, Untergrund und in diesem Sinn endlich, wie z. B. Kannegießer übersetzt, als Abgrund, oder mag mit Biagioli der Ausdruck l'elemento suggetto als Erde genommen werden, immer scheint die Ansicht zu bleiben, das niedere (dem Himmel entgegengesetzte) und nach scholastischer Ansicht durch die animae ignobiles beeinflußte Element (vgl. S. 84) sei in seinem ursprünglichen Wesen gestört und vom rechten Weg abgeleitet, was denn mit dem Ausspruch Röm. 8, 19 ff., dessen auffallende Nichtbeachtung von Seiten Dante's ich auf S. 32 hervorheben zu müssen geglaubt, übereinstimmen würde. Denn daß der Ausdruck

Turbò'l suggetto de vostri elementi sich nicht etwa wie Biagioli annimmt und auch Streckfuß anzunehmen scheint, blos auf jene Verrückung des Meers und eines Theils vom Festlande beziehe, deren die Vorlesungen als einer Folge vom Sturz des Lucifer auf S. 47 gedenken, schließe ich daraus, daß, wo blos von dieser Verrückung die Rede ist (Hölle XXXIV, 121 ff.) Lucifer allein als Der bezeichnet wird, durch den sie geschah, und daß einige Ausgaben statt elementi lesen alimenti, was, blos auf jene Verrückung angewandt, keinen Sinn gäbe *. Jedenfalls hielt ich es erlaubt, Danten in den Romanzen

* An diesen von dem Dichter so sinnreich aufgefaßten Sturz Lucifers knüpft sich ein von den mir bekannten Erklärern unbesprochen gelassener Widerspruch, oder mindestens eine Unklarheit in der Divina Commedia an, die hier noch berührt sein mögen, weil ich sie zu spät bemerkte, um ihrer in den Vorlesungen erwähnen zu können. Dachte sich Dante jenen Sturz als ungefähr gleichzeitig mit dem Sündenfall des ersten Menschenpaares und mit dessen Vertreibung aus dem Paradies, nachdem jenes einige Zeit, wenn auch nur einige Tage, an dieser seligen Stätte zugebracht, so wäre letztere, wie ich in Nr. 26 der Erläuterungen annehme, erst nach jener Vertreibung von dem ursprünglichen Ort auf die südliche Halbkugel geworfen und durch das hier eingedrungene Meer unzugänglich worden. Bei dieser Auffassung gewinnt der Gedanke unstreitig am meisten Energie, Rundung und rührende Wirksamkeit. Erst mit dem Eintritt der Sünde in das Menschengeschlecht thürmt sich dann jener Berg (Golgatha) empor, auf welchem dasselbe von den Folgen der Sünde wieder befreit wurde (S. 47 f. der Vorles.); erst mit dem Eintritt des Todes in die Welt entsteht dann die Felsenhöhe, auf welcher die Seelen sich nach dem Tod für das ewige Leben reinigen; erst nachdem die bereits völlig ausgebildete Erde eine Zeit lang im Besitz jenes lichten Raumes gewesen, auf welchen blos himmlische Kräfte einwirken, verliert sie denselben aus ihrem Bereich, und der Verlust wird dadurch viel einschneidender, das ursprüngliche Anrecht des irdischen Elementes an solche Verwandtschaft mit den Mächten des Aethers viel anschaulicher ausgedrückt; erst nachdem dasselbe eine Zeit lang das reine Gottesleben über sich gefühlt, birgt es sich vor Schrecken über die entgöttlichende Potenz, die sich ihm plötzlich beimengt, unter das Wasser, und jener Schrecken bekommt dadurch ein sinnigeres, tiefer greifendes Motiv. Endlich beut nur bei dieser Auffassung die Art, wie das erste Menschenpaar nach dem Sündenfall aus dem Paradiese weg auf die nördliche Halbkugel gekommen, keine oder doch geringere Schwierigkeit. Allein es läßt sich nicht leugnen, daß dieser Auslegung schwer zu beseitigende Einwürfe entgegenstehen, auf welche ich erst beim Schluß meiner Arbeit aufmerksam geworden. Zunächst sagt Dante in der vorhin angeführten Stelle aus Parad. XXIX, die Trübung des Elementes durch die unrein gewordenen Engel sei fast unmittelbar nach deren Erschaffung — „eh' man Zwanzig zählen konnte", V. 49 a. a. O. — erfolgt, mithin höchst wahrscheinlich auch deren Sturz, wie denn jene Trübung überhaupt eher als Folge denn als Ursache des Sturzes anzusehen sein wird. Daß aber der Mensch nach des Dichters Ansicht später als die Engel und mithin erst nach jenem Sturz erschaffen wurde, schließe ich aus der V. 16 ff. a. a. O. enthaltenen Angabe, Letztere seien vor Beginn der Zeit aus Gott hervorgegangen (S. 84 der Vorles.). Sollte jedoch auch, wie Philalethes zu V. 24 a. a. O. annimmt, der Mensch zugleich mit den Engeln erschaffen worden sein, so wäre er, bei welchem doch wohl die menschlichen Zeitbedingungen gelten, während für eine Apperception, wie sie Engeln zukommt, die Zeit

an jene geschehene Entgöttlichung oder wenigstens Trübung des Elementes wirklich glauben zu lassen. — Von andern, dem Glauben der Kirche selbst nicht blos den Ansichten der damaligen Theologen zugehörigen Lehrsätzen ihn als emancipirt darzustellen, wie z. B. von der Doctrin über die ewige Verdammniß aller, selbst der nur mäßig Schuldigen, die *ohne Buße* gestorben

---

„bis man zwanzig zählen kann", anders aufzufassen sein mag, so schnell der Sünde unterliegen, wäre so kurz in dem schon nach sechs Secunden auf die südliche Erdhälfte entrückten Paradies gewesen, daß er sich dessen kaum bewußt werden konnte. Sodann muß der Sturz oder wenigstens die Abwendung Lucifers vom göttlichen Princip selbst nach der Bibel, an welche Dante sich in der Regel treu anschließt, als der Menschenerschaffung vorhergehend angenommen werden, da die Paradiesesschlange bereits auf höllische Mächte hinzuweisen scheint und jedenfalls zur Zeit Dante's immer in diesem Sinn ausgelegt wurde. Endlich, und dies ist das entscheidenste Moment, endlich deuten die Worte, die in Bezug auf die „nur von dem ersten Menschenpaar gesehenen" Sterne auf S. 50 der Vorlesungen angeführt werden:

> O mitternächt'ge Hälfte, du verwaiste,
> Daß diese holden Flammen nie dir winken,

eben doch entschieden darauf hin, daß das Paradies nach des Dichters Ansicht schon *eh' es dem ersten Menschenpaar zum Wohnort angewiesen wurde*, auf die südliche Erdhälfte hinüber geworfen war, und scheinen den ihnen von mir anfangs unterlegten Sinn kaum zuzulassen, wonach die vier durch jene Sterne repräsentirten *Tugenden* nicht mehr, wie es eigentlich sein sollte, über den Wohnplätzen des Menschengeschlechtes, sondern nur noch über dem Paradies hervor träten, das für sich *jetzt* allerdings der südlichen Halbkugel angehöre. Allein wie soll, wenn das Paradies schon damals seinem ursprünglichen Ort entrückt und von Meer umgeben war, das erste Menschenpaar nach dem Sündenfall über die Gewässer hinüber in die nördliche Erdhälfte gekommen sein? Warum wären Cherubim mit flammendem Schwert zur Abwehr vor den Eingang des Paradieses gestellt worden, wenn der Eintritt sich jedem Sterblichen schon von selbst durch die Wassermasse verbot? Diese neuen Einwürfe sind in Verbindung mit den schon berührten Gründen innerer Schönheit und Kraft, welche für die erste Auffassung sprechen, so stark, daß man fast zu der Vermuthung getrieben werden könnte, Dante sei sich selbst über die Sache nicht vollkommen klar gewesen, und habe zweierlei Anschauungen des Verhältnisses auf sich einwirken lassen; allein einem solchen Gedanken Raum zu gestatten, folgen die zwei Stellen vom Sturze des Lucifer (Hölle XXXIV, 121 ff.) und von der Verwaistheit der nördlichen Hälfte (Fegef. I, 26 f.) zu unmittelbar auf einander; nicht zu gedenken, daß der Dichter sich sonst in den Grundzügen seiner Vorstellung von der Welt und Weltbildung immer durchaus consequent bleibt. — Eher vielleicht wird man den Anlässen näher geführt, welche Danten der an sich so ingeniösen Annahme zugelenkt haben dürften, das Paradies auf die Höhe des vom Weltmeer umgebenen Läuterungsberges zu setzen. In der Schrift Alexanders von Humboldt, „Untersuchungen über die historische Entwickelung der geograph. Kenntnisse von der Neuen Welt", einer Schrift, welche die in den *Vorlesungen* festgehaltene Ansicht, wonach der Sturz Lucifers *erst nach* Erschaffung des ersten Menschen erfolgt wäre, gleichfalls ausspricht, und deren von mir zu spät bemerkte Zurechtweisung hierüber von Seiten des Herrn Prof. *Wegele* sind, konnte ich und wollte ich nicht, so deutlich sich auch des Dichters Herz in der Divina Commedia mehrmals gegen diese Strenge auflehnt: hat doch er selbst, trotz allen von ihm in der Hölle vergossenen Thränen des Mitleids, eine der Kirche entgegengesetzte Ansicht nirgends unmittelbar ausgesprochen, und würde doch das Aussprechen einer solchen ihn in viel zu starken Conflikt mit seinem großen Gedicht, oft gerade mit dessen ergreifendsten Scenen versetzen!

Was die unter den Romanzen vorkommenden Uebersetzungen von eigenen Gedichten Dante's belangt, so sind dieselben, mit Ausnahme derjenigen Stücke, welche bereits den Vorlesungen beigegeben worden, in der Regel minder wörtlich übertragen, indem kleine Nebenzüge, die für den augenblicklichen Zweck nicht paßten, weggelassen, hie und da, im Ganzen jedoch sehr selten, auch wohl irgend ein unbedeutender Gedanke von mir beigesetzt wurde. Ein oder zweimal gab ich bloße Paraphrasen, wie ich Dies am gehörigen Ort angemerkt habe. Auch kommen diese Danten selbst entlehnten Gedichte in den Romanzen nicht immer bei Erzählung des gleichen Ereignisses vor, bei welcher sie von der Vita nuova gebracht werden.

Daß wie den Vorlesungen auch den Romanzen einige erklärende Bemerkungen beigefügt werden mußten, lag in der Natur des gewählten Stoffes selbst. Nachdem ich mich aber einmal entschlossen, die Romanzen als Anhang zu den Vorlesungen herauszugeben, war es Anfangs meine Absicht, die Belegstellen zu erstern aus der Divina Commedia und den sonstigen Schriften Dante's und seiner Zeitgenossen am Schluß des Werkes beizubringen, wie z. B., um eine einzige Stelle anzuführen, die auf S. 15 dem Farinata in den Mund gelegten Worte fast wörtliche Uebersetzung aus Leonardo Aretino (bei Kannegießer, Einleitung zur Uebersetzung der Divina Commedia, S. XIX) sind. Bei reiflicherer Ueberlegung ließ ich jedoch diesen Gedanken wieder fallen, da der

---

(auf S. 312 seines Werkes über Dante) mich zuerst zu Innewerdung der Widersprüche leite, in welchen der große Dichter hier mit sich selbst zu stehen scheint — in jener Schrift, sage ich, wird (S. 92 der von Ideler gegebenen Uebersetzung des vom Verf. französisch geschriebenen Werkes) berichtet, Columbus bemerke in einem Brief an die Königin Isabella, Einige beschrieben das irdische Paradies unter der Gestalt eines Berges mit jähen Abhängen, — mithin so wie Dante den dasselbe tragenden Läuterungsberg schildert. Zugleich erhellt aus andern, in eben jener Schrift angeführten Stellen, daß man sich dieses Paradies, das man immer noch auf Erden vorhanden glaubte, schon längst vor Dante vom unzugänglichen Weltmeer umschlossen dachte. Diese Umschließung nahm man aber im Allgemeinen erst als eine Folge der Sündfluth an (S. 89 a. a. O.), während Dante, der sich im Uebrigen ebenfalls an jene Meinung der Geographen gehalten zu haben scheint, und nur, während Jene das Paradies ziemlich allgemein in den Osten verlegten, es mehr in den Süden versetzte, auf eine höchst sinnreiche, ihn jedoch in Widersprüche verwickelnde Weise, das Meer schon infolge des Sturzes von Lucifer hereinbrechen läßt.

Eindruck eines Gedichtes als solchen durch derlei Nachweisungen nicht geändert wird, oder mindestens nicht geändert werden soll. Diejenigen Leser, welche mit jenen Quellen näher bekannt sind, werden ohne mein Zuthun wahrnehmen, wie beflissen ich war, mich an dieselben zu halten; für Diejenigen aber, welchen diese Kenntniß nicht zukommt, würde mein Werk durch solche Citationen keinen höhern Werth gewinnen. Nur wo eine Erläuterung entweder um der Deutlichkeit willen wünschenswerth schien, oder wo ohne eine solche Anmerkung dem Leser irgend ein interessanter Zug entgangen sein würde, habe ich mir daher erlaubt, dem Gedichte Noten beizufügen. In den seltenen Fällen, wo dieselben, um irgend einen Ausdruck, ein Bild u. dgl. völlig klar zu machen, augenblicklich gelesen sein wollen, sind sie, wie bei entsprechendem Anlaß auch in den Vorlesungen, unmittelbar unter den Text gesetzt worden.

Daß ich, wenn S. 83 der Romanzen von Cäsar gesagt wird:

Dessen Name noch das Höchste
Auf dem Erdenrund bedeutet,

und wenn es S. 94 ebend. heißt:

„Du mußt glauben, du mußt wagen,"

kein Plagium an Schiller begehen, vielmehr umgekehrt auf allgemein bekannte Worte Schillers hinweisen wollte, wie denn der letztern Zeile sogar Anführungszeichen zur Seite stehen, glaube ich kaum bemerken zu dürfen.

Noch bitte ich die wenigen Berichtigungen nicht übersehen zu wollen, die am Ende der Romanzen angefügt sind, namentlich den sinnstörenden Druckfehler auf S. 17, Spalte 2, That statt Saat.

Endlich ist in dem Gedichte Rechtfertigung S. 5 durch ein Versehen die vierte Strophe ausgefallen. Das Ganze wird zwar auch ohne dieselbe nicht geradezu unverständlich sein, ich erlaube mir aber zum Zweck vollkommener Klarheit das Weggelassene hier gleichwohl nachzutragen:

Denn von dem Recht, dem Ew'gen Wort zu geben,
Schloß keinen Glauben, schloß kein Volk ich aus:
Sie dünkten all' mir stimmbefugte Wohner
In Eines Vaters weit gedehntem Haus.

Hierauf würde dann die Strophe folgen:

In diesem Kranz, der aller Götter Namen ꝛc.

Stuttgart, im Sommer 1861.

Der Verfasser.

Erste Vorlesung.

Verehrteste Versammlung.

Wenn ich mir herausnehme, zu Ihnen von dem italienischen Dichter Dante und von dessen Divina Commedia zu sprechen, in welcher derselbe durch Hölle und Fegefeuer zum Himmel emporsteigt, um hier von der früh Verstorbenen, die er auf Erden geliebt, zu welcher er aber nie ein Wort gesprochen, bis vor das Angesicht Gottes geführt zu werden, woraus dem Erstaunten seine eigenen Menschenzüge zurückstralen, so rede ich zu Ihnen von einem Gedichte, das sowohl seinem Inhalt, als seiner Form nach einzig in der Menschheit dasteht. Ich rede zu Ihnen von einem Gedicht, in welchem sich Ernst des Gemüthe, Tiefsinn und Hingabe an das Ueberweltliche und Jenseitige mit Sinnigkeit der Auffassung, mit bildnerischer Kraft und mit edelm, tapfern Antheil an der näher liegenden Wirklichkeit der diesseitigen Welt verbinden wie in keinem andern; einem Gedichte, das weder Epos, noch Drama, noch lyrischer Erguß ist, sondern, sein Gesetz und seinen Namen lediglich in sich selber tragend, nur mit sich selber verglichen werden kann. Ich rede zu Ihnen von einem Dichterwerk, das, beginnend aus dem dunkeln Grund und von da sich stufenweise zu dem höchsten Licht empor schwingend, absichtlich oder unabsichtlich ein Symbol des ganzen Schöpfungsprozesses, ein Symbol der freien Wiedergeburt aus der Gebundenheit und Verneinung ist, deren jedes Leben bedarf, wenn es etwas für sich selbst sein, wenn es Anspruch auf Göttlichkeit haben will; — von einer siebentägigen Wanderung, die, wie sie in schauervoller Nacht den Anfang auf der Erde nimmt, abermals bei Nacht den Abgrund der Verdammten betritt, hinunter und immer tiefer hinunter dringend in den finstern, schmerzensvollen Raum, wo Gott noch nicht Gottes Namen trägt, und von da endlich, nach einem Tag und zwei Nächten, als der „schöne Stern des Morgens, der Liebe trostvoll Zeichen", im Osten lächelt, zur Oberfläche kehrend, von wo sie, wie anfangs durch alle Regionen des noch am Staube hängenden Menschenherzens, so später durch alle Planeten und alle Himmel emporsteigt zum Urquell der Sonne, während dieser Zeit ebensowohl ein Bild des ganzen Weltalls, als des von allen Lebensstürmen durch-

1

brausten Italiens vor uns abrollend, so daß wir uns am Schluß, wie bei Betrachtung der Schöpfungswoche, fragen: sind dies sieben Tage oder sieben Weltperioden gewesen? — Ich rede zu Ihnen von einem Dichter, der, als in seinem Vaterlande die provenzalische Sprache der Troubadours, oder höchstens die ziemlich eigenthümliche Mundart der Sicilianer noch eben als fast ausschließliches Organ der Volkspoesie gegolten, für höhere Gegenstände der Dichtkunst aber nur die lateinische Wiedergebung als geeignet angesehen ward, plötzlich die bisher verschmähten Klänge Italiens faßt, dieselben von den Eingriffen der Provinzialdialekte befreit und sie, der Erste fast in ihrer Verwendung zu poetischen Zwecken, zu einer Höhe, zu der sich nie ein Zweiter nach ihm aufgeschwungen, erhebt, unmittelbar mit seinem Gedicht auch die Sprache seines Volkes schaffend. Ich rede zu Ihnen von einem Dichter, der die Kühnheit gehabt, ein einfaches Mädchen aus Florenz, Beatrice Portinari, in den höchsten Himmel emporzutragen, und dort mit einer Glorie zu umgeben, gegen welche die feierlichste Heiligsprechung der Kirche in Nichts verschwindet, ja sie zu einem unmittelbaren Ausfluß und Rückstral der Gottheit zu machen, ohne daß er, selbst in den Zeiten des strengsten Kirchenglaubens, deshalb von irgend Jemand der Abgötterei, des sich selbst überhebenden Menschencultes, beschuldigt worden wäre, vielmehr Jedem deutlicher oder undeutlicher das Gefühl mittheilend daß, so wie er diese Vergöttlichung auffasse, sie nicht über das Recht der Menschheit hinausgreife. Ich rede zu Ihnen von einem Dichter, der sowohl dieser Apotheose, diesem Triumph des Lichtes über die Finsterniß, als dem ganzen Gang zu der Geliebten aus den Schrecken der Hölle, aus den hell und heller werdenden Felsenhöhen des Purgatoriums, so wie dem ganzen Weltgericht, das er während dieses Ganges ausübt, nicht in der behaglichen Stille des eigenen Hauses Wort gefunden hat, sondern während einer zwanzigjährigen Verbannung, in welche ihn der edle Eifer für das Wohl seiner Mitbürger gestürzt; von einem Dichter, welcher das Werk, in dem sich das ganze Weltall spiegelt, und jeder Klang der Menschenbrust sein Echo findet, unter dem stets sich erneuernden Zusammenbruch seiner süßesten und heiligsten Hoffnungen begonnen und beendet hat, oft fast einem Bettler gleich von einem Lande Italiens zum andern bis zum Tode umherirrend, und somit zu dem Namen des Einzigen, der bis jetzt nur Einem Sterblichen, jenem großen deutschen Könige des vorigen Jahrhunderts, zu Theil geworden, in seiner Art wohl noch berechtigter erscheinend, als der eben Erwähnte. Ich rede endlich von einem glühenden Vaterlandsfreunde, der gerade für unsre Zeit dadurch besonders bedeutsam wird, daß er für Italien ganz Das erstrebte, was sich jetzt dort anzubahnen scheint, nämlich Einheit und Nationalkraft neben oder durch Entweltlichung des Papstes, bei — so wenigstens war es Dantes Absicht — vollester Beibehaltung von dessen kirchlicher Würde; nur freilich suchte er Dies auf anderem Wege, als wir es jetzt dort eingeleitet sehen, denn Dante wollte jenes Ziel nicht durch Mitwirkung Frankreichs, in welchem er eine den Interessen seiner Landsleute schädliche Macht zu erkennen glaubte, sondern durch den deutschen Kaiser erreicht wissen. Ich rede zu Ihnen aber auch von einem Gedichte, das entstellt wird durch die an ihm gar häufig zu Tag tretende Scholastik der Zeit, in welcher es entstanden, hie und da wohl auch, obwohl viel seltener, durch eine gewisse Schwerfälligkeit der Erfindung; ich rede zu Ihnen von einem Gedichte, das zwar einer überreichen Zahl einzelner, oft sehr umfanghaltiger Stellen nach, dem Schönsten, was die Poesie aller Länder und Völker geschaffen, unbedenklich an die Seite gesetzt werden darf, und welches *der Idee des Ganzen nach vielleicht das Höchste ist, was die Dichtkunst je hervorgebracht hat*, dessen Zusammenhang im Einzelnen aber hie und da nicht vollkommen gegliedert, dessen Inhalt nicht überall nothwendig aus dem Grundgedanken hervorgehend, sondern mitunter wohl auch etwas willkürlich erscheint, dadurch nicht Wenige vom tiefern Eindringen in seine, die Fehler unendlich überbietenden Schönheiten abhaltend. Ich rede zu Ihnen von einem Gedicht, welches so viele verhüllte Beziehungen enthält, daß gleich nach seiner Erscheinung, in des Verfassers Vaterstadt selbst, ein eigener Lehrstuhl zu dessen Erklärung gegründet ward: um wie viel eher also wird es für Den, der kein Italiener ist und sechs Jahrhunderte nach Dante lebt, Dunkelheiten darbieten und ihn vom Lesen abschrecken; nicht zu gedenken daß die Uebersetzung in unsere an Reimen weit ärmere deutsche Sprache, wenn die Form der Terzine beibehalten wird, mit großen Schwierigkeiten verbunden ist, und selbst von einem Meister wie *Streckfuß* unternommen, des Ungenügenden, ja Undeutlichen immer Manches darbietet, wenn aber der Reim wegfällt, wie wir in dieser Gestalt hauptsächlich zwei, an sich *treffliche* Uebertragungen, diejenige von *Kopisch* und vor Allem diejenige von *Philalethes*, besitzen, die volle Hälfte, ja mehr als die Hälfte jenes Zaubers verliert, der es in der Urschrift in's Innerste der Seele eindringen läßt, denn jedes echte Dichterwerk kann an seiner Form nichts einbüßen, ohne daß damit auch der Gehalt gewissermaßen getödtet würde.

So darf man denn nicht lange nach den Gründen fragen, warum Dantes erhabene Schöpfung in Deutschland, trotz der im Allgemeinen immer steigenden Theilnahme für dieselbe und trotz den sich häufenden Uebersetzungen, ein verhältnißmäßig immer noch nicht sehr großes Publikum zähle. Für mich ist es hier weder Zweck, noch wäre ich durch einschlägige Studien berechtigt, mich in eine eigentliche Kritik des Dichters einzulassen, an welchem sich die Forschungen noch lange nicht erschöpft haben; ich schließe mich in dieser Hinsicht, wo ich nicht mein abweichendes Urtheil ausdrücklich hervorhebe, hauptsächlich an die zwei vortrefflichen Kritiker *Wegele* und *Witte*, sowie an die Commentare von *Kopisch* und *Philalethes* an. Vielmehr geht mein Absehen darauf, Ihnen, so weit mir möglich, einen *dichterischen* Eindruck von dem großen Dichter zu hinterlassen, denn dies ist es, was der Zuhörer zuletzt von der Vorlesung über ein Dichterwerk mit Recht fordert, und dieser Eindruck soll festgehalten werden durch Proben aus einer Reihe geschichtlicher Romanzen, gleichsam einem poetischen Commentar zu Dante und den Hauptpersonen der Divina Commedia, die ich Ihnen, falls mir Ihr Beifall bis dahin nicht entstehen sollte, zum Schluß gegenwärtiger Vorträge zu geben beabsichtige. Nicht aus mir selbst ist der Gedanke zu diesen Vorträgen hervorgegangen, sondern wurde in mir erst durch eine freundliche Aufforderung des Vorstehers unserer Gesellschaft* angeregt, dem bekannt war, daß ich mich schon längere Zeit mit Dante beschäftigt hatte. Jene Beschäftigung bestand aber eben in der Entwerfung jenes Romanzenkranzes, da mich die außerordentliche Natur des Mannes wie des Gedichtes, um welche es sich hier handelte, von jeher, auch als sie noch in nur allgemeinen Umrissen vor mir stand, im höchsten Grade in Anspruch genommen. Dieser Versuch eines eigenen Werkes ist es somit, was mich zur tiefern Kenntnißnahme von der Divina Commedia und den sonstigen Werken des großen Dichters geführt, nicht umgekehrt diese zu jenem, so daß der Standpunkt, welchen ich zu Dante einnehme, sich von dem gewöhnlichen der Berichterstattung oder Kritik wesentlich unterscheidet. Damit gehe ich für den heutigen Vortrag zu einer Schilderung von Dantes Leben über, vielleicht dem am wenigsten ansprechenden Theil meiner Darstellung, weil dieses Leben, falls die G. Komödie anders recht verstanden werden soll, mit einer gewissen Umständlichkeit dargelegt sein muß; vor Allem aber weil die deutsche Kritik in den letzten Jahrzehnten als eine nach meiner Ansicht unwiderlegliche Thatsache festgestellt und, so viel ich weiß, auch die Zustimmung italienischer Kritiker dazu erhalten hat, daß Dante in dem Berichte, den er selbst von der Liebe zu Beatricen in seinem frühsten, der Divina Commedia lange vorangegangenen Werke, nämlich der Vita Nuova (Neues Leben) gibt, einige Züge absichtlich anders darstelle, als sich die Sache in der Wirklichkeit verhielt, Züge, die zwar mit der Geliebten nichts zu thun haben, von desto größerem Gewicht aber für das äußere und innere Leben des Liebenden sind.

In der zweiten, dritten und vierten Vorlesung gedenke ich Ihnen dann den Inhalt der Göttlichen Komödie, so weit sich derselbe in eine solche Zeitdauer zusammendrängen läßt, in der fünften und sechsten den mitunter sehr stark hervortretenden, von Dante selbst als Bestandtheil seines Gedichtes ausdrücklich angedeuteten allegorischen Sinn desselben vorzulegen, und mich einerseits über Das zu verbreiten, was man an dem Dichter seinem eigenen, jedoch nicht buchstäblich zu nehmenden Ausdruck nach, das visionäre Element nennen könnte, andererseits über den von der allegorischen Bedeutung wohl zu unterscheidenden Geheimsinn des Werkes mich auszusprechen, welcher nach der Behauptung Mehrerer

* Des Museums in Stuttgart

neben der Allegorie herlaufen soll. Schon heute aber habe ich hinsichtlich der vielen Ihnen nach meiner Uebersetzung mitzutheilenden Stellen, da ich das Ungenügende jeder gereimten Uebertragung von Dantes Terzinen eigenen Mundes ausgesprochen, mir Ihre Nachsicht doppelt und dreifach zu erbitten*.

Dante, eigentlich Durante, mit dem Familiennamen Alighieri, ward aus einem adeligen guelfischen Geschlecht in der von den Streitigkeiten der Ghibellinen und Guelfen zerrissenen Stadt Florenz im Mai 1265 geboren. In seinem neunten Jahre sah er zum erstenmal die damals achtjährige Beatrice Portinari. „In diesem Augenblick," so erzählt er selbst in der Vita nuova, „begann der Lebensgeist, der in der verborgensten Kammer des Herzens wohnt, so heftig in mir zu zittern, daß er sich in den kleinsten Pulsen offenbarte, und bebend sprach er: siehe, ein Gott stärker als ich; er kommt und wird über mich herrschen. Von Stund an ward der Gott der Liebe der Herr meiner Seele, und so schnell ward diese ihm verlobt, daß ich gänzlich Alles thun mußte, was ihm genehm war**." Neun Jahre gingen nach diesem ersten Erblicken hin, während welcher er Beatricen oft sah, nie aber ein Wort mit ihr wechselte, eine Zeit, aus der wir in weiterer Beziehung nichts über ihn wissen, als daß der als Dichter, Gelehrter und Staatsmann ausgezeichnete Brunetto Latini, der in Florenz nach einander mehrere der angesehensten Aemter bekleidete, sich des ausgezeichneten Knaben, der frühe seinen Vater verloren hatte, liebevoll annahm und ihn seines Unterrichtes würdigte. Genau am neunten Jahrestag nach der ersten Begegnung traf der nunmehr Achtzehnjährige um die neunte Stunde des Tages abermals mit Beatricen, die in schneeweißem Festgewand zwischen zwei ältern Frauen ging, zusammen, und jetzt ward er zum erstenmale von ihr gegrüßt. Dieser Gruß regte einen solchen Sturm des Entzückens in ihm auf, daß er sich in sein Zimmer flüchten mußte, wo er sofort in einem Traumgesichte die Geliebte in den Armen des Liebesgottes zum Himmel entschweben sah. Wieder aufgewacht ergoß er seine Empfindungen in ein Sonett, das erste von ihm bekannt gewordene Gedicht, worin er sämmtliche damals in Florenz anwesenden Dichter aufforderte, ihm diesen Traum zu deuten, ihnen jedoch den Namen der Entschwebten, sowie seinen eigenen, verschwieg***. Das

---

* Die Gründe, die mich bestimmt haben, fast durchgängig meine eigene Uebersetzung vorzulegen, sehe man in der Vorrede.

** Diese, wie die folgenden prosaischen Stellen aus der Vita nuova nach der Uebersetzung von Förster, doch mit mehrfachen Abkürzungen.

*** So daß also die Beantwortung, wie es scheint, nach damaliger Sitte mittelst Anschlags an irgend einem öffentlichen Ort zu erfolgen hatte.

Sonett ist noch vorhanden; ebenso drei von den Sonetten, die er zur Antwort erhielt, darunter eines von dem um einige Jahre ältern Guido Cavalcanti, der damals als Dichter bereits nicht unberühmt war und durch diese Beantwortung den Grund zu inniger Freundschaft mit dem Befrager legte, sobald er dessen Namen erfahren; aber Keiner hatte, wie Dante berichtet, die eigentliche Bedeutung des Traumes erkannt. „Seit diesem Gesichte," erzählt er, „sah sich mein natürlicher Mensch in seinem Wirken gehemmt, denn meine Seele war dem Gedanken an jene Erhabene gänzlich hingegeben, und in Kurzem ward ich so hinfällig und schwach, daß mein Aussehn Viele bekümmerte, während Andre sich mühten, Das von mir zu erkunden, was ich der Welt ganz zu verheimlichen Willens war, daher ich erwiederte, die Liebe sei es, die mich also bewältiget habe, denn ich trug auf meinem Antlitz so viele ihrer Abzeichen, daß dies nicht mehr zu verbergen war. Als sie mich aber weiter fragten: für Wen hat diese Liebe dich also entstellt? sah ich sie lächelnd an und erwiederte ihnen nichts." Bald darauf erblickte er in einer Kirche, während des Hochamtes, die Geliebte abermals und stand in ihr Anschauen ganz verloren. Zwischen ihr und ihm aber saß ein anderes, sehr schönes Fräulein, das ihn, als seine Augen fortwährend über sie selbst hinstreiften, mehrmals verwundert ansah, und als er hinwegging, hörte er die Leute sagen: „Seht wie dieser Dame Anblick ihn verzehrt!" Daraus entnahm er, daß seine Liebe zu Beatricen, die er der Welt verbergen wollte, wirklich noch nicht bekannt sei, und beschloß daher jenes Fräulein, wie er sich ausdrückt, zu einem „Schirm gegen die Wirklichkeit" zu machen. Mehrere Jahre lang richtete er die Gedichte, die eigentlich Beatricen galten, an Jene, was er nach den Sitten der damaligen Zeit thun konnte, ohne mit ihr irgendwie in ein näheres Verhältniß zu treten. Endlich aber, als die zum Schein Gefeierte in eine entfernte Stadt zog, wählte er an ihrer Stelle zu gleichem Zweck eine Andere, kam jedoch über diesen scheinbar etwas zu schnell erfolgten Wechsel, oder aus Nichtbeachtung irgend einer andern Vorsicht, bald in ein ihm nicht günstiges Gerede, indem, wie er bemerkt, „nur allzu Viele anders von der Sache sprachen, als die feine Sitte gebietet." Dies hatte die Folge, daß ihm Beatrice, die ihn bisher beim Begegnen jedesmal freundlich gegrüßt, fortan den Gruß versagte. Unsäglicher Schmerz ergriff ihn darüber, denn wie ein Wort aus dem Himmel hatte ihre Begrüßung bisher auf ihn gewirkt. „Wenn sie mir," erzählt er, „irgendwo nahte, hatte ich durch die bloße Hoffnung auf ihren Gruß keinen Feind mehr, vielmehr durchdrang mich eine Flamme der Liebe, die mich geneigt machte, Jedem zu verzeihen, von dem ich irgend beleidigt worden wäre. Hätte Jemand in solchem Moment irgend was von mir verlangt, würde ich ihn demüthig angeblickt und nichts geantwortet haben, als: L i e b e, und wer diese kennen lernen wollte, der konnte es, das Beben meiner Augen betrachtend. Grüßte mich aber endlich dieser holdselige

Gruß, so war die Leidenschaft kein Hinderniß, das mir die überschwengliche Seligkeit verdunkelt hätte; vielmehr nahm dieselbe, gleichsam durch ein Uebermaß von Süßigkeit, eine solche Art an, daß mein Leib, der ganz und gar unter ihrer Herrschaft stand, sich oft nur noch wie ein schweres, seelenloses Ding fühlbar machte." Aus der Reihe der vielen von dem Liebenden auf Beatrice verfaßten Gedichte, möge hier nur folgendes Sonett eine Stelle finden, das zur Zeit, wo er selbst bereits nicht mehr von ihr gegrüßt ward, von der Macht ihres Grußes über Andere spricht.

So viel der Huld und Reinheit Züge leben
In der Geliebten leisem, zarten Grüßen,
Daß bebend sich der Andern Lippen schließen
Und Keiner wagt, das Aug' zu ihr zu heben.

Still geht sie, von der Demuth Kleid umgeben,
Vorüber wo sie höret sich gepriesen;
Es ist als ob die Himmel sie entließen,
Ein Wunder durch die Erde hinzuschweben.

Erfassen welch ein Wonneguß sich stehle
Hinab in's Herz vom Aug' das sie gesehen,
Kann Keiner, der ihn selbst nicht hat empfunden.

Und ihren Lippen, scheint es, werd' entbunden
Ein sanfter Hauch voll zartem Liebeswehen,
Der im Entschweben: „Schmachte!" sagt zur Seele.

Bald nach jener ersten Versagung des Grußes versammelten sich mehrere edle Frauen im Hause einer Neuvermählten, mit ihr nach üblichem Gebrauch das erste Mittagmahl einzunehmen. Ein Freund Dantes bewog diesen mit ihm dahin zu gehen. Dort angelangt fühlte der Dichter alsbald ein Beben von seinem Herzen aus sich verbreiten, wie ihm durch ein solches das Nahen der Geliebten jedesmal verkündet ward, noch ehe er ihrer ansichtig geworden. Diesmal überlief es seinen ganzen Körper, so daß er, um seine Bewegung zu verbergen, sich an eine Wand lehnen mußte, und als er dort umherschaute, ob nicht dennoch sein Zustand bemerkt worden sei, erblickte er plötzlich inmitten der anwesenden Frauen die holdselige Beatrice. Jetzt war, berichtet er, nichts Belebtes mehr in ihm als die Geister des Schauens, und auch diese wollte die Liebe verdrängen; sie befanden sich, wie er sagt, außerhalb der Augen, in welchen blos Amor den Platz einzunehmen rang. Da verwunderten sich die Frauen über ihn und fingen an mit Beatricen über ihn zu spotten; der Freund aber führte ihn mitleidig weg, fragend was ihm fehle. Es bedurfte einiger Zeit, bis Dante die Antwort hervorzubringen vermochte:

„Mein Fuß ist an derjenigen Stelle des Lebens gestanden, über die hinauszuschreiten Keiner vermag, ohne daß er die Absicht zurückzukehren aufgebe." Damit eilte er in seine Behausung, weinte und dichtete ein Sonett an Beatricen und die andern Theilnehmerinnen an jenem Feste über die Gewalt weiblicher Anmuth, in der Hoffnung, wenn sie den Grund seiner Schmerzen erführen, würden sie sich nicht mehr über ihn lustig machen. So ward jetzt endlich bekannt, daß Beatrice diejenige sei, die er liebe, obwohl sie jetzt ohne Zweifel bereits an Messer Simone de Bardi verheirathet war, denn nur verheirathete Frauen pflegten an dem Gastmahl bei einer Neuvermählten Theil zu nehmen. Die damalige Sitte aber erlaubte Liebe selbst zu der Gattin eines Andern offen an den Tag zu legen.

Vier Jahre nach ihrer Vermählung starb Beatrice am 9. Juni 1290, wenige Tage nach Dantes vollendetem 25sten Lebensjahr, ohne daß sie, jene schon berührten Grüße abgerechnet, ein Wort mit ihm, oder er eines mit ihr, gesprochen hätte. Der Schmerz über ihren Tod kostete ihm fast das Leben, hinderte ihn jedoch nicht, schon nach zwei Monaten an dem Treffen der Florentiner gegen die Pisaner bei Caprona tapfern Antheil zu nehmen, wie er sich schon im Sommer zuvor in der Schlacht gegen die Aretiner bei Campaldino höchlich ausgezeichnet. Etwas über ein Jahr nach Beatricens Tod kommt er an einen Ort, der ihm die Hingeschiedene lebhaft in's Gedächtniß ruft, so daß er in die tiefste Trauer versinkt. Plötzlich fällt ihm ein, daß ihm solche Schaustellung seines Herzens auf offener Straße nicht anstehe; er blickt umher und gewahrt an einem Fenster ein liebliches Mädchen, das ihn mit innigem Antheil betrachtet, so daß, wie er sich ausdrückt, alles Mitleid der Welt in ihr vereinigt scheint. Besorgend, daß sie die Thränen bemerken möchte, die ihre Theilnahme jetzt aus seinen Augen lockt, nachdem diese Schmerzensströme wegen frühern Uebermaßes lange Zeit hindurch versiegt gewesen, entfernt er sich, das Fräulein aber sieht ihn auch bei andern Begegnungen erbarmungsvoll an, und erblaßt dabei jedesmal, so daß ihm Beatricens immer etwas bleich gewesene Farbe in Erinnerung kommt. Oft wenn er nicht zu weinen vermag, geht er nun die Mitleidvolle zu sehen, und jedesmal lockt ihr Anblick erleichternde Zähren aus seinen Augen. Dies veranlaßt ihn zu folgendem Sonett:

Der Liebe Farbe hab' ich nie gesehen,
Nie Mitleid so dem Antlitz aufgedrückt,
So viel auch holder Augen ich erblickt
Und mir der Thränen im Gedächtniß stehen.

Wie ich es schau', so oft in stummem Flehen
Den Blick der Schmerzen ich dir zugeschickt,
Bis mich auf's Neu' der Todten Bild durchzückt!
Und ich erbeb', mein Herz möcht' drob vergehen.

Die kranken Augen kann ich rück nicht halten
In ihrem ew'gen Durst nach neuen Thränen,
Daß sie sich oftmal wenden zu den deinen;

Du aber läßst so frei ihr Streben walten,
Daß gänzlich sie verzehrt dies heiße Sehnen,
Und doch vor dir dann können sie nicht weinen.

Allgemach jedoch wollte es den Dichter bedünken, seine Augen nähmen, wie schon die Schlußzeile dieses Sonettes ahnen läßt, zu innigen Antheil an jener Lieblichen, und er schalt sich darüber auf's Bitterste, als begehe er eine Untreue an Beatricens Gedächtniß. Dann aber sagte er sich wieder: „sie ist ein edles, schönes junges Fräulein, und vielleicht auf Geheiß des Gottes der Liebe selbst erschienen, auf daß mein Leben zur Ruhe komme." Aus diesem Zwiespalt der Empfindungen ging ihm neben mehreren andern Sonetten das folgende hervor:

Ein lieblicher Gedanke tritt oft ein
Und weilt bei mir, ein Wort von dir zu wagen,
Und weiß von Lieb' so Süßes mir zu sagen,
Daß bald mit ihm das Herz wird fast gemein.

Die Seele fragt das Herz? dann: „wer mag's sein,
Der kommt zu trösten also mein Verzagen?
Wird von so mächt'ger Kraft er denn getragen,
Daß bei uns jetzt darf weilen er allein?"

Das Herz versetzt: „o Seele, die voll Bangen,
Es ist ein neuer, zarter Geist der Liebe,
Der seine Wünsche heimlich mir verkündet.

Sein Leben, seine Kraft — wie er sie übe! —
Aus jener Milden Aug' sind sie empfangen,
Die Schmerz ob unsrem Martyrthum empfindet."

Man weiß nicht, wer die Mitleidsvolle gewesen, die also auf den Dichter eingewirkt, aber es ist, wie Dies auch der gründlichste unter den mir bekannten neuern Forschern über denselben annimmt*, sehr wahrscheinlich, daß es Gemma di Manetto, aus dem bedeutendsten Geschlechte des guelfischen Adels in Florenz, nämlich demjenigen der Donati, war, eine Dame, mit welcher sich Dante um

* Dantes Leben und Werke. Kulturgeschichtlich dargestellt von Dr. F. W. Wegele, 1852, S. 77. Auch Balbo, vita di Dante, 1839, I. S. 186 wirft die Frage auf, ob die mitleidige Trösterin nicht die gleiche Person mit Dantes nachheriger Gattin gewesen sein dürfte.

1293*, also etwa drei Jahre nach Beatricens Tod, auf Andrängen seiner Verwandten, denen seine unnachlassende Trauer um die Hingeschiedene Besorgniß für sein Leben eingeflößt, vermählte. War sie es nicht, so ist man gezwungen, gegen Ende des so eben bezeichneten Zeitraums nach Beatricens Hinscheiden, troß dem unbändigen, das Leben selbst gefährdenden Schmerze des Zurückgebliebenen, an eine noch andere Liebe, als an diejenige zu seiner nachmaligen Gattin zu denken. Jedenfalls spricht die Bemerkung Boccaccio's, diese Ehe sei eine unglückliche gewesen, nicht dagegen, daß sie ursprünglich aus wirklicher Neigung hervorgegangen, und überhaupt scheint jene Bemerkung keineswegs buchstäblich zu nehmen, denn sie wird weder durch irgend eine Andeutung Dantes selbst, noch von einem andern gleichzeitigen Schriftsteller bestätigt, von Boccaccio aber in einer geradezu leichtfertigen Weise vorgebracht, indem er sich in seiner Lebensbeschreibung des Dichters des Langen und Breiten über die Unzuträglichkeiten herausläßt, welche die Ehe für geistig hochstrebende Männer überhaupt im Gefolge habe, und dann beisetzt: „ich stelle nun freilich nicht als gewiß auf, daß Dergleichen dem Dante begegnet sei, denn ich weiß es nicht"*. — Das einzig Zuverlässige, was sich von der Verbindung Dantes mit Gemma sagen läßt, ist, daß mehrere Söhne und eine Tochter, welche den Namen Beatrice erhielt, die Frucht derselben waren. Dagegen geht aus des Dichters eigenen Aeußerungen hervor, daß mit jener Heirath, oder vielleicht schon kurz vor derselben, eine Reihe sittlicher und religiöser Verirrungen bei ihm begann, die, freilich allem Ansehen nach von seinem eigenen ernsten und strengen Gemüth höher angeschlagen, als dies von Seiten eines fremden Beurtheilers geschehen sein würde, bis zum Anfang des Jahres 1300 angehalten zu haben scheinen, wo er zum rechten Weg zurückkehrte und eben in der Schilderung dieser Rückkehr den Stoff zu seinem unsterblichen Gedichte, der Divina Commedia, fand. Die Zeit jener innern Trübung, wo, wie er sagt, „falsche Bilder ihm die Flügel abwärts drückten"**, nahm also gegen sieben Jahre ein, obwohl er ihr in der Vita nuova nur die Dauer von einigen Tagen zugesteht; nicht als ob er durch diese Beschränkung einer Periode, die er im Convito, einer seiner spätern Schriften, unverholen viel weiter ausdehnt, Andere hätte täuschen wollen, sondern weil er, der Ernste, für die Richtung zum Ideal Geborene, die Richtigkeit seiner damaligen Bestrebungen, nachdem er sie einmal überwunden, eben auch als ein Nichts auffaßt, bei welchem länger zu verweilen dem wieder zum ursprünglichen Licht Zurückgekehrten nicht geziemen würde. Er nimmt sich das Recht, aus dem Lethe zu trinken, das er in der Divina Commedia dem zu Gott Zurückgekehrten in Bezug auf seine frühern Irrthümer und Mißgriffe zuerkennt, hier vorweg.

---

* Certo io non affermo queste cose a Dante essere addivenute, chè non lo so.

** Fegef. XXXI, 56—58. Vgl. Par. XI, 3.

Beatricens Gestalt und Wesenheit hatten sein Gemüth, das seiner natürlichen Richtung nach dem Höchsten zugewendet war, aber zu seinen Lebensäußerungen eines sinnlichen Anstoßes bedurfte, zu Gott geführt: seit der Geliebten Tode ward er aus dem Gefühl dieser Gottesnähe aufgeschreckt; der Gott, der so lebendig in ihm gewesen, trat in weite Ferne, und er suchte desselben nun auf dem Wege der Menschenweisheit, der Philosophie, wieder habhaft zu werden, die er im Convito (II, 13) mit Begeisterung „die Tochter Gottes", „die Königin des Alls" nennt, während er andrerseits doch wohl bald empfand, daß der Weg, auf welchem der Philosoph zu Gott gelangt, nicht derjenige sei, auf welchem eine dichterische, zum Schaffen geborene Seele sich diesem Ziel annähert. Zugleich aber scheint sich der junge sieben- bis achtundzwanzigjährige Mann, in dem alle Lebensflammen hoch auflohten, nach Verlust des Leitsternes, der sich einzig an seine Seele gewendet, und das Irdische in ihm, wie vorhin bemerkt worden, gänzlich unberührt gelassen, durch einen begreiflichen Umschlag der Natur nun sinnlichern Genüssen zugewandt zu haben, um das Gefühl der entstandenen Leerheit, welche auszufüllen Gemma allerdings nicht befähigt war, einigermaßen zu täuschen. Ja eben seine Heirath scheint ihn in einen Kreis schwelgerischer Gesellschaften geführt zu haben, die jenem Feuer noch stärkern Zündstoff darboten, denn die aufstrebenden und ehrgeizigen Donati nahmen wohl an allen Festlichkeiten der eben jetzt reich gewordenen, üppigen Florentiner Theil, und namentlich gehörte allem Ansehn nach Forese di Donati zu den ersten Lebemännern jener Zeit. Dante, der ihn in der Divina Commedia in das Fegefeuer zu den Schwelgern versetzt, sagt dort (Fegef. XXIII, 115 ff.):

> Drauf ich zu ihm: „willst du daran gedenken,
> Was du mit mir, was ich mit dir gewesen,
> So wird dich Dies noch jetzt in Gram versenken."

Noch stärker obwohl versteckter deutet er die Gefahren, die ihm eine Zeit lang gedroht, im XIX. Gesange des Purgatoriums an. Er ist dort, neben dem bei ihm stehenden und ihn hütenden Virgil in Schlummer gesunken, und im Traum erscheint ihm ein stammelndes, schielendes Weib, krumm auf den Füßen, mit Händen die nur Stumpfe sind, und von fahler Farbe. Erst sein eigenes Anblicken gibt ihr, wie die Dichtung höchst sinnreich annimmt, Kraft, Schönheit und Sprache —

> Und wie die Sonne in der Morgenstunde
> Die Glieder stärkt, die von der Nacht beschwert,
> So gab mein Anschau'n Kraft jetzt ihrem Munde,
>
> Und stellte, eh's Minuten noch gewährt,
> Sie aufrecht hin, färbend die welken Wangen
> Mit Jugendhauch, wie's Liebe je begehrt.

Drauf als sie Sprache so durch mich empfangen,
Fing sie zu singen an, daß ohne Thräne
Ich nimmer von ihr wäre weggegangen.

„Ich bin", sang sie, „die liebliche Sirene,
Verlockend wer durchschifft des Meeres Rücken,
So hold dem Ohre schmeicheln meine Töne.

„Ulyssen führt' ich abwegs im Entzücken[a]
Ob meinem Sang, und wer's mit mir will wagen,
Weicht schwer von mir, so süß kann ich beglücken. . . . ."

Noch war sie dran mir Weiteres zu sagen,
Als eine Frau mit heilig ernsten Mienen
Rasch kam, um Jene in die Flucht zu schlagen.

„Virgil, Virgil, wer ist euch hier erschienen?"
So frug sie streng, und Jener kam herbei,
Das Aug' auf sie gewendet, ihr zu dienen.

Diese ernste Frau ist ohne Zweifel die heilige Lucia, d. h. die zur Erkenntniß führende Gnade, unter deren Schutz der Dichter die Wanderung durch das Purgatorium zurücklegt. Sobald Virgil nur auf sie, und nicht auf die verlockende Repräsentantin der Weltlust blickt, gewinnt Erstere Kraft das Kleid der Letztern zu zerreißen und dieselbe in ihrer ganzen Abscheulichkeit zu zeigen, worüber Dante aufwacht. Virgil aber stellt, wie wir später sehen werden, die bessere menschliche Einsicht dar, welche Dante während jener Zeit der irdischen Genüsse verloren hatte. — Daß diese Verirrungen gleichwohl nicht so bedeutend gewesen sein müssen, als es hienach scheinen könnte, beweist die Thatsache, daß Dante sich gerade in dieser Zeit aufs Ernstlichste den Geschäften des Staates hingab und das Vertrauen der florentinischen Regierung in höchstem Grade erwarb, so daß er während jener sieben Jahre mit nicht weniger als fünfzehn Gesandtschaften an auswärtige Mächte betraut worden sein soll und endlich sogar das Amt eines der jährlich neu gewählten Prioren, von welchen seit 1292 je sieben zwei Monate lang die oberste Leitung der Staatsgewalt in Florenz hatten, auf sich übertragen sah.' Einige jener Legationen lassen sich geschichtlich allerdings nicht nachweisen, können aber eben so wenig bestritten werden, während andere, wie z. B. eine nach Siena wegen Grenzstreitigkeiten, eine zweite nach Neapel, um einen zum Tod verurtheilten Florentiner loszubitten, eine dritte nach San Geminiano in Angelegenheiten des toskanischen Guelfenbundes, urkundlich fest, und eine vierte an den Papst Bonifacius VIII. ebenfalls fast außer Zweifel steht. Eben so gewiß ist wenn nicht eine Gesandtschaft, doch eine zu irgend einem sonstigen Zweck unternommene, von dem gleichzeitigen Geschichtschreiber Villani (IX, 136) ausdrücklich angeführte, wenn auch in spätere Zeit verlegte Reise nach Paris und ein längerer Aufenthalt daselbst, während dessen der rastlos nach weiterer Ausbildung Strebende die dortige, durch die Lehrstühle der Theologie und Philosophie berühmte Hochschule besuchte, wie Dies im Mittelalter noch von Männern reifern Alters zu geschehen pflegte. Er nahm von dort keinen günstigen Eindruck vom Charakter des französischen Volkes mit, dessen Könige von der guelfischen Partei, welche damals die herrschende in Florenz war und welcher er selbst angehörte, gewissermaßen als oberste Entscheider ihrer Angelegenheiten neben dem Papst betrachtet wurden, im Gegensatz mit den Ghibellinen, welche den römisch-deutschen Kaiser als Oberherrn ansahen.

Das Hauptergebniß jedoch, das für Dante aus der Betheiligung an den Staatsangelegenheiten im In- und Auslande, oder wenigstens aus seiner wachsenden Bekanntschaft mit denselben und den sie lenkenden Personen hervorging, ein Ergebniß, durch welches seine endliche Rückkehr zu dem Lichte, das ihm ursprünglich in Beatricen geleuchtet, eine höchst eigenthümliche Modification erhielt, war die allmälig gewonnene Ueberzeugung, daß Florenz das Heil, daß Italien die Einheit, die Kraft und den Frieden, die seine heiße Vaterlandsliebe wünschte, nicht durch den Papst und den König von Frankreich, sondern nur durch den deutschen Kaiser erlangen könnten. Mit Einem Wort, er wurde vom Guelfen zum Ghibellinen, wenn auch zunächst nur annähernd und blos der Gesinnung nach, ohne seinen Uebertritt sogleich öffentlich zu erklären. Der erste Schritt, den er in dieser Beziehung that, war sein Ausscheiden aus der Adelsgenossenschaft, welcher durch das in Florenz seit 1292 zur vollsten Geltung gelangte demokratische Element jeder Antheil an den Staatsämtern entzogen und blos die Pflicht geblieben war, vorkommenden Falles die Waffen für das Vaterland zu tragen. Dante ließ sich in die Zunft der Aerzte und Apotheker einschreiben, dadurch zunächst nur zum eigentlichen Volk, dem s. g. Comune, übertretend und sich der Parteiung zwischen Guelfen und Ghibellinen soweit möglich ferne haltend. Dies erklärt er noch im Jahr 1300 oder 1301 ausdrücklich als seinen Standpunkt[5], und ein so glühender Ghibelline, ein so abgesagter Feind des Guelfenthums er später dem Prinzip nach wurde, gegen die Menschen hat er, wie sein Leben eben so sehr als das Gericht beweisen, das er über seine Zeit in seinem großen Gedichte übt, stets die gleiche, ja man darf fast sagen, eine beispiellose Unparteilichkeit beobachtet, während seine italienischen Biographen ihn unbegreiflicherweise als Fanatiker seiner Partei darstellen. Die Sache, nicht die Personen liebte oder haßte er, wo es sich um die beiden Pole der damaligen politischen Gesinnung in Italien handelte, und faßte dabei Ghibellinen- und Guelfenthum von einem weit tiefer eindringenden Gesichtspunkte auf, als die unendliche Mehrzahl seiner in fortwährenden Hader gespaltenen Landsleute. Vielleicht daß er erst nach jenem Eintritt in die Zünfte der gegen Ende des Jahrs 1296 oder zu Anfang 1297 erfolgt sein mag*, zu den vorgenannten Gesandtschaften verwendet wurde, falls dergleichen vorübergehende Aufträge von Seiten des Staates als wirkliche Staatsämter galten und daher dem Adel versagt waren. Jedenfalls aber trat er, sobald sich ihm durch jene Ausscheidung aus der Aristokratie die Bühne des öffentlichen Wirkens geöffnet, dem Parteigeist, sei er in Gestalt des Guelfen- oder des Ghibellinenthums aufgetreten, entschieden entgegen. Im Jahr 1299 griff infolge eines zunächst in Pistoja entstandenen Streites, der die Stadt in zwei Parteien unter dem Namen der Schwarzen und Weißen getheilt, dieser Zwiespalt plötzlich auch in Florenz, unter Beibehaltung jener Benennungen, mit der größten Heftigkeit um sich. Zu den Weißen gehörte dort in erster Reihe das zahlreiche Geschlecht der Cerchi, das sich durch glückliche Handelsspeculation aus dem Stande einfacher Landleute zur reichsten Familie der Republik emporgeschwungen; neben ihm die seit langer Zeit in Florenz ziemlich unterdrückt gewesenen Ghibellinen, und endlich der größte Theil des niedern Volkes (der s. g. popolo minuto); zu den Schwarzen zählten die auf die Cerchi eifersüchtigen wohlhabenden Mitglieder des Volks (der s. g. popolo grasso) und der guelfische Adel. An der Spitze der Weißen stand Messer Veri Cerchi, an der Spitze der Schwarzen Corso di Donati, eine herrschsüchtige, unbändige Natur, Bruder jenes schon genannten Forese und Verwandter von Dantes Gattin. Dante war im Allgemeinen für die Weißen, als die gemäßigtere, einem sittlichern Halt folgende und das ghibellinische Element in sich schließende Partei. Auch Guido Cavalcanti, der seit der Beantwortung jenes Sonettes sein innigster Freund geworden, stand, obwohl ein Guelfe, auf dieser Seite, denn er war Corso Donatis persönlicher Gegner. Absichtlich streuten die Schwarzen das Gerücht aus, die Weißen hätten sich mit allen Ghibellinen Toscanas verbunden, um diese und mit ihnen sich selbst zur herrschenden Genossenschaft zu erheben [6]. Dies kam dem Papste Bonifaz VIII. zu Ohr, und die, allerdings erst bei einem spätern Schriftsteller sich findende Angabe, Dante sei im Frühling 1300, dem für die ganze Christenheit ausgeschriebenen ersten Jubeljahre, als Gesandter nach Rom geschickt worden, um jenen Papst über den Sachverhalt aufzuklären, wird nach Worten, die der Dichter selbst gebraucht, wahrscheinlich [7]; jedenfalls geht seine Anwesenheit in der heiligen Stadt, gesetzt dieselbe sei auch nicht Folge einer Gesandtschaft gewesen, aus einzelnen, auf eigene Anschauung deutenden Zügen der Jubelfestlichkeit, welche sich in der Divina Commedia finden, fast zweifellos hervor [8]. Wie Dem jedoch sei, fest steht, daß Dante den Anfang letztern Gedichtes, d. h. der Rückkehr zu Beatricen „aus dem dunkeln Walde des Lebens“, in den Frühling, näher gesagt den März oder April jenes Jahres setzt [9], und in diesen Zeitpunkt

---

* Wegele a. a. O. S. 94.

fällt denn ohne Zweifel das Sonett, in welchem er am Schluß der Vita nuova und nach dortiger Angabe nur einige Tage nach seinem Abirren von der Geliebten seiner Jugend von einem in himmlischem Licht stralenden Frauenbild jenseits der Sterne und von dem neugeborenen Geist (intelligenza nuova, neuem Verständniß) spricht, der ihn noch wie im Traum und ohne daß er dessen Worte schon zu fassen vermöge, als erdentrückten Wanderer zu jener Stralenden empor trage[10]:

Der Sehnsuchtsdrang, der meiner Brust entsteiget,
Durchfliegt die Sphäre, die am weitsten kreist:
Ihn trägt empor ein neugebor'ner Geist,
Der mit der Liebe Thränen wird gesäuget.

Er sieht dort, wo sein Streben hin sich neiget,
Ein göttlich Weib, dem Alles Ehr' erweist,
Und dem ein heller Strom des Lichts entfleußt,
Durch den ihr Selbst sich diesem Wand'rer zeiget.

Nicht faß' ich es, wenn er mir wieder sagt
Wie er sie sah, also undeutbar klinget
Es mir an's Herz, das ihn um Auskunft fragt.

Das Einz'ge weiß ich Wem die Rede gilt;
Denn da draus Beatricens Nam' oft dringet,
So wird mir wer gemeint ist wohl enthüllt.

Kurz vor dem März (oder April) 1300 aber hatte der Dichter entweder bereits die Nachricht erhalten, daß er durch den Einfluß der Weißen für das laufende Jahr zum Prior gewählt sei, eine Wahl, in deren Folge er dann, nach Entscheidung des Looses, mit sechs Collegen sein zweimonatliches Amt am 15. Juni antrat, oder er hatte sich wenigstens den Weißen schon so genähert, daß er später durch ihre Vermittlung vom 15. Juni bis 15. August zum Prior gewählt wurde[11]. Da er selbst nämlich in Hölle XXIV, 150 f. sich im Frühjahr 1300 als Weißen bezeichnet, so konnte solche Uebertragung der höchsten Ehre des Staates auf ihn natürlich nur durch den Einfluß dieser Partei geschehen, konnte nur Folge eines endlich ganz entschiedenen Bruches mit den Guelfen, d. h. in vorliegendem Falle zunächst mit den Schwarzen sein. Die Entsittlichung des Guelfenthums, welche gerade in der Verschmelzung mit den übermüthigen, aus Geldstolz das niedre Volk verachtenden und drückenden Schwarzen hervortrat, hatte ihn, scheint es, im letzten Jahr immer mehr von jener Partei weggetrieben, während sein Aufenthalt in Rom, falls ein solcher stattgefunden, ihn wahrscheinlich noch geneigter für das Kaiserthum gemacht, das er früher, seiner eigenen Aeußerung nach, für eine unberechtigte Usurpation gehalten, später jedoch für ein Ergebniß der göttlichen Vorsehung ansah[12]. So hing denn seine Wiederannäherung an Beatricen mit seiner politischen Wiedergeburt zusammen; ja es gewinnt beinahe das Ansehn, als sei bei ihm, in welchem sich Liebe, Religion und Patriotismus auf eine Weise in einander verschlangen, wie kaum je wieder in einer Menschenbrust, die Rückkehr zu der Geliebten, die einst seine Führerin zu Gott gewesen, und die Wegwerfung des Bestrebens, der Gottheit ausschließlich auf dem Wege der Philosophie zu nahen, einigermaßen durch jene Emancipation seiner politischen Ansichten vermittelt worden, sofern sie die Frucht sittlicher Entrüstung und somit so gut als die Umkehr zu Beatricen ein Akt des göttlichen Organs in ihm war. Jedenfalls scheint es ihm bei dem Drang seiner Natur, Alles auf das Höchste zu beziehen, und bei der glühenden Liebe zu seinem Vaterland, welcher ein ebenso glühender Haß auf die Mächte, die dasselbe ins Verderben stürzten, gegenüberstand, Bedürfniß gewesen zu sein, das Kaiserthum, dessen Anhänger er nunmehr geworden, als von Gott eingesetzt zu betrachten, von der gleichen Macht, die durch die Rückkehr zu Beatricen wieder Leben für ihn gewonnen. Erst auf diesem Wendepunkt veröffentlichte er, allem Ansehn nach, endlich das dem Hauptinhalt nach längst niedergeschriebene Büchlein von seiner Jugendliebe, das er jetzt seinem Freund Guido Cavalcanti widmete und Vita nuova, d. h. neues Leben betitelte[13], diesen Namen eben so sehr wählend, weil schon durch den ersten Anblick der Geliebten ein neues, an die höchsten Beziehungen anknüpfendes Leben in ihm erweckt worden, als weil ihm dieses Leben später, durch Rückkehr zu der Verklärten, zum zweitenmale aufgegangen. Er schließt das Werklein mit folgenden Worten ab: „Nach diesem Sonett" (dem so eben mitgetheilten) „hatte ich ein wunderbares Gesicht, in welchem ich Dinge sah, die mir den Vorsatz eingaben, nicht mehr von dieser Gebenedeiten zu sprechen, bis ich es würdiger zu thun im Stand sein würde. Dahin zu gelangen beeifere ich mich, so viel ich's vermag, wie sie dies wahrhaftig weiß. Und so darf ich denn, wenn es Dem, in welchem alle Dinge leben, gefällt, daß mein Leben noch einige Jahre daure, hoffen von ihr zu sagen, was noch von Keiner jemals gesagt worden."

Aber diese Jahre sollten eine Zeit harter Prüfung für ihn werden. Hatte er die siebenjährige Dauer seines Irrens, nachdem dasselbe überwunden, in kühner Geringschätzung auf einige Tage herabgesetzt, so dehnte ihm das Schicksal die kurze Frist, die er nöthig zu haben glaubte, um der Geliebten eine Verherrlichung zuzuwenden, wie sie noch keiner Staubgeborenen zu Theil geworden, zu zwanzig Jahren heimatlosen Umherirrens aus, bis er, kaum mit seinem Gedichte fertig geworden[14], auf fremder Erde in's Grab sank. — Am Vorabende des Johannesfestes von 1300, neun Tage, nachdem er am 15. Juni das zweimonatliche Regiment der Republik angetreten, kam es, hauptsächlich durch Schuld Corso's di Donati, zu Streitigkeiten zwischen den Schwarzen und Weißen, die sehr ernsthaft zu werden drohten. Auf Dantes Rath umgaben sich die Prioren mit einer starken bewaffneten Macht aus dem Volke und verwiesen sofort die bedeutendsten Häupter der Schwarzen, vor Allen den Corso di Donati, in ein entferntes Castell des Stadtgebietes. Um aber nicht selbst als Partei zu erscheinen, beschlossen sie auch die Unruhigsten unter den Weißen, namentlich Guido Cavalcanti, den Busenfreund des Dichters, dem er so eben die Vita nuova gewidmet, auf einige Zeit nach Sarzana zu verbannen, eine Maßregel, die ohne Zweifel hauptsächlich von Dante selbst ausging, da seine Amtsgenossen ziemlich unbedeutende Menschen gewesen zu sein scheinen, die bei der Nachricht von jenen Streitigkeiten gänzlich den Kopf verloren hatten. Hätten wir keinen andern Beweis für die antike Seelengröße, die sich bei ihm so wunderbar mit der auf die höchste Spitze getriebenen modernen Empfindungsweise verband, dieser Zug allein würde hinreichen, ihn den Heroen des Alterthums an die Seite zu stellen. Im Herbste, als Dante bereits aus dem Amt getreten, wurden die Weißen, des ungesunden Klimas in Sarzana wegen, zurückgerufen, Cavalcanti aber war schon erkrankt und starb im December 1300. Auch den Schwarzen ward bald darauf die Heimkehr gestattet, mit Ausnahme des Corso Donati, der seine Haft gebrochen und sich zu Bonifaz VIII. nach Rom begeben hatte, weshalb er jetzt abwesend zum Tod verurtheilt, sein Vermögen aber vom Staat eingezogen ward. Im folgenden Frühjahr (während des Priorats eines gewissen Palmieri Altoviti und seiner Genossen, das von Mitte April bis Mitte Juni 1301 dauerte) hielten die Schwarzen, deren Führer sich nur mit Murren der Verbannung unterworfen hatten, von dem nach Rom entwichenen Corso fortwährend aufgestachelt, in der Dreifaltigkeitskirche eine Versammlung, worin das Gesuch an den Papst beschlossen wurde, durch den Grafen Karl von Valois, Bruder Königs Philipp des Schönen von Frankreich, der Uneinigkeit in Florenz steuern zu lassen, d. h. die Macht der Weißen zu stürzen. Dieser Valois rüstete sich nämlich auf Betrieb Bonifacius des Achten jetzt eben, mit einem Haufen französischer Ritter und Abenteurer, zu welchen in Rom ein päpstliches, in Neapel ein neapolitanisches Heer stoßen sollte, Sicilien, das durch die bekannte s. g. Vesper an Aragon gefallen, wieder zu erobern, und schien ganz der Mann, unterwegs einen gewissenlosen Handstreich zu seinem Nebengewinn zu vollziehen. Die Signorie in Florenz, abermals zum Theil aus dem Einfluß der Weißen auf die Wahlen hervorgegangen, jedoch der Mehrzahl nach auch diesmal wieder aus nicht sehr fähigen Männern bestehend, vermochte den Abgang einer auf jenes Gesuch bezüglichen Gesandtschaft der Schwarzen nach Rom nicht zu hintertreiben, und so blieb ihr nichts übrig, als der ersten eine zweite Mission nachzuschicken, um den Papst eines Bessern zu belehren und den dem französischen Prinzen zugedachten Auftrag von der Republik abzuwenden. Unter den hiezu Ausgewählten befand sich Dante, der, einigen Nachrichten zufolge, schon als

Prior vor der Berufung Karls aufs Entschiedenste gewarnt hatte. Durchschauend die Schwäche der Prioren und die Rathlosigkeit des Volks gegenüber den verrätherischen Gesinnungen der Schwarzen, andererseits den Nachtheil erwägend, wenn dem Papst nicht gewachsene Kräfte mit einer so wichtigen Gesandtschaft betraut würden, soll er, als er von dem ihm gewordenen Mandat erfuhr, das stolze Wort ausgerufen haben: „Wenn ich gehe, wer bleibt? wenn ich bleibe, wer geht?“ Endlich entschloß er sich für das Erstere; er reisete im Anfang des Sommers 1301 mit den übrigen Gliedern der Legation ab, nicht ahnend, daß er Florenz niemals wieder sehen werde. Bonifaz wollte nur dann von der, durch ihn selbst herbeigeführten Aufforderung der Schwarzen abstehen, wenn sich die Republik gänzlich seinen Anordnungen unterwürfe, d. h. die Schwarzen, als die ihm ergebene guelfische Partei, ans Ruder brächte. Mit diesem Bescheid schickte er zwei der Gesandten nach Florenz zurück, während er die Uebrigen, worunter Dante, bei sich behielt. Unterdessen war der Prinz mit seinem Haufen in Anagni, einer kleinen Stadt im Kirchenstaate, angelangt und wurde dort, ehe noch eine Antwort von Florenz eingetroffen, ja ehe die beiden zurückgeschickten Gesandten daselbst angekommen, vom Papst wirklich beauftragt, die Ordnung in Florenz, unter dem Titel eines Pacificators von Toscana, herzustellen. Er zog den Tag nach Allerseelen 1301 in dieser Stadt ein, denn die Weißen und die zu ihnen haltende Masse des Volks hatten sich, als er um den Eintritt, welchen er mit seinem kleinen Haufen zu erzwingen keineswegs vermocht hätte, freundlich bat, durch gleißnerische Zusagen täuschen lassen, und die höchste Gewalt im Staate ward ihm sofort, zum Zweck der Friedensstiftung, feierlich übertragen. Aber schon wenige Tage nachher war auch Corso Donati, welcher dem französischen Heer bis in die Nähe der Stadt gefolgt, mit einer Schaar seiner Anhänger und mit geworbenem Gesindel gewaltsam eingedrungen, und diesem ließ der Prinz alsbald gänzlich freies Spiel. Mit Anbruch der Nacht gab der von Rachsucht glühende Häuptling der Schwarzen das Zeichen zu Plünderung, Brand und Mord gegen die Weißen. Sechs Tage lang währte der Gräuel, und auch Dantes Haus ward geplündert und geschleift. Letztere Thatsache findet sich zwar erst bei spätern Autoren, geht aber aus der sogleich zu berichtenden Unfähigkeit des an sich ziemlich wohlhabenden Dichters, die ihm angesetzte Geldbuße zu bezahlen, und wohl auch aus seinem Verharren außerhalb Florenz deutlich genug hervor, nichts davon zu sagen, daß wenn nicht der unter Dantes Priorat verbannte Corso di Donati selbst, wenigstens das denselben begleitende Raubgesindel bemüht gewesen sein wird, an dem Gegner ihres Führers Rache zu nehmen und sich aus seiner Habe zu bereichern. Endlich setzte der Pacificator ein Priorat aus lauter Schwarzen nieder; der aus Rom eingetroffene Cardinal Acquasparta wollte zwar die Staatsämter wieder der Volkswahl übergeben wissen, allein er drang mit dieser Forderung, wenn sie ihm wirklich Ernst, nicht durch, und die durch Machtspruch des Prinzen eingeführte Obrigkeit begann nun auch gegen diejenigen ihrer überwundenen Gegner einzuschreiten, welche sich im Augenblick nicht in Florenz befanden. Am 27. Januar 1302 ward Dante zu einer Buße von 8000 Lire verurtheilt, weil er „vom öffentlichen Gerücht verschrien sei, sich der Aufnahme des Grafen von Valois widersetzt, und sich Betrügereien habe zu Schuld kommen lassen. Bezahle er jene Summe nicht innerhalb einer gewissen Zeit, so solle sein Eigenthum vom Staat eingezogen werden, jedoch auch im Zahlungsfall habe er Toscana" (soweit dasselbe Florenz unterworfen) „zwei Jahre lang zu meiden." Nicht einmal der Schein eines Beweises für die gegen ihn geschleuderte Anschuldigung ward beigebracht. Dante war dem Regiment der Schwarzen gefährlich, und darum war es erklärter Wille seiner Richter, ihn schuldig zu finden*, wie denn auch Villani, ein, wenn in sonstiger Beziehung keineswegs unparteiischer, hinsichtlich Dantes vollkommen unverdächtiger, ja denselben fast allzusehr ignorirender Schriftsteller, beim Tode des Dichters bemerkt: „Seine Verbannung aus Florenz ward verursacht, weil, als Karl von Valois im Jahr 1301 dahin kam und die Partei der Weißen verjagte, besagter Dante zu den hauptsächlichsten Leitern unsrer Stadt und, obwohl (ursprünglich) ein Guelfe, zu jener Partei gehörte. Deshalb ward er ohne andre Schuld mit besagter weißen Partei weggejagt und verbannt" (IX, 136). — Der Verurtheilte, der sich vermuthlich schon bei der Nachricht von Karls Einzug in Florenz vom Papste getrennt, befand sich in diesem Augenblicke in Siena, wo er die erste Kunde von der Zerstörung seines Hauses erhalten zu haben scheint und daher die Weiterreise nach der Vaterstadt nothgedrungen eingestellt hatte. Er vermochte, höchst wahrscheinlich aus eben genanntem Grunde, die geforderte Summe nicht aufzubringen, und wurde deshalb durch ein zweites, geschärftes Urtheil vom 10. März 1302 mit dreizehn andern der angesehensten Weißen auf immer aus dem Gebiet von Florenz verwiesen und seines sämmtlichen Vermögens verlustig erklärt, mit der Drohung, im Betretungsfall lebendig verbrannt zu werden. Beinahe 37 Jahre zählte der Dichter, als ihn dieser Schlag traf; es liegt nicht in unsrem Zweck, hier auf eine nähere Schilderung seines Exiles einzugehen; er selbst hat, was er dabei empfunden, genügend durch die sechs Zeilen der Divina Commedia (Par. XVII, 55—60) ausgedrückt:

> Weg mußt von Allem du, was süß dem Herzen,
> Was ihm am Liebsten; auf dich ausgestreckt
> Hält schon der Bogen diesen Pfeil der Schmerzen.
> Da wird, wie fremdes Brod nach Salze schmeckt,
> Und welch ein harter Gang es, fremde Treppen
> Zu steigen, dir durch's eig'ne Loos entdeckt.

* Vgl. Wegele a. a. O. S. 139.

2*

Ich beschränke mich auf die Wiederholung des Ausspruches, daß auf diesem Weg der Schmerzen die ganze Divina Commedia entstanden ist, denn wenn auch die Bemerkung Boccaccios richtig sein sollte, die sieben ersten Gesänge der Hölle seien schon vor der Verbannung des Dichters vollendet gewesen, so liegt es doch im Inhalt dieser Gesänge selbst, daß sie später fast ganz umgearbeitet werden mußten, besonders wenn sie vollends, wie Boccaccio angibt, ursprünglich in lateinischer Sprache abgefaßt gewesen. Erst mit der Ankunft Heinrichs VII. in Italien schien für Dante ein neuer Stern aufzugehen. Jener, aus dem kleinen Hause der Grafen von Lützelburg am 22. November 1308 von den versammelten Wahlfürsten Deutschlands einstimmig auf den höchsten Thron der Christenheit erhoben, war der erste König der Deutschen, der seit Friedrich II. wieder den s. g. Römerzug antrat, um sich in Rom die Kaiserkrone aufs Haupt setzen zu lassen. Sein hoher, ganz einer idealen Richtung hingegebener Sinn, die erhabene Vorstellung, die er von der Würde eines römischen Kaisers hatte, sein frommer Glaube an die Ausführbarkeit Dessen, was für ihn in dieser Würde lag, sein tapferer, unerschütterlicher Muth machten ihn zu einer dem Dichter wahrhaft verwandten Natur. Noch ehe Dieser jedoch hievon mehr als allgemeine Nachrichten haben konnte, gleich bei der ersten Kunde von dem beschlossenen Römerzug, hatte er, der sich damals auf dem Schloß des Grafen Guido Salvatico im Casentinischen aufhielt, ein Flugblatt „an die Fürsten und Herren Italiens" in die Welt geworfen, aus welchem der ganze Jubel seiner Seele über die endlich herannahende Verwirklichung des Zieles, welches er für sein geliebtes Vaterland so lange allein in sich herumgetragen, wiedertönt. „Freue dich nun, Italia", heißt es dort, „du selbst den Sarazenen mitleidswürdige, die du hinfort neidenswerth erscheinen wirst dem Erdkreise; denn dein Bräutigam, der gnadenreiche Heinrich, der Göttliche, der Augustus und Cäsar, eilt zur Hochzeit. Nah' ist er, welcher dich befreien wird aus dem Kerker der Gottlosen und seinen Weinberg andern Arbeitern verdingen, die die Frucht der Gerechtigkeit darbringen zur Zeit der Erndte" *. So jung, so hoffnungstrunken schlug das Herz noch in dem damals fünf und vierzigjährigen Manne, der bereits acht Jahre lang alle Leiden der Verbannung getragen. „Verzeihet", redet er weiterhin seine Mitverbannten an, „verzeihet nunmehr, o Geliebteste, die ihr mit mir Unrecht geduldet habt, damit der Hirte euch als die Heerde seines Stalles erkenne, welcher, wenn ihm gleich die Züchtigung von Oben vertraut ist, doch, damit er die Güte Dessen (Gottes) zu schmecken gebe, von welchem wie von Einem Punkte aus die Macht des Petrus und des Cäsar sich zweizackt, der übrigen Genossenschaft sich um so lieber erbarmt." Als der Kaiser sofort im Herbst 1310 den

* Diesen, sowie die folgenden Auszüge aus Dantes prosaischen Schriften, nach Kannegießer, doch mit oft bedeutenden Abkürzungen

Zug nach Italien in der That antrat, eilte ihm der Dichter mit andern toskanischen Ghibellinen entgegen und ließ sich ihm, wahrscheinlich in Turin oder in Asti, vorstellen. Wirklich unterwarf sich dem hohen Ankömmling für den ersten Schein Alles; selbst Mailand, obwohl von Guelfen beherrscht, öffnete ihm die Thore, und er ließ sich hier mit der eisernen Krone als König von Italien krönen. Aber während seines dortigen Aufenthaltes brach ein Aufstand aus, der, an sich zwar bald unterdrückt, ähnliche Bewegungen in Lodi, Crema, Cremona und Brescia hervorrief. Er glaubte keinen dieser Gegner unbezwungen hinter sich lassen zu dürfen, Dante aber war der Ansicht, Heinrich solle sogleich gegen Florenz, die gewichtigste Stadt des obern Italiens, ziehen, die sich jeden Tag mehr als die Seele jenes Widerstandes auswies, und der verbannte Florentiner hielt sich für bedeutend genug, an Jenen hierüber unterm 16. April 1311 einen Brief zu richten, der, bei aller auch hier hervorblickenden schwärmerischen Hingabe an den Kaiser, beweist, wie wenig jene Hingabe eine blinde war. „Ich habe," schreibt er, „wie es der kaiserlichen Majestät wohl ansteht, gesehen und gehört die Fülle deiner Milde und Gnade am Tag, wo meine Hände deine Füße berührten und meine Lippen (dort) ihren Zoll darbrachten. Aber welch träge Verspätung dir im Wege sei, wundern wir uns. — — — Schaam erfülle deswegen, auf der engsten Tenne der Welt umgarnt gehalten zu werden, Den, welchen die ganze Welt erwartet, und es entgehe dem Scharfblick des Augustus nicht, daß die toscanische Tyrannei" (das in Florenz durch die gewaltsam eingesetzten Schwarzen herrschende Guelfenthum) „im Vertrauen auf die Säumniß Stärke gewinnt und, täglich den Uebermuth der Böswilligen aufmunternd, neue Kräfte sammelt, Verwegenheit der Verwegenheit zufügend. — — Was, einziger Fürst der Welt, wirst du sagen können vollbracht zu haben, wenn du den Nacken des störrischen Cremonas gebogen haben wirst? Wird nicht wider Vermuthen die Wuth in Brescia oder Pavia emporschwellen? Gewiß sie wird, — — und sofort eine andre zu Vercelli oder Bergamo oder anderwärts, bis die Wurzel dieser Abtrünnigkeit" (der Widerstand in Florenz) „vertilgt ist und mit dem Stamm die Zweige verdorren." Leider folgte der König diesem Rathe nicht, sondern ließ durch die Belagerung von Brescia den Guelfen und dem König Robert von Neapel, dem natürlichen Gegner jedes kaiserlichen Umsichgreifens in Italien, hinlängliche Zeit, ihren Widerstand in jeder Weise zu organisiren. Nur unter fortwährenden Kämpfen ward endlich in Rom, dessen größere, auf der rechten Seite der Tiber gelegene Hälfte von Roberts Truppen besetzt war, am 29. Juni 1312 die Kaiserkrönung vollzogen, und erst von Rom aus wandte sich der Neugekrönte gegen Florenz, das er fruchtlos belagerte und sofort auf dem gegen König Robert von Pisa aus angetretenen Zug am 24. August 1213 in Buonconvento einer ihn unterwegs überkommenen Krankheit erlag. Dantes Trauer war grenzenlos; all seine Hoffnungen auf die Wiederherstellung Italiens, wie auf die eigene Rückkehr nach Florenz waren mit Einem Schlag vernichtet; aber seine starke Seele war unfähig zu verzweifeln. Da er von Deutschland, wo nach Heinrichs Tode die eine Hälfte der Wahlfürsten den Herzog Ludwig von Baiern, die andere Friedrich von Oestreich zum König gewählt hatte, und deshalb blutiger Zwiespalt ausgebrochen war, wenigstens für die nächste Zukunft nichts mehr erwarten konnte, so versuchte er es, mindestens das Papstthum von den im Augenblick auf demselben lastenden Fesseln zu befreien, denn so wenig er eine weltliche Herrschaft desselben wollte, so ungern sah er dessen weltliche Knechtschaft. Clemens V., der, genöthigt von Philipp dem Schönen von Frankreich, den päpstlichen Stuhl von Rom nach Avignon verlegt hatte, war am 20. April 1314, acht Monate nach Heinrich, gestorben und die Cardinäle traten zu neuer Wahl in Carpentras in der Provence zusammen. Mit Ausnahme Frankreichs wünschte die ganze orthodoxe Christenheit, und insbesondere Italien, die Rückversetzung der päpstlichen Residenz nach Rom; vor Allem aber war es Dantes Bestreben, das Oberhaupt der Kirche nicht in französischer Gewalt zu lassen. Er richtete daher an die versammelten Bischöfe ein Schreiben, worin er sie zu dieser Rückverlegung auffordert und ihnen unter Anderem sagt: „Ihr, gleich Hauptleuten der streitenden Kirche vorgesetzt, unbekümmert den Wagen der Braut auf der offenbaren Spur des Gekreuzigten zu leiten, seid — — — aus dem Geleise gewichen und habt, wiewohl es euch zukam, der Heerde die Wildniß dieser Pilgerschaft zu lichten, sie mit euch in den Abgrund gerissen. — — — Besser werden wird es (wenn es auch unmöglich, daß nicht ein Schandmahl und Brandzeichen dem apostolischen Stuhl verbleibe, und eine Versündigung gegen Den, dem Himmel und Erde gehören), wenn ihr alle für die Braut Christi, für den Sitz der Braut, welcher Rom ist, für unser Italien und, um es vollständig zu sagen, für die ganze Pilgerschaft auf Erden männlich vorkämpfet." Man sieht hieraus, wie wenig Dante, so entschieden er Ghibelline geworden, der Idee des Papstes, als obersten Lenkers aller kirchlichen Angelegenheiten, irgend etwas vergeben wissen wollte. Aber seine Vorstellungen blieben fruchtlos; ein Franzose ward am 7. August 1316 zum Papst gewählt und die päpstliche Residenz verblieb in Avignon. Fast gleichzeitig mit dieser Wahl hatte Florenz, durch innere, unter den Schwarzen selbst ausgebrochene Spaltungen zerrissen, die höchste Gewalt freiwillig auf einige Jahre dem König Robert übertragen, und dieser den Grafen Guido von Batifolle dort zum Statthalter eingesetzt. Dante war zur Zeit des Römerzuges Heinrichs VII. zur Familie der Batifolle's aus dem ihm überhaupt befreundeten Geschlechte der Grafen Guidi, in ein besonders nahes Verhältniß getreten, und so geschah es denn, wie es scheint, sowohl durch den Einfluß jenes Statthalters, als durch die zwischen den Feinden des Dichters ausgebrochene Zerrissenheit, und endlich in Folge eines bald nach Heinrichs Tod von Dante selbst an das Volk von Florenz geschriebenen

Briefs *, der angeblich mit den rührenden Worten begann: popule mee quid feci tibi? (mein Volk, was hab' ich dir gethan?) — daß man dem Briefsteller und den übrigen Verbannten die Rückkehr unter der Bedingung anbot, eine Summe Geldes zu erlegen und sich am Altar der Johanneskirche begnadigen zu lassen. Sie hatten in diesem Fall nach altem Brauch hinter dem Münzwagen des Johannes, Mitren auf dem Haupt und brennende Kerzen in der Hand, herzugehen, und wurden so dem Heiligen, als ihm gleichsam geweihtes Eigenthum, dargestellt. Mehrere von Dantes Schicksalsgenossen verschmähten nicht, sich auf solche Weise vom Bann lösen zu lassen, er aber, jetzt fünfzig Jahre alt, schrieb dem Freunde, der ihm von diesem Anerbieten Nachricht gegeben: „Ist Das der Ruhm, mit welchem man Dante Alighieri in das Vaterland zurückruft, nachdem er fast drei Lustra der Verbannung ertragen? Auf solche Weise lohnt man seine Unschuld, die Niemand mehr verkennt? Auf solche Weise den Schweiß und die Arbeit, die er auf die Studien verwandt hat? Fern sei von einem mit der Philosophie vertrauten Manne die unbesonnene Demüthigung eines irdischgesinnten Herzens, daß er es ertrüge, sich, gleichsam in Banden, zu stellen! Fern sei von einem Manne, der die Gerechtigkeit predigt, daß er, der Beleidigte, den Beleidigern, als wären sie seine Wohlthäter, Geld zahle! Das ist nicht der Weg, in's Vaterland zurückzukehren. — — — Wenn man nicht auf ehrenvollem Weg in Florenz eingehen kann, so werde ich nie wieder in Florenz eingehen. — — Werde ich nicht überall unter dem Himmel den edelsten Wahrheiten nachforschen können, ohne daß ich mich ehrlos und sogar schmachbeladen wieder darbiete der Stadt Florenz? Und auch Brod, hoffe ich, wird mir nicht fehlen." So äußerte sich Dantes stolze Seele, während dieselbe im Geheimen von Sehnsucht nach der geliebten Heimat fast verzehrt ward. Sein Herz hing, wie er früher an den Cardinal von Prato geschrieben, „mit fast träumerischem Verlangen" am Vaterland [15], und im Convito (I, 3) sagt er: „Seitdem es den Bürgern der schönsten und berühmtesten Tochter Roms, Florenz, gefallen, mich aus ihrem holden Schoße zu verstoßen, in welchem ich geboren und bis zum Gipfel" (d. h. zur Mitte, von welcher es wieder abwärts geht, vgl. den Anfang der göttl. Komödie) „meines Lebens auferzogen bin, und wo ich zum Heil derselben von ganzem Herzen wünsche, die müde Seele auszuruhen und die mir verliehene Zeit zu beschließen, seitdem bin ich fast alle Gegenden, zu welchen sich unsre Sprache erstreckt, pilgernd und gleichsam bettelnd durchwandert, und habe gegen meinen Willen die Wunde des Schicksals zur Schau getragen. — — — In Wahrheit, ich war ein Fahrzeug ohne Segel und Steuer, verschlagen zu verschiedenen Häfen und Ufern durch den trockenen Wind, welchen die schmerzenreiche Armuth ausathmet." Noch rührender, und den weiter oben angeführten Worten der Divina Commedia über die Qualen eines Verbannten

* Nach Leonardo Bruni von Arezzo bei Witte, Anmerk. zu Dante Aligh. lyr. Ged. II, S. L.

an Einfachheit und Kraft kaum nachstehend, sind einige Verse der Canzone „Doglia mi reca" 2c. In Bezug auf Die, bei welchen er Obdach gesucht, heißt es hier:

Der mach durch Zaudern, Der durch eitles Prangen,
Und Der durch Mienen, drüber Wolken hangen,
Das was er schenkt zu so kostbarem Kauf.
Wie Der nur, der solch eine Waare zahlet, fühlt.
Ihr fragt, ob Jener rauh mit Diesem spielt?
O ihm wird so das wunde Herz durchwühlt,
Daß ihm ein Nein nicht bitter dünkt darauf (Stroph. VI, 14 ff.).

Das um 1309 herausgekommene Convito scheint bereits auf diese Canzone hinzuweisen, indem dort von einem Gedichte des Verfassers die Rede ist, worin gezeigt werde, daß ein erbetenes Geschenk einem theuern Kaufe gleich zu achten sei (I, 8) und daß die schönen Eigenschaften der Seele durch Eitelkeit und Hochmuth verdrängt würden (III, 15). Somit wäre nicht unmöglich, daß dieser Erguß des Unwillens mitunter von der Erinnerung an die rauhen Späße eingegeben worden, die der noch sehr junge Can grande, bei welchem sich Dante, einigen Nachrichten zufolge, im Jahr 1308 aufhielt, und welchem er später das Paradies zueignete, trotz dem guten Einvernehmen, in welchem Beide zu einander standen, sich bisweilen gegen denselben heraus genommen haben soll, Unziemlichkeiten, für welche zu viele Zeugnisse vorliegen, als daß man die Sache, gesetzt sie sei später auch übertrieben worden, für gänzlich unbegründet annehmen dürfte. Jedenfalls hatte Jener nicht gehindert, daß Dante eben zur Zeit, wo er ihm das Paradies widmete, d. h. kurz vor seinem Tod, sich in drückender Armuth befand, denn es heißt in jenem Dedicationsschreiben, er könne sich für jetzt in keine weitere Erklärung der Divina Commedia für die Lesewelt einlassen, „weil ihn die Noth seines Hauswesens zu sehr bedränge" [16]. Noch gereizter lauten folgende Worte in oben bezeichneter Canzone:

O ihr, falsch gegen euch und grausam Andern,
Ihr sehet Männer wandern
Durch Berg und Sümpfe nackt und ohne Brod,
Vor denen einst das Laster floh, bedroht,
Und ihr umhüllt euch mit gemeinem Koth! (Stroph. V, 17 ff.)

Andrerseits ließ Dante sich durch die entehrenden Bedingungen, unter welchen ihm die Rückkehr jetzt zugestanden werden wollte, keineswegs im Glauben stören, daß er dereinst noch mit Ehre gekrönt das Vaterland wieder sehen würde, denn hat je ein Dichter das volle Bewußtsein seines Ruhms bei der Nachwelt gehabt, so war er es [17]. So beginnt er den XXV. Gesang des Paradieses mit den Worten:

Zwing' je ich mit des heil'gen Lieds Accorden,
Dran Hand gelegt der Himmel und die Erde,
Wodurch für viele Jahr' ich hager worden,

Den harten Sinn, der mich von jener Herde
Genossen ausschließt, die als Lamm mich sahen,
Den Wölfen feind, die ihnen zur Gefährde:

Mit andrem Haar dann, andrer Stimme nahen
Werd' ich als Dichter, und an jenem Brunnen,
Drin ich getauft, den Lorbeerkranz empfahen.

Mit ergrautem Haar und einer Stimme, aus welcher der Jugendklang verschwunden, hofft er noch kühn, die Dichterkrone werd' ihm in eben jener Kirche zu Theil werden, zu der er nach oben erwähntem Vorschlag als bußethnender Sünder hätte wandeln sollen; denn er war, wie fast alle Florentiner, im Baptisterium des Johannesdomes getauft worden, und mag die obigen Zeilen im Jahr 1318 gedichtet haben, wo er, bald nach einem wiederholten, spätern Aufenthalt bei dem vorhin erwähnten Can grande in Verona, in dem auf den Umbrischen Bergen gelegenen Camaldulenserkloster Fonte Avellana Aufnahme fand, nahe dem florentinischen Gebiete, das er von hier aus mit den Augen zu erreichen vermochte*. Ganz den gleichen Gedanken spricht er in der ersten lateinischen Ekloge an Johannes de Virgilio aus, die jedenfalls, wie bereits in einer Anmerkung nachgewiesen worden, nicht vor der zweiten Hälfte des Jahrs 1318 entstanden sein kann:

—Und wär's nicht besser
Als Triumphator, wenn ich wiederkehre
In's Vaterland, die Haare mir zu schmücken,
Die weißen, die einst licht am Arno waren? [18]

Allein während seines Lebens sollte ihm dieser Triumph nicht werden. Dante starb, kaum nach Vollendung seines großen Gedichtes, als Verbannter zu Ravenna, wo er von dem edeln Guelfen, Guido da Polenta, liebevoll aufgenommen worden, am 21. Sept. 1321, des Lorbeers in seiner Doppelbedeutung für den Dichter und den Helden wie kaum je ein Andrer würdig.

Gehen wir damit zur Divina Commedia über.

Zweite Vorlesung.

Dante hat sich, so beginnt das Gedicht, in der Mitte unsres Lebensweges, d. h. im fünf und dreißigsten Jahr, Nachts in einem dunkeln Wald voll furchtbarer Schrecknisse verirrt; wie er hineingekommen, weiß er nicht: er war auf der rechten

* Vgl. Kopisch a. a. O. S. 459, Sp. 1.

Straße gewesen, aber schlaftrunken hatte er dieselbe verloren. Endlich gelangt er aus der grauenhaften Schlucht heraus zum Fuß eines Hügels, den die Morgensonne bereits mit ihren Stralen bekleidet. Er will denselben besteigen, aber ein Pardel, ein Löwe und eine gierige, dürre Wölfin vertreten ihm den Weg und er wendet sich, scheu geworden, wieder mehr und mehr dem Orte zu, „wo die Sonne schwelget", d. h. wo sie untergeht, indem sie dann nicht mehr die fröhlichen Stimmen des Tages, wie der Vögel u. s. w. begleiten, also dem Abend, dem Eingang der Nacht zu, vielleicht mit leiser Anspielung auf die Harmonie der Sphären, die er in jenem furchtbaren Walde nicht vernimmt. Da erblickt er plötzlich die Gestalt eines Menschen und ruft ihm zu: „Erbarme dich meiner, seiest du ein Mensch oder nur ein Geist." Jener erwiedert, er sei ein Mensch gewesen, jetzt nur ein Schatten; er sei der Mantuaner Virgil. „Doch warum," fragt er, „ersteigst du jenen glückseligen Berg nicht, welcher der Anfang und Urgrund jeder Wonne ist?" Dante weist auf die Wölfin und bittet den Virgil, ihn vor derselben zu schützen. Er müsse eine andre Straße nehmen, antwortet ihm Dieser; die Wölfin lasse Niemanden auf ihrem Weg gehen, bis einst der schnelle Bracke kommen werde, der sie tödte. Darum solle Dante ihm, Virgilen, folgen; er wolle ihm die Stätten der ewigen Qual und das Dulden der hoffenden Seelen im Fegefeuer zeigen. Begehr' er auch zu den Seligen empor, so werd' eine würdigere Seele sich zu ihm gesellen. Dante folgt ihm, sie wandern den ganzen Tag fort und Jener bereitet sich innerlich auf den Kampf sowohl mit den Mühen des Pfades, als mit dem Mitleid vor, bis ihn mit Eintritt des Nachtdunkels banger Zweifel befällt, ob seine Kraft auch hinreiche, lebend das Jenseits zu durchziehen. Virgil, den wir, wie schon angedeutet, später, bei Erklärung des allegorischen Elementes in dem Gedicht, als den Repräsentanten der menschlichen Einsicht, der Vernunft, kennen lernen werden, und jetzt schon als solchen bezeichnen wollen. — Virgil, welchem der Verzagte sein Bedenken mittheilt, heißt ihn solchen Kleinmuth ablegen und eröffnet ihm, Beatrice selbst, aus dem Himmel in die Vorhölle herabgestiegen, habe ihn, Virgilen, aufgefordert, „Dem, der sie so geliebt, daß er durch sie von dem gemeinen Haufen sich geschieden," ein Führer zu sein. Auf Dies beschließt Dante, neu ermuthigt, die schwere Wanderung und folgt dem leitenden Schatten auf dem öden Weg. So kommen sie denn, indem es eben Nacht geworden, die jedoch vom vollen Mond erleuchtet ist, zu einer Pforte, über welcher in schwarzen Buchstaben angeschrieben steht:

> Durch mich gelangt man in die Stadt der Schmerzen,
> Durch mich gelangt man zu dem ew'gen Wehe,
> Durch mich zum Orte der verlor'nen Herzen.
>
> Gerechtigkeit trieb an, daß ich entstehe,
> Mich rief die Allmacht aus des Nichtseins Schlünden,
> Der Liebe Urgrund und der Weisheit Höhe.

Geschaffenes war vor mir nichts zu finden,
Als nur was ewig; ewig bin auch ich.
Laßt, die ihr eingeht, jede Hoffnung schwinden.

Das Paar geht hindurch und befindet sich damit in der Vorhölle im weitern Sinn, d. h. zunächst nur in einem öden großen Raum voll mannigfacher Wehklage, dem Aufenthalte thatloser, feiger Seelen und jener Engel, die bei Lucifers Empörung unentschieden geblieben. Dante erblickt eine Fahne, welche, des Feststehens unwürdig, ewig flüchtet; ihr nach rennt eine unendliche Schaar feiger Seelen, verfolgt von Wespenschwärmen. Von da gelangen die Beiden zum Acheron; Charon weist den Dichter zurück, weil sein Nachen nicht fähig sei, einen irdischen Leib zu tragen; die Erde bebt, purpurrothes Leuchten umblitzt den Ankömmling, das all' seine Sinne übernimmt, und er stürzt zu Boden, von plötzlichem Schlaf bewältigt. In diesem Zustand wird der Lebende über den Strom in's Land der Todten entrückt, denn nur durch ein Wunder, nur durch eine Versetzung der Seele außer sich selbst ist ein solcher Uebergang möglich. Aufgeweckt vom Donner des Weherufs, der aus dem Abgrund emporhallt, sieht sich Jener am Rande des Höllenschlundes und fängt mit Virgilen die Hinabsteigung in denselben an. Zuerst kommen sie in den Aufenthalt der vor der Taufe gestorbenen unschuldigen Kleinen und der tugendhaften Heiden, den von der Kirche so genannten limbus der Vorväter und limbus der Kinder, die von Dante als gleicher Ort betrachtet werden. Keine Klage erschallt; unerfülltes Sehnen, sagt Virgil, sei hier die einzige Qual. Vorschreitend von diesem äußersten Umkreis der Vorhölle im engern Sinne, der Wohnstätte der gerechten, aber unberühmt gebliebenen Heiden, sieht er die Heroen des Heidenthums von den Unberühmten durch eine Lichtglorie und zugleich durch einen hellen Bach abgegrenzt. Eine von dort herüber schallende Stimme ermahnt zu ehrenvollem Empfang des wiederkehrenden Virgil, der somit da drüben seine gewöhnliche Stätte hat. Homer, Horaz, Ovid, Lucan treten vor und nehmen Virgil mit Danten in ihre Gruppe auf, welche, in solcher Vereinigung gleichsam die ganze Dichtkunst vorbildend, über den Bach schreitet, der nur die geringen Geister zurückhält. Jenseits, auf den ewig begrünten, lichten Höhen der Heroen, erblickt er unter Andern Cäsarn, den ältern Brutus, Saladin, Plato, Sokrates und den „Meister aller Derer, die da wissen," nämlich den Aristoteles. Geister, ob deren ihm vergönnt gewordener Schau er sich, wie er sagt, in sich selbst erhebe. Von da steigt er mit Virgil in den zweiten Kreis der Unterwelt hinab, und dort erst sieht er, in dem Todtenrichter Minos verkörpert, das erwachende Bewußtsein der Schuld. Hier also erst beginnt die eigentliche Hölle, während der Aufenthalt der Heroen noch viel, sehr viel von einem Himmel an sich hat. Ein anderes Loos der Geschauten anzunehmen weigert sich Dantes von der Majestät der Menschennatur eben so begeisterte als andrerseits strenge Seele entschieden, wie denn auch die von ihm über den Eingang zur Unterwelt gesetzte Inschrift nicht sagt: „hier ist die Stadt der

Schmerzen," sondern nur: „hier gelangt man" — auf einem, wie wir jetzt sehen, noch ziemlich weiten Weg — „in die Stadt der Schmerzen," und die Mahnung: „Laßt, die ihr eingeht, jede Hoffnung schwinden," bezieht sich somit für jene erhabenen Geister nur auf die Hoffnung der höchsten Seligkeit, nur auf die Hoffnung Gott selbst zu schauen; denn Virgil darf Danten bis hart an den Saum des Himmels begleiten. — Die nunmehr beginnende Hölle zieht sich in immer enger, immer dunkler werdenden Kreisen bis zum Mittelpunkt der Erde hinab, und die beiden Wanderer gelangen zunächst an den Ort, wo Diejenigen, die durch Liebe in die Gewalt der Sünde gefallen, ein ewig kreisender Sturm ruhelos umhertreibt. Unter ihnen erblickt Dante ein unzertrennliches Paar, das er sofort an Dem, was es ihm auf Befragen erzählt, erkennt, ohne daß er Das, was ihm von dessen Verschuldung bekannt ist, deutlich ausspräche, oder auch nur die Geschlechtsnamen der beiden Unglücklichen angäbe, weil damals ganz Italien mit dieser thränenvollen Geschichte bekannt war. Die Beiden sind Francesca von Rimini, die Muhme jenes Guido da Polenta, bei welchem der Dichter seine Tage beschloß, und Paolo oder Polo Malatesta, ihres Gatten schöner Bruder, der Jenem hatte zum Werkzeug dienen müssen, die Einwilligung des reizenden Mädchens zur Ehe mit ihm, dem Häßlichen, zu erlangen. Aber das Spiel, das Paolo um des Bruders willen mit Francesca getrieben, rächte sich nach der Vermählung furchtbar an ihm selbst. Er faßte die glühendste Liebe zu der Neuvermählten, ward von ihr wiedergeliebt, und Beide wurden von dem eifersüchtigen Gatten, der sie beisammen überraschte, im gleichen Augenblick erdolcht. — Dante hat sich bei Virgil nach den Hauptpersonen erkundigt, die er vor sich vom Sturm umhertreiben sieht, und fährt nun also fort (Hölle V, 70 ff.):

Und als mein Führer mir die Namen nannte
Der Frau'n und Männer aus der Vorzeit Tagen,
Ergriff mich Schmerz, der fast mich übermannte.

Und ich begann: „o Dichter, wohl befragen
Möcht' ich die Zwei dort, die beisammen schweben,
Vom Sturme, scheint es, wuchtlos hingetragen."

Drauf Er: „wenn sie uns naht das Windesweben,
Magst du bei jener Liebe in sie dringen,
Die so sie jagt: sie werden Antwort geben."

Und ich, als sie gebracht des Sturmes Schwingen:
„An euch, ihr Müden mit des Grames Zügen,
Laßt, ist's verwehrt euch nicht, ein Wort mich bringen."

Und rasch wie Tauben durch die Lüfte fliegen,
Den Fittig weit, sehnsüchtig aufgethan
In's süße Nest die weiche Brust zu schmiegen,

Kam aus dem Schwarm, sobald ich so begann,
Das Paar herbei durch wilder Windsbraut Wogen,
So mächtig zog des Mitleids Klang sie an.

„O liebreich Wesen, uns noch mild gewogen,“
Ließ eine sich der beiden Stimmen hören *.
„Uns, deren Blut die Erde hat gesogen,

„Würd' uns noch Ohr des Weltalls Herr gewähren,
So würden wir für deinen Frieden beten,
Du, den erbarmen unsre bittern Zähren.

„Doch sprich, was dir zu sprechen dünkt von Nöthen,
Und unser Ohr und Mund sei dir erschlossen,
Denn Rast vom Sturm ist, siehst du, eingetreten.

„Der Ort, dem ich auf Erden bin entsprossen,
Liegt wo der Po am niedern Meeresstrand
Zur Ruh' sich senkt mit seines Laufs Genossen.

„Liebe, die rasch was zart ist übermannt,
Hielt Diesen ** durch des Leibes Schönheit fest,
Den bald drauf grauser Raub mir hat entwandt.

„Liebe, die Gegenlieb' uns nie erläßt,
Trieb mich zu Dem da so mit Machtgebot,
Daß noch sie lebt, wo todt des Lebens Rest.

„Liebe hat uns geführt zu Einem Tod,
Kains Wohnstatt harrt auf Den, der uns erschlagen.“ —
Dies war die Antwort, die mir Jene bot.

Als ich gehört der wunden Seele Klagen,
Neigt' ich das Antlitz, wollt' nicht weiter sprechen,
Bis ich Virgil: „was sinnst du?“ hörte fragen.

Drauf ich zu ihm: „O ich, voll eig'ner Schwächen!
Welch süß Gewühl von Denken und von Sehnen
Trieb Die zum Schritt, den ew'ge Qualen rächen!“

Damit wandt' ich auf's Neue mich zu Jenen,
Und rief: „Francesca, zarte Märtyrin,
Wie hast du mir das Herz getaucht in Thränen!

---

* Diese Zeile lautet im Original: „Das durch die düstre Luft uns suchen gehet.“ Die dafür gesetzten Worte wurden gewählt, damit, bei dem blos mündlichen Vortrag, nicht eine augenblickliche Undeutlichkeit entstehe, sondern der Zuhörer sogleich wisse, wer spricht.

** Nämlich den Paolo, der neben der Sprechenden schwebt.

„Doch sprich, wie wurde Eins am Andern inn
Zur Zeit der süßen Seufzer in euch Beiden,
Was ihr verstohlen, heimlich trugt im Sinn?"

Und sie: „Es ist das bitterste der Leiden,
Sich zu erinnern einer süßen Zeit,
Wann uns von ihr des Elends Bilder scheiden [19].

„Doch wenn den Anfang jener Seligkeit
Zu hören so dich's treibt, will ich ihn sagen,
Zu Worten, die voll Thränen, gern bereit.

„Zur Kurzweil lasen wir in jenen Tagen
Von Lancelot, wie Liebe ihm schlug Wunden;
Wir zwei allein, vermeinend nichts zu wagen.

„Oft hatten unsre Augen sich gefunden
Dieweil wir lasen, oft entfärbt die Wangen,
Doch nur Ein Zug war's, der uns überwunden.

„Beim Lesen, wie des Kusses heiß Verlangen
In süßem Lächeln endlich fand Gehör,
Da küßte Der, der stets wird an mir hangen,

„Auch mich, noch bebend in des Wunsches Gewähr;
Verführer ward das Buch und der's geschrieben [20]:
An jenem Tage lasen wir nicht mehr."

Von da gelangt Dante mit seinem Begleiter in den dritten und vierten Kreis, deren umständlichere Schilderung, bei der uns zugemessenen Zeit, uns zu lange aufhalten würde; daher hier nur bemerkt sei, daß im vierten Kreis von den Seelen Derer, welchen das Erjagen und Vergeuden irdischer Güter den Frieden genommen, schwere Lasten mit Geheul umhergewälzt werden, was das Gespräch der beiden Dichter auf die Vertheilerin dieser Güter, die Fortuna, führt:

„O Meister," sprach ich, „woll' mir nun vertrauen,
Wer ist, die du Fortuna hast genannt,
Die so der Erde Güter hält in Klauen?"

Und er zu mir: „Verblendeter Verstand,
Wie dich so viel Unkunde niederbeugt!
Sei denn mein Wort jetzt ganz von dir erkannt.

„Der, dessen Wissen Alles übersteigt,
Schuf mit den Himmeln Mächte, die sie lenken,
Daß jeder Theil sich allhin stralend zeigt.

„Wie er das All mit seinem Licht will tränken,
Ließ er auch in des Erdenschimmers Flut
Sich eine Schaffnerin und Fürstin senken,

„Daß sie umwechsle dieses eitle Gut,
Und Hemmung nie durch Menschenwitz empfange,
Von Volk zu Volke und von Blut zu Blut.

„Drum herrscht ein Volk, das andre sieht man bange
Sein Recht durch ihren Richterspruch verlieren,
Der sich verbirgt wie in dem Gras die Schlange.

„Kampf kann die Einsicht niemals mit ihr führen;
Sie ist zur Herrin ihres Reichs bestellt,
Und thut wie andre Götter in dem ihren.

„Nie ruht sie in der Wandelung der Welt;
Nothwendigkeit treibt also ihren Wagen,
Und stets dem Steigen Umsturz sich gesellt.

„Drum wird ihr Name oft an's Kreuz geschlagen
Von Denen selbst, die wohl sie sollten loben,
Und jetzt mit Unrecht Schlimmes von ihr sagen.

„Doch sie ist selig und hört nicht solch Toben,
Und mit den andern Erstgeschaff'nen froh
Rollt ihre Sphäre sie, wie Jene droben."

Wir werden später vernehmen, welche Mächte Dante sich als diejenigen denkt, die nach Gottes Willen die Himmel und die Gestirne lenken. Ob unter der Sphäre, welche Fortuna rollt, gleichfalls ein Gestirn zu verstehen, von dem herab ihr Einfluß auf die Erde sich ergießt, wie Dies unser Dichter hinsichtlich der Himmelskörper allerdings annimmt, oder, ob die Sphäre nur als jene der Glücksgöttin allgemein beigelegte Kugel, das Sinnbild ihrer Wechsel, aufzufassen, ist zweifelhaft, doch das Letztere glaublicher*, da weiter oben die Fortuna von den Mächten, die die Himmel (oder Sterne) lenken, doch unterschieden zu werden scheint. Die Stelle selbst wurde hier hauptsächlich deshalb angeführt, weil sie zeigt, daß Dante, abgesehen von dem seine Urtheilskraft mitunter beengenden Bestreben, den theologischen Ansichten seiner Zeit gerecht zu werden, sich durch den Gedanken, in der Divina Commedia eine Theodicee darzustellen, von der Unbefangenheit der unmittelbaren Empfindung, ja selbst von dem Ausspruche der Bibel, bisweilen ablenken ließ. Ganz anders als hier spricht er von der Vertheilerin der irdischen Loose im Convito (IV, 11), wo er ihr die entschiedenste Planlosigkeit, Willkür, und vor Allem die auch von Andern so

* Vgl. Philalethes zu Hölle VII, 96.

oft an ihr hervorgehobene Neigung vorwirft, eher den schlechten, oder wenigstens den mehr elementarisch geschaffenen Menschen, als den guten und der göttlichen Natur verwandtern zu begünstigen: „Oefter bieten sich den Schlechtgesinnten als den Guten die verborgenen Reichthümer ...... Und um diese Ungerechtigkeit einzusehen, sagte Aristoteles, daß je mehr sich der Mensch den geistigen Kräften unterwirft, er um so weniger dem Glücksfalle unterworfen ist. Und ich sage, daß öfter den Schlechten, als den Guten Erbschaften, ausgesetzte und zugefallene, zu Theil werden“ u. s. w. Auch bei der eben angeführten Stelle aus der Divina Commedia glaubt man durchzufühlen, daß Dante sich der Ansicht seines Meisters nur mit Widerstreben unterwerfe, und „der Richterspruch, der sich verbirgt wie in dem Gras die Schlange“, nach des Dichters wirklicher Empfindung nur von einer gleichsam illegitimen Göttermacht ausgehen könne, nur Beleg einer in's Leben des Alls eingedrungenen Usurpation sei. Hätt' er diesem Dichtergefühl ohne Scheu Wort geliehen, so würde er nicht nur einen größern und zugleich tragischern Eindruck innerer Wahrheit hervorgebracht, sondern sich auch weit mehr im Sinne des vielberufenen Ausspruches Röm. 8, 18 ff. geäußert haben, wonach nicht nur der Mensch selbst, in Bezug auf welchen auch Dante Dies annimmt, sondern die ganze Schöpfung sich in einem Zustande der Verkehrtheit befindet. Ja eben die Idee, welche durch die von Virgil vorgetragene Ansicht nur erschlichen wird, wäre auf dem entgegengesetzten, durch das Dunkel zum Lichte dringenden Weg, den der Dichter im Allgemeinen mit so großartigem Instinkt eingeschlagen, lebendiger zu retten gewesen, indem er statt einer schon fertig über der Welt schwebenden, eine noch in der Entwickelung begriffene Theodicee durch Verheißung einer Zukunft angedeutet hätte, in welcher die Schicksalsmächte nicht mehr herrschen werden, und „Gott der Götter Blatt zerreißt“.

In dem fünften Kreis gelangen die Wanderer zu dem heißen Sumpfe des Styx, über dessen Lache sie der zornige Tempelverwüster Phlegyas in einem Nachen führt. Sie landen bei der mit tiefen Gräben und eisernen Mauern umzogenen Stadt des Dis (Satan). Die das Thor hütende Schaar gefallener Engel verwehrt nicht nur dem Dante, sondern selbst Virgilen, dem Repräsentanten der menschlichen Einsicht oder Vernunft, den Eingang, wovon dieser schmerzlich ergriffen wird, aber ausspricht, bald werde ein Stärkerer den Weg eröffnen. Gleich darauf erblickt Dante auf den Zinnen des, das Thor bildenden, eisernen Thurmes drei Furien, welche die Medusa herbeirufen, um ihn zu versteinern.

„Kehr rückwärts dich, bedecke dein Gesicht,
Denn würd' auf Gorgo einen Blick es senden,
So gäb' nach oben Wiederkehr es nicht!“

So rief Virgil, breilt mich abzuwenden,
Und nicht begnügt von Dem, was selbst ich that,
Barg er mich schützend noch mit eignen Händen (Hölle IX, 55 ff.).

In dem versteinernden Haupte des Wesens, das den Tempel der Pallas, d. h. der Weisheit geschändet, ist die Sünde aus dem Geist vorgebildet. Die Stadt des Dis umschließt nämlich nicht solche Seelen, die aus natürlichen Trieben gesündigt, sondern nur solche, welche die Kraft des Geistes entweiht, indem sie dieselbe auf Widernatürliches und für den Menschen zu Hohes angewandt, oder umgekehrt die Hoheit des geistigen Princips nicht genugsam anerkannt haben. Gegen den Blick der Medusa schützt nur Abwendung und das Umfassen der in Virgil vergegenwärtigten Vernunft *. Da erhebt sich fernher ein Geräusch:

Und schon kam über jene trüben Wogen
Das Dröhnen eines Tones voll von Brausen,
Erschütternd beide Ufer, hergezogen:

Nicht anders war's als wie des Sturmwinds Brausen,
Wann Glut mit Kühlung ringt sich auszugleichen,
Den Wald zerpeitscht und ungehemmt nach draußen

Den Schmuck entführt von den zerspellten Zweigen,
Und vorwärts wandelt, stolz den Staub aufwirbelnd,
Daß Wild und Hirten schreckensvoll entweichen (Hölle IX, 64 ff.).

In diesem Sturme erscheint ein scheltender Engel, eine Ruthe in der Hand, vor welcher die Pforte aufspringt, ohne daß er zu den Zweien ein Wort spräche. Innerhalb treffen diese zunächst die Irrgläubigen, besonders die Leugner Gottes und der Unsterblichkeit. Dieselben liegen in offenen, glühenden Särgen, deren Deckel erst am jüngsten Tage geschlossen wird, und das Licht der Wahrheit, welches den Unglücklichen zeigt, daß es in der That ein für sie jetzt verlorenes göttliches Leben gibt, quält sie in Gestalt ewiger Flammen, von welchen ihre Grüfte widerscheinen. Im Jahr 1260, fünf Jahre vor Dantes Geburt, hatte Farinata degli Uberti, als Führer der aus Florenz verbannten Ghibellinen, die dortigen Guelfen gänzlich geschlagen, sofort aber durch das Fürwort seiner eben so kraftvollen als hochsinnigen Persönlichkeit die Stadt, welche die rückgekehrten Sieger einstimmig schleifen lassen wollten, gerettet und somit dem ungeborenen Dante den Schauplatz seiner ersten Lebenshälfte und alles Dessen, was ihn dort zum Dichter gebildet, erhalten. Schon im dritten Kreis der Hölle hat sich daher Dieser bei dem hier getroffenen Florentiner Ciacco halb ängstlich erkundigt, was aus dem hochherzigen Manne, der leider an keine Unsterblichkeit geglaubt, nach dem Tode geworden sei:

Tegghiao, Farinata, Ruhmes werth,
Und Rusticucci, Mosca, die den Grund
Der Seele stets dem Rechtthun zugekehrt.

* Vgl. Kopisch a. a. O. S. 34, Inhaltsanz.

3

Wo sind sie? sprich, thu' auch für mich es kund;
Sehr drängt es mich zu wissen, ob der Himmel
Sie anweh', ob der Hölle gift'ger Schlund (Hölle VI, 79 ff.).

Ciacco hat ihm dort geantwortet, diese Männer seien durch verschiedene Sünden noch tiefer in den Abgrund gezogen worden, als er, Ciacco, selbst. Unter den Särgen, an welchen Dante jetzt mit Virgilen hinwandelt, befindet sich auch der des irrgläubigen Cavalcante Cavalcanti, des Vaters von Guido Cavalcanti, den wir als Dante's Busenfreund kennen gelernt, während Farinata Guido's Schwiegervater war. Eben hat der Dichter zu Virgil von der hohen Kraft des Letztern (Virgils) geredet, die ihn durch diesen Weg des Entsetzens leite, als er plötzlich folgenden Ruf hört:

„Du, der lebendig durch die Stadt der Flammen
Hinwandelnd nicht auf eig'ne Kraft will pochen,
Mit mir bleib einen Augenblick zusammen.

„Es zeigt der Klang, mit welchem du gesprochen,
Daß in der edeln Stadt stand deine Wiegen,
Wo ich vielleicht zu oft die Ruh' gebrochen."

Jäh einem Sarg war dieser Ruf entstiegen,
Weßhalb ich anfing, nicht ohn' scheues Grauen,
Mich meinem Führer enger anzuschmiegen.

Doch er: „Was thust du? so wankt dein Vertrauen?
Sieh Farinata dort empor gewandt.
Vom Gürtel aufwärts kannst du ganz ihn schauen."

Schon hatt' ich meinen Blick auf ihn gespannt,
Und sah nach oben Stirn und Brust ihn wenden,
Als sei die ganze Hölle ihm nur Tand.

Rasch fortgezogen von Virgilens Händen
Schritt ich drauf an der Grüfte Reih' hinab,
Und Dieser sprach: „Ein Wort nur woll' ihm spenden."

Doch Jener, als ich kommen an sein Grab,
Sah fast verächtlich auf mein dauernd Leben,
Und frug: „wer ist's, der dir das Dasein gab?"

Ich, der begierig, Auskunft ihm zu geben,
Verbarg ihm nicht, nein, nannte meine Ahnen,
Worauf die Wimpern ich ihn leicht sah heben.

„Sie suchten grausam meiner Väter Bahnen
Und meinem eig'nen Weg," rief er, „zu wehren,
Drum trat in Staub ich zweimal ihre Fahnen."

„Ob auch im Staub — sie wußten heimzukehren,“
Sprach ich. „Gut für die Deinen, wenn nach ihrem Fliehen
Auch sie in solcher Kunst jetzt Meister wären!“

Hier hob das Haupt aus seines Grabes Glühen
Ein andrer Schatten bis zum Kinn hinan,
Empor sich raffend, schien es, auf den Knieen.

Er sah auf mich, als trieb' ihn Hoffnung an,
Es werde noch ein Andrer mich begleiten,
Doch als sein Spähen nun in Nichts zerrann,

Rief weinend er: „wenn dich ich seh' durchschreiten
Dies Haus des Dunkels nur durch Geistesmacht,
Wo ist mein Sohn? warum nicht dir zur Seiten?“

„Mein Selbst nicht,“ sprach ich, „hat mich hergebracht,
Der, der dort steht, erschloß mir diese Sphären,
Er, deß dein Guido wohl nicht hatte Acht“ *.

Es hatten wie die Straf' so das Begehren
Des Fragers seinen Namen mir enthüllt,
Drum konnt' ich volle Auskunft ihm gewähren.

Er aber fuhr empor, ein Schreckensbild:
„Du sagst: Er hatte! Ist's um ihn geschehen?
Ist schon sein Aug' dort, wo kein Licht es füllt?“

Und als er darauf zögernd sah mich stehen,
Und die Erwidrung an ihn überlegen,
Sank er zurück und ward nicht mehr gesehen.

Doch jenen Hochgesinnten, dessentwegen
Mein Fuß getreten war an diese Stätte,
Sah keine Miene drob, kein Glied ich regen.

„Wenn,“ fuhr er weiter in der vor'gen Kette
Der Worte, „jene Kunst sie nicht verstehen,
Quält mich Dies mehr als dieses Flammenbette.

„Doch werden fünfzig Monde nicht vergehen,
So weißt du selbst wie leicht in dieser Kunst
Der, der sie üben will, es mag versehen“ (Hölle X, 22 ff.).

---

* Virgil, den Guido entweder als Dichter im Allgemeinen nicht hoch gestellt, oder in welchem er, als Guelfe, wenigstens das Ghibellinenthum, das, wie wir später besprechen werden, Dante in der Aeneide dargelegt sah, nicht beachtet hatte.

3 *

Die letzten Zeilen enthalten eine Vorverkündung von Dante's eigenem Exil, denn die Todten sehen, wie Farinata gleich nachher erklärt, die entferntere Zukunft, nicht aber die nah' gerückte und nicht die Gegenwart. Die erste Hoffnung zur Rückkehr wurde dem Verbannten, als auf Antrieb der Weißen Benedict XI. den Cardinal von Prato als Friedensstifter nach Florenz geschickt. Sie sah sich aber getäuscht durch die erfolglose Abreise desselben, die am 5. Juni 1304, mithin wenn man den Antritt von Dante's Wanderung durch die drei Reiche der Geisterwelt auf den 8. April 1300 setzt, drei Tage weniger als fünfzig Monate (d. h. 4 Jahre und 2 Monate, weniger 3 Tage) nach demselben stattfand. Guido Cavalcanti war zur Zeit, in welche jene Wanderung verlegt ist, wie wir gesehen, noch nicht gestorben, wie denn auch Dante in den bald folgenden Versen sagt, er habe auf des Vaters Frage nach dem Leben des Sohns nur deßhalb Antwort zu ertheilen gezögert, weil er geglaubt, die Todten wüßten auch um die Gegenwart. Wohl aber war Guido's Tod zur Zeit, wo die Dichtung wirklich entstand, bereits erfolgt, und der Dichter scheint gewillt, den furchtbaren Eindruck, welchen der unerwartete, durch seine eigne Mitwirkung herbeigeführte Hintritt des Freundes (s. oben S. 17) auf ihn gemacht, hier nachzittern zu lassen. Jeder, der die eben gegebene Stelle liest, wird auf den ersten Moment glauben, Guido sei bei jener Unterredung wirklich schon selbst an dem Ort gewesen, „wo kein Licht mehr das Auge füllt“, und so ergibt sich denn jenes Verzögern der Antwort nur als poetischer Kunstgriff.

Nach Zurücklegung des fünften und sechsten Kreises, mit deren Schilderung wir uns hier, aus schon angegebenen Gründen, abermals nicht aufhalten, kommt das Paar in den siebenten Kreis zu den Gewaltthätigen, wo das den Kern der Hölle bildende Felsgestein in wilden Trümmern umherliegt. Dante erfährt von Virgil, diese Kluft, die sich von da durch den ganzen Abgrund hinzieht, sei entstanden, als beim Tod Christi ein Theil der Felsen durch das Beben der Erde eingestürzt. Er selbst, Virgil, war damals schon in der Unterwelt und kann daher als Augenzeuge sagen:

> Von allen Seiten zitterten die Wände
> Des grausenvollen Schlundes, daß ich meinte,
> Als ob das ganze Weltall Lieb' empfände (Hölle XII, 40 ff.).

Dabei bezeichnet jedoch Jener den Erlöser nur durch umschreibende Worte, denn in Dante's ganzer Hölle wird der Name Christi nie genannt. Sie finden hier in heißen Blutströmen den Ezzelino da Romano, den Dionys von Syrakus, den Seeräuber Sextus Pompejus (Sohn des großen Pompejus), den Attila und, zuerst genannt vor allen Andern, einen Alexander, höchst wahrscheinlich den Tyrannen von Pherä, der, „grausamer als irgend ein Tyrann, Bürger befreundeter Städte niederhauen, Menschen lebendig begraben, andre in

Häute von Thieren nähen ließ, auf die er Hunde hetzte, oder sie mit Spießen erschoß, und welcher der Lanze, womit er seinen Oheim durchstochen, wie einem Gott opferte" (Plutarch, Pelopidas 29). Sollte, wie Dante's Sohn und Ausleger, Pietro, vermuthet, was aber nahezu unglaublich ist, Alexander der Große gemeint sein, so wäre Dies nur hinsichtlich des Gegensatzes merkwürdig, in welchem Dante den Macedonier zu Cäsarn auffaßt, wovon später die Rede sein wird. Von da gelangt der Dichter in der zweiten Abtheilung des siebenten Kreises zu Denen, die Gewalt an sich selbst gethan, nämlich zu den Selbstmördern. Ein Gebüsch nimmt die beiden Wandrer auf.

> Drin war von einem Pfade keine Spur,
>
> Fahl war das Laub, nicht grün an diesem Ort,
> Nicht glatt die Zweig', nein knotig und verdreht,
> Nicht Früchte gab's, nur gift'ge Dornen dort.

Dante hört allenthalben menschliche Klage, sieht aber Niemanden, daher Virgil ihn einen Zweig von dem Gestrüpp brechen heißt. Jener thut es, und aus dem Strauch, von dem er ein Reis gerissen, ertönt alsbald der Jammerruf: „Warum mich brechen?"

> Bald war von Blut er schwarz geworden schier,
> Und rief auf's Neu': „warum mich so versehren?
> Ist Mitleids nicht ein Odemzug in dir?
>
> „Wir waren Menschen, sind jetzt Ginst und Föhren*;
> Erbarmen mehr sollt' sein in deiner Hand,
> Wenn Schlangenseelen wir gewesen wären."
>
> Gleichwie ein grünes Scheit, das angebrannt,
> An seinem andern Ende Tropfen weinet
> Und stöhnt vom Luftzug, der dort Ausgang fand,
>
> So kamen jetzt aus diesem Riß vereinet
> Gespräch und Blut hervor, drum ließ den Zweig
> Ich fallen, von dem Schrecken wie versteinet (Hölle XIII, 34—45).

Sie vernehmen von dieser Stimme, in dem Strauch sei die Seele **Pietro's delle Vigne**, des Kanzlers von Kaiser Friedrich II. eingeschlossen, welcher sich entleibt hatte, als er fälschlich des Verraths „an seinem Herrn, der so der Ehre würdig", bezüchtigt wurde. Die Eingekerkerte beschwört Danten, der vor Mitleid nicht zu sprechen vermag, wenn er zur Oberwelt zurückgekehrt, ihren Namen, der dort noch niedergetreten sei, wieder emporzurichten, und bemerkt

* In der Urschrift, ohne Bezeichnung der besondern Art, blos: „wir sind jetzt Reiser".

sofort, wenn die Seele, dunkeln Unglücksgedanken sich überlassend, verwildere und sich eigenmächtig vom Leib trenne, habe sie fortan keinen bestimmten Platz in dem für sie ausgewählten Gestrüppe des siebenten Höllenkreises, sondern wo der Zufall sie hinschleudre, da keime sie als Schößling, als Strauch des Waldes auf, an dessen Laub die hungrigen Harpyen, d. h. die Gedanken, die sie zum Selbstmord geführt*, ewig zehren. Ja selbst am jüngsten Tag bekomme sie den Leib nur wieder, ihn hieher zu schleppen, wo er an dem Dornbusch, in dem sie zu ihrer Qual wohne, aufgehängt werde. Denn „es wäre Unrecht, Das zurückzubekommen, was sich der Mensch selbst geraubt". — Daß Dante wirklich nur diejenigen Selbstmörder hieher verweise, deren That eine Empörung gegen das innere Sittengesetz, deren Wegwurf des Leibes Raub am eignen Selbst gewesen, während er in andern Fällen den Selbstmord als Pflicht der persönlichen Würde, als Beleg der innern Freiheit ansieht, in deren Anerkennung am jüngsten Tag für den abgestreiften Leib ein hell stralender zurückgegeben werde — Das wird sich in der Folge herausstellen. — Von dem genannten Ort betritt der Dichter mit seinem Geleitsmann die dritte Abtheilung Derer, die Gewalt geübt, nämlich den Aufenthalt der Gewaltthätigen gegen Gott und die Natur. Das Licht göttlicher Liebe, das wir schon den Leugnern der Unsterblichkeit zur brennenden Qual werden sahen, zeigt sich hier nicht mehr zusammenhängend, sondern fällt in Gestalt zerrissener Feuerflocken auf die Schuldigen herab. Die Wanderer kommen zu einem kleinen, von der Oberwelt herabfließenden, blutrothen Bach, dem Ursprung aller Höllenflüsse, und Dante nimmt davon Anlaß, nach dem *Lethe* zu fragen, worauf ihm sein Führer sinnvoll erwiedert, dieser sei *nicht in der Hölle*, sondern erst jenseits derselben. Weiter unten wird jener Bach zu einem mächtigen Gewässer —

Wie bei dem Strom, der folgend eignem Gange
Zuerst vom Berge Viso niederfleußt,
Gen Ost am linken Apenninenhange,

Und Aquacheta deßhalb oben heißt,
Bevor thalein er stürzt in's tiefe Bette
Und Forli ihm den Namen dann entreißt,

Wann, ob San Benedettos heil'ger Stätte,
Hinab er donnert von dem Alpengrad,
Der gnug des Raums für tausend Wohner hätte[22],

So hörten wir wie tobend vom Gestad
In wildem Sturz hinab die Wasser drangen,
Taubheit Dem drohend, der ihm nahe trat.

* Kopisch a. a. O. S. 50. Inhaltsanz.

Um meinen Leib hatt' einen Strick ich hangen,
Mit dem ich wohl gemeint in frühern Stunden
Den Pardel mit dem bunten Fell zu fangen.

Jetzt, da ich ganz ihn von mir abgebunden,
Wie Der mich's hieß, der hier war mein Geleite,
Reicht' ich ihn ihm, in einen Knäul gewunden,

Worauf er mit ihm trat zur rechten Seite
Und dann, etwas entfernt vom steilen Rand,
Hinab ihn warf, dem Abgrund dort zur Beute (Hölle XVI, 94 ff.).

Diese Stelle wird mit der meisten Wahrscheinlichkeit dahin ausgelegt*, Dante sei nach Beatricens Tode der Gesellschaft der Tertiarier, einer Abzweigung der Franciscaner, beigetreten, welche für Solche bestimmt war, die in der Welt verbleiben wollten, aber gleichwohl die Schranke einer äußern geistlichen Form gegen die weltliche Lust, die sich, wie wir später hören werden, in dem Pardel sinnbildlich ausdrückt, wünschten. Da dieses Institut jedoch damals bereits zu einem reinen Scheinwesen herabgesunken war, so wolle der Dichter andeuten, daß jetzt, wo er den festen Halt der Religion in seinem Innern gefunden, er des äußern Zeichens, nämlich des Stricks, den die Tertiarier um den Leib trugen, nicht mehr bedürfe. Dasselbe verdiene, von der Einsicht Virgils in den Schlund des Betruges, zu den andern Lügen, hinabgeworfen zu werden. — Gleich darauf erhebt sich aus demselben der Riese Geryon, die Personification allen Truges, um die beiden Wanderer in den tiefsten Abgrund hinab zu tragen. Er hat sich zu diesem Dienste zwar nur hergegeben, um Jenen zu schaden, Virgil aber weiß Dies durch seine Weisheit zu hindern, und unwillig über das Mißlingen seines Anschlags verläßt sie das Ungethüm schnell, nachdem es sie auf den Boden, dem herabstürzenden Sündenstrom zur Linken, niedergesetzt. Zehn Klüfte, von dem Dichter bolge, Bulgen[23] genannt, wörtlich Säcke, Ranzen, umgeben ringförmig diesen Schlund und sind Aufenthalt Derer, die auf irgend eine Weise Trug geübt; der tiefere, brunnenartige Kessel aber, der bis zur Mitte der Erde reicht, die zugleich Mitte des Weltalls ist, umschließt die Verräther und den Satan. Dante blickt von der Höhe des felsigten Randes in die Tiefen dieser verschiedenen Bulgen hinab. In der ersten sieht er die Kuppler und Verführer; in der zweiten Schmeichler, vor deren Bewußtsein Das, was sie an den Menschen gelobt, nun geradezu in Gestalt von deren Koth tritt, in welchen sie ganz versunken erscheinen; in der dritten Die, welche weltlichen Gewinns wegen geistliche Aemter erstrebt oder Handel damit getrieben haben, d. h. die s. g. Simonisten. Diese sind mit Kopf und Leib in den finstern

* S. Wegele a. a. O. S. 98.

Boden versenkt; nur die Füße ragen empor, und das Licht der reinen Lehre, die sie mit diesen Füßen gleichsam in Staub getreten, bewegt sich in Gestalt von Flammen auf ihren Sohlen hin, so daß diese fortwährend schmerzzerrissen zucken. Einer der also Eingesenkten zuckt stärker als die Andern, daher der hierüber Auskunft wünschende Dichter von Virgil zu demselben hinabgetragen wird. „Bist du schon da, Bonifacius?" ruft der Zuckende, als er die Tritte Jener hört. Es ist der Schatten des Papstes Nikolaus III., an dessen Hof zuerst öffentlich Simonie getrieben wurde; er erwartet den der gleichen Sünde schuldigen Bonifaz VIII., Dante's uns schon bekannt gewordenen Gegner, bald über sich einsenken zu hören, und kaum ist wohl je von einem Dichter eine tragische Wirkung auf schlagendere, kürzere Art herbeigeführt worden, als hier durch diesen voreiligen Irrthum des Mitsünders geschieht. Jeder der Simonie verfallene Papst wird über seinem Vorgänger eingekeilt und drückt dadurch Jenen mehr in den Abgrund, damit andeutend, daß die Schuld des Untersten, welcher zu dem Frevel zuerst das Beispiel gegeben, durch die Schuld der Nachfolger immer furchtbarer anwachse. Von Virgil wieder auf den Felsenrand empor getragen sieht Dante in der vierten Bulge Diejenigen, die frevelhaft die Kenntniß der Zukunft erstrebt hatten; ihr Gesicht ist sammt dem Oberleib rückwärts gedreht, so daß sie nie vorwärts schauen können. Still und weinend, in dem Schritte, welchen Litaneien auf der Oberwelt einhalten, kommen sie daher, so daß der Dichter vor Mitleid weint, über diese Weichheit aber von Virgil gescholten wird: „hier lebe das Mitleid nur, wenn es recht erstorben sei", bemerkt Dieser, d. h. dasselbe bethätige sich als lebendige, von Gott eingehauchte Kraft nur, wenn es hier gänzlich schweige. — In der fünften Bulge sieht das Paar die Bestechlichen in zähem, ewig anklebenden, schmierigen Pech waten. In der sechsten trifft es die Heuchler, die, wie in andächtigem Kirchenzug, langsam einherschleichen, eingehüllt in Kutten, die außen von Gold stralen, inwendig von schwer lastendem Blei sind. Einer liegt gekreuzigt auf dem Boden; es ist Kaiphas. Weil seine Sünde an den Tag gekommen, ist er nackt und muß die andern Heuchler alle über sich wegschreiten lassen. Einst hatte er heuchlerisch den Pharisäern gesagt, es sei besser, daß Ein Mensch für das ganze Volk sterbe, als daß das ganze Volk untergehe: jetzt muß er empfinden, wie schwer Viele wiegen! — In der siebenten Bulge, zu der Dante mit Virgilen hinabsteigt, sieht er Diejenigen, die sich in den Besitz fremden Gutes gesetzt, umgeben von einem Gewühl furchtbarer Schlangen. Eine derselben wirft sich auf den Kirchenräuber Vanni Fucci, der durch ihren Biß, d. h. durch den Gedanken an den Gott, dessen Heiligthum er beraubt hat*, urplötzlich zu Asche zerfällt, aus dieser aber im Augenblick sich wieder in der vorigen Gestalt emporrichtet, um

* Vgl Kopisch a. a. O. S. 94. Anmerk. zu V. 112.

gleicher Qual von Neuem entgegen zu gehen. Sofort kommen drei Schatten daher, welche unter sich fragen: „wo ist Cianfa geblieben?“ Dieser Cianfa, aus dem Geschlechte der mit Dante verschwägerten Donati, hatte mit Agnello Brunelleschi zu den Schwarzen in Florenz gehört, und sich, wie es scheint, gemeinsam mit demselben in den Besitz fremden Gutes gesetzt. Jetzt ist er eben auf eine Zeit lang in ein schauderhaftes Gewürm verwandelt worden, weshalb ihn die drei Andern vermissen, und wirft sich nun plötzlich, von der mit Einmal in ihm vorherrschenden Schlangennatur überwältigt, auf den Genossen seines ehmaligen Raubs:

Als sie noch standen so vor meinen Blicken,
Warf mit sechs Füßen eine von den Schlangen
Sich auf den einen Mann, ihn zu umstricken.

Sein Bauch ward von den mittleren umfangen,
Die vordern sah' die Arm' ich ihm umschließen,
Sah wie die Zähn' sie schlug in seine Wangen,

Dieweil die Schenkel mit den hintern Füßen
Sie fest umwand, und zwischen durch den Schwanz
Ihm hinten aufwärts bis zur Hüft' ließ schießen.

Nie schlang um einen Baum des Epheus Kranz
So fest sich, wie dies Scheusal voller Flammen
Umschlang des Andern Körper gar und ganz.

Drauf pichten sie wie heißes Wachs zusammen,
Daß ihrer Beider Farben, wüst gemengt,
In Eine, die vorher nicht war, verschwammen,

So wie dem Brande, der Papier versengt,
Rasch auf dem Blatt vorauszieht eine Bräune,
Die, noch nicht schwarz, doch schon das Weiß verdrängt [24].

Die Andern, schaudernd welch ein Bild erscheine,
Schrie'n: „Ach, Verwandlung hat dich überwunden!
Nicht Zwei bist du, Agnell', und nicht der Eine!“

Schon waren beide Köpf' in Eins verbunden,
Und Ein Gesicht sah man aus zween entstehen
In einem Antlitz, worin zwei verschwunden.

Vier Streifen ließ das Unbild übergehen
Rasch in zwei Arme; — Beine, Bauch, Genick
Sie wurden Glieder, nie zuvor gesehen.

Nichts von der Urform bot sich mehr dem Blick;
Von Beiden schien's und Keinem die Gestalt:
So schritt sie langsam auf dem Weg zurück.

Wie, wann im Jahr der Hundsstern hat Gewalt,
Bald hinter uns die Eidechs und bald vorn
Ein Blitz scheint, wenn von Heck' zu Heck' sie prallt,

So schoß jetzt gen die andern Zwei, durch Zorn
Beflügelt, eine von den kleinern Schlangen,
Bläulich und schwarz gleich einem Pfefferkorn.

Und wo die erste Nahrung wir empfangen,
Durchbohrte sie den Unterleib dem Einen;
Sank dann, als sei erfüllt jetzt ihr Verlangen.

Anstarrt' sie der Gestoch'ne, auf den Beinen
Noch stehend, doch ihn überkam ein Gähnen,
Daß er im Schlaf, im Fieber konnte scheinen.

Anstarrt' die Schlang' er, und die Schlange Jenen,
Er aus dem Stich, sie aus dem Maule dampften
Gewaltig; Rauch sah man an Rauch sich lehnen (Hölle XXV, 49 ff.).

Welche Lebenskraft und Folgerichtigkeit der Anschauung in einer Scene, die nie vor ein Menschenauge getreten ist, noch treten wird! Zu den wilden Schaudern eines Traumes, der uns mit einem plötzlich auftauchenden Gewimmel von Schreckbildern umwindet und umschnürt, gesellt sich die volle Consequenz einer im Wachen geschauten Wirklichkeit. — Der Dichter sieht nun, wie die Schlange sich in den Menschen, der Mensch sich in die Schlange verwandelt, und jedes mit der Gestalt des Andern davon zieht, andeutend, wie es scheint, daß Der, welcher sich fremden Gutes angemaßt, sofort nicht einmal sich selbst mehr zum Eigenthum besitze, was, mindestens in der Anwendung auf entwendetes geistige Gut, eine furchtbare Wahrheit ausspricht. Der zuerst in Gestalt der kleinen Schlange Erschienene ist der Florentiner Guercio Caval-canti; er stiehlt durch den Biß dem Boso Donati die Menschenform, gibt ihm die Schlangenhülle, und

Die Zunge, die Der sonst in Einem Stück
Zum Reden hatte, theilt sich, die getheilte
Schließt sich beim Ersten, doch blieb Rauch zurück,

Und die zum Scheusal word'ne Seele eilte
Laut zischend durch das düstre Thal dahin,
Doch Jener schalt ihr sprudelnd nach und weilte.

Dann bot den Rücken er der Wandrerin
Und sprach zum Andern: „nun soll Boso kriechen
Auf diesem Pfad, wie ich gekrochen bin!" (Hölle XXV, 133 ff.)

In der achten Bulge trifft Dante die bösen Rathgeber, die dort, von Flammen hinweggestohlen, umherwandeln. In der neunten gehen Die, welche Zwiespalt gestiftet, mit zerrissenen Gliedern umher, unter ihnen Mohammed, den Leib vom Kinn bis zum Anfang der Schenkel gespalten, weil er Religionskriege unter die Menschheit gebracht, und der Troubadour Bertran de Born, das vom Rumpf getrennte Haupt in der Hand, weil er, wie wir schon aus Uhlands Romanze wissen, den Sohn gegen den Vater aufgewiegelt. In der zehnten Bulge endlich befinden sich die Fälscher in verpesteter Luft, von unzähligen Krankheiten geplagt, umgeben von einem Geruch, wie er „von eiterfaulen Gliedern ausgeht". Von hier naht sich das Paar dem Rande des mittlern, tiefsten Höllenschlundes. Aus ihm ragen die Riesen der Vorzeit herauf, unter ihnen Nimrod, Ephialtes und Antäus, welch Letzterer auf Virgils Zureden die beiden Wanderer ergreift und in den Abgrund hinunter setzt, in dem der abströmende Cocytus einen von Eis starrenden See bildet. Dieser See hat vier Abtheilungen; die äußere, Kaina, nimmt die Verräther an Blutsverwandten, die zweite, Antenora, die Vaterlandsverräther, die dritte, Ptolemäa, die Verräther der Gastfreunde, die vierte, innerste, Giudecca, die Verräther an Gott und ausgezeichneten Wohlthätern auf; die erste ist nach Kain, die zweite nach dem Trojaner Antenor, der den Griechen beim Raub des Palladiums und der Einnahme von Troja beistand, die dritte nach Ptolemäus, dem Sohne Habubs, welcher Simon und dessen Söhne gastlich aufnahm, während des Mahles aber erschlagen ließ (1. Macc. 16, 14 f.), die vierte nach Judas Ischarioth benannt. In der Kaina sieht Dante die Schatten noch so weit aus dem Eis ragen, als, wie er sich sinnvoll ausdrückt, der Mensch vor Scham erröthet, d. h. also bis zum untern Theil des Gesichtes. Zwei Brüder, die sich gegenseitig verrathen und getödtet, sind so dicht an einander gefroren, daß ihre Haare sich mit einander mischen. Auf Dante's Anrede heben sie die gesenkten Häupter, den Redenden anzuschauen, allein ihre sich unverzüglich in Eis wandelnden Thränen schließen ihnen die Augen, worüber sie wüthend mit den Köpfen gegen einander stoßen; denn Haß, nicht Liebe hat Jeden von Beiden so nah vor die Seele des Andern gestellt. In der Antenora erblickt der Ankömmling abermals Zwei in Ein Loch gefroren, von welchen der Eine, der sein Vaterland, Pisa, verrathen, am Kopf des Andern nagt; Dante richtet an den Nagenden die Frage, was ihn zu so viehischem Haß treibe.

Den Mund erhob vom unbarmherz'gen Mahle
Der Sünder, ab ihn wischend mit den Haaren
Des Schädels, dem er brach die hintre Schale,

Und sprach: „mein Wort soll nach so vielen Jahren
Den Schmerz, der mir das Herz zerreißt, erneuen?
Das, was gedacht schon gräßlich, offenbaren?

„Doch kann der Schande Samen aus es streuen
Für den Verräther, an deß Haupt ich zehre,
So sollen mich die Thränen nicht gereuen.

„Nicht weiß ich, wer du bist und wie zur Sphäre
Der Todten du gestiegen, doch mir scheinet
Florenz dein Heimatort, wenn ich dich höre.

„Wiß denn, Graf Ugolin ist's, der hier weinet,
An Erzbischof Ruggieri angenaht;
Hör' denn, was uns als Nachbarn so vereinet.

„Daß ich durch seinen bös gemeinten Rath,
Dem gläubig ich vertraute, ward gefangen
Und starb, Das ist was Allen kund sich that.

„Doch etwas konnt' nicht an dein Ohr gelangen;
Ich mein', wie gräßlich, schaudervoll mein Ende:
Das hör' und sprich, ob Böses ich empfangen.

„Es hatte mir ein schmales Loch der Wände,
Die jetzt den Namen Hungerthurm behalten,
Gewärtig daß man Andre noch hin sende,

„Schon manchen Mond gezeigt durch seine Spalten,
Als mir ein böser Traum von dem Geschicke
Der dunkeln Zukunft riß des Schleiers Falten.

„Mir war's, Der da*, den Herrscherkleidung schmücke,
Jag' Wolf und Wölflein** auf des Berges Höhen,
Der Lucca birgt vor Pisa's nahem Blicke.

„Mit magern Hündinnen, heißgier'gen, zähen,
Lass' die Sismondi's er und die Lanfranken
Sammt den Gualandi's vor zur Hetze gehen.

„Nach kurzem Lauf schien matt der Wolf zu wanken
Mit seinen Jungen, und die Zähne schlagen
Sah ich die Bracken in des Wildes Flanken.

---

* Der Erzbischof Ruggieri (sprich Rudscheri), der durch Ugolino's Fall die Herrschaft über Pisa in die Hände bekam.

** Ugolino war Guelfe, daher die für diese Partei übliche Bezeichnung durch Wölfe.

„Drauf schnell erwacht, noch eh's begann zu tagen,
Hört' ich im Schlaf laut wimmern meine Kleinen,
Die bei mir waren, und nach Brod sie fragen.

„O du bist hart und seellos gleich den Steinen,
Erbarmt dich nicht, was ich nun ahnend sah;
Und weinst du jetzt nicht, was bringt dich zum Weinen?

„Wir waren wach, und schon die Stunde nah',
Wo sie herauf die Speise zu uns ließen,
Doch ob des Traums war Argwohn in uns da.

„Da hörte ich laut unter uns verschließen
Am schreckensvollen Thurm das Thor von Erz,
Und sah von Jener Antlitz Thränen fließen.

„Ich weinte nicht; zu Stein ward mir das Herz;
Mein Anselmuccio aber war's der fragte:
Was stierst du, Vater, also himmelwärts?

„Doch weint' ich nicht, und diesen Tag lang sagte
Ich nichts, und nichts bis weg die Nacht sich stahl
Und neu der Welt es in dem Osten tagte.

„Und als beim ersten, schwachen Sonnenstral,
Der ein sich schlich in unsres Kerkers Wände,
Auf vier Gesichtern ich sah meine Qual,

„Biß ich in wildem Schmerz mir beide Hände:
Doch Jene, meinend Dies gescheh' zu zähmen
Des Hungers Wuth, die ich in mir empfände,

„Begannen: Vater, minder würd's uns grämen,
Aeßst du von unsrem Fleisch jetzt: es ist dein,
Du gabst es uns, du darfst es wieder nehmen.

„Da wurd' ich still, zu stillen ihre Pein,
Und durch zwei Tage ward kein Laut vernommen.
Was, harte Erde, schlangst du uns nicht ein?

„Drauf als des vierten Morgens Licht entglommen,
Fiel Gaddo vor mich hin, verzerrt die Glieder,
Und rief: o Vater, will kein Helfer kommen?

„Er starb, und nah', wie du siehst auf mich nieder,
Sah ich am fünft' und sechsten Tag erbleichen
Mir vor dem Antlitz die drei andern Brüder.

„Dann blind griff ich noch tastend nach den Leichen[25];
Drei Tag' lang rief ich noch der Todten Namen,
Bis Hunger that, was Gram nicht konnt' erschleichen."
(Hölle XXXIII, 1—75.)

Man hat gegen den Dichter eingewendet, es sei nicht gerecht, den Erzbischof Ruggieri, der als Verräther des Freundes, nach Dante's eigener Classificirung, weiter einwärts, in die noch furchtbarere Ptolemäa gehören würde, in die Antenora zu setzen und ihn überhaupt gleiche Strafe mit dem doch viel minder schuldigen Ugolino dulden zu lassen. Allein das Furchtbarste an Ruggieri's Buße ist, wie der Dichter sehr psychologisch andeutet, eben sein Zusammenwerfen mit dem Verrathenen, dem jetzt volle Gewalt über ihn zusteht. Nicht umsonst hat Ugolino oben gesagt: „Hör' denn, was uns als Nachbarn so vereint" (Or ti dirò, perch' i' son tal vicino). Andrerseits ging die moralische Verworfenheit des Grafen selbst gleichfalls über alle Vorstellung, und er zeichnete sich vor Ruggieri höchstens durch ein größeres Maß von Thatkraft aus, wie Dies in einigen der am Schluß unsrer Vorträge zu gebenden historischen Romanzen näher besprochen werden wird. Wenn er somit die gleiche Strafe mit dem Gegner duldet, immer jedoch mit dem Unterschiede, daß Dieser in seine, er nicht in Jenes Gewalt gegeben ist, kann er sich über Ungerechtigkeit nicht beklagen. — In der Ptolemäa findet Dante den Alberigo dei Manfredi, einen Schwelger, der seinen Verwandten, Manfredo dei Manfredi, und dessen Söhnlein, Alberghetto, bei einem üppigen Mahl hatte ermorden lassen, und zwar den Knaben unter seinem (Alberigos) eigenen Mantel, wohin sich Jener geflüchtet. Dieser Alberigo lebte noch zur Zeit, in welche der Dichter seinen Gang durch die Hölle versetzt; denn in Bezug auf ihn nimmt die Dichtung den ganz neuen Fall an, seine Seele sei sogleich nach Uebung jenes Verrathes von der Ptolemäa hinabgerissen worden, ein Vorrang der Strafgewalt, den diese Abtheilung der Hölle vor allen übrigen voraus habe; in den Leib aber sei ein Dämon gefahren und wandle nun als Alberigo's Stellvertreter in der Welt herum. Der Schatten bittet Danten, ihm das Eis von den Augen zu lösen, damit er sich einmal ausweinen könne, und Dieser erwidert, Jener solle sich ihm nennen; thue er, Dante, dann dessen Willen nicht, so möge ihn, den eben Eingetretenen, das Schicksal bis zum Grunde des Eises hinabführen. Der Verräther, unkundig, daß der Dichter so weit ohnehin dringen will, sieht in dessen Worten eine Zusage, seine Bitte zu bewilligen, und erzählt ihm seine Geschichte, Dante aber geht fort, ohne ihm das Eis abgenommen zu haben, „denn," sagt er, eingedenk der Belehrung, die Virgil ihm in Bezug auf die von ihm beweinten Zukunftsforscher gegeben, keine Milde zu üben hieß hier mild sein." So ist denn er, der vor Erbarmen mit Francesca von Rimini und ihrem Schicksalsgenossen fast das Bewußtsein verloren, und überhaupt in den obern Regionen der Hölle, z. B. vor Pietro delle Vigne, noch immer mit seinem Mitleid zu kämpfen gehabt, ja selbst jenen Zukunftsforschern gegenüber noch der Thränen sich nicht enthalten konnte, hier in dem untersten Abgrund trügerisch und unbarmherzig, denn „konnte er", wie mit Recht bemerkt worden ist, „die Hölle furchtbarer schildern, als indem er sie wie den Ort bezeichnet, in welchem alles menschliche Gefühl aufhört und keine Pflicht mehr gilt?" — Von hier gelangen die Wanderer in die Giudecca, wörtlich etwa Judashaus, und nahen sich dem Satan, angeweht von kaltem Eiswind:

> Wie ich nun starr und heiser worden dort,
> Frag', Leser, nicht, denn nimmer wird's geschrieben;
> Zu wenig sagen würde jedes Wort.
>
> Ich starb da nicht und bin nicht lebend blieben;
> Denk selber, hast du Einsicht, wie mir ward
> Aus Leben also und aus Tod vertrieben. (Hölle XXXIV, 22 ff.)

„Der Fürst des Reichs der Schmerzen" ragt bis zur Mitte der Brust aus dem Eis empor. Mit sechs unter seinen drei Häuptern sitzenden Flügeln, gegen welche das größte Schiffssegel klein ist, flattert er fortwährend und kerkert sich dadurch immer mehr ein, denn das sturmähnliche, kalte Wehen, das von dieser Bewegung ausgeht, erstarrt den Cocytus immer fester zu Eis. Aus sechs Augen weint er, und in jedem seiner drei Rachen zermalmt er einen ewig dorthin gebannten Sünder, in dem einen Judas, in den beiden andern Brutus und Cassius, die Mörder Cäsars, des ersten Kaisers, dessen Gewalt Dante, wie wir gesehen, als von Gott eingesetzt betrachtet. Virgil und Dante lassen sich, ohne daß er es zu bemerken scheint, an seinem eigenen Riesenleib in den Mittelpunkt des Eises, der Erde und der Welt hinab und wenden sich von dort durch eine dunkle Felsenkluft, die Fortsetzung der Felsen, die den Kern des Höllenschlundes bilden, wieder aufwärts, dem Rand eines von oben herabfließenden Bächleins entlang, dessen klagender Laut ihnen in dem schwachen Dämmerlicht zur Führung dient. Dante, vermeinend sie kehrten nach den schon durchwanderten obern Regionen der Hölle zurück, fragt nach einiger Zeit erstaunt: „warum wendet uns Lucifer auf Einmal die Füße zu?" worauf ihm Virgil erklärt, daß sie durch den Mittelpunkt der Erde gegangen, auf dessen einer Seite Jener den Oberleib, auf dessen anderer er die Füße habe. Bei seinem Sturz vom Himmel hab' er die Mitte der Welt durchrissen; die Erde auf der südlichen Halbkugel sei vor Entsetzen unter das Meer gewichen und auf der unsrigen hervorgetreten, wo sie die Höhe von Golgatha gebildet, während ein anderer Theil, in entgegengesetzter Richtung nach Süden zu emporfahrend, dort zu einem Berge geworden. Dieser Berg, dem sie nun eben zuwandern, und welcher dem Hügel von Golgatha gerade gegenüber als dessen Antipodenpunkt liegt, ist, wie wir später erfahren, der Berg der Läuterung oder, wie es der deutsche Sprachgebrauch ausdrückt, des Fegefeuers, auf seiner Höhe das irdische Paradies tragend; denn letzteres war es vor Allem, was, wie höchst sinnig angenommen wird, bei Satans Herabfall auf die Erde von derselben wegfloh oder weggestoßen ward. Man hat Dante's Satan seiner Passivität wegen als mißglückte Figur bezeichnet, und allerdings tritt der Höllenfürst bei Milton, ja selbst bei Klopstock großartiger auf; allein unserm Dichter war das Oberhaupt der Teufel offenbar eine bloße Form, die er nur in Anwendung gebracht zu haben scheint, um der Bibel, um dem allgemeinen Glauben seiner Zeit und vor Allem um gewissen gerade damals verbreiteten Visionen gerecht zu werden, welche, ohne daß seine Originalität dadurch irgend einen Eintrag erlitte, unstreitig vorbildlich für ihn gewesen sind. In die Menschenbrust selbst legte er mit richtigem Gefühl den Hauptsitz der Hölle, und alle Strafen derselben sind gewissermaßen nur das Bild und die Folge von den innern Zuständen der schuldigen Seele; in die Menschenbrust selbst aber legte er auch, wo er eine dazu geeignete fand, „jenen unbesiegbaren Trotz und den Muth, dem allmächtigen Zwingherrn nicht zu weichen", welchen Milton seinem Satan leiht. Farinata, der noch im glühenden Sarg allen Qualen des Abgrunds Hohn beut, während das Unterliegen seiner Partei ihm mehr Schmerz verursacht als sein Flammenbette, ist bei Dante der Miltonische Lucifer, in dem immer noch eine Spur der ursprünglichen Göttlichkeit nachzuckt. Ebenso, nur mehr entgöttlicht, erscheint die titanische Kraft des Herzens in Kapaneus, von dem es Hölle XIV, 46 ff. heißt:

„Wer ist der Große dort voll Hohneszeichen,
Achtlos des Glutenregens der ihm droht,
Als könnt' der Flammenguß ihn nicht erweichen?"

Und Jener sehend, welche Frag' ich bot
Dem Führer über ihn, rief mir entgegen:
„So wie ich lebend war, bleib' ich im Tod!" —

Dante, dessen Hauptgegenstand der Mensch ist, brauchte keines Teufels, wohl aber einer Hölle. Das Sinnreichste und Gewaltigste, was er von Lucifern sagt, hat blos symbolische Bedeutung, nämlich eben der Gedanke, daß durch seinen Sturz vom Himmel einerseits der Berg der Läuterung, andrerseits die Anhöhe, auf welcher, nach des Dichters Ansicht, Golgatha, die Stätte der Versöhnung für das Menschengeschlecht, lag, entstanden sind, und so der Fall Satans auf die Erde wieder selbst sein Heilmittel mit sich führte (vgl. Philalethes zu Hölle XXXIV, 126). Dem Herrn des Weltalls oder auch nur dem Menschen gegenüber, ist er, abweichend von Miltons und Klopstocks Satan, ein Nichts, ein Gefangener, der sich selbst immer mehr in das todte, jeden Schöpferhauches baare Eis einkerkert, und somit, wenn man dieses Bild folgerichtig fortführt, endlich aus dem greifbaren Dasein ganz verschwinden muß, zugleich aber, was wiederum sehr sinnig gedacht ist, ein Gefangener des von ihm erregten sündigen Triebes selbst, sofern der eisige Cocytus seinen Ursprung in dem von der Oberfläche der Erde herabfließenden Bach der Sünden hat. — Gemäß dem Ausspruch Virgils (Aen. VI, 126 ff.):

Leicht wallst du hinab zum Avernus ......
Aber zu wenden den Schritt und zur oberen Welt zu entkommen, .
Das ist Mühe und Arbeit —

doch mit tieferer Begründung als der römische Dichter sie gibt, wird das Aufsteigen der beiden Wanderer durch die lange, finstre Leere an der Seite des Baches, der die abgewaschenen Sünden vom Läuterungsberg hinab in die Hölle flößt, Anfangs als höchst mühsam und weit beschwerlicher, als das Hinabsteigen in die Wohnstätten der Sünde, geschildert, welches letztere — sehr bedeutsam — drei bis viermal durch die höllischen Mächte selbst vermittelt und erleichtert wurde, wie denn schon Ges. V, 19 Minos zu Dante sagt:

Schau, wie du eintret'st, und weß du dich trauest:
Des Eingangs Breite laß dich nimmer täuschen.

Jenes Aufsteigen am Strom der abgebüßten Sünden hin fällt dagegen schwer, denn der Anfang der aus dem Abgrund sich wieder empor windenden Reue ist ein lichtloser Schmerz*. Endlich gelangen die Beiden an eine runde wahrscheinlich ebenfalls durch den Sturz Lucifers entstandene Oeffnung, durch welche sie heraustreten „zum Wiederseh'n der Sterne". Mit diesen Worten schließt die erste Abtheilung der Divina Commedia, nämlich die Schilderung der Hölle, und die zweite Abtheilung, das Purgatorium, beginnt, ein Name der, wie bereits angedeutet, im Deutschen nur uneigentlich durch Fegefeuer gegeben wird, denn unser Dichter denkt sich jenen schon erwähnten Berg, auf dessen Gipfel das irdische Paradies liegt, als einen zwar hohen und steilen, aber, mit Ausnahme eines schmalen, das Paradies einschließenden Feuergurts, ganz den gewöhnlichen Naturverhältnissen angehörigen Felsenkegel auf einem Eilande der damals noch so gut als unbekannten südlichen Halbkugel. Er tritt mit Virgil durch die, Jerusalem oder Golgatha gerade entgegenliegende, Oeffnung heraus, und

Den schönen Stern, der Liebe tröstend Zeichen,
Sah ich im Osten lächelnd auferstehen,
Und in dem Glanz der Fische Bild** erbleichen.

* Vgl. die schwarze Stufe der Zerknirschung, S. 55 unsres Textes.
** Das Sternbild der Fische.

Und rechts dann, zu des andern Poles Höhen
Gewendet, vier der Sterne niederblinken,
Die nur das erste Menschenpaar gesehen.

Der Himmel schien mit Lust ihr Licht zu trinken:
O mitternächt'ge Hälfte, du verwaiste,
Daß diese holden Flammen nie dir winken!

Möglich, daß Dante von den der südlichen Erdhälfte angehörigen vier prachtvollen Sternen, dem s. g. Kreuz des Südens, durch irgend eine Sage Nachricht hatte; in der That soll dasselbe auf einem im Jahr 1215 von arabischen Astronomen gefertigten Himmelsglobus bereits unverkennbar abgebildet sein*. Wie der Dichter jedoch beim Eintritt in den Aufenthalt der sich läuternden Seelen sehr sinnreich zuerst den Stern, „der der Liebe tröstend Zeichen“ ist (che ad amar conforta), d. h. die Venus in der ihr beigelegten seelenlenkenden Kraft sich entgegen schauen läßt, so versteht er auch unter jenen vier Sternen offenbar zunächst die vier, der Seite des Paradieses zugewandten astralischen Mächte, die zu Weisheit, Gerechtigkeit, Stärke und Mäßigung anregen, und welche er Fegef. XXXI, 106 sagen läßt: „Hier sind wir Nymphen und am Himmel Sterne“. Wußte er von dem südlichen Kreuze nichts [26], so bleibt uns später Gebor'nen, uns über dieses schöne Zusammentreffen der Wirklichkeit mit einem Dichterbilde zu freuen.

Dritte Vorlesung.

Den Fuß des Läuterungsberges hütet ein ehrwürdiger Greis mit langem, in's Weiße spielenden Bart und Haupthaar:

„Wer seid ihr, die, dem dunkeln Bach entgegen,
Habt überschritten ew'gen Kerkers Schwelle?“
Frug lockenschüttelnd er ob unsern Wegen.

„Wer führte euch? welch Licht gab euch die Helle,
Als ihr hervordrangt aus der tiefen Nacht,
Die ewig finster läßt den Schlund der Hölle?“ (Fegef. I, 40 ff.)

Virgil sagt ihm, daß er auf Bitten der vom Himmel gestiegenen Beatrice den noch lebenden Dante, zu dessen Rettung kein andrer Weg übrig geblieben,

* Wegele a. a. O. S. 317.

durch die Reihen der Verdammten geführt habe und ihm jetzt die sich läuternden Seelen zeigen wolle. Derselbe wandle diesen Pfad, um die Freiheit zu suchen, deren Werth er, der Alte, dem um ihretwillen der Tod nicht bitter gewesen, und dessen weggeworfener Leib einst hell stralen werde am großen Tage, wohl kenne; er selbst aber, Virgil, sei so wenig als sein Begleiter ein Verdammter. Auf Dies hin läßt sie der Greis durch, der kein Anderer ist, als der heidnische Cato von Utica; ein Beweis, daß Dante keineswegs alle tugendhaften Heiden in die Vorhölle und keineswegs alle Selbstmörder in die Hölle versetzt, vielmehr sich von beiden hier zusammentreffenden Hindernissen gegen die von der damaligen Kirche gelehrte Seligkeit nicht abhalten läßt, Jenem durch den Mund Virgils eine glänzende Auferstehung vorauszukünden, folgend hierin den Worten des Apostels Paulus, daß Manche, die das Gesetz (Christenthum) nicht kannten, sich selbst zum Gesetze geworden, und selbst der kirchlichen Lehre nicht entschieden widersprechend, welche stets neben der Wassertaufe noch eine, jene ersetzende, Blut- und Begierdentaufe annahm*. — Ehe die beiden Dichter jedoch den Berg besteigen dürfen, hat Virgil nach Cato's Angabe dem Dante am nahen Meeresstrande das Antlitz, auf welchem (Fegef. I, 127) noch Spuren der in der Hölle vergossenen Thränen stehen, mit frischem Morgenthau zu waschen, daß ihm das Auge wieder hell werde; denn nicht gezieme sich's mit trübem Blick vor einen Boten des Paradieses, d. h. vor den seiner wartenden Engel der Buße und Wiedergeburt, zu treten. Zu gleichem Zweck muß der Führer seinen Schutzbefohlenen mit von den Wellen geschlagenem Schilf, dem Sinnbilde des zur Besserung der Seele nothwendigen Duldens**, gürten. Im Augenblick, wo Jener diese Pflanze bricht, erneut sie sich zu Dante's Erstaunen, denn geistige Gaben nehmen, wie er später beim Emporklimmen auf den Berg erfährt, durch Mittheilung nicht ab, sondern zu. Mittlerweile kommt, mit dem heller hervortretenden Tag, ein Schiff ohne Segel, aber von den Fittigen eines Engels der Gnade getrieben, rasch über das Meer her, in ihm eine singende Schaar bußfertig Verstorbener, um ebenfalls den Läuterungsberg zu besteigen. Mit Erstaunen nehmen sie aus Dante's Athmen ab, daß er noch lebe und drängen sich neugierig um ihn; unter ihnen des Dichters vor Kurzem hingeschiedener, von ihm sogleich erkannter Freund, der Sänger Casella. Dreimal will Jener den geliebten Schatten umarmen, und dreimal kehren die Arme leer an seine Brust zurück (Nachahmung von Virgil, Aen. VI, 695). Endlich

* Vgl. Philalethes zu Fegef. I, 39, und zu Parad. XIX, 40.

** Vgl. Kopisch a. a. O. S. 142. Dante sagt nämlich (Fegef. I, 103 ff.) in Bezug auf jenes Gewächs:

> Hier könnte keine Pflanze, die zu Zweigen
> Sich ausdehnt, oder spröd würd', Leben haben,
> Weil sie dem Wellenschlag sich nicht würd' beugen.

4*

bittet er denselben, ihm zur Stärkung für den steilen Weg noch einmal eines der zärtlichen Lieder zu singen, die sonst all' sein Sehnen zur Ruhe gebracht, und Casella trägt nun eine von Dante früher selbst gedichtete Liebescanzone[27] so hinreißend vor, daß sämmtliche Zuhörer, selbst Virgil, alles Andre darüber vergessen. Da erscheint Cato und ruft, das Verweilen bei bloßen Worten als gefährlich für Den erkennend, der durch die That vor Gottes Antlitz treten soll:

„Welch eine Lässigkeit und welch ein Weilen?
Rasch hin zum Berg, den Fels euch wegzuschaffen,
Der Gottes Anblick euch nicht lässet theilen!" (Fegef. II, 121 f.)

Alle eilen der Höhe zu, aber Niemand weiß den Aufgang; endlich gelangen Dante und Virgil zu einem schmalen, äußerst steilen Pfade, den sie an dem sich jäh in den Himmel empor thürmenden Berg hinaufzuklimmen anfangen. Zuweilen bildet letzterer Schwindel erregende, rings umher laufende Vorsprünge oder Abstürze. Die beiden Wanderer treffen mit einer Schaar Seelen zusammen, die, weil Dante, gegen die Art der Verstorbenen, noch einen Schatten wirft, ihm mit Erstaunen und lautem Ruf nachschauen.

Das Auge wandt' ich bei dem Ruf noch einmal,
Und sah sie in Verwunderung dort blicken
Auf mich, nur mich, und den gehemmten Lichtstral.

„Was läßt sich deine Seele so umstricken?"
Begann mein Meister; „wie kann dich bewegen,
Was man da flüstert hinter deinem Rücken?

„Komm, laß die Leute reden was sie mögen,
Sei wie ein fester Thurm, drauf nimmer wanken
Die Zinnen, wann der Wind ihm saust entgegen.

„Ein Mensch, in dem Gedanke um Gedanken
Aufschießt, ist seines Ziels nie recht bedacht,
Weil einer stets den andern macht erkranken." —

Was hätt' ich als: „ich komm'", hervorgebracht?
Ich sprach's, etwas umgossen von der Farbe,
Die der Verzeihung werth den Menschen macht (Fegef. V, 7 ff.).

Man bemerkt, daß diese Verse sich nicht blos auf die vorliegende Situation beziehen, sondern, wie bei unsrem Dichter so oft, nebenher einen allgemeinern Sinn haben. Er wußte so gut als irgend Einer, daß was die Menge in Bezug auf den Einzelnen am eifrigsten bespricht und was wiederum Jenen in Bezug auf das Gerede der Menge am meisten in Anspruch nimmt, und die meisten

Gedanken in ihm aufschießen läßt, in der Regel weit weniger das Selbst des Besprochenen, als nur des Selbstes — Schatten betrifft, Gespräche, die folglich Der, welcher etwas für sich sein, beziehungsweise zu Gott empor will, nicht zu beachten hat. — Von da steigt das Paar, mit vielen sich läuternden Seelen zusammentreffend, immer weiter aufwärts, bis es den Troubadour Sordello findet, der, als ihm Virgil sagt, er stamme aus Mantua, diesem, weil er selbst ebenfalls ein Mantuaner, in die Arme stürzt. Dante, eingedenk der ewigen Zwietracht, welche sein Vaterland jetzt zerreiße, ruft deßhalb voll schmerzlichen Zorns über die Abwesenheit des Kaisers, der allein solchen Hader beschwichtigen könnte, aus:

O Sklavin du, Italien, Schmerzensstätte,
Im großen Sturm ein Fahrzeug ohne Steuer,
Herrin des Landes nicht, nein Unzuchtbette!

Wie war die edle Seele voll von Feuer
Beim bloßen Klang vom süßen Vaterland!
Wie war des Landsmanns Ruhm für sie so theuer!

Doch in dir stehet Hand wild gegen Hand;
Die selber sinnen drauf, wie sie sich morden,
Die Eine Mauer, die Ein Wall umspannt.

Blick in dein eigen Herz; an allen Borden,
Elende, such', such' nach an jedem Strande,
Ob einem Ort in dir ist Friede worden.

Was hilft's, daß Justinian dir Zaum und Bande
Von Neuem gab, wenn leer der Sattel blieben?
Geringer ohne sie wär' deine Schande!

O Volk, du solltest Demuth endlich üben,
Und Cäsarn in den Bügel steigen lassen,
Verständest du, was Gott dir vorgeschrieben [28]!

Seht, seht wie dieses Roß tobt durch die Gassen,
Weil es nicht mehr gelenkt wird von den Sporen,
Sobald die Hand will seine Zügel fassen.

O deutscher Albrecht, was für dich verloren
Gibst du das wilde, und bleibst in den Fernen,
Du, der zu seinem Reiter ward erkoren?

Gerechter Richtspruch falle von den Sternen
Schwer auf dein Blut, wie noch kein andres büßte,
Daß wer dir nachfolgt, fromme Scheu mag lernen [29].

Denn dich und deinen Vater hat Gelüste
Nach eignem Nutzen von hier rückgehalten [50],
Daß so des Reiches Garten ward zur Wüste.

Komm, Grausamer, sieh deine Edeln schalten,
Komm, von dem wüsten Frevel uns zu reinen,
Sieh Santafiores Blüthe sich entfalten [51].

Komm, sieh die Witwe, deine Roma, weinen,
Wie Tag und Nacht ihr Ruf sich läßt vernehmen:
„Warum, mein Kaiser, bleibst du fern den Deinen?"

Komm, sieh dein Volk durch Haß und Zwist sich lähmen;
Und führt kein Mitleid dich zu uns zurücke,
So komm, um deines Rufes dich zu schämen!

Und frag' ich dich, du Lenker der Geschicke,
Du, den für uns an's Kreuz erhob sein Wille:
Geh'n sonst wohin jetzt deine heil'gen Blicke?

Wie, oder vorbereitet in der Stille
Sich deines Rathes etwas uns zum Heil,
Das unsern Augen ganz noch birgt die Hülle,

Dieweil Italiens Länder unterm Beil
Der Tyrannei, und als Marcell sich spreizet
Jedweder Zerrer am Parteienseil? (Fegef. VI, 76 ff.)

So streng und ernst hielt Dante den Kaisern ihre Pflicht gegen Italien vor; begreiflich daher, in welchen Freudesturm er ausbrach, als Heinrich VII. dieser Pflicht nachkam. — Sordello geleitet das Paar nach einem Vorsprung, an den Abhang eines Thals, worin die Seelen der Fürsten ausruhen, die im Trachten nach irdischer Herrschaft das Himmelreich verabsäumt haben. Zu ihrer Beschämung prangt das ganze Thal von Blumen, die mit ihrer Pracht alle andre Herrlichkeit übertreffen und doch nur vergängliche Dinge sind. Anzudeuten, daß sich diese Schatten nunmehr vom Irdischen dem Himmlischen zuwenden wollen, singen sie den der Himmelskönigin geweihten Abendgesang Salve Maria. Sordello sagt:

Der, der das Ansehn hat, dort hoch ob Allen,
Als wär' versäumt, wozu er war verbunden,
Und schweigt, dieweil der Andern Stimmen hallen,

Rudolf, der Kaiser, war er, der die Wunden
Wohl heilen konnte, die Italien stürzten,
Das nun durch Andre spät nur wird gesunden.

Auf die Bedeutung dieser Worte für das jetzige Italien braucht (März 1861) nicht erst hingewiesen zu werden. — „Sieh", bemerkt Sordello in Bezug auf zwei andere Fürstenseelen:

„sieh diese sind der Vater
Und Eidam von dem bösen Geist der Franken;
Sie kennen sein befleckt und schmutzig Leben,
Und daher kommt der Schmerz, an dem sie kranken
(Fegef. VII, 91—96; 108—111).

Der böse Geist der Franken ist der regierende König, Philipp der Schöne, über den sich der Dichter an mehrern Stellen der D. C. mit gleicher Strenge ausspricht, Italien, so weit er vermag, vor demselben warnend.

Ueber diesem Vorgang wird es Nacht und Dante erblickt am Himmel die Sterne Glaube, Liebe, Hoffnung, welche jetzt, da das Dunkel beginnt, an die Stelle jener vier schon genannten tugendfördernden Gestirne getreten, die er beim Anbruch des Tages gesehen. Sofort schläft er ein und ist, als er nach einem später zu berichtenden Traum Morgens erwacht, an anderm Orte, der bei ihm stehende Virgil aber bedeutet ihn, die heilige Lucia, d. h. die erleuchtende Gnade Gottes, habe ihn aus dem Blumenthal emporgetragen. Denn jetzt ist er schon auf jener halben Höhe des Läuterungsberges, d. h. der Selbsterkenntniß, angelangt, wo die himmlischen Mächte den zu ihnen Emporstrebenden ihrerseits entgegenkommen und ihnen das Aufsteigen erleichtern, wie umgekehrt höllische Kräfte dem Hinabdringen in den Abgrund hülfreich zur Seite stehen. Der Heiligen, fährt sein Beschützer fort, sei er, Virgil (die menschliche Einsicht), nachgefolgt, und ehe sie geschieden habe sie ihm noch den offenen Eingang zum weitern Weg gezeigt; derselbe sei dort, wo allein der steile Fels einen Riß habe; denn dieser Fels ist, wie gesagt, nur Fortsetzung der Felswand in der Hölle, und wurde mit jener, als sie bei Christi Tod zerriß, vom Erbarmen Gottes gesprengt. Dante rafft sich auf und erblickt, Virgilen folgend, wo er zuerst nur eine Felsenspalte gesehen, eine dieselbe nach unten zu verschließende Thür, vor welcher, anfangs wortlos, ein Pförtner in einem Kleid von der Farbe der Asche oder der Erde sitzt, in den Händen ein lichtfunkelndes Schwert. „Wo ist euer Geleite?" ruft er den Ankömmlingen zu. „Habt Acht, daß das Heraufgeh'n euch nicht schade!" — Lucia habe sie hieher gewiesen, entgegnet Virgil, und nun läßt sie Jener willig an die drei Stufen heran, welche zu der Thür führen. Die unterste, von weißem Marmor, so rein und glänzend, daß Dante sich in ihr wie in einem Spiegel erblickt, ist Symbol der Selbsterkenntniß; die zweite, aus schwarzem, zerrissenen, ausgebrannten Gestein, deutet auf die der Selbsterkenntniß folgende Zerknirschung; die dritte, aus blutrothem Porphyr, auf den ernstlichen Vorsatz zur Umkehr zu Gott und zur Losreißung von der Sünde, der ohne schmerzliche, durch die Blutfarbe bezeichnete Opfer nicht vollführt werden kann[32]. Die Schwelle, auf welcher der Pförtner sitzt, ist von diamantnem Fels, ihre Festigkeit gegen jede Gewalt bezeichnend, wie nach den antiken Dichtern die Schwelle der Unterwelt aus dem gleichen Stoffe besteht. Dante erkennt jetzt in dem Pförtner jenen Engel, um dessentwillen er sein Auge durch frischen Morgenthau hell machen lassen mußte; ohne Zweifel ist er derselbe, welchen Gott mit flammendem Schwert als Hüter vor das Paradies gestellt, denn von hier aus gelangt man in's Paradies, aber nur auf dem steilen Pfade der Buße und Wiedergeburt. Auf Virgils Aufforderung wirft sich der Dichter vor dem Gesandten Gottes nieder, nachdem er sich drei Schläge an die Brust gegeben, und fleht ihn an, ihm die Thür aufzuschließen. Der Engel gräbt ihm mit der Schwertspitze siebenmal den Buchstaben P in die Stirn zur Andeutung der sieben Sünden, peccata, zu welchen er durch seine Abkunft von Adam geneigt ist, und sagt: „geh und wasche diese Wunden ab, wenn du da drinnen bist." Sofort zieht er zwei Schlüssel aus seinem Gewande, den einen von Gold, den andern von Silber, steckt zuerst den silbernen, dann den goldenen in das Schloß, und bemerkt, sobald der eine der beiden Schlüssel versage, öffne sich die Thür nicht; der eine sei weit kostbarer als der andere, dieser aber verlange zum Oeffnen weit mehr Kunst und Einsicht als jener[33]; beide seien ihm von Petrus übergeben worden mit der Ermahnung lieber im Oeffnen zu irren, als im Verschlossenhalten. Auf Dies springt die Thür auf, und der Engel heißt sie eintreten, warnt sie aber zurückzuschauen, denn wer zu Gott will, darf auf nichts Irdisches, nichts was hinter ihm liegt, zurückblicken. Die Pforte, nur selten gebraucht, erdröhnt beim Aufspringen mächtig, aber ihr Dröhnen klingt wie Orgelton, in welchem Dante Te Deum laudamus zu hören glaubt; hinter den Eintretenden wird sie wieder verschlossen. Das Paar, das somit erst jetzt in den eigentlichen Raum der Läuterung eingetreten, klimmt auf einem steilen, wild hin und her springenden Pfad an dem Berg empor, welcher von da an noch sieben jener schon erwähnten Abstürze oder Vorsprünge bildet, auf deren jedem eine andre Hauptsünde gebüßt wird. Auf dem ersten Absturz findet die Läuterung vom Stolze statt, und die Wanderer treffen dort unter Andern den von Künstlerstolz sich reinigenden Maler Oderisi, der in die Worte ausbricht:

O eitler Ruhm, den Menschen sich bereiten,
Wie währt das Grün so kurz auf deinen Höhen,
Sobald dir folgen keine rohen Zeiten!

Einst glaubte Cimabue dort zu stehen,
Als Maler; nun gilt Giotto* als der Größte,
So daß wir Jenes Glanz verdunkelt sehen.

* Sprich Dschotto.

Ein Guido war's, der ab den andern löste
Im Dichterglanz, und schon geboren heute
Ist Der, der Beide jaget aus dem Neste!

Nichts Andres ist des Menschenruhms Geleite
Als Hauch des Windes, der hier bald, dort bald weht,
Die Namen tauschend, weil er tauscht die Seite.

Wie viel nach tausend Jahren, wenn du spät
In's Grab sinkst, hast du mehr, als wenn zur Zeit,
Wo du die Kinderklapper noch gedreht?

Nach tausend Jahren, die zur Ewigkeit
Doch wen'ger sind, als was ein Wimpernschlag
Zum trägsten Sternlauf, den der Himmel beut[34]! (Fegef. XI, 91 ff.)

Johann Cimabue, bekanntlich der Vater der italienischen Malerei, Dante's Landsmann und Zeitgenosse, jedoch 25 Jahre älter als er, wurde von seinem Schüler Giotto, einem Freund unsres Dichters, dessen eigenes Bild er gemalt hat, verdunkelt. Der Dichter Guido, welcher den andern Guido verdrängte, ist wahrscheinlich Guido Guinicelli, von welchem Dante auch in Ges. XXVI, 90 ff. des Purgatoriums mit hoher Anerkennung spricht und ihn als Den bezeichnet, nach welchem er selbst seine Liebeslieder gebildet; er hatte den Fra Guittone (d. i. Guido) del Viva verdrängt, der, wie aus Ges. XXVI, 124 hervorgeht, eine Zeit lang eines großen Rufs genoß, obwohl Dante's eigenes Urtheil ihn nicht sehr hoch zu stellen scheint[35]. Unter dem schon Gebornen, der Beide aus dem Nest jagt, ist ohne Zweifel Dante selbst gemeint[36], wie er denn auf diese, aus gerechter Schätzung seines eigenen Werthes hervorgegangene Hindeutung dem Oderisi, in dessen Mund er sie legt, gleich nachher mit Zartgefühl erwidert: „Dein wahres Wort führt mich zu rechter Demuth und drückt herab des Stolzes Aufwärtsblähen", d. h. „auch ich werde von Spätern übertroffen werden". Diese Hinweisung auf die Vergänglichkeit des Ruhms ist jedoch nur gegen die eitle Ueberhebung des eigenen Selbsts gerichtet; den edeln Anreiz zur Fortdauer des Namens, und die Pflicht diesem Ruf zu folgen, empfand, wie schon gesagt, Niemand stärker als Dante. In dem Gefühl, daß „nur das Gemeine klanglos zum Orkus hinab gehe", sagt er an einer von uns übergangenen frühern Stelle, dem Virgil das Wort gebend (Hölle XXIV, 47 ff.):

„Weg mit der Weichheit," sprach mit ernster Miene
Mein Meister; „wer sich dehnen will auf Flaum,
Kommt nie zu Ruhm, nie unter Baldachine;

„Wer aber ruhmlos zehrt vom Lebensbaum,
Läßt solche Spur von sich zurück der Welt,
Wie Rauch in Lüften und im Wasser Schaum.

„Drum ob der Mattheit siege wie ein Held,
Mit jenem Muth, der jede Schlacht gewinnt,
Sobald er durch den schweren Leib nicht fällt.“

Neben Oderisi büßt der kriegsstolze Salvani, der Anführer der Siener in ihrer für sie glücklichen Schlacht gegen die Florentiner bei Montaperti, und als Dante fragt, warum dieser, der vor noch nicht sehr langer Zeit (vor 31 Jahren) gestorben, sich schon hier befinde, erfährt er, eine einzige That liebevoller Demuth habe ihm die Harrezeit so abgekürzt, denn Salvani, der damals ganz Siena unter seine Hand gebracht, hatte auf dem Marktplatz jener Stadt das nöthige Geld (zehntausend Florinen) zusammengebettelt, um einen Freund, der in die Gefangenschaft Karls von Anjou gerathen und von diesem, im Fall der Nichtlösung, mit dem Tode bedroht war, zu befreien. — Sofort lädt ein Engel die beiden Wanderer ein, sich dem höhern Pfade zuzuwenden, beklagend daß so Wenige, solcher Einladung folgend, vom Weg des Stolzes ablenkten. Jene steigen empor und Dante wundert sich, daß ihm das Aufklimmen so leicht werde, worauf ihm Virgil erwidert, der Engel habe ihm mit seinen Fittigen eines der sieben P von der Stirne geweht. Nach längerem Steigen und mehrfachen Unterredungen mit sich läuternden Seelen trifft er auf dem dritten Absturz mit derjenigen des Venetianers Lombardo Marco zusammen, der in einem Gespräch über die Freiheit des so oft von Gott abirrenden Willens bemerkt:

Es geht aus Dem, der, eh' sie noch geworden,
Sie angelächelt, wie ein tändelnd Kind,
Das lacht und weint in kindischen Accorden,

Arglos hervor die Seele, die nichts sinnt,
Als daß, noch voll der sel'gen Schöpfergrüße,
An Dem sie hängt, woran sie Lust gewinnt.

An kleinem Gut schmeckt sie alsbald die Süße;
Da wird sie irr und lief ihm nach, wenn nicht
Zurück sie Lehre oder Züglung wiese (Fegef. XVI, 85 ff.).

Gottes Gebote, fährt Marco fort, seien nun wohl da, aber Niemand beachte sie in gegenwärtiger Zeit; der Papst selbst strebe nach Irdischem, drum begehre auch seine Herde nichts Höheres. Die Vereinigung von Hirtenstab und Schwert in der gleichen Hand habe die Folge, daß sich das Eine vor dem Andern nicht mehr scheue, und die Welt sinke in Finsterniß, weil das kirchliche Oberhaupt, sich weltliche Herrschaft anmaßend, den Glanz des Kaisers verdunkelt habe. — Noch weiter hinaufgestiegen sinkt der Dichter auf dem vierten Absturz in Schlaf und hat dort jenen Traum von der Welt, der „lieblichen Sirene“, dessen schon in der ersten Vorlesung gedacht worden. Wiederaufgewacht schreitet er mit seinem Begleiter immer dicht an der Felswand empor, und gelangt auf der Höhe des fünften Absturzes zu den Seelen Derer, die, weil sie sich irdischen Schätzen zugewandt, auf der Erde liegen, unter ihnen zu dem Schatten des Papstes Adrian V., vor welchem er sich, „der Würde wegen, die ihn einst bekleidete", niederwerfen will, was dieser aber nicht zugibt, bemerkend, er sei jetzt nur Mitknecht und gleicher Würde mit den anderen Menschen (Fegef. XIX, 127 ff.). Sofort kommt er zu einer andern reumüthigen Seele, die sich als der Schatten Hugo Capet's zu erkennen gibt, von welchem, dem Sohn eines Metzgers nach Dante's Annahme, die Könige Frankreichs stammen, deren Gewaltthaten jetzt die Welt verfinstern. Er berichtet, wie dieselben mächtig geworden, wie das provenzalische Erbe ihnen die Scham genommen, so daß sie immer weiter um sich gegriffen; wie Karl von Anjou Neapel weggerafft und „zur Buße" für diesen Raub (wie der spottende Ausdruck lautet) den jungen Konradin gemordet; bald werde ein anderer Karl (nämlich der Graf von Valois, der zu Dante's Verbannung Anlaß gegeben) kommen, ohne Waffenmacht, nur bewehrt mit der Lanze des Judas, d. h. mit Verrath, um Zwietracht in Florenz zu stiften; einen Dritten, der vor Kurzem gefangen aus einem Schiff gestiegen, seh' er die eigne Tochter verkaufen und um sie feilschen, wie die Korsaren mit ihren Sklavinnen thäten. Dieser Dritte ist Karl II. von Neapel, der Sohn Karls von Anjou, der einst in einem Seetreffen von den Aragoniern gefangen wurde und später seine Tochter Beatrice dem alternden Markgrafen Azzo VI. von Este um eine Summe Geldes zur Gemahlin verkauft haben soll. Und nun, um die nachfolgende Verwünschung, die der Königsahnherr über seinen Stamm ausspricht, zu verstehen, müssen wir uns erinnern, daß auf Geheiß Philipps des Schönen von Frankreich Papst Bonifacius VIII. im September 1303, anderthalb Jahre nach der Verbannung Dante's, zu Anagni durch Stefano Colonna und den französischen Rechtsgelehrten Wilhelm von Nogaret mit Beihülfe von dreihundert französischen Reitern verhaftet und auf's Unwürdigste behandelt, ja, wie man berichtet, sogar mit einem Eisenhandschuh in's Gesicht geschlagen worden war; daß er drei Tage nachher von den Bewohnern Anagni's zwar wieder befreit wurde, aber in Folge der Mißhandlung und des darüber empfundenen Zornes in Wahnsinn fiel, und schon einen Monat nachher, am 12. Oktober 1303, sich selbst tödtete. Anknüpfend an die Vergleichung mit den Korsaren fährt Hugo Capet fort, als Zukunftsverkündung eine Reihe von Gräueln auszusprechen, die der Wirklichkeit nach zur Zeit, wo diese Stelle niedergeschrieben wurde, schon verübt waren:

„O Habsucht, wo sind Jene* mehr umnachtet,
Wenn mein Blut an sich selbst so zum Verräther
Du machst, daß es des eignen Fleischs nicht achtet?

* Die Korsaren.

„Und, überbietend alle Missethäter,
Seh' in Anagni ich die Lilien wehen,
Gefangen Christ in seinem Stellvertreter.

„Zum zweiten Mal seh' ich das Volk ihn schmähen,
Ich sehe Galle ihm und Essig reichen,
Seh' Schächer leben, ihn zum Tode gehen!

„Seh' all Dies nicht den blut'gen Sinn erweichen
Des neu erstandenen Pilatus: vollmachtlos
Schlägt an den Tempel er der Herrschaft Zeichen.

„O du mein Gott, wann ist es denn mein Los
Die Rache zu erblicken, die geheim
Noch ruht in deiner Langmuth mildem Schoß?" (Fegef. XX, 82 ff.)

Der neu erstandene Pilatus ist abermals Philipp der Schöne, der früher der „böse Geist der Franken" betitelt wurde. Der Ausdruck „Tempel" scheint auf die durch jenen König so höchst ungerecht bewirkte Aufhebung des Tempelherrnordens im Jahr 1312 zu gehen[37]. Die Rache aber, welche als noch in der Zukunft liegend angedeutet wird, bezieht sich wohl auf eine damals allgemein verbreitete, von Villani (VIII, 64) zum Jahr 1303 angeführte Weissagung, wonach die Herrschaft in Kurzem von Philipp und dessen Söhnen genommen werden sollte, weil er sich auf die eben erzählte Weise an dem Statthalter Gottes vergriffen habe. Erinnert man sich, daß Bonifaz die Verbannung Dante's durch die, trotz des Dichters Gegenvorstellungen an den Grafen von Valois übertragene s. g. Friedensmission herbeigeführt; erinnert man sich, daß dieser Papst der entschiedenste Gegner von Dante's politischem Princip, nämlich dem Ghibellinenthum, war und Dante ihm wegen der von ihm geübten Simonie einen Platz in der tiefsten Hölle offen hält, so wird man der Unparteilichkeit, mit welcher hier zwischen dem Menschen und dem von ihm bekleideten heiligen Amt unterschieden wird, die Bewunderung nicht versagen können.

Als der Dichter von Hugo Capet weggegangen, fühlt er zu seinem Staunen, daß der Berg unter ihm bis zum Grund erbebe, als ob eine schwere Last hinabstürze, und hört ringsumher bis hinab zu dessen meerumspülten Fuße den Lobgesang: „Ehre sei Gott in der Höhe!" (Gloria in excelsis Deo!) Da tritt plötzlich eine Seele, die nach vollendeter Läuterung sich vom Boden erhoben, zu Jenem und Virgil und sagt ihnen auf Befragen, sie selbst, die über fünfhundert Jahre hier büßend gelegen, habe so eben den freien Willen zum Emporsteigen in die Regionen des Lichtes erhalten; darum sei der Hymnus erschallt und darum habe der Berg gezittert:

Er bebt, wann eine Seele so durchdrungen
Von Reinheit, daß vom Boden sie sich rafft,
Und ihr wird dann das laute Lied gesungen.

Der Reinheit einzig Pfand ist Willenskraft,
Die, abzuwälzen was sie lang umwand,
In ihr erwacht und Freud' am Wollen schafft.

Lang' möcht' sie's, doch Dies duldet nicht das Band
Des Triebs, den Gott jetzt widerstellt dem Willen,
So wie einst Gott der Sünde widerstand.

Ich selber lag in dieses Wehes Hüllen
Fünfhundert Jahr' und mehr, und fühlt' nur eben
Des Wollens Freiheit endlich in mir quillen.

Drum fühltest du die Erde rings erbeben,
Drum hörtest du die frommen Geister loben
Den Herrn, daß bald auch sie er woll' erheben (Fegef. **XXI**, 58 ff.).

Beides, setzt der Ankömmling bei, geschehe jedesmal wann der Himmel etwas, „das aus ihm sei, in sich zurücknehme" (quel', che'l cielo in se da se riceve), nämlich eine Seele, in welcher die Läuterung vollendet worden. In diesem Augenblick wird Gott, der, wie wir gesehen, die Hölle vor allen geschaffenen Dingen erschuf (Hölle III, 1 ff.), indem er, seinem dunkeln Grunde nach, will und wollen muß, daß die gefallene Seele ewig von ihm getrennt und der qualvollen Empfindung des Nichtgottseins hingegeben bleibe, — in diesem Augenblick wird Gott durch Gott überwunden, oder, wie es die heilige Lehre ausdrückt, Christus wird in ihm, beziehungsweise in der geläuterten Seele, die ein Theil von ihm ist, geboren, kommt in ihr zur Auferstehung, und wie die Erde bei Christi Auferstehung nach Matthäus Bericht (28, 2) gebebt hat, so bebt sie auch jetzt. So ist denn der Berg der Läuterung, dessen Felsgerippe, wie wir gesehen, nur die unmittelbare Fortsetzung der Felsen in der Hölle bildet, welche die dorthin Gesunkenen ewig festhalten wollen, das Symbol der ewig zum höchsten Bewußtsein kommenden Gottheit, ein Bewußtsein, über dessen Hereinbrechen der dunkle Grund, aus welchem es zur Klarheit emporsteigt, jedesmal erzittert. Oder der Berg ist, mit nur leichter Abänderung des eben ausgesprochenen Sinnes, Symbol der sich selbst zu Gott erhebenden, sich selbst durch Gottes Einwirkung vergöttlichenden Menschenseele, beinahe wie Angelus Silesius sagt:

Ich bin ein Berg in Gott und muß mich selbst ersteigen,
Daferne Gott mir soll sein lichtes Antlitz zeigen.

Jede Seele steht, ihrer ursprünglichen Dignität nach, Christo gleich; bei jeder, wenn sie die Fesseln der dunkeln Kraft, die in ihr, wie in Gott vorhanden ist, in ihr aber zur Sünde wird, durch eigenes, d. h. ihr von Gott geliehenes, Vermögen abstreift, zittert der alte Erdengrund, der seine Gewalt über jene nicht aufgeben will, wie er bei Christi Auferstehung gebebt hat. — Ganz reine Seelen, die von Gott gar nie gewichen sind und daher, ohne es zu wissen, im eigenen Innern schon auf der Höhe jenes Bergs stehen, der sie mit Gott vereinigt, scheinen auch den äußerlichen Berg der Läuterung nach Dante's Ansicht nicht zu ersteigen zu haben, sondern, sobald sie von dieser Erde geschieden, in den Himmel überzugehen; wenigstens hatte Beatrice, allem Ansehn nach, diesen Weg nach der Annahme ihres Sängers nicht zurückzulegen. In dem Traum, der Letzterem im 18. Kapitel der Vita nuova ihren Tod vorausverkündet, ein Traum, auf welchen die vorliegende Scene als ihren Gegensatz hinzuweisen scheint, schwebt die Geliebte unter dem gleichen Lobgesang unmittelbar zum Himmel empor, unter welchem die freigewordene Seele auf dem Läuterungsberg sich vom Boden emporrichtet. „Alsdann," heißt es dort, „blickte ich, wie ich mir einbildete, gen Himmel, und es war mir, als säh' ich eine Schaar von Engeln, die nach oben zurückkehrten und vor sich ein lichtweißes Wölkchen (Beatricens Seele) hätten; und der Gesang dieser Engel dünkte mir überherrlich, und ich glaubte dessen Worte zu vernehmen, die wie Osanna in Excelsis klangen" *. Wir werden später Anlaß haben, auf diese unmittelbare Erhebung Beatricens in das Reich der Seligen zurückzukommen.

Virgil, um zur Schilderung des Fegefeuerberges zurückzukehren, fragt die zum ewigen Leben erstandene Seele, wer sie sei, und die beiden Dichter erfahren nun, daß sie den Schatten eines dritten Sängers, nämlich des Römers Statius, des Verfassers der Thebais, vor sich haben, der einem zu Dante's Zeit allgemein angenommenen Irrthum nach ein geheimer Christ gewesen sein sollte und daher Zutritt zu dem, für Virgil verschlossenen, höchsten Himmel hat. Im Verlauf des Gesprächs bemerkt er, daß er nicht aus Geiz, sondern, wie es bei einem Dichter eher begreiflich, aus Verschwendungssucht nach den Schätzen der Erde gestrebt. Jene klimmen in seiner Begleitung zum sechsten Absturz empor, indem ein sie eine Strecke weit führender Engel dem Dante abermals ein P von der Stirne weht, so daß Diesem das Steigen außerordentlich leicht wird. Endlich deutet ihnen ein anderer Engel den Weg nach dem siebenten Absturz an, mit der Bemerkung, hier sei die Straße für Die, welche Frieden wollten. Dieser Wegweiser leuchtet heller als geschmolzenes Metall, und Dante, geblendet, vermag seinen beiden Begleitern nur nach dem Gehör zu folgen. Jener aber weht ihm das sechste P von der Stirn.

* Nach Försters Uebers.

Und wie des Morgenrothes Verkünderin
Die süße Mailuft unter Düften wühlt,
Ob Kraut und Blumen schwebend trunken hin,

So fühlte ich die Stirne mir gekühlt
Vom milden Weh'n bei jenes Fittigs Nah'n,
Der Himmelshauche schon an's Haupt mir hielt
(Fegef. XXIV, 145 ff.).

Sie beeilen sich den engen Pfad zum siebenten Absturz empor zu steigen, und hier spricht sich auf Dante's Befragen Statius sowohl über den Beginn des seelischen Daseins in dem noch ungebornen Kind, als über die Natur der von der Erde abgeschiedenen Seelen auf eine Weise aus, die für Dante's Ansichten überhaupt, und besonders für die durch die ganze Divina Commedia gehende Auffassung der Schatten zu bedeutend ist, als daß sie übergangen werden dürfte. Es handelt sich zunächst um die Periode, wann sich in der ungebornen Frucht das Hirn vollkommen entwickelt hat:

Dann neigt der Urgeist sich in Schöpferlust
Zu solchem Kunstwerk der Natur, und gießet
Den neuen Odem ein der jungen Brust,

Der in sein Selbst zieht, was an Kraft dort sprießet,
So werdend zu der Seele Lichtgebild,
Die lebt und fühlt und sich sich selbst erschließet.

Und daß du mindern Staunens seist erfüllt,
Schau wie die Sonne, flammend auf die Reben,
Zu Wein im Saft wird, der in jenen quillt [38].

Hat Lachesis dann nichts mehr zu Geweben,
So läßt vom Staub sie, trägt zu neuer Saat
Was menschlich ist und was aus Gottes Leben.

Erinn'rung nur bleibt von dem alten Pfad,
Dazu die Einsicht und des Willens Kraft,
Weit mehr noch als vorher geschärft zur That.

So wird die Seele durch sich selbst entrafft,
Im Flug zu einem von den zwei Gestaden [39],
Das fortan ihre Wege für sie schafft.

Kaum fühlt sie dort des neuen Daseins Faden,
So strahlt in ihr ein bildnerisch Vermögen,
Wie als sie durst' im Lebensstrom noch baden.

Denn wie der Luftkreis, wann er voll von Regen,
Sich spiegelnd schmückt mit fremdem Farbenduft,
Vom Guß der Sonne, der ihm tritt entgegen,

So geht auch hier die nachbarliche Luft
In die Gestalt, die ihr die Kraft der Seelen
Ausprägt am Ort, wohin ihr Loos sie ruft.

Und wie dem Feuer nie die Flammen fehlen,
Brenn' es auf diesem oder jenem Herde,
Kann diese Form vom Geist sich nie mehr schälen.

Drum hat die Kraft er, daß er sichtbar werde,
Und heißt ein Schatten, schafft auch ein Organ
Dem was er fühlt, und sichtbare Geberde;

Drum werden unsre Lippen aufgethan
Zu Wort und Lächeln wie zu Ach und Thränen,
Wie du wohl sahst auf dieser steilen Bahn (Fegef. XXV, 70 ff.).

Man hat es folgewidrig gefunden, daß Dante einerseits, als er (Fegef. II, 80) den Casella umarmen will, die Arme, die mitten durch dessen Bild greifen, immer wieder leer zur Brust rückkehren fühlt; daß er ebenso (Hölle VI, 34 ff.) mitten durch die Leiber der auf dem Boden liegenden Schlemmer hindurch schreitet, setzend seine Sohlen „auf ihre Nichtigkeit, die Wesen scheinet", und daß (Fegef. XXI, 132 f.) Virgil, als Statius dessen Kniee umfassen will, diesen daran erinnert, sie Beide seien ja nur Schatten, während andererseits, wie wir gesehen, Casella doch mit lauter Stimme singt (Fegef. II, 113 f.), Sordello und Virgil einander in die Arme stürzen (Fegef. VII, 15), Virgil mehrmal den Dante umfaßt, ja ihn trägt, und Dante an einer in diesen Vorträgen übergangenen Stelle die Seele des Florentiners Bocca beim Schopfe faßt und ihr Haare ausreißt (Hölle XXXII, 103). Gewiß sind diese Einwendungen kleinlich und bedürften eigentlich keiner Widerlegung, denn selbst wenn der Dichter hier in der That nicht folgerichtig verfahren sein sollte, hat er nur gehandelt, wie die größten Poeten neben ihm, z. B. Shakespeare, nach welchem der Geist von Hamlets Vater auch ein Schatten, „unverwundbar wie die Luft", ist und doch mit lauter Stimme zu seinem Sohn redet; — hat er nur gehandelt, wie der allgemeine Volksglaube die Gespenster mitten durch Mauern schreiten und Schwerter, Flintenkugeln, Arme, kurz Alles, womit sie angegriffen werden, durch sie, wie durch einen wesenlosen Stoff, gehen läßt, während sie andrerseits schwer wie eine Centnerlast auf die Lebenden drücken, sie fühlbar schlagen, sie eine Strecke weit forttragen, laut mit denselben sprechen u. dgl. Drückt sich doch eben durch diese Widersprüche nur aus, die Daseinsbedingungen solcher Wesen seien uns so unbekannt, daß von einer Folgerichtigkeit oder Folgewidrigkeit in Auffassung derselben gar nicht die Rede sein könne. Aber Dante, der in seinem ganzen Werk mit ungemeiner Umsicht und Besonnenheit verfährt, scheint hier nicht einmal inconsequent gewesen zu sein. Der feinere Leib, den die Seelen annehmen, sobald sie ihren neuen Wohnort erreicht haben, hat, wie wir aus den so eben gelesenen Versen ersehen, alle Werkzeuge des ehemaligen Körpers, daher Virgil seinen Schützling umfassen und ihn tragen kann, wie andrerseits Dante dem Bocca Haare ausreißen. Daß Virgil den Statius mit der Erinnerung, sie Beide seien ja nur Schatten, abhält, ihm die Kniee zu umschlingen, soll zunächst nicht ausdrücken, Jener habe keine greifbaren, wenn auch aus luftigem Stoff bestehenden Kniee, oder Dieser keine derartigen Arme, sondern es soll, mindestens zuvörderst, das Widersprechende solcher Ehrfurchtsbezeigung eines Schattens gegen einen andern bezeichnet werden, der jetzt so wenig mehr als jener Kraft hat „zu singen von den Menschen und den Göttern" (Fegef. XXI, 126), gerade wie kurz vorher der Schatten des Papstes Adrian V. nicht zugegeben, daß der lebende Dante sich vor ihm, dem seine ehemalige Würde jetzt nicht mehr zukomme, niederwerfe (Fegef. IX, 133 ff.). Ebenso drückt der widerstandlose Schritt Dante's, womit er durch die Leiber der am Boden liegenden Fresser schreitet, zunächst die sittliche, nicht die körperliche Nichtigkeit jener Sünder aus, die dem stinkenden Schlamm gleichen, in welchen sie versenkt sind (Fegef. VI, 10—12). „Getretner Quark wird breit, nicht stark," wie Göthe bemerkt. Blos diejenigen Seelen, welche ihren neuen Wohnort noch nicht erreicht haben, besitzen jenen Scheinkörper noch nicht, sind noch keine wirklichen Schatten, ungefähr wie das Volk da und dort glaubt, Verstorbene spuken, ehe sie begraben seien, nicht. Daher kann Dante den Casella nicht umarmen. Gleichwohl haben auch jene Seelen schon den Umriß des Körpers, der sie im Leben umkleidete, denn die Parce trägt zu neuer Saat aus der Erdenwelt herüber

Was menschlich ist und was aus Gottes Leben.

Daher sind sie auch jetzt schon sichtbar und können sogar singen, wie Casella und wie schon vorher sämmtliche auf dem Schiff anfahrende Seelen gesungen haben[40]. Nur in diesem Klangvermögen läge, wenn das so eben Vorgetragene wirklich die Ansicht des Dichters ist, allerdings eine Folgewidrigkeit, denn wenn die Seele, ehe sie an den ihr gebührenden Ort gekommen, jenen Geisterleib noch nicht in gehöriger Kraft hat, und folglich noch nicht umarmt werden kann, sollte sie, eben weil auf den jetzt noch vorwaltenden Mangel an gehöriger Erstarkung indirekt hingewiesen worden, auch noch keine laute Stimme besitzen. Ebenso scheint, wenn es heißt:

So wird die Seele durch sich selbst entrafft
Im Flug zu einem von den zwei Gestaden.

5

außer Acht gelassen, daß Casella's Schatten (Fegef. II, 94 ff.) ausdrücklich hervorhebt, er habe längere Zeit warten müssen, bis der Engel ihn zu dem Läuterungsberg übergeführt, weßhalb denn einige Ausleger diese Verweigerung der Ueberfahrt nur in bildlichem Sinn, als eine dem noch Lebenden widerfahrene Verweigerung des von ihm gewünschten bußfertigen Zustandes auffassen. Sollte das dem Ufer des Acheron entgegengesetzte Gestade nicht dasjenige des Läuterungsberges, sondern irgend eine Stelle am Meeresufer der nördlichen Halbkugel sein, von wo die Seelen, nach einem im Mittelalter allgemeinen Glauben, an den Ort ihrer künftigen Bestimmung übergeführt werden, so wäre die Inconsequenz, die übrigens, wie gesagt, bei einem solchen Gegenstand kaum in Rechnung kommen sollte, stärker; denn in diesem Fall hätte Casella schon an jenem ersten Meeresstrand alle Organe des Körpers wieder erhalten und konnte somit füglich umarmt werden [41]. Ein weit erheblicherer Widerspruch ist es dagegen, daß an der etwas weiter vorne angeführten Stelle den in der Läuterung begriffenen Seelen eine mangelhafte Willenskraft zugeschrieben wird, indem ihr der falsche Naturtrieb widerstrebe und (sehr richtig aufgefaßt) gleichsam zu einem zweiten Willen werde, der die Schatten oft viele hundert Jahre lang nicht aus dem unreinen Zustand herauslasse, während wir nunmehr vernehmen, die Kraft des Willens sei bei den vom irdischen Leib Befreiten viel stärker als vorher. Soll das heißen, sie wäre an sich größer, wenn jener Trieb der Natur nicht entgegenträte? oder sie reiche nur so weit, um durch sich selbst eines von jenen beiden Ufern zu erlesen, und höre dann auf?

Jener Scheinleib wird am Tage der Auferstehung durch einen wirklichen, obwohl geläuterten Körper ersetzt werden, selbst bei den in die Hölle Verdammten, wie wir Dies von Pietro delle Vigne (Hölle XIII, 103 f.) aussprechen hörten, und wie es noch entschiedener Hölle VI, 97 ff. ausgesprochen wird; ebenso bei den im Paradies Befindlichen, wie aus Paradies XIV, 56 f. erhellt, und ebenso bei den auf dem Läuterungsberg Begriffenen oder auch nur den Läuterungsberg Hütenden, wie Virgil Dies (Fegef. I, 74 f.) in Bezug auf Cato andeutet, in welch letzterer Hinsicht wir uns zu erinnern haben, daß das Fegefeuer mit Eintritt des Weltgerichtes aufhört, und von jenem Berg aus also jetzt nur Versetzung in's Paradies oder in die Hölle übrig bleibt. Der hellstralende Leib, der dem Cato „am großen Tag" gegeben werden wird (Fegef. II, 74 f.), deutet mithin nicht nothwendig auf seine Aufnahme in's Paradies; Jener könnte auch in die Vorhölle zurückkehren, von wo er erst nach Christi Tod entlassen wurde, da vorher keines Menschen Seele selig wurde (Hölle IV, 53 ff.) und folglich keine Läuterung gestattet war, wenn auch der Berg, auf welchem sie seit Christi Tod vollzogen wird, schon seit dem Sturze Lucifers emporragt. Allein Alles scheint darauf hinzuweisen, daß der Dichter dem verehrten Heiden eine Stelle unter den Seligen vorbehalte. Zunächst spricht Cato selbst deutlich aus, daß er von seiner in der Vorhölle zurückgelassenen Gattin Marcia nunmehr auf ewig getrennt sei (Fegef. II, 89 f.); sodann deutet die vorausgesagte stralende Verklärung seines Leibes für ihn ganz auf dasselbe Loos, welches den schon im Paradies Befindlichen durch den ihnen zuzutheilenden gleichen lichtvollen Körper zufallen wird (Parad. XIV, 43—60); endlich weisen die Worte aus Daniel 12, 2. 3, auf welche offenbar sowohl Fegef. II, 74 f. als Parad. XIV, 43 ff. Bezug nehmen, auf künftige Seligkeit des mit einem lichten Körper Umkleideten hin: „Und die Schaaren Derer, die im Staube der Erde schlafen," heißt es dort, „werden aufwachen, Einige zum ewigen Leben, Einige zur Schmach, um sie ewig zu schauen. Die aber Erleuchtete waren, werden leuchten wie der Glanz des Firmamentes, und Die, so Viele in der Gerechtigkeit unterwiesen haben, wie Sterne immer und ewig." (Nach der Vulgata.)

Auf der Höhe des siebenten, letzten Absturzes läutern sich die Seelen von sterblicher Liebeslust, wie umgekehrt in der Hölle Diejenigen, die um gleicher Ursache willen verdammt sind, den obersten, noch am mindesten qualvollen Ort nach dem Limbus einnehmen; denn von dieser Sünde scheint, je nachdem sie in einer Seele vorkommt, der Uebergang zum Leben in Gott nach Dante's Ansicht am ehesten möglich, wie das Beispiel von Maria Magdalena zeigt, die der Herr sogleich als die Seinige anerkannte, wie derselbe ferner der Ehebrecherin verzieh, und wie der Dichter in eigener Person vor Allem an der von ihm so auffallender Weise in das Paradies versetzten Cunizza zu erkennen gibt, auf welche wir später zu sprechen kommen. Erst hier endlich, im höchst gelegenen Kreis, sprüht aus der nach der innern Seite des Weges gelegenen Felswand die Flamme, die den Namen eines Fegefeuers rechtfertigt. Allein sie ist nur die jenem irdischen Trieb entgegengesetzte Lohe der göttlichen Liebe, deren weiterer Verbreitung ein vom äußern, abschüssigen Rande des Bergs ausgehender Sturm entgegentritt, nämlich eben der genannte, selbstsüchtige Trieb, der auch schon in der Hölle die durch Liebe Gefallenen umhergejagt. Jener äußere Rand ist schon früher, in einer in diesen Vorträgen übergangenen Stelle, als Aufenthalt Derjenigen unter den sich läuternden Seelen bezeichnet worden, die, sich stets noch ferne haltend von dem göttlichen Felsenkern, etwas für sich selbst sein wollen (Fegef. XX, 7—9). Zwischen dem Sturm und dem Feuer bleibt ein schmaler Weg, worauf Dante fürchtet an dem jähen Abhang hinabzustürzen, während er auf der andern Seite sich vor der göttlichen Flamme scheut. Da trifft die Sonne, die schon den ganzen Westen überstralt, ihm die rechte, dem Abhang zugewandte Schulter. Der Schatten, den, wie wir gesehen, nur Er, der noch dem Erdenleib Angehörige, zu werfen vermag und jetzt auf Einmal wirft, läßt das reinigende Feuer dunkelglühender erscheinen, was in Anbetracht der symbolischen Bedeutung, welche die durch Dante's Körper im Augenblick entzogene Sonne im Gegensatze zu dem Mond in dem Gedicht fortwährend hat, sehr sinnvoll gedacht ist*. Das Tagesgestirn bezeichnet nämlich vom ersten Gesang der Hölle an, wo dasselbe den Gipfel des „glückseligen Berges, der Anfang ist und Urgrund jeder Wonne" (77, 78), bereits beleuchtet, das Licht wahrer Erkenntniß, das Nachbild der Engelsonne, von welcher später die Rede sein wird; „den Planeten" (nach ptolemäischer Ansicht), „der richtig führt die Menschen allerwegen" (Hölle I, 17). Endlich als die Sonne für den Ort aufgeht, wo Christus die Welt erlöst hat (Golgatha), und es mithin auf dem der südlichen Halbkugel angehörenden Berg der Läuterung Abend geworden, ruft ein Engel, gleichsam der Verkünder jenes Morgens auf Golgatha und des Abends d. h. Schlusses für die Zeit der Trennung von Gott: „Selig, die reinen Herzens sind", und setzt hinzu: „Weiter vermag man hier nicht zu gehen, als durch die Flamme." Dante zaudert noch immer, Tod durch Verbrennung fürchtend. Virgil (die menschliche Einsicht) sucht ihn durch die Versicherung zu beruhigen, er werde ihn hier, in Gottes Nähe, nicht verlassen; Schmerz könne wohl da sein, aber nicht Untergang; was er vor sich sehe, sei kein materielles Feuer. Und als sein Schützling selbst jetzt, gegen sein eigenes Gewissen, zögert, ruft er: „Nur diese Wand" (diese Flamme nämlich) „scheidet dich noch von Beatricen."

Bei diesem ihm „immer im Gedächtniß aufkeimenden Namen" folgt Jener ermuthigt dem vorangehenden Virgil durch den Brand, während Statius Beiden nachschreitet. Was im vorliegenden Fall kein Zureden der Vernunft vermocht hat, vermag die Erinnerung an die jugendliche Liebe: durch sie ist der Dichter plötzlich reinen Herzens geworden, hat, wie Statius, den freien Willen zurückerhalten, und durchschreitet daher, gleich Jenem, keck die Flamme, während das Durchschreiten Virgils (der Vernunft) anders gedeutet werden muß, wie Dies später zur Erörterung kommen wird. Jenseits empfängt die rein Gewordenen ein anderer Engel, gleichsam der Christum selbst vertretende Bote des Höchsten, mit den Worten: „Kommt ihr Gesegneten meines Vaters!" Auf seinen Rath steigen sie, so lange die Sonne noch scheint (weitere Anspielung auf die durch das Sonnenlicht bildlich ausgedrückte wahre Erkenntniß) weiter empor, mit Eintritt der Nacht aber lagern sie sich in der Felsenschlucht, innerhalb welcher ihr Pfad hinführt. Ueberhalb derselben erscheinen dem geläuterten Auge des Dichters die Sterne weit heller und größer, als er sie bisher je gesehen, bis er, hierüber in Gedanken versunken, einschläft. Und hier ist nun der schicklichste Ort, ein paar Worte über die sinnreiche Art auszusprechen, wie Dante die auf seine Wanderung fallende Zeit von sieben Tagen — einer Woche, dem Symbol der Weltschöpfung — verwendet.

Der Anfang der Pilgerfahrt, die über das ganze Weltall Auskunft geben soll, fällt in die Nacht, kurz vor Anbruch des Morgens, während der Vollmond,

* Vgl. Kopisch a. a. O. S. 241. Inhaltsanz.

das Licht der unsichern, schwankenden Erkenntniß, am Himmel steht. Nachdem der Dichter den ganzen Tag fortgewandert, betritt er die Hölle, sehr bezeichnend, abermals mit Anbruch der Nacht (*Charfreitag* Abend), bleibt diese Nacht, den folgenden Tag und wiederum die nächste Nacht dort, schläft aber am Orte der ewigen Qualen *nicht*, was ihm dadurch erleichtert wird, daß die zweite Nacht durch den Uebertritt der beiden Wanderer in die südliche Halbkugel sich auf eine Zeit von etwa dritthalb Stunden verkürzt, Hölle XXIV, 96 und 105. Auf dem Läuterungsberg, den sie am Morgen des *Auferstehungstags* betreten, wird es während ihrer Reise dreimal Nacht, und Dante schläft und träumt während derselben jedesmal, nämlich Fegef. IX, 7 ff., XIX, 1 ff. und endlich in der eben vorhin von uns bezeichneten Nacht, Fegef. XXVII, 69 ff. Während seines Aufenthaltes im Paradies, zu welchem der Wanderer, wie wir sehen werden, an dem auf diese Nacht folgenden *Mittag* (am Mittwoch nach dem Ostersonntag) emporschwebt, wird es Einmal auf Erden Nacht, was er jedoch in jenen *seligen* Höhen blos bemerkt, als Beatrice, die vom irdischen Paradies an seine Begleiterin geworden, ihn auf den Stand der Gestirne hinweist (Par. XXVII, 79), und es bedarf kaum des Beisatzes, daß ihn dort kein Schlaf anwandelt [42]. So läßt das Gedicht denn diesen blos eintreten, wo der Mensch sich in menschlichem Zustande befindet, nämlich auf dem Läuterungsberge, wo auch die vom Körper getrennten büßenden Seelen am Abend ausruhen, d. h. nicht weiter emporsteigen, weil ihnen während der Nacht das Licht der wahren Erkenntniß, nämlich die Sonne, fehlt (Fegef. VII, 44—57). Zugleich sprechen sich dort in den Träumen des Dichters die beiden im Menschen vorhandenen und um seinen Besitz kämpfenden Mächte, die irdische und die himmlische, aus, und nebenher muß der Schlaf zur bessern Bezeichnung der Zeitabschnitte dienen, welche ohne dieses Mittel nicht recht deutlich hervorgetreten sein würden. Wahrscheinlich ist Letzteres eigentlich der Hauptgrund, warum Dante während der Wanderung einen Schlaf überhaupt annimmt, denn andre Zeichen der Sterblichkeit, Durst und Hunger, trägt er, wie sich versteht, in den Zustand der Verzückung nicht mit hinüber.

In dem Traum, der ihn jetzt, in der dritten (eigentlich sechsten) Nacht überkommt, werden dem durch die Buße Wiedergeborenen nicht mehr, wie in der vergangenen Nacht, die damals noch nicht vollkommen überwundenen Gefahren, die ihm im tiefsten Busen schlummern, zum Bewußtsein gebracht, sondern er erhält nur Belehrung über das Leben in Gott. Er sieht nämlich ein anmuthiges, jugendliches Frauenbild auf einer Wiese sich geschäftig einen Blumenkranz winden, indem sie singt:

> Gern will ich Jedem meinen Namen künden:
> *Lea* bin ich und geh', die schönen Hände
> Emsig bewegt, mir einen Kranz zu winden.

Ich möchte, daß mein Spiegel hold mich fände;
Doch Schwester Rahel, daß sie nie was scheide
Vom ihrigen, sitzt vor ihm ohne Ende.

Ihr sind die eignen Augen Augenweide,
Wie mir es Lust, mit Händen mich zu schmücken;
Ihr bringt das Schauen, mir das Wirken Freude
(Fegef. XXVII, 100 ff.).

Der Spiegel ist Gott, Lea (wörtlich die Ermattete, Stumpfe, d. h. die nicht weit Sehende) ist die Werkthätigkeit, welche den Höchsten äußerlich, Rahel (wörtlich, nach der Auslegung des für Dante hier wieder maßgebenden Thomas von Aquino, das Sehen des Grundes, visum principium*), die Beschaulichkeit, welche Gott durch Vertiefung in's eig'ne Selbst innerlich findet. Die aufgehende Sonne weckt den Dichter; er legt mit den beiden Begleitern den noch übrigen Pfad bis zum Gipfel schnell zurück, auf dessen oberster Stufe Virgil ihm nun sagt, weiter vermög' ihn menschliche Lehre nicht zu geleiten; ledig der steilen Wege und der Mühen hab' er nunmehr den eigenen Willen (der ihm auf dem Pfad der Buße, der Wiedergeburt zurückgegeben worden) zum Führer zu nehmen und nach Lust unter den Blumen des Paradieses umherzuwandeln oder zu ruhen, d. h. der Lea oder der Rahel zu folgen. Er sei frei, und habe durch ihn, Virgilen (die Einsicht, soweit sie der Mensch durch eigene Vernunft zu gewinnen vermag), Mitra und Krone, d. i. geistliche und irdische Gewalt, über sich selbst erhalten. Auf Dies hin betritt Jener mit seinen Begleitern den Hain des irdischen Paradieses und gelangt, als er soweit vorgeschritten, daß er nicht mehr sehen kann, wo er eingegangen, zu einem Strom der „dunkel, dunkel unter den ew'gen Schatten sich bewegt“, aber von nie geseh'ner Reinheit ist. Jenseits desselben wandelt, Blumen pflückend und Gottes Herrlichkeit durch Gesang preisend, eine schöne Frau, welche, die Eigenschaften Lea's und Rahel's vereinigend, das Leben der wahren Seligkeit, d. h. dasjenige des irdischen und dasjenige des himmlischen Paradieses darstellt. Denn bemerkt der Dichter in der Schrift über die Monarchie (III gegen das Ende), „zwei Zwecke bestimmte die . . . . . . Vorsehung dem Menschen, um darnach zu streben, nämlich die Seligkeit dieses Lebens, welche in Uebung der eig'nen Kraft besteht, und durch das irdische Paradies abgebildet wird, und die Seligkeit des ewigen Lebens, welche in dem Genusse des göttlichen Anschauens besteht, wozu die eigene Kraft sich nicht erheben kann ohne Beistand des göttlichen Lichtes, welche (Seligkeit) durch das himmlische Paradies zu verstehen gegeben wird.“

Die Blumenpflückerin heißt, wie der Leser später erfährt, Mathilde, ein Name, der sich in der Folge erklären wird, und sagt dem Dichter, der sich nach

* Philalethes zu Fegef. XXVII, 108, S. 272.

zwei Richtungen hin wendende Fluß führe nach links (zur Hölle) strömend, den Namen Lethe, in welcher Richtung er die Erinnerung an die begangenen Sünden wegnehme, und folglich jener dunkle Bach ist, an dessen Rande die beiden Wanderer aus dem Mittelpunkte der Hölle zum Läuterungsberg emporgestiegen; nach rechts strömend heiße er Eunoë, in welcher Richtung er das Gedächtniß aller guten Thaten wieder bringe. Sofort schreitet sie am Ufer derjenigen Stelle zu, von welcher der Strom her quillt, und Dante folgt ihr am jenseitigen Gestad. Plötzlich macht das Wasser eine Wendung nach Osten, der Gegend zu, von wo die Sonne, das Sinnbild der wahren Erkenntniß, kommt, und Jener sieht unter süßen Melodien eine lange Reihe himmlischer Potenzen sich nähern, unter ihnen, gezogen von einem Greifen, d. h. einem Wesen, das nach oben aus einem goldstralenden Adler, nach unten aus einem röthlich weißen Löwen besteht, einen Triumphwagen. Dieser stellt eigentlich das wahre Licht dar, von welchem das im Osten aufgehende nur als Widerspiegelung erscheint:

Arm neben diesem war der Sonne Wagen,

Der bahnabirrend wurde einst verbrannt,
Als auf's Gebet der frommen Mutter Erde
Geheimnißvoll gerecht war Jovis Hand (Fegef. XXIX, 117 ff.).

In dem Wagen sitzt eine verhüllte weibliche Gestalt, der Greif aber ist durch seine Zwiegestalt als himmlischer, von Gold stralender Vogel, und als Erdgeschöpf, das Sinnbild des Gottmenschen, in welchem sich göttliche und irdische Natur vereinigen, ein Gedanke, der nur dann etwas Gezwungenes und nicht Würdiges enthält, wenn man in dem Zwitterwesen, wie Manche gethan, nicht die Idee Christi, die endlich von jedem Menschen, wenn nicht in diesem, doch im künftigen Leben erreicht werden soll, und daher auf jeden Menschen so gut als auf Christum selbst hinweist, — sondern die Person Christi erblickt, welche sich somit, abgesehen von der nicht geziemenden Thiergestalt, hergäbe, ein menschliches Wesen dienend im Wagen zu ziehen! Hinter dem Wagen kommen sieben Apostel, gekränzt mit rothen Rosen zum Zeichen des Märtyrerthums. Ein Donner ertönt, und Alles scheint auf göttliches Gebot still zu stehen, damit der Dichter es betrachten könne. Eine Stimme ruft die Worte aus dem Hohenlied: „Komm vom Libanon, meine Braut!" und, fährt Dante fort,

Oft sah ich, wann die Nacht hinab gegangen,
Den Osten ganz von Rosenglut erfüllt,
Doch klar in Licht den andern Himmel prangen;

Aufstieg der Sonne Antlitz dann verhüllt,
Ein weicher Dunst stand mildernd ihr entgegen,
So daß das Auge lang' ertrug ihr Bild.

Also in einem duft'gen Blumenregen,
Den Engelshände, zarte Blütenstreuer,
Auswarfen ob des hehren Zuges Wegen,

Erschien, mit Oellaub um den weißen Schleier
Bekränzt, ein Weib, das grüne Ueberkleid
Gedeckt um Farben von lebend'gem Feuer.

Jedoch mein Geist, ob auch so lange Zeit
Vorüber, seit nicht mehr in ihren Nähen
Ich zitternd hinsank vor der Herrlichkeit,

Fühlt', eh' die Augen weiter noch gesehen,
Nur von geheimer Kraft aus ihr durchzückt,
Die Macht der alten Liebe auferstehen.

Sobald ihr hehres Bild mir zugeschickt
Die Himmelspfeile, die mich einst durchdrangen,
Eh' ich dem Knabenalter noch entrückt,

Wandt' ich zur Linken mich, also befangen,
Wie man das Kind zur Mutter sieht entweichen,
Wenn es sich Schutz sucht wider Gram und Bangen,

Um zu Virgil zu sagen: „nicht mir eigen
Blieb nur ein Tropfen Blutes, der nicht zittert:
Wohl kenne ich der alten Flamme Zeichen!" (Fegef. XXX, 22 ff.)

Virgil jedoch ist geheimnißvoll verschwunden, worüber sein Schutzbefohlener sich der Thränen, selbst mitten im Paradies, nicht zu enthalten vermag. Aber eine Stimme ruft ihm zu:

Dante, wenn auch Virgil sich von dir kehrte,
Nicht weine drum, wein' jetzt nicht: weinen ziemt dir,
Wann du durchbohrt von einem andern Schwerte.

Diese Stelle, in welcher der Dichter offen seine Menschenschwäche, den göttlichen Forderungen gegenüber, ausspricht, ist die einzige in der ganzen Divina Commedia, an welcher er seinen Namen nennt. Erschüttert blickt er nach dem Wagen zurück, auf welchem er die verhüllte Gestalt, die so ahnungsregend auf ihn einwirkt, wahrgenommen, und sieht sie die Augen auf ihn richten,

Obwohl der Schleier, der ihr floß vom Haupte,
Umkränzet von den Zweigen der Minerva,
Mir einen Theil des Angesichts noch raubte.

Streng ruft sie ihm zu:

„Ja, Beatrice bin ich, bin's noch heut':
Hielt'st endlich werth du's, auf den Berg zu steigen?
Wußtest du nicht, daß hier nur Seligkeit?"

bei welchen Worten wir uns zu erinnern haben, daß der Name Beatrice (Beatrix) Seligmacherin bedeutet. Dante's niedergeschlagene Blicke sinken auf den Strom vor ihm hinab; als er aber von diesem, der bald die Erinnerung an seine Schuld hinwegführen soll, seine Gestalt zurückgespiegelt sieht, wendet er die Augen auf das Gras, „solch eine Scham beschwerte ihm die Stirne". Da singen die Beatricen begleitenden Engel den auf Gott hoffenden, um Rettung flehenden ein- und dreißigsten Psalm bis zu den Worten: „auf weiten (d. h. freien) Raum hast du gestellt meine Füße". Dante, der vor dem Gesang ohne Thränen, ohne Seufzer gewesen, fühlt bei den süßen Klängen dieses Mitleids den Frost, der ihm um's Herz gezwängt war, zerfließen, daß er in einen Strom erleichternder Zähren ausbricht, und nur eben dieses Zeugnisses seiner vollendeten Wiedergeburt bedarf es noch, um ihn des Eintritts in den Himmel fähig zu machen. Bereits befindet er sich im Reiche der Freiheit; nur die Erinnerung seiner Sünden ist es noch, was ihm hier die Empfindung der Seligkeit raubt*, aber die himmlische Theilnahme schmilzt den alten Menschen in ihm, und mit tiefer Reue duldet er das Schelten Beatricens, d. h. Derjenigen, welche zuerst das göttliche Bewußtsein in ihm geweckt. Diese sagt den Engeln, der jetzt Weinende sei nicht nur durch die Macht der Sterne, sondern noch ganz besonders durch die Schenkungen göttlicher Gnade in seinem neuen Leben (Anspielung auf die Vita nuova) so mit Kraft gestählt worden, daß er von jeder Fertigkeit im Guten und Trefflichen wundervolles Zeugniß zu geben vermocht haben würde. Sie, Beatrice, habe ihn eine Zeit lang, ihre jugendlichen Augen zeigend, auf dem rechten Wege geführt, aber sobald sie sich aus dem Staube zum Geist erhoben, habe er seine Schritte falschen Bahnen zugewendet, die täuschenden Bilder eines Guts verfolgend, die Das, was sie versprechen, nie erfüllen. Eingebungen, die sie ihm im Traum und auch auf andre Weise gesendet, hätten nichts gefruchtet. Er sei so tief gefallen, daß zu seiner Rettung nichts geblieben, als ihm die Schaaren der Verlorenen zu zeigen. Unrecht wär' es, wenn er jetzt durch den Trank des Lethe von der Erinnerung an seine Sünden befreit würde, ohne dieselben vorher von Herzen bereut und beweint zu haben. Auf diese, noch an die Engel gewendeten Worte

Begann die Rede sie an mich zu richten:
„Sprich, sprich: ist's wahr? erkennst du solche Fehle?
Bekenntniß ziemt sich auf solch schwer Bezüchten!"

Also verwirret war da meine Seele,
Daß mir, wie ich's erhob, erstarb das Wort,
Eh' es gelöset sich noch von der Kehle.

* Kopisch, a. a. O. S. 256. Anh.

Nicht lange litt sie's, rief: „was sinnst du dort?
Antworte! was dir an Erinn'rung eigen,
Nahm noch des Lethe dunkle Fluth nicht fort!"

Furcht und Verwirrung brachen da mein Schweigen,
Doch bracht' ich nur so leis ein Ja hervor,
Daß nöthig war das Aug', es zu bezeugen (Fegef. XXXI, 4 ff.)

Unter der Bürde dieses Ja's bricht er zusammen und vermag nur noch Thränen auszuströmen. Beatrice aber bemerkt gegen ihn, eben die Vergänglichkeit ihrer irdischen Schönheit hätte ihn dem Unvergänglichen zuwenden sollen:

Nie hat Natur, nie Kunst dich je entzückt,
Wie dieser schöne Leib, der mich umschlossen,
Auf dessen Staub jetzt längst die Erde drückt.

Und trog das Höchste was dein Herz genossen,
Dich durch mein Scheiden so, zu welchem Heil
Konnt' noch dich führen was der Erd' entsprossen?

Wohl hättst du sollen dich beim ersten Pfeil
Der trügerischen Dinge aufwärts richten
Zu mir, die nicht des Staubes mehr ein Theil (Fegef. XXXI, 49 ff.).

Er möge sie anschauen, wie sie jetzt sei. Dante erhebt den Blick zu ihr, die überirdische Schönheit Beatricens aber erfüllt ihn mit solcher Reue, daß er, von schmerzlicher Selbsterkenntniß überwältigt, zu Boden sinkt. Wieder zu sich gekommen sieht er Mathilden, die, auf den Fluthen des Lethe wandelnd, ihm zuruft: fasse mich, fasse mich. Da ergreift er sie, d. h. das wahre Paradiesesleben, das, in edle Kraftübung und in Anschauung der Gottheit versenkt, alle Armseligkeiten der Menschheit v e r g i ß t, und wird von ihr, nahe am jenseitigen Ufer, untergetaucht, damit er von dem Strom trinke und der Erinnerung seiner Sünden ledig werde. Von hier führt ihn Mathilde zu dem Reigen jener vier, schon früher erwähnten natürlichen Tugenden, welche, zunächst dem irdischen, thätigen Leben angehörig, ihm sagen:

Hier sind wir Nymphen, und am Himmel Sterne,
Bestellt zu Beatricens Dienerinnen,
Noch eh' hinab sie stieg zur Sonnenferne.

Diese geleiten den Dichter zu der Genannten selbst [43], bei welcher er die drei himmlischen oder christlichen Tugenden, Glaube, Liebe, Hoffnung findet, die alsbald einen Gesang erheben:

„Wend', Beatrice, wend' die heil'gen Augen,"
War ihr Gesang, „zu deinem Treuen wieder,
Der weit gewallt ist, um ihr Licht zu saugen"
(Fegef. XXXI, 133 ff.).

Nach „zehnjährigem Dürsten" (vom Jahr 1290, wo Beatrice starb, bis zum Jahr 1300, wo die Wanderung von der Hölle zum Himmel angeblich stattfindet) hängen denn auch Dante's Blicke so fest an der Verklärten, daß alle andre Sinne wie todt sind. Aber das bloße Schauen genügt für die Lebenden nicht, deßhalb wenden, nicht etwa die irdischen, sondern die christlichen Tugenden selbst, sein Antlitz der thätigen Bewegung zu, die sich kundgibt, indem der vorhin gemachte Zug der Heiligen nunmehr wieder nach Morgen, woher er gekommen, umkehrt. Als der Wagen, worin Beatrice sitzt, gleichfalls wendet, folgt ihm Dante mit Mathilden und Statius nach, sinkt jedoch über einem von den Heiligen gesungenen Hymnus, den er, als noch sterblich, nicht zu fassen vermag, wie einst die Jünger bei Christi Verklärung* in einen Schlummer, und als ihm „ein Glanz den Schleier des Schlafes zerreißt," sieht er den Greifen und dessen Gefolge nicht mehr; Mathilde aber steht bei ihm und sagt, der Greif sei mit dem übrigen Zug in den Himmel gekehrt, habe aber Beatricen zurückgelassen. Der Dichter begibt sich zu ihr und findet sie „wie zur Wächterin des Wagens bestellt", der von dem Greifen zuvor an den Leben gewährenden Paradiesesbaum gebunden worden, einsam auf dem hiezu „echten" (dem Lebensbaum nahen) „Boden sitzen", um sie her die sieben schon erwähnten Tugenden. Er wird von derselben benachrichtigt, zwar werd' er nur kurze Zeit im irdischen Paradies weilen, dereinst jedoch ewig mit ihr im himmlischen Rom wohnen; zum Heil der Welt aber, die gegenwärtig in so tiefem Verfall, mög' er niederschreiben, was er jetzt sogleich schauen werde. Auf Dies hin sieht er die Geschichte der christlichen Kirche von ihrem Beginn bis auf die damalige Zeit in Sinnbildern an sich vorüber wandeln. Nachdem der römische Adler den von dem Greifen zurückgelassenen Wagen, der sich somit jetzt als der Siegeswagen der Kirche andeutet, mit Schnabelschlägen erschüttert hat (Anspielung auf die Verfolgung des Christenthums durch einige heidnische Kaiser), schwingt sich ein Fuchs in denselben, wird aber von Beatrice verjagt, worin man eine Hinweisung auf die noch vor Constantins Zeit in die Kirche eingedrungenen, von ihr jedoch bald wieder ausgestoßenen Ketzereien, namentlich auf den Arianismus, erblicken will. Hierauf kommt der Adler, der Anfangs feindlich gegen die heilige gewesen, friedlich zu ihr herab und läßt viel des Gefieders, womit eigentlich er selbst fliegen sollte, in ihrem Wagen zurück, anspielend auf die Schenkung zeitlicher Güter, welche Kaiser Constantin der Kirche gemacht haben sollte und nach der Meinung Dante's, der diese übel angebrachte Freigebigkeit an verschiedenen Stellen

* Kopisch a. a. O. S. 266.

seines Gedichtes auf's Tiefste beklagt, wirklich gemacht hatte; eine Stimme vom Himmel aber ruft: „Mein Schifflein, ach, wie bist du schlimm beladen!" — Sofort steigt ein Drache aus der Erde auf, umschlingt mit seinem Schweif den Wagen und schleppt einen Theil von dessen Boden, wie die ihren Stachel einziehende Wespe, mit sich fort; ein Bild, worunter Einige den Mohammed, Andere die zwischen der morgen- und abendländischen Kirche ausgebrochene Spaltung, wieder Andere die aus dem Abgrund aufsteigende und der Kirche den giftigen Stich beibringende Habgier der Geistlichen verstehen wollen. Was von dem Wagen übrig bleibt, bedeckt sich mit den geschenkten Federn, zu welchen stets neue kommen, so daß sie wie Unkraut auf ihm wuchern und ihn in das apokalyptische Ungeheuer mit sieben Häuptern und zehn Hörnern verwandeln, auf welchem eine freche Buhlerin sitzt; neben ihr steht ein Riese, der sie küßt, sie aber auch, wenn sie das lüsterne Auge auf den Dichter wirft, vom Haupt bis zu den Sohlen geißelt, ja sie endlich sammt dem zum Ungethüm gewordenen Wagen von dem Baum des Lebens und der Erkenntniß, an welchen derselbe gebunden war, losreißt und mit sich fortschleppt. Die, bekanntlich ebenfalls der Apokalypse entnommene, Buhlerin bedeutet offenbar die ausgeartete päpstliche Herrschaft, besonders diejenige von Bonifaz VIII. und Clemens V., der Riese aber das französische Königshaus, welches jenen Päpsten in ihren Kämpfen gegen den Kaiser bald beistand, bald ihnen Frankreichs Uebermacht auf's Empfindlichste zu fühlen gab [44], wie denn der von Dante mit so vieler Entrüstung angesehenen Schmach, die durch Philipp den Schönen über Bonifaz VIII. zu Anagni verhängt wurde, und ebenso der durch den gleichen König herbeigeführten, von unsrem Dichter so beklagten Verlegung des heiligen Stuhles nach Avignon, bereits erwähnt worden ist, eine Verlegung, auf welche das Wegführen des Kirchenwagens hier deutlich anspielt, während das Liebäugeln der Buhlerin mit dem Ghibellinen Dante auf die bei Bonifaz gegen sein Lebensende hervortretende Geneigtheit, sich der kaiserlichen Partei anzunähern, zu gehen scheint.

Nachdem der Zug dieser Bilder vorüber, der von dem Dichter ganz in der Ausdrucksweise geschildert wird, die wir bei den spätern Prophezeihungen eines Nostradamus, Hermann von Lenin u. s. w. bemerken, zu welchen sich die Gegenstücke gewiß schon in Dante's, von Weissagungen überfüllter Zeit, vorfanden, ruft Beatrice, schmerzlich bewegt von der Zerstörung des Kirchenwagens, mit den Worten des Evangeliums aus: „Ueber ein Kleines werdet ihr mich nicht sehen und wiederum über ein Kleines werdet ihr mich sehen!" d. h. der Geist der reinen Lehre, wie sie Dante's tiefes Gemüth auffaßt, wird eine Zeit lang verdunkelt sein, bald aber wieder sichtbar hervortreten. Sollte damit auf eine zu erwartende Kirchenverbesserung angespielt werden, wie Dies manche Ausleger wollen, so kann sich eine solche von Dante angenommene Reformation jedenfalls nur auf die äußere Verfassung der Kirche, nicht auf das Dogma beziehen, an welchem, seiner ganzen Ausdehnung nach, Jener mit voller Seele hing. Auf eine durch die kaiserliche Macht herbeizuführende, oder vielmehr der kaiserlichen Macht ihr weltliches Recht wieder einräumende Verbesserung der äußern Kirche scheinen aber die spätern Worte des Textes in der That hinzuweisen. Beatrice sagt nämlich ihrem „Bruder", wie sie den Dichter nach geschehener Läuterung freundlich nennt, der Wagen der Kirche sei zwar jetzt vernichtet, aber der römische Adler (das Kaiserthum), der sein Gefieder in dem Wagen gelassen, werde nicht allezeit ohne Erben bleiben; bald würden ihm die Gestirne den Weg ohne Widerstand bereiten, da ein von Gott Gesandter die Buhlerin sammt dem Riesen zu tödten bestimmt sei. Seien diese Worte Räthsel für Danten, so werde die That den Sinn derselben bald enthüllen, ohne Schaden für die Heerden oder Felder. Dies scheint auf eine friedliche Ausgleichung durch einen nicht auf weltliche Herrschaft bedachten Papst hinzudeuten, der den Wagen der Kirche wiederherstellt. Alles was er jetzt gesehen, fährt Beatrice fort, solle der Dichter den Sterblichen verkünden, und wenn er den Sinn nicht fasse, wenigstens die Bilder in der Seele mitnehmen, wie ein Pilger den Palmzweig aus dem heiligen Lande. Jener erwidert, er trage diese Bilder fest in sich geprägt wie den Abdruck eines Siegels; warum aber Beatricens Rede so hoch über seinem Verständniß schwebe, daß er sie nicht zu fassen vermöge? „Daß du," entgegnet ihm die Befragte,

„Daß du die Schule kennen mögst hinfort,
Der du gefolgt, und ihre Lehr' erwägen,
Wie weit sie folgen könne meinem Wort,

„Und sehest ihren Weg von Gottes Wegen
So fern, als von der Erde sind die Kreise
Des Himmels, die am schnellsten sich bewegen."

(Fegef. XXXIII, 85 ff.)

„Ich entsinne mich nicht," versetzt der Freund, „daß ich mich je von dir entfernt hätte, und habe kein Bewußtsein, das mich straft." „Nun so gedenke," sagt sie, „daß du erst heute vom Lethe getrunken." Unter diesem Gespräch gelangen er und Statius mit Beatricen, Mathilden und den Tugenden zu dem Fluß Eunoë, welcher, wie wir gesehen, das Gedächtniß für die guten Thaten wieder gibt; Mathilde führt, auf Beatricen's Geheiß, die beiden Dichter zum Quell desselben; sie trinken und Dante ruft, das Purgatorium als zweiten Theil der Divina Commedia abschließend, aus:

Der Pflanze gleich, die Laub treibt, jung und hell
Vom frischen Saft, eilt' ich mich zu entfernen
In neuer Lenzkraft von dem heil'gen Quell,
Rein und bereit zum Aufflug nach den Sternen.

Vierte Vorlesung.

Der dritte Theil der Göttlichen Komödie, nämlich der Himmel oder, wie der Dichter ihn benennt, das Paradies, d. h. das überirdische, nicht das auf dem Läuterungsberg gelegene, — wird uns weniger aufhalten, als die beiden frühern Theile; denn bereits auf der Höhe des irdischen Paradieses ist der Entwickelungsgang von Dante's Seele vollendet, der ihn aus der Finsterniß der Welt zu Derjenigen zurückführt, durch welche Gott zuerst in ihm lebendig geworden. Es bleibt uns nur übrig einerseits von ihm zu erfahren, wie er nun, da Beatrice wieder seine Gefährtin, immer tiefer in das Licht, in Gottes Leben eindringt, indem wir dadurch schon jetzt auf Das hingewiesen werden, was die verklärte Freundin sinnbildlich für ihn ist, ohne daß durch diese Symbolik der lebendige Zusammenhang mit der wirklichen Person Beatrice's Portinari irgendwie aufgehoben würde, andererseits die Aussprüche zu vernehmen, die er, in Gottes Nähe sich als Richter und Seher fühlend, auf sein noch im Himmel heiß geliebtes und heiß beklagtes Vaterland herabwirft. Zu selten nur, ruft er, greife jetzt ein Kaiser oder ein Dichter nach dem Kranz, welcher die Schläfe Dessen umwinde, der das Reich Gottes zum Gegenstande seines Strebens gemacht; er, Dante, hoffe sich solchen Lorbeer zu winden, denn „geringem Funken folge oft gewalt'ge Flamme.“ Dieses stolze Wort, das einerseits ihn selbst den Inhabern des höchsten Throns der Erde ebenbürtig an die Seite stellt, andererseits den Kaisern ihre Lässigkeit in Bezug auf Italien vorrückt, wo sie, nach seiner Ansicht, durch Gottes Beschluß zu Herrschern eingesetzt sind und dessen irdisches Reich einführen sollen, wird, der von Dante festgehaltenen Annahme nach, im Jahr 1300, also unter der Regierung Kaiser Albrechts gesprochen, dem wir den Dichter schon vom Fegefeuerberg aus so bittere Vorwürfe über das weggeworfene Italien machen hörten. Niedergeschrieben aber wurde diese Stelle wohl erst gegen das Jahr 1318, um welche Zeit, wie wir gesehen, Fegefeuer und Paradies noch nicht fertig, an einen Römerzug aber, bei den damals in Deutschland herrschenden Streitigkeiten um die Kaiserkrone, nicht zu denken war; denn es liegt nahe, die Entstehung jener Worte in Zusammenhang mit den im XXV. Gesang des Paradieses und in der Ekloge an Johannes de Virgilio vorkommenden zu bringen, worin sich Dante die Gewinnung der Lorbeerkrone in der wieder gewonnenen Vaterstadt verkündet (S. 24 f.), ein Ausspruch den er, wenigstens was die Ekloge betrifft, nicht vor der zweiten Hälfte des Jahrs 1318 gethan haben kann. Jedenfalls ist diese Zusammenstellung des Dichterberufes mit dem des Kaisers wohl erst geraume Zeit nach dem Tode Heinrichs VII., des einzigen deutschen Königs, der jener göttlichen Berufung Folge geleistet, entstanden, und so kann man denn nicht umhin, den nicht zu beugenden Muth und das mächtige Selbstgefühl des Mannes zu bewundern, der, nachdem all' seine Hoffnungen zusammengestürzt, wenigstens für seine Person und auf dem ihm angewiesenen Wege das Feld jener ewigen Kränze durchwandern will, das zu betreten keiner der Cäsaren die Kühnheit hat.

Nachdem er aus dem Fluß Eunoë getrunken, sieht er Beatricen, die noch im irdischen Paradies neben ihm steht, unverwandt, mit einer dem Menschenauge nicht zukommenden Kraft, in die Sonne schauen, und

> Wie aus dem Stral zurück ein zweiter fährt,
> Zu seinem Urquell wieder aufzusteigen,
> Dem Pilger gleich, der zu der Heimat kehrt,
>
> So durch ihr Thun fühlt' ich das Licht sich beugen
> Zurück in meinem Aug', und fester sah ich
> Zur Sonne als der Menschenkraft es eigen (Parad. I, 49 ff.).

Bald jedoch vermag sein sterbliches Sehvermögen diese Stralenfülle nicht länger zu ertragen; er wendet den Blick daher von dort ab und ruft, das der griechischen Mythologie entnommene Bild von Glaukus, der durch den Genuß eines Krautes plötzlich zum Meergott geworden, festhaltend, ein Bild, das durch Ovids damals vielgelesene Verwandlungen ziemlich bekannt sein mochte[45]:

> Ein neuer Tag schien zu dem Tag zu kommen,
> Als wär' durch Den, den alle Himmel loben,
> Noch eine zweite Sonne dort entglommen.
>
> Noch zu den ew'gen Kreisen aufgehoben
> Den Blick stand Beatrice, und ich hielt
> Das Aug' nun auf sie rückgewandt von droben.
>
> Und durch dies Schau'n hab' ich in mir gefühlt
> Was Glaukus, als er kostend jenes Kraut
> Rasch von der Götterfluth sich sah umspült.
>
> Das Uebermenschenthum faßt nicht der Laut
> Des Menschenworts, und dieses Beispiel sei
> Dem g'nug, deß Seele Gleiches hat geschaut.
>
> Ob ich durch mich allein Der war, den neu
> Du schufst, o Liebe, die den Himmel lenket,
> Weißt du, durch die mein Flügel worden frei (Parad. I, 61 ff.).

Der ganze Himmel scheint ihm von Sonnenflammen wie ein ungeheurer See entbrannt zu sein, dabei hört er nie vernommene Klänge, die er sich nicht zu deuten vermag. Beatrice aber, sein Befremden in seiner Seele lesend, sagt ihm, sie befänden sich nicht mehr auf der Erde; schneller als ein Blitz hätten sie sich bereits dorthin erhoben, woher dieser (der Blitz) komme, nämlich in die zu Dante's Zeit nach ptolemäischer Lehre angenommene Feuerregion des Himmelraumes. Dieses Steigen hat, unbemerkt von dem Dichter, begonnen, als er sein Auge auf Beatricen gerichtet, und geschieht auch in der Folge jedesmal durch solches Anblicken. Der reine, von sterblicher Beimischung freie Zug zu Gott, fährt Jene fort, trage ihn nunmehr empor; würde er jetzt, nach der Läuterung vom falschen Trieb, nicht emporschweben, so wäre Dies eben so unnatürlich, als wenn ein Strom nicht nach der Tiefe flöße oder lebendiges Feuer träg am Boden bliebe. Wieder schaut der Freund auf seine Begleiterin, und

> Der ew'ge Durst, der mit uns ist geboren,
> Nach jenem Reich, das Gott gebildet, trug
> So schnell uns, als des schnellsten Himmels Horen
> (Par. II, 19 ff.).

Sie kommen in dem Monde an, und Dante erblickt eine Menge Gesichter, die er Anfangs, weil sie durchsichtig, für bloße Spiegelungen von wirklichen hält:

> So wie aus hellem Glas, vor dem wir stehen,
> Und aus Gewässern, die sich lichtvoll stauchen*,
> Doch nicht so tief, daß wir den Grund nicht sähen,
>
> Scheinbilder unsrer Angesichter tauchen,
> So schwach, daß eine Perl' auf weißer Stirne
> Gleich faßbar tritt hervor für unsre Augen (Par. III, 10 ff.).

Läßt sich die zarte Geisternatur des Mondlichts, das Vorbild der hier befindlichen Seelenhüllen, sinniger bezeichnen? Zugleich haben wir darauf zu achten, daß dieselben hier, auf der niedrigsten Himmelssphäre, noch nicht so hell glänzen, daß das sterbliche Auge gehindert wäre, Einiges von der Gestalt selbst zu erkennen**, was höher hinauf, wie wir gleich finden werden, nicht mehr möglich. Beatrice bemerkt ihrem Begleiter, die Gesichter seien Seelen, die in diese unvollkommene Sphäre gewiesen worden, weil sie, der Gewalt nachgebend, abgelegte Gelübde unvollkommen erfüllt hätten. Dante fragt eine, Piccarda, die Schwester Corso Donati's, ob sie sich nach einem höhern Ort sehnten, und nimmt aus der Erwiderung ab, daß allenthalben im Himmel Paradies sei,

* Stauchen statt des niederdeutschen stauen, d. h. das Wasser stemmen, schwellen, ist so gewöhnlich als jenes.

** Vgl. Kopisch a. a. O. S. 287.

wenn auch die höchste Gnade nicht überall gleich vertheilt hinfalle. Von da gelangt er mit der Gefährtin in den Mercur. Der schwach leuchtende Planet wird durch das Nahen Beatricens viel heller.

Und wenn der Stern so umgewandelt ward
Zum Lächeln, wie erst ich, den wandelbar
Mehr schuf Natur als ihn in jeder Art?

Wie in dem Weiher, wann er still und klar,
Nach Dem, was außen kommt, die Fische schwimmen,
Vermeinend Futter biet' sich ihnen dar,

So sah ich mehr als tausend Lichter glimmen,
Und: „sieh wer unsre Liebe kommt zu mehren!“
Hört' ich alsbald von mehr als tausend Stimmen.

Und wie man jede sah zu uns sich kehren,
Erblickte man die Seelen wonnerfüllt
In einem lichten Glanzstrom sich verklären (Par. V, 97 ff.).

In Form von Lichtern, Flammen, Feuerkugeln sieht Dante fortan alle Seelen in den niedern Regionen des Himmels, weil das sterbliche Auge nicht fähig ist, durch den Glanz hindurch die menschliche Gestalt zu erkennen; erst im höchsten Himmel treten ihm die menschlichen Züge wieder hervor, eine Angabe, worin er mit Dem, was von vielen wirklich Hellsichtigen bis auf die neueste Zeit herab gesehen worden sein will, übereinstimmt, jedoch mit der Abweichung, daß diesen mitunter auch noch nicht selige Geister in Gestalt jener Feuergloben erschienen. Eine dieser Seelen gibt sich als diejenige des Kaisers Justinian zu erkennen, welchen der Dichter, seinem Ghibellinenthum gemäß, als Den, der „nach dem Wunsche Gottes“ die große Sammlung der römischen Gesetze zu Stand gebracht, ungemein hoch stellt, wie wir ihn denn schon in der zürnenden Klage, die im Fegefeuer über die Zustände Italiens ausgesprochen wird, als einen solchen erwähnt fanden, dessen Gesetzbuch, weil es nicht gehalten werde, Italien nur Schande mache (S. 53). Das ungerechte Verfahren der Ghibellinen und Guelfen gegen einander gibt diesem Gesetzessammler Anlaß, über die von Gott angeordnete römische Herrschaft zu sprechen. Das Kaiserthum sei durch Cäsar nahe jener Zeit gegründet worden, wo die Welt durch Christum auch geistig habe geläutert werden sollen (Par. VI, 55 f.). Der Ewige selbst habe auf dasselbe als eine von ihm stammende Macht hingewiesen, indem er es zweimal als Werkzeug seiner Strafgewalt gebraucht, einmal zur Bestrafung aller Menschensünden durch Christi Kreuzestod unter Tiberius, das anderemal zur Bestrafung des Frevels, den die Juden gegen Christum geübt, durch die Zerstörung Jerusalems unter Titus. Daher habe der Guelfe, wenn er sich dem Kaiserthum widersetze und an Frankreich anlehne, eben so Unrecht als der Ghibelline, wenn er unter dem Panier des kaiserlichen Adlers nur eigennützige Zwecke verfolge:

> Der setzet gen das kaiserliche Zeichen
> Die gold'nen Lilien, Jener trägt's durchglüht
> Von Selbstsucht, daß an Schuld sich Beide gleichen.
>
> In andern Bannern, Ghibellinen, flieht!
> Denn jenes wird Jedwedem schlecht gedeihen,
> Der die Gerechtigkeit vom Adler schied.
>
> Nicht fallen wird's durch diesen Karl, den Neuen,
> Und seine Guelfen: nein, er fürcht' die Klauen,
> Die abgestreift das Fell schon stärkern Leuen.
>
> Oft sah man auf die Söhne niederthauen
> Der Väter Blutschuld, und daß Gott das Wappen
> Tausch' mit den Lilien, wird er nimmer schauen (Par. VI, 100 ff.).

Der Adler, der schon die Heere der alten Römer zur Bezwingung der Welt geführt und jetzt auf den Fahnen des römisch-deutschen Kaiserthums wehte, wird hier geradezu das Wappen Gottes genannt und somit das so oft bespöttelte Prädicat der Heiligkeit, welches der Curialstyl jenem Kaiserthum beilegte, einmal in vollem Ernst genommen. Karl der Neue wurde jener Karl von Valois genannt, unter dessen Herrschaft in Florenz Dante's Haus zerstört ward, zum Unterschied von Karl II. von Neapel, und dieser Valois ist hier offenbar gemeint, denn ihm war Hoffnung auf den deutschen Kaiserthron gemacht worden [46], und er sollte das Ghibellinenthum in Italien stürzen. Die folgenden Worte: „Oft sah man auf die Söhne niederthauen“ beziehen sich aber allerdings auf Karl II. von Neapel, mit dessen Hülfe Karl von Valois Sicilien erobern und überhaupt dem Ghibellinenthum ein Ende machen sollte. „Karl II. ist ein schlimmer Bundesgenosse“, will der Dichter sagen; „die Blutschuld, die dessen Vater, Karl von Anjou, durch Konradins Ermordung auf sich geladen, könnte leicht auf den Sohn niederthauen!“

Wir Deutschen hätten Ursache auf den Glauben stolz zu sein, den einer der ersten Geister aller Zeiten an die Gerechtigkeit und den Triumph der deutschen Macht, gegenüber den verhaßten Lilien Frankreichs beurkundet, wenn dieser Glaube ein begründeter wäre, und nicht vielmehr, wie nur allzudeutlich, aus einer kindlichen Unterwerfung der Urtheilskraft unter den nun einmal an die Spitze von Dante's politischer Weltanschauung gestellten Satz hervorginge, daß das römische Kaiserthum eine von Gott selbst ausgehende Anordnung sei. Daß dieses Kaiserthum zugleich das deutsche, ist in der angegebenen Beziehung ein Zufall und hat mit jenem Glauben nichts zu thun. — Zuletzt sagt Justinian, auf dem Stern, wo er selbst weile, sei auch die Seele des edeln, uneigennützigen Romeo, der die Güter des Grafen Berlinghieri so trefflich verwaltet habe, daß er demselben vier Könige zu Eidamen gewonnen, hiefür aber nur mit Undank belohnt worden sei, was Anlaß zu folgenden, wohl auf des Dichters eigenes Schicksal anspielenden Worten gibt:

Drauf ging er alt, dem Mangel hingegeben,
Und säh' die Welt das Herz, das bissenweise
Erbetteln elend mußte sich das Leben,
Mehr Lobs noch fügte sie zu seinem Preise (Par. VI, 139.).

Nachdem der kaiserliche Begründer der Rechtssicherheit in seinen Stern, den Mercur, zurückgetreten, nimmt Beatrice Gelegenheit aus Dem, was Jener gesagt, ihren Begleiter über die ursprüngliche Schöpfung zu belehren:

Nun laß mein Wort das Augenmerk dir sein:
Die Seele, wie zuerst aus Gott sie trat,
War Eins mit ihrem Schöpfer, gut und rein.

Verbannt ward sie nur durch die eig'ne That
Vom Paradies, weil sie sich abgewendet
Von ihres Lebens und der Wahrheit Pfad (Par. VII, 34 ff.).

. . . .

Die ew'ge Liebe, die sich ferne hält
Jedweden Neid, will, eig'ner Glut erfüllt,
Ausbreiten ew'ge Schönheit in der Welt.

Das, was aus ihr unmittelbar entquillt,
Hat drum kein Ende, da nie mehr veraltet,
Sobald sie's aufgeprägt, ihr göttlich Bild.

Was sich aus ihr unmittelbar entfaltet,
Ist Alles frei, weil keiner andern Kraft
Es unterliegt, die neu es umgestaltet (Ebend. 64 ff.).

Gleich drauf aber setzt die Führerin, einen Einwurf in Dante's Seele lesend, hinzu:

Du sagst: „ich seh' die Luft, ich seh' die Wogen,
Seh' Feu'r und Erd' und ihr Gemisch erschlaffen,
Und kurze Zeit nur sie dem Tod entzogen:

Und diese Dinge waren doch erschaffen;
Drum, wäre wahr was du von mir vernommen,
So könnt' Verderben sie hinweg nicht raffen."

6*

Wiß denn, die Engel und dies Land der Frommen,
Worin du bist*, die sind's, für die das Wort gilt
Geschaffen, weil ihr Wesen ist vollkommen.

Doch jene Elemente, und was quillt
Aus ihres Wirkens lockeren Geweben,
Sind schon erschaff'ner Kraft nur ein Gebild.

Geschaffen ist der Stoff, aus dem sie leben;
Geschaffen ward die Kraft, die sie gestaltet,
In diesen Sternen, welche sie umschweben (124 ff.).

In diesem angenommenen Einfluß der Gestirne auf den elementarischen Stoff sieht nun zwar unser dem Thomas von Aquino folgende Dichter nicht, wie z. B. der von gleicher Ansicht ausgehende Jakob Böhme, der, was später ausführlicher zur Sprache kommen wird, so oft mit Dante's Weltanschauung übereinstimmt, ein Herabsinken der Schöpfung von ihrer ursprünglichen Höhe, sondern immer noch eine göttliche Anordnung; denn jene Sterneneinflüsse, an welche er, wie wir bald finden werden, auch in Bezug auf seine eigene Person glaubt, geschehen vermöge der gottentsprungenen Himmelsseelen, animae nobiles, welche nach der von den Scholastikern adoptirten Lehre der Neuplatoniker, namentlich des Proklus, zu der Urschöpfung, zu den causis primariis gehören, wie es denn in einem spätern Gesang des Paradieses heißt:

In ihrer Ewigkeit, eh' Zeit noch ward,
Eh' andre Schranke, frei, hat ew'ge Liebe
Sich durch geschaff'ne Liebe offenbart (Par. XXIX, 16 f.),

nämlich durch die damals erschaffenen Engel. Ein Theil derselben fiel zwar mit Lucifer ab, diese von Gott unmittelbar ausgegangene Schöpfung aber war eine Schöpfung der Freude und Seligkeit, wie es denn von den zurückgebliebenen Engeln heißt:

Die Andern blieben, und es ward begonnen
So freudevoll der Tanz der Himmelssphären,
Daß nie von ihm sich scheiden mehr die Wonnen (Ebend. 52 f.).

Gleichwohl nahmen die Scholastiker einen Unterschied zwischen jenen Himmelsseelen an, je nachdem sie auf die Himmelskörper oder die Elementarwelt einwirken, in welch letzterem Fall man sie als animae ignobiles bezeichnete[47], so daß man der Annahme einer in den ursprünglichen Schöpfungsgedanken eingreifenden unreinern Kraft und folglich einer gewissen Störung oder Schwächung dieses Gedankens

* Der Himmel.

doch ziemlich nahe stand, eine Annahme, die auch in Dante's unmittelbarer Empfindung gelegen zu haben scheint, und welche er nur deshalb von sich abwies, weil er, wie schon bei seiner Ansicht über das Schicksal bemerkt worden, dergleichen Widersprüche mit der Theodicee, die sich in der Divina C. darstellen sollte, nicht vereinigen zu können glaubte.

An dem zunehmenden Glanze Beatricen's nimmt der Dichter sofort wahr, daß sie zu einem höhern Stern, nämlich dem der Venus, aufgeschwebt sind. Hier tritt neben Cunizza, der, irdischer Liebe hingegeben gewesenen, Schwester Ezzelino's, der Troubadour Folco vor Jenen und erzählt, wie er in der Jugend gleicher Liebe zugethan gewesen, die sich aber zuletzt in himmlische verklärt habe. So strale auch neben ihm das Liebeslicht der im Buch Josua genannten Rahab, denn, obwohl eine Buhlerin, habe sie das Reich Gottes gefördert (wobei ohne Zweifel auf Hebr. 11, 31 und Jac. 2, 25 Rücksicht genommen ist), während der an der Kirche ehebrecherische, d. h. mit der Welt buhlende Papst jenes Reich ganz vergesse und nur nach Irdischem trachte. Wie er sei die ganze Schaar der nur nach Golde dürstenden Priester:

> Sie ist vom Evangelium abgewandt,
> Und daß sie nur die Decretalien [48] wähle
> Zum Lesen, zeigt der abgegriff'ne Rand.
>
> Die sind das Ziel für Papst und Cardinäle,
> Der Ort nicht, wo, daß Gott in ihr verweile,
> Ein Engel hauchte in der Jungfrau Seele.
>
> Allein der Vatikan und all' die Theile
> Des heil'gen Roms, wo ruhet in der Erden
> Die Schaar, die Petro nachgefolgt zum Heile,
> Wird frei bald von der wüsten Buhlschaft werden
> (Par. IX, 133 ff.),

eine Zukunftsverkündung, die sich an die schon im Purgatorium (S. 77) ausgesprochene anschließt. Von der Venus schwebt Dante mit Beatricen zur Sonne auf:

> Und ich war in ihr; doch ich ward das Steigen
> Nur inn, wie ein Gedanke uns durchzückt,
> Eh' er noch dem Bewußtsein recht ward eigen.
>
> Ach Beatrice, die ich stets erblickt
> Gewandt von Glanz zu lichterm Glanz so schnelle,
> Daß sich in Zeit solch' Wachsthum nicht drückt,
> Wie mußte sie durch sich nun werden helle! (Par. X, 34 ff.).

In der Sonne, fährt er fort, unterscheide man die Dinge nicht nach der Farbe (d. h. nicht nach dem trüglichen Schein), sondern nach dem Licht. Beatrice aber sagt ihm, er solle der Sonne der Engel danken, die ihn durch ihre Gnade zu dieser sichtbaren aufgehoben, und, bemerkt er hierauf bedeutsam für Das, was seine Begleiterin für ihn eigentlich ist.

> Nie sah ein sterblich Herz ich so sich neigen
> Zur Andacht, die vom Höchsten ist entbrannt,
> Nie jeden Trieb so schnell ihm werden eigen,
>
> Wie ich, als sie dies Wort an mich gewandt;
> Und so versank in Jenen all' mein Lieben,
> Daß Beatrice in Vergessung schwand (Par. X, 55 ff.).

Jene aber freut sich dieses Vergessens, bis der Stral ihrer lächelnden Augen seine Seele, die einig gewesen, wieder auf mehrere Dinge vertheilt, nämlich auf die vielen Heiligen in der Sonne, wie vor Allen auf den Thomas von Aquino, der für des Dichters Metaphysik die Hauptquelle war; ferner auf Albert den Großen von Köln, den Engländer Beda, den mystischen Hugo von St. Victor und Andere. Mit begeisterten Worten erzählt Thomas, wie die göttliche Vorsehung einst die wankende Christenheit durch zwei Seelenfürsten gerettet, die freiwillig allem irdischen Gut entsagt und nur nach himmlischem gestrebt hätten, nämlich durch den heiligen Franciscus und den heiligen Dominicus, deren Beispiel unter der jetzigen Welt freilich nur noch geringe Nachahmung finde. Bedeutsam wird dieses Lob der Armuth, das zugleich anzeigt, was die damalige Kirche thun sollte, in die Sonne verlegt; denn nur hellgeborene Sonnenseelen fühlen ihre Hoheit und ihr freudiges Gottvertrauen durch den Besitz irdischen Gutes entwürdigt und gedemüthigt, daher denn Dante den Thomas in Bezug auf die Geburt des also geschaffenen Franciscus den Ausdruck brauchen läßt: „Geboren aller Welt ward eine Sonne, hell wie sie aufsteigt aus der Fluth des Indus". In gleichem Sinn beginnt er in eigener Person den elften Gesang des Paradieses, in welchem ihm dieses Lob der Armuth aus der freudigen Wohnstätte des Lichtes entgegen hallt, mit den Worten:

> O thör'ge Sorge, die dem Menschen eigen,
> Wie viele sind der trügerischen Schlüsse,
> Die seiner Flügel Schläge abwärts beugen!
>
> . . . .
>
> Indem ich frei von allen diesen Dingen
> Mit Beatrice war im Himmel droben,
> Wo lichte Glorien mich als Gast empfingen
> (Par. XI, 1—3, 10—12.).

Wohl mag ihm, der, ein hausloser Verbannter, von Ort zu Ort zog, so das Gefühl seines wahren Selbstes oft mit Himmelsschaudern durchzuckt haben! — Plötzlich nimmt er an der zunehmenden Helle Beatricee wahr, daß er in den Planeten Mars entschwebt ist. Vor ihm, in den Tiefen desselben, funkelt, wie von den Sternen der Milchstraße gebildet, ein mächtiges Kreuz, von welchem Christus herabstralt. Wie Stäubchen sich in einem Sonnenstral bewegen, sieht er an diesem Kreuz Lichter, d. h. Seelen, auf und nieder schweben, und einen Lobgesang anstimmen, der ihn im Innersten entzückt, obwohl er davon blos die Worte versteht: „Steh auf und siege". Eins dieser Lichter naht sich ihm und gibt sich als die Seele seines Urahns, Cacciaguida, zu erkennen, der als Kreuzfahrer im heiligen Land gefallen; denn sämmtliche von dem Kreuz herableuchtende Seelen haben, wie später ausgesprochen wird, mit den Waffen für das Reich Gottes gekämpft. Cacciaguida sagt seinem Nachkommen seine Verbannung mit all' ihren Bitterkeiten voraus, worauf ihm dieser erwidert, er besorge durch Verkündung Dessen, was er in der Hölle, auf dem Läuterungsberg und im Himmel vernommen, gar Manchen einen Trank von sehr herbem Geschmack zu reichen, und so, wann ihm die liebste Stätte (die Heimat) geraubt worden, durch sein Gedicht auch noch die andern Stätten zu verlieren, andrerseits aber, wenn er ein furchtsamer Freund der Wahrheit sei, bei den künftigen Geschlechtern nicht fortzuleben. Cacciaguida entgegnet, er solle sich nicht scheuen, die Wahrheit laut zu sagen; habe dieselbe auch für Manche einen bittern Geschmack, so werde sie zuletzt doch zu lebendiger Nahrung werden. Er solle mit seiner Rede nur immer die Gipfel berühren, deßhalb seien ihm in Hölle, Fegefeuer und Himmel blos solche Seelen erschienen, deren Ruf weithin reiche, denn nur was in die Augen falle, überzeuge den Hörer. Sinnvoll ist, daß der Dichter diese seine innerste Gesinnung aussprechende Aufforderung zur Seelenstärke und Tapferkeit im Gestirn des Mars an sich richten läßt*; und wirklich können nur die Licenzen des alten griechischen Lustspiels der schonungslosen Kühnheit an die Seite gestellt werden, womit Dante in seinem Werk über das noch lebende Geschlecht oder Diejenigen sich ausspricht, die, eben erst gestorben, mit jenem noch in jeder Weise zusammenhingen, so daß man, wie treffend bemerkt worden ist**, wohl sagen kann, die göttliche Komödie und die ältere der Griechen hätten außer dem Titel noch eine wesentlichere Verwandtschaft.

Nach diesem Gespräch mit dem Urahn wendet Dante das Auge auf Beatricen und sieht sie in höherer Schönheit stralen, als alles je von ihm Geschaute. Wie wir in Uebung der Tugend unsre Kraft wachsen fühlen, erblickt er den Himmel um sich her erweitert, und wie eine zarte Wange lichter wird, wann das Erröthen nachläßt, wird seine Führerin heller, weil sie jetzt mit ihm aus dem blutgefärbten Mars zum reinen, lichten Jupiter emporschwebt, der

* Vgl. Kopisch a. a. O. S. 344. Inhaltsanz.
** Wegele a. a. O. S. 403.

über jenem als Stern der Gerechtigkeit rollt. Wie beim Schlagen mit brennenden Scheitern unzählige Funken sprühen, sieht er dort viele tausend Lichter auf- und absteigen, je nachdem die sie entzündende Sonne (die Andachtsgluth) einen Platz für sie auswählt, und dieselben endlich zusammen — was wir als eine Verirrung der dichterischen Erfindungskraft mit hinnehmen müssen, — die Gestalt eines Adlers, des Symbols der göttlichen Gerechtigkeit, bilden. An Festhaltung dieses Symbols, welches zugleich das Wappen des „von Gott eingesetzten“ römischen Kaiserthumes ist, liegt dem Dichter sehr viel, und wir haben uns, um ihn ganz zu verstehen, zu erinnern, daß die katholische Auslegung schon in den Worten 5. Mos. 28, 49: „Jehova wird über dich bringen ein Volk aus der Ferne, vom Ende der Erde, so schnell wie der Adler fliegt“, den römischen Adler angedeutet sieht, der Gottes Strafgericht an Israel vollziehen soll, und daß Offenb. 8, 13 ein Adler durch die Mitte des Himmels schwebt, der den Bewohnern der Erde mit lauter Stimme das herannahende göttliche Gericht verkündet; daß ebenso Offenb. 12, 14 dem Weib, d. h. der geistigen Gemeinde, Adlersflügel gegeben werden, um sie, die gerecht ist, vor dem Drachen zu retten, und daß die Worte Matth. 24, 28 und Luc. 17, 37, „wo die Leiche, da sammeln sich die Adler“, von der katholischen Auslegung ebenfalls auf die strafende Gerechtigkeit Gottes, und zwar hier wieder auf diejenige bezogen werden, welche mittelst der unter dem Zeichen des Adlers heranrückenden römischen Kaisermacht ihre Strafgewalt ausübte*. Während aber Dante sich bestrebt, die göttliche Einsetzung der Kaiserherrschaft, der ewigen Wahrerin des Rechts, durch eine Figuration der Himmelsbewohner selbst auszudrücken, erinnert er sich zugleich, wie auf Erden, und vor Allem gerade in der Kirche, die mit gutem Beispiel vorgehen sollte, die Stralen, die der Stern der Gerechtigkeit ausströme, sich verdunkeln. Denn der römische Hof brachte den Bann, durch welchen der Genuß des heiligen Mahles entzogen ward, oft keineswegs nach dem Recht, sondern zu eigennützigen Zwecken in Anwendung, und strebte andrerseits nach Gold, dessen er eben während des Jubeljahres 1300, in welches der Dichter seine Vision verlegt, eine ungeheure Menge einnahm. Auf zwei Millionen wurde die Zahl der zuströmenden Pilger berechnet, „und“, sagt ein gleichzeitiger Schriftsteller, „der Papst zog davon ein unzählbares Geld, denn Tag und Nacht standen am Altar Sankt Peters zwei Geistliche mit Rastrellen in der Hand, die nie endende Summe einzustreichen“**. Die beliebteste Münze aber waren damals die Florentiner Goldgulden, die das Bild Johannes, des Täufers, zum Gepräg hatten, und in ihnen scheint ein großer Theil jener Summen erlegt worden zu sein***. Mit heiligem Zorn, der sich bald in einen Hohn über den

* Vgl. Kopisch a. a. O. S. 352.

** Chron. Astens. Rer. Ital. XI, bei Balbo, Vit. d. Dante, I, S. 259.

*** Vgl. hierüber Parad. IX, 127—132.

nach jenem goldenen Johannes strebenden Papst umwandelt, wie er von keinem in der Hölle gefallenen Wort übertroffen wird, fleht der Dichter zu Gott,

Daß er im Grimm zum zweitenmal mög' schauen,
Wie sie im Tempel kaufen und verkaufen,
Den Martern mußten einst und Wunder bauen.

O bet', des Himmelheeres lichter Haufen,
Für Alle, die vom rechten Weg gekehrt,
Auf Erden nach des Wahnes Bildern laufen.

Dort sah man Krieg sonst führen mit dem Schwert,
Doch jetzt, statt Kampfe, kein heilig Brod mehr reichen,
Was Keinem je der güt'ge Vater wehrt.

Du der nur schreibt, um Christi Wort zu streichen,
Wohl für den Weinberg, den du hast verdorben,
Starb Paul und Petrus — doch sie sind nicht Leichen!

Du aber sprichst: hab' ich nur Den erworben,
Der einsam wollte in der Wüste leben,
Und dann durch die Herodias gestorben [49],
Will dafür Petrum ich und Paulum geben! Par. XVIII, 121 ff.).

Dante bittet sofort die im Bilde des Adlers vereinigten Geister, ihm einen quälenden Zweifel zu lösen, den er längst in sich trage, und ihnen, den Alles schauenden, nicht erst näher zu bezeichnen brauche. Der Adler, d. h. die Gemeinschaft der in dem Adler vereinigten Seelen, welche Gemeinschaft ohne Zweifel wieder eine Anspielung auf das alle Menschen verknüpfen sollende Kaiserthum enthält *, sieht sogleich, daß es der Zweifel ist, ob sich die Ausschließung der tugendhaften Heiden von der Seligkeit mit der Gerechtigkeit Gottes vereinigen lasse, und belehrt den Frager in Worten, denen man das Gezwungene anfühlt, und welche Jenen insofern im Innersten kaum befriedigen können, über die Richtigkeit des angezweifelten Lehrsatzes der Kirche; oder, wie Philalethes sich ausdrückt, „die Zweifel Dante's werden nicht sowohl beseitigt, als niedergeschmettert durch den Satz, daß der menschliche Verstand, zu schwach, um die Rathschlüsse der göttlichen Gerechtigkeit zu durchschauen, verpflichtet sei, sich der geoffenbarten Wahrheit unterzuordnen“ **. Endlich jedoch bemerkt der Göttervogel, Niemand könne zwar in das selige Reich anders als durch Christus gelangen, aber manche Heiden würden am jüngsten Tag Christo näher stehen, als Viele, die jetzt rufen: Christus, Christus! In diesem Ausspruch, zusammen-

* Philalethes zu Parad. XIX, 12.
** Zu Parad. XIX, 40.

gehalten mit der leuchtenden Auferstehung, die am Fuß des Läuterungsberges dem Heiden Cato verheißen wird, sowie mit der über den gleichen Mann im Convito (IV, 28) vorkommenden Worten: „welcher irdische Mensch war würdiger, Gott zu bezeichnen, als Cato?“ könnte man leise angedeutet finden, daß Dante jenem kirchlichen Lehrsatz, bei aller scheinbaren Unterwürfigkeit unter denselben, sich nicht anbequeme, vielmehr gerade dem Ausspruch, daß menschliche Sehkraft nicht in die Tiefen des ewigen Geistes einzudringen vermöge, den geheimen Sinn unterlege: folglich könnten auch die Heiden selig werden. Die belehrenden Worte des Adlers:

So daß du sprachst: es wird ein Mensch geboren
Am Indus, wo ihn Niemand kann berathen,
Wie Christus uns zum Heile ward erkoren,

Und all' sein Streben, alle seine Thaten
Sind gut, soweit Vernunft vermag zu sehen,
Und rein der Weg, den seine Füße traten,

Doch ungetauft muß er von hinnen gehen:
Wo ist das Recht da, wider ihn zu zeugen?
Wo, wenn er nicht geglaubt, ist sein Vergehen?

Doch wer bist du, der auf den Stuhl will steigen,
Zu richten weit, auf mehr als tausend Meilen,
Mit Blicken, die kaum eine Spanne reichen? (Par. XIX, 70 ff.) —

diese Worte, sage ich, lauten, wenn nicht geradezu das Recht der Seligkeit für die Heiden versteckt in ihnen angedeutet sein sollte, wenigstens so, als drückten sie, und nicht die entgegengesetzte Ansicht der Kirche, Dante's wahre Herzensmeinung aus, und als ließe sich die von dem Adler an Diesen gerichtete Frage, „doch wer bist du, der auf den Stuhl will steigen“ 2c. mit mehr Recht gegen einen die Seligkeit auf die Christen beschränkenden Kirchenlehrer vorbringen; eine Vermuthung, für die sich uns gleich nachher noch stärkere Stützpunkte ergeben werden, vor deren Anführung wir nur eine Zwischenbemerkung zu machen haben. Nachdem der Adler als solcher seine Rede geendigt, vernimmt der Dichter den Gesang der einzelnen „lebendigen Lichter“, die in jenem Symbol der Gerechtigkeit vereinigt sind, einen Gesang, der nach einer Weile, ohne daß Jener den Inhalt im Gedächtniß zu behalten vermag, wieder verstummt, und hier können wir nun sehen, welche Fülle von Poesie und Sinnigkeit Dante den einzelnen Zügen nach selbst in ein Bild zu legen vermag, das man im Allgemeinen unbedenklich als mißglückt wird bezeichnen müssen. Sobald das Singen der Menge wieder aufgehört, ruft er:

O süße Lieb', in Lächeln eingetaucht,
Wie glühend sah man dich in jenen Funken,
Von heiligen Gedanken nur durchhaucht!

Drauf als in diesen Perlen, die so trunken
Vom Glanz, der aus dem sechsten Lichte* brach,
Der Engelsglockenklang hinabgesunken,

War mir als hört' ich murmeln einen Bach,
Der klar herniederfällt von Fels zu Felsen,
Des Gipfels Fülle ziehend sanft sich nach,

Und wie die Laute weich in Eins verschmelzen
Am Halse der Guitarr', und wie durch's Rohr
Der Syrinx sich die Tönefluthen wälzen,

Stieg ohne weitre Zög'rung für das Ohr
Ein neuer Ton, der in dem Adler quoll,
Als such' er Ausgang, seinen Hals empor,

Und ward zur Stimme, die nun himmelvoll
Aus seinem Schnabel kam im Klang von Worten,
Der, still ersehnt, durch's Herz mir wiederscholl (Par. XX, 13 ff.)

Der Dichter hat nämlich still in sich Auskunft über die einzelnen seligen Geister gewünscht, und der Adler kommt dem unausgesprochenen Wunsch abermals zuvor, indem er neben mehrern Andern, welche seine eigene Gestalt bilden, zu Dante's Erstaunen auch zwei Heiden, den Kaiser Trajan und den Ripheus nennt, welch Letzterer in der Aeneide als der gerechteste der Trojaner bezeichnet wird (II, 425 ff.). „Wer," ruft der heilige Vogel, den Bericht über die fünf, sein Auge darstellenden Gerechten abschließend,

„Wer würd' auf Erden sich zum Glauben neigen,
Daß Ripheus, der Trojaner, sei gesellt
Als fünftes Licht zum heil'gen Flammenreigen?

Viel weiß er von der Gnad' nun, was die Welt
Mit ihrem Blicke nimmer hat durchdrungen,
Ist auch ihr tiefster Grund ihm nicht erhellt" —

auf welche nicht ganz genügende Auskunft der Dichter mit dem schönen Bilde fortfährt:

Der Lerche gleich, die, himmelan geschwungen,
Im Anfang singt, dann schweigt und sich genügt
Des letzten, süßen Lauts, der ihr entklungen,

* Aus dem Jupiter, auf dem sich Dante eben befindet.

Schien mir jetzt das Symbol, worinne liegt
Des ew'gen Willens Abdruck, durch den Trieb,
Der jedes Sein an's Sein des Urseins schmiegt (Par. XX, 67 ff.).

Der Abdruck des ew'gen Willens ist die Monarchie, die von dem Adler dargestellte Kaiserherrschaft, die nach Dante's Ansicht die Erde dem Reich Gottes am ähnlichsten macht *. Gleich darauf aber dünkt Jenem die empfangene Belehrung, warum die zwei Heiden hier seien, doch zu dürftig, und der Adler bemerkt deßhalb:

Dem Reich der Himmel kann Gewalt geschehen,
Durch innig Hoffen und durch heißes Lieben,
Die über Gottes Willen sich erhöhen,

Nicht so wie Menschen Macht an Menschen üben;
Nein, Liebe zwingt Ihn, weil er will solch Zwingen,
Und, so besiegt, siegt er mit Göttertrieben (Par. XX, 94 ff.),

ein Ausspruch, der sich an Das anschließt, was im Vortrag über das Purgatorium da, wo der Felsenberg von der hinabrollenden Sündenlast erzitterte, von der Ueberwindung Gottes durch Gott angedeutet worden (S. 61). Kaiser Trajan nämlich, führt der Adler fort, habe (auf Fürbitte des heiligen Gregor, welche Legende hier als bekannt vorausgesetzt wird) — nach dem Tod in's Leben zurückkehren dürfen und so die Taufe empfangen, Ripheus aber sei durch die unergründliche, von keinem geschaffenen Blick je ganz faßbare Gnade Gottes so durchhaucht worden, daß sich ihm das Auge für die künftige Erlösung geöffnet, und er somit das Heidenthum weggeworfen habe. Aus der nicht zu durchschauenden Tiefe des Ewigen wird also hier so ziemlich das Gegentheil von Dem abgeleitet, was sich vorhin aus derselben hatte ergeben sollen. Endlich schließt der Repräsentant der göttlichen Gerechtigkeit mit folgender Mahnung, durch welche die künftige Seligkeit tugendhafter Heiden und, wenn man will, auch die der ungetauft verstorbenen Kinder, deren Ausschluß vom Himmel manche gefühlvolle Herzen empört hat, beinah offen zugegeben wird:

Darum enthaltet euch, ihr Staubgebor'nen,
Des Richtens, denn selbst uns, die Gott doch schauen,
Sind noch bekannt nicht alle Auserkor'nen
(Par. XX, 133—135) [59].

Dante blickt auf Dies seine Führerin an, aber sie lächelt diesmal nicht, sondern sagt ihm, da die Flamme ihrer Schönheit sich immer mehr entzünde, je höher sie aufsteige, würde er durch ihr Lächeln, wie einst Semele, zu Asche zerfallen. Während dieser Worte hat sie mit ihm bereits den Saturn betreten. Ein Licht

* Vgl. Philalethes zu Parad. XX, 77.

nähert sich ihnen und sagt, auf Befragen des Dichters, es sei der heilige Damianus, der, glücklich in himmlischen Betrachtungen, in einsamer Zelle am Fuß des Berges Catria gewohnt habe, ein Glück, von dem die jetzigen, üppig gewordenen Geistlichen nichts wollten.

Hager und barfuß ging auf seiner Reise,
Daß er das Werk des heil'gen Geistes thue,
Sankt Paul und nahm in schlecht'ster Herberg' Speise.

Jetzt wollen rechts und links sie Volk, das sie beschuhe,
Und dessen Arm für sie zur Stütze werde,
Worauf ihr Leib, so schwer ist nun er, ruhe.

Mit ihren Mänteln decken sie die Pferde,
Daß unter Einem Fell zween Thier' einhergeh'n:
O welche Langmuth, Gott, an solcher Heerde! (Par. XXI, 127 ff.).

Auf diese Bemerkung sammeln sich viele heilige Flammen um Jenen, und erheben solchen Eiferruf über die Verderbniß der Kirche, daß Dante, betäubt, die Worte nicht versteht; Beatrice aber sagt ihm, wenn er dieselben verstanden, würd' er erkannt haben, daß das Strafgericht noch zu seinen Lebzeiten über die Schuldigen hereinbrechen werde, womit auf die schon erwähnte Mißhandlung Bonifaz des Achten zu Anagni im Jahr 1303, auf die Verlegung des heiligen Stuhls nach Avignon und sonstige Demüthigungen der Curie hingedeutet wird. Dabei bemerke man, wie fein und sinnreich der Dichter den Glauben seiner Zeit an den bösen Einfluß gewisser Sterne in Anwendung bringt, ohne daß der allgemeine Eindruck einer ihn umgebenden paradiesischen Welt dadurch gestört würde. Nach der Astrologie gelten Mars und Saturn im Ganzen als unheilbringende Gestirne, und wirklich läßt Dante auf Beiden Unglück voranskünden, auf dem Mars seine eigene Verbannung, auf dem Saturn die Drangsale der Kirche; aber die Kunde jener Verbannung wird von der, dem Geiste des kriegerischen Wandelsterns so angemessenen Mahnung zu Männermuth und Tapferkeit begleitet, und die auf dem Saturn geweissagten Leiden der Kirche stellen sich als ein nothwendiges und die Zukunft reinigendes Ergebniß der göttlichen Strafgerechtigkeit dar. — Dante wendet sich sofort zu den übrigen Lichtern oder, wie sie hier erscheinen, Feuergloben, von welchen sich einer in liebevoller Zuneigung als der heilige Benedikt zu erkennen gibt.

Und ich zu ihm: „der Liebe milde Glut,
Die ich in euern Flammen kann erschauen,
Und die dein freundlich Wort jetzt kund mir thut,

„Hat dergestalt entfaltet mein Vertrauen,
Wie Sonnenhauch die Rose, wann sie offen
So weit sie kann, von ihm sich läßt durchlauen:

„Drum bitt' ich, Vater, den ich hier getroffen,
Darf ich, daß du dein Antlitz mir entschleierst,
Darf ich so viel der Gnade für mich hoffen?" (Par. XXII, 52 ff.).

Jener aber erwidert, erst im höchsten Himmel, wo sich alle Wünsche erfüllen, könne dieser gewährt werden; damit fährt er sammt den übrigen Seelenflammen, die sich brüderlich umschlingen, gleich einem Wirbelwind empor, und Beatrice ermahnt den Dichter, ihnen zu folgen. Auf Dies gelangt er mit ihr schneller, als irgend was auf Erden steigt oder fällt, in den Fixsternhimmel, in welchen er durch das Gestirn der Zwillinge, das Sinnbild der Bruderliebe, ohne welche Eigenschaft der Himmel nicht erreicht werden kann, eingeht. Als die Sonne in diesem Zeichen gestanden, d. h. mit ihm am Himmel auf- und untergegangen, war Dante geboren worden, und Brunetto Latini, sein Lehrer, hatte ihm in der Folge aus solchem Stand der Sterne große Geisteskraft und unsterblichen Ruhm geweissagt. Jetzt ruft er, den Glauben seiner Zeit an diesen Einfluß der Himmelskörper hier, wie auch an andern Stellen der Divina Commedia, nicht von sich abweisend:

Glorreiche Sterne, hoher Kräfte voll,
Ausspréch' ich's, daß euch lichten Lebenswogen
All' was in mir des Geistes ist, entquoll.

Mit euch stieg auf und schied vom Himmelsbogen
Der Born, der All' was sterblich ist, beseelt*,
Als ich zuerst Toscana's Luft gesogen,

Und jetzt da mir die Führerin nicht fehlt
Zu euern hellen Kreisen einzugehen,
Ward eure Region mir ausgewählt.

Zu euch empor steigt meiner Seele Flehen
Mit frommem Trieb, um Stärke zu gewinnen
Zum schweren Schritt nach meines Zieles Höhen
(Par. XXII, 112 ff.).

Beatrice blickt nach dem höchsten Punkte des Mittagkreises; als Dante das Auge auf sie wendet, wird der Himmel heller und heller und sie spricht: „da sieh die Heere von Christi Siegeszug!" Nun scheint ihr Antlitz ganz entbrannt, und der Dichter schaut über der Unzahl von Lichtern eine höhere Sonne, die Sonne der Engel:

Da sah ich über Tausenden von Flammen
Klar eine Sonne, draus ihr Licht sie trinken,
Wie aus der unsern Sternenlichter stammen.

* Die Sonne.

Und also hell durch dieses Glanzmeers Blinken
Schien auf mich jener Urkraft leuchtend Leben,
Daß meine Blicke mußten niedersinken.

„O Beatrice", rief ich, „mir gegeben
Zur Führerin" ..... Sie sprach: „Was dich bezwungen
Ist Kraft, vor der erlahmt das Widerstreben:

„Macht sind und Weisheit hier in Eins verschlungen,
Die zwischen Erd' und Himmel aufgesprengt
Den Weg, nach dem so lang' die Welt gerungen."

Wie aus der Wolke sich das Feuer drängt
Breit werdend, daß nicht Raum es hat darinne
Und wider seine Art sich erdwärts senkt,

So ward mein Geist, als solchen Fests er inne,
Sich überwachsend aus sich selbst gerückt,
Daß seines Thuns ich nicht mehr mich entsinne.

„Sieh auf! so wie ich bin sei ich erblickt," —
Sprach sie: — „dem Aug' hat Kraft sein Seh'n geliehen
Daß nicht mein Lächeln es mehr niederdrückt."

Wie Einer, dem noch durch die Seele ziehen
Die Bilder, die im Traum er hat empfangen,
Doch wenn er sie nun fassen will, ihn fliehen,

So war ich, als mir diese Worte klangen,
Die wonnevollen, die nichts mehr verdrängt
Aus jenem Buch, drin steht was ist vergangen *.

Würd' aller Zungen Hall in mich gesenkt,
Die Klio und ihr holder Schwesterreigen
Mit Strömen ihrer reinsten Milch getränkt,

Doch würde noch kein Tausendtheilchen zeigen
Mein Lied von jenem Lächeln, jenem süßen,
Und von den Himmeln, die dem Antlitz eigen.

Drum von den angeschauten Paradiesen
Kann ich in Sprüngen nur die Kunde geben,
Wie wem der Weg durchschnitten vor den Füßen.

Doch wer bedenkt, welch eine Last zum Heben
Hier eine Menschenschulter auf sich lade,
Schilt sie wohl nicht, wenn drunter sie sollt' beben [51].

* Dem Gedächtniß

Für schwache Nachen bietet keine Pfade
Die Fuhrt, die hier der kühne Kiel durchschneidet,
Und wer sich schont, bringt hier nicht zum Gestade
(Par. XXIII, 28 ff.).

Jene höhere Sonne, vor welcher Dante jetzt noch das Auge niederschlagen muß, ist das Licht Christi, gegen welches, wie Beatrice sagt, es kein Widerstreben gibt. Schon vom ersten Blick auf dasselbe wird jedoch die Sehkraft des Dichters so gestärkt, daß er nun Beatricens Lächeln, das ihn noch kurz vorher in Asche verwandelt haben würde, zu ertragen vermag. — Sofort zeigt ihm diese die Flamme Maria's, welche sie eine Rose, und die Flammen der Apostel und andrer Nachfolger Christi, welche sie Lilien nennt, nach deren Duft man den rechten Weg finde. Wie aus einer Beschattung blickt der Dichter nun empor zu der himmlischen Blumenau, sieht aber die Engelsonne selbst nicht mehr. Sie hat sich zu den höhern Regionen erhoben, damit er ungeblendet die von ihr angestralten andern Flammen betrachten könne. Aus denselben treten nach einander die Lichter von Petrus, Jacobus und Johannes, der drei Jünger, die bei der Verklärung Jesu gegenwärtig gewesen, hervor und lassen sich mit dem Dichter in heilige Gespräche über Glaube, Hoffnung und Liebe, die höchsten Zielpunkte der Menschheit, ein. Das Gespräch über die Hoffnung beginnt er sehr bedeutsam mit der schon S. 24 f. angeführten Erwartung, dereinst noch nach Florenz zurückgerufen und dort mit dem heiligen Lorbeer gekrönt zu werden; die Frage aber, was Hoffnung sei, beantwortet Beatrice an Dante's Statt mit der Bemerkung, die kämpfende Kirche habe keinen von Hoffnung mehr erfüllten Sohn, daher ihm gestattet worden, das himmlische Jerusalem zu schauen. Sehr zart legt er somit den Ausspruch seiner kühnsten Hoffnung, nämlich Gott von Angesicht zu sehen, mit andern Worten, selbst, wenigstens momentan, göttlich zu werden, aus dem eig'nen Mund in den der höher stehenden Führerin, damit abermals andeutend, was Letztere für sein sterbliches Ich eigentlich ist.

Von Johannes war bekanntlich die Rede gegangen, er sei nicht gestorben, daher Dante, meinend derselbe sei lebendig in den Himmel gefahren, in das Licht starrt, Jenen in leiblicher Gestalt zu erblicken, bis ihm vor angestrengtem Spähen die Sehkraft versagt. Da bemerkt ihm Johannes, nur Christus und Maria seien körperlich in das Reich Gottes gestiegen, er solle sich mit so vergeblichem Forschen nicht selbst Dunkel schaffen. Darüber schaut sich der Dichter nach Beatricen um, und sieht sie, zu seinem Schrecken, nicht: Ein Wahn hat sich verdunkelnd zwischen sie und ihn geschoben, obwohl sie ihm immer noch ganz nahe steht; nachdem er jedoch dem Johannes auf die Frage, wohin seine Seele strebe, geantwortet, dieselbe liebe Gott, das selig machende himmlische Gut, über Alles, die Pflanzen Gottes aber so weit, als dieser sie seiner Göttlichkeit theilhaftig mache, gibt ihm Beatrice mit einem einzigen, langen Stral sein Augenlicht zurück, und er sieht jetzt schärfer, als je vorher. Die Flamme des Petrus aber, der Erde gedenkend, wird plötzlich wie wenn Jupiter, der helle Stern der Gerechtigkeit, seinen Glanz mit dem rothen Schein des Mars, des Kriegsgestirnes, vertauschen würde, und ruft:

„Er, der sich selbst auf Erden hat erhöht
Und angemaßt des Rechts zu meinem Stuhle,
Dem Stuhl, der leer vor Christi Antlitz steht,

„Er hat mein Grab verwandelt jetzt zum Pfuhle
Voll Bluts und Stanks, daß sich im Abgrund freut
Der ew'gen Nacht hinabgestürzter Buhle!" —

Zu rother Gluth, wie sie die Sonne streut,
Wann sie in dunkeln Wolken untergangen,
Ward ob dem Wort des ganzen Himmels Kleid.

Und wie sich auf der Jungfrau reinen Wangen,
Die nichts verbrach, vor fremder Schuld Gewicht,
Schon wenn sie davon höret, malt ein Bangen,

Ward purpurn Beatricens Angesicht:
So, glaub' ich, kam als Gottes Sohn gelitten,
Verdunklung in des reinen Himmels Licht (Par. XXVII, 22 ff.).

Der Heilige aber fährt, anspielend auf die Gunst, in welcher die Guelfen, die Ungunst, in welcher die Ghibellinen bei dem Papste ständen, fort:

„Nicht war es je mein Wille daß zur Rechten
Von meinem Stuhl nur ein'ge Christen knieen,
Die andern links die Stelle finden möchten;

Nicht daß die Schlüssel, welche mir verliehen,
Zum Zeichen auf den Kriegesfahnen werden,
Die in den Kampf mit andern Christen ziehen;

Nicht daß mein Bild je unter meinen Heerden
Zum Siegel werd' verkaufter Privilegien,
Ob derer ich erröth' beim Blick zur Erden!" (Par. XXVII, 46 ff.).

Man kann sich denken, welchen Sturm diese und ähnliche Stellen der Divina Commedia, aus welchen die Unzuträglichkeiten einer weltlichen Herrschaft des Papstes allerdings klar genug hervorgehen, gegenwärtig in Italien erregen mögen. Wir aber müssen uns auch hier wieder hüten, in den vernommenen Worten mehr als eine Klage über jene weltliche Herrschaft finden zu wollen, und etwa in Jenen, die ihre Stelle nicht links vom heiligen Stuhl angewiesen erhalten sollten, die Nichtkatholiken, soweit es solcher damals gab, angedeutet zu sehen. Dante hielt sich, mit vielleicht einziger Ausnahme des Lehrsatzes von der Verdammniß der tugendhaften Heiden, streng an die Dogmen seines kirchlichen Bekenntnisses, und verweist z. B. den Fra Dolcino, einen Sektirer, welcher den Wandel der ersten Christengemeinden wieder einführen wollte, tief in die Hölle (H. XXVII, 55 ff.); ebenso wegen seiner ketzerischen Ansichten den anderweitig von ihm in der Divina Commedia selbst wie in seinen sonstigen Schriften ungemein hoch gehaltenen und der damaligen Zeit zum Muster aufgestellten [52] Kaiser Friedrich II. (H. X, 119); ja er macht ausdrücklich darauf aufmerksam, daß in der Hölle viel mehr Ketzer jeder Art seien, als man vielleicht glauben würde (H. X, 127 ff.).

Nachdem Petrus geendigt, erhebt er sich mit den zwei andern Aposteln und den übrigen um ihn her gesammelten Seligen in den höhern Himmel, was Dante zu dem eigenthümlichen Bild veranlaßt, dieses Aufsteigen sei gewesen, als ob ein Gestöber von Feuerflocken nach aufwärts schneien würde:

> Wie sich mit Flocken Dunstes, der geronnen,
> Die Luft füllt, wann des Steinbocks Hörner rücken
> Im Himmelsraume an das Bild der Sonnen,
>
> Sah ich jetzt aufwärts sich den Aether schmücken,
> Und aufwärts schneien die siegfrohen Flammen,
> Die eben noch geweilt vor unsern Blicken (Par. XXVII, 67 ff.).

Durch einen Blick auf Beatricen wird der Dichter sofort ebenfalls „vom schönen Nest der Leda", d. h. aus dem Gestirn der Zwillinge, des Kastor und Pollux, in den höhern Krystallhimmel emporgehoben, der kein anderes Wo, als die Seele Gottes hat, und überall so gleich gestaltet ist, daß der in ihn Aufgehobene nicht zu sagen vermag, an welche Stelle desselben er gebracht worden. Hier wiederholt die Führerin die Verheißung, die Dante schon aus andrem Mund vernommen (S. 93), die göttliche Weltordnung werde dereinst noch einen so gewaltigen Ruf erheben, daß das erwartete Heil (nämlich die Bezwingung der kirchlichen Habsucht, überhaupt der weltlichen Herrschaft des Papstes) auf Erden erscheinen und diese wieder ihrem göttlichen Ziel zuführen werde. Geschehen würde Dies noch ehe der Januar ganz entwintert sei, d. h. noch eh' durch den Fehler, welcher in dem damals angenommenen julianischen Kalender herrschte, der Januar sich ganz in den Frühling hinübergeschoben, ein Zeitpunkt, der, wenn jener Kalender beibehalten worden, erst nach Jahrtausenden eingetreten wäre. Der Dichter rückt also den Eintritt jenes Heiles jedenfalls in eine ganz unbestimmte Zukunft hinaus, woran sich, wie Philalethes bemerkt*, fühlen läßt, daß diese Stelle in dessen letzten Lebensjahren geschrieben wurde, wo er zwar seine Hoffnungen noch immer nicht aufgeben will, aber doch über die frühern Erwartungen einer baldigen Verwirklichung derselben enttäuscht ist.

Sofort sieht der Himmelswanderer in Beatricens Auge einen neuen Glanz, wendet sich und nimmt in der Höhe einen hellen Punkt auf so beschränktem Raum wahr, daß der kleinste Stern neben ihm wie ein Mond erscheinen würde, aber von so scharfem Lichte, daß der Blick sich abwenden muß. Um denselben drehen sich neun Lichtkreise, und Dante wird belehrt, dieser, dem Raum gleichsam gar nicht mehr angehörige Punkt, von welchem Himmel und Natur abhingen, sei die vollkommene Einheit, nämlich Gott. Nach längerem Gespräch über die Urschöpfung kommt Beatrice abermals auf die Verderbniß der Menschheit, auf die Fabeln, die unter ihr im Schwang gehen, und besonders auf den Ablaß zu reden, der auf keinem Zeugniß der Schrift beruhe und gar kein göttliches Gepräge an sich trage, wendet aber dann den Geist des Dichters wieder auf die rechte Straße, nämlich die himmlischen Dinge zurück, indem sie auf die unendlich große Menge der Lichtnaturen, durch welche die Zahl der Menschen weit überboten werde, aufmerksam macht. Jetzt aber ist die Schönheit der Führerin so groß geworden, daß Dante auf deren Schilderung verzichtet, mit der Bemerkung, Gott allein vermöge die ganze Wonne derselben zu genießen. Sie aber sagt ihm, er sei nun im höchsten Himmel, dem Empyreum, angelangt, und werde hier beide Heere des Paradieses, das der Engel und das der heiligen Menschenseelen, schauen. Auf Dies sieht er den göttlichen Lichtstrom zwischen Blumenufern; Funken sprühen aus demselben empor und senken sich in die Blüthen, tauchen aber, wie von Düften berauscht, wieder in den Strom, während andre sich aus demselben erheben. Dieses Schauspiel zu verstehen, sagt Beatrice, müsse Dante aus dem Strom trinken; denn der Strom ist das göttliche Leben, das keiner versteht, der nicht darin ist**. Der Dichter neigt sich der Lichtfluth zu, und kaum hat seine Wimper dieselbe berührt, so sieht er sie zu einem hellen Kreis gerundet (tonda), dessen Umfang der Sonne selbst ein zu breiter Gürtel sein würde. Um diesen Kreis her wandeln sich die Funken in neun Engelkreise, und unter denselben die Blumen in die Seelen der heiligen Menschen, füllend unzählige runde Sitzreihen, die einander, je höher je weiter, umfangen, wie die Blätter einer Rose nach außen zu größer werden. In den Kelch dieser weißen Himmelsrose, welche Gottes Lob duftet, führt Beatrice den Dichter ein, und als sein Blick auf einem leeren, von einer Krone geschmückten Sitz haftet, sagt sie ihm, auf demselben werde, eh' er, Dante, selbst noch an diesem Hochzeitmahl theilnehme, sitzen

* Zu Parad. XXVII, 143.

** Kopisch a. a. O. S. 399. Anm.

Der hohe Heinrich, zum August geweiht
Und zu Italiens Heilung hergesendet,
Eh' dies ihn zu empfangen ist bereit.

Die irre Habsucht, die euch so verblendet,
Schuf euch dem Kinde gleich, das im Verschmachten
Die Amme wegstößt, die ihm Labung spendet (Par. XXX, 133 ff.).

So wird denn hier einem deutschen Fürsten eine Glorie zuerkannt, hinter welcher alle andern Herrscher, die wir im Paradies finden, weit zurückbleiben. Dante sieht die Blätter der Rose von dem Heer der Menschenseelen erfüllt; zwischen ihr und Gott aber flattern die Engel, die, gleich einem Bienenschwarm, sich in dieselbe senken und Friede und Inbrunst in die dort sitzenden Seelen bringen. Ihr Schwärmen hindert weder den Lichtglanz, noch das Schauen, denn im himmlischen Reich hemmt kein Wesen das andere. Der Dichter will sich mit neuen Fragen an Beatrice wenden, sieht aber plötzlich an ihrer Statt den heiligen Bernhard neben sich, der ihm seine Führerin auf dem Sitze zeigt, den sie selbst in jener Rose einnimmt, wo sie, die ewigen Stralen Gottes widerstralend, dem eig'nen Haupte eine Krone bildet. Da betet Jener zu ihr:

„Du hast vom Sklaven mich gemacht zum Freien
Auf all' den Wegen und auf all' die Weisen,
In welchen Kraft, den Menschen zu erneuen.

„Woll' deine Herrlichkeit in mir erweisen,
Laß meine Seele, welche du geheilt,
Sich fortan aus des Leibes Schlingen reißen" (Par. XXXI, 85 ff.).

Bernhardus fordert ihn auf, in den Blätterkreisen der himmlischen Blume nun aufwärts bis zum höchsten zu schauen, wo die Himmelskönigin, die Jungfrau Maria selbst, sitze. Dante, der Aufforderung folgend, vergleicht das Licht, das er von Jener ausgehen sieht, sehr sinnig mit der mild anwachsenden und bald Alles überstralenden Dämmerung, welche gegen Morgen am Himmel hervorbricht:

Ich hob das Aug', und wie zur Morgenzeit
Der Ort, dran sich des Ostens Rosen schmiegen,
Hell überstralt des Westens bleich Geschmeid,

So, als mein Blick zur Höhe aufgestiegen
Sah ich am Gipfel sich ein Licht entzünden
Und all' die andern Lichter rasch besiegen.

Und wie da, wo das Auge hofft zu finden
Den Sonnenwagen, hell wird eine Stelle,
Um welche her die Sterne ringsum schwinden,

So ward des Friedens Oriflamme helle [58]
Mitten im Kelch, derweil den äußern Ringen
In gleichem Maß entschwand die Flammenquelle.

Und mitten sah ich, wie mit off'nen Schwingen
Sich tausendfach ein Engelschwarm durchschlang.
Sah andre Gluth und Farb' aus Jedem dringen,

Sah ihren Spielen, ihrem süßen Sang
Dort lauschen solche Schönheit, daß drob Wonne
Aus all' den andern heil'gen Augen drang (Par. XXXI, 118 ff.).

Da wendet sich Bernhardus zu Maria, d. h. eben zu jener auf den Gesang der Engel lauschenden Schönheit, die, demüthiger und erhabener als alles sonst Geschaffene, den Schöpfer rein in sich aufgenommen und so in ihrem Sohn den Gott und den Menschen zugleich geboren hat. Der Heilige betet, sie möge den Dichter, der vom untersten Pfuhle des Weltalls bis hier herauf alles Leben der Geister geschaut habe, nun mit solcher Gnade stärken, daß er zur Anschauung des höchsten Heiles gelange, denn sie, das empfangende, sich unterwerfende und doch zugleich zum Höchsten strebende Princip, „das ewig Weibliche, das uns" (nach Göthe's Ausdruck) „hinanzieht", ist die geeignetste Vermittlerin zur Schau der Gottheit. Beatrice und alle Heiligen fallen zu diesem Gebet die Hände, die Himmelskönigin aber blickt Danten voraus in das heilige Licht, wie früher (S. 79) Beatrice in die Sonne, und wie damals, so vermag nun auch jetzt sein eig'nes Auge ungeblendet den führenden Augen nachzublicken. Was er gesehen, ist aber so groß, daß Worte es nicht auszusprechen, das Gedächtniß es nicht zu bewahren vermag:

Wie oft in uns von eines Traumbilds Zügen
Der Eindruck nur bleibt nach dem Traum erschlossen,
Doch alle Einzeltheile schnell verfliegen,

Also in mir ist dies Gesicht zerflossen,
Und träufelt dennoch in des Herzens Stille
Den Balsam, den es über mich ergossen.

So vor dem Lenz zerfließt des Schnees Hülle,
So in dem leichten Laub, verhaucht von Winden,
Verlor sich das Orakel der Sibylle.

O Licht, von Menschen nimmer zu ergründen,
Gib etwas nur in meines Geistes Rechte
Zurück von Dem, was er sich sah entschwinden,

Und leih du meiner Zungen deine Mächte:
Ein Funke mind'stens deiner Herrlichkeiten
Komm durch sie zu dem künftigen Geschlechte!

Denn willst du hin ob meiner Seele gleiten,
Und in dies Lied leis flüstern deine Klänge,
So wird dein Sieg weit durch die Menschheit schreiten.

Ich glaube jenes Stralenwurfes Strenge
Die ich erduldet, hätt' mein Aug' geblendet,
Sobald ich litt, daß er hinweg es dränge;

Doch ich entsinn' mich, daß ich es gewendet
Nur kühner auf ihn, so daß es gesogen
Die ungeborne Kraft, die nimmer endet.

O Meer der Gnade, daß ich mich verwogen,
Das ew'ge Licht so festen Blicks zu küssen,
Daß mir das ird'sche Sehen drin zerflogen!

Ich sah in jenes Abgrunds Sonnengüssen
In einen Bund verbunden von der Liebe,
Was durch das ganze Weltall liegt zerrissen (Par. XXXIII, 55 ff.).

Alle Unvollkommenheit der Welt sah er, wie er fortfährt, in Gott als vollkommen, das Wesentliche und das Zufällige in Eins verschlungen. Habe man einmal in jenes ewige Licht geblickt, so sei es unmöglich, das Auge einem andern Schauen zuzuwenden, weil jenes in sich Alles vereine.

In jenes Lichtes Grund, dem tiefen, klaren,
Sah ich drei Kreise sonnenhell gezogen,
Die, ungleich farbig, gleich an Umfang waren.

Der zweite schien, wie aus dem Regenbogen
Ein Rückwurf stralt, des ersten Bild; doch Feuer
Der dritte, das von Beiden ausgeflogen.

O wie trägt was ich sage einen Schleier
Genüber Dem, was ich sah ohne Hülle:
Das Kleinste gäb' des Größten Eindruck treuer!

O ewig Licht, allein in deiner Fülle,
Nur du erkennst dich, und von dir erkannt
Glänzst du dich lächelnd an in sel'ger Stille!

Als auf den Kreis, der in dir ausgespannt
Gleich einer Iris rückgeworfnem Lichte,
Mein Blick sich eine Weile hingewandt,

Sah, gleichgefärbt mit seiner Stralenschichte,
Jetzt unser Menschenantlitz ich darinnen,
Daß tief versenkt ich blieb in mein Gesichte.

Wie oft der Geometer steht im Sinnen
Vor einem Kreis, nicht wissend zu ergründen,
Von wo des Messens Urpunkt zu gewinnen,

So stand ich lange vor den Lichtgewinden,
Erwägend wie in diesem Stralenringe
Das ausgestralte Bild sich könne finden.

Doch wär' erlahmet meines Geistes Schwinge,
Hätt' nicht durchschüttert mich ein Blitz der Gnade,
Daß meines Strebens Lösung mir gelinge.

Die Phantasie verlor hier ihre Pfade,
Doch Wunsch und Wollen lenkte mir von ferne,
Gleich einem stetig fortbewegten Rade,
Die Liebe, so die Sonne rollt und Sterne (Ebend. 115 ff.).

So schließt mit dem Wort Sterne, womit Hölle und Fegefeuer geendigt, auch das Paradies, und es bleiben nur noch wenige Bemerkungen über diese dritte Abtheilung des großen Gedichtes beizufügen. Daß der zweite Kreis, der wie ein Regenbogen aus dem andern, aus dem ersten Kreis zurückstralt, Christum, der dritte, „voll Feuer, das von Beiden ausgeflogen", den heiligen Geist bezeichne, spricht sich von selbst aus. Wie zart und sinnig ist aber hier das Verhältniß des Sohns zum Vater ausgedrückt! Wenn Gott sich selbst in seinem Licht, nachdem das Gewitter vorüber, anschaut, so stralt sein Sohn, sein tiefster Inhalt, als zweites Friedensbild aus dem ersten zurück, und verklärt, krönt gleichsam dieses erste. Daß zugleich hier nicht minder zart auf das ursprüngliche Verhältniß jedes Menschen zu Gott, des Menschen, den Gott „ihm zum Bilde geschaffen", angespielt zu werden scheine, wird bei der allegorischen Deutung des Gedichtes des Weitern zur Sprache kommen. Einstweilen sei nur bemerkt, daß wenn es sich hier blos um Christus handelte, man nicht recht einsähe, warum der Dichter so sehr in Staunen darüber gerathen soll, als ihm unser Menschenantlitz (nostra effigie) aus dem Innern der Gottheit entgegenleuchtet; denn daß diese in Christo Menschengestalt angenommen, weiß er ja, und verwundert sich z. B. in der Vita nuova (Kap. 33) durchaus nicht darüber, daß in Rom beim Jubelfest „das gebenedeite Bild" zu sehen war,

„welches Jesus Christus uns hinterlassen hat als ein Conterfei seines allerschönsten Antlitzes".

Noch aber ist am Schluß des Paradieses auf die Rangordnung der verschiedenen, in demselben angenommenen Himmelsregionen und der Seelen, die wir in denselben getroffen, hinzuweisen. In dem Monde, dem langsamsten aller Himmelskörper (Par. III, 51), einem Bilde der Mangelhaftigkeit in den meisten seiner Phasen, treffen wir Diejenigen, die sich durch Gewalt abhalten ließen, ein dem Himmel gethanes Gelübde zu erfüllen (ebend. 56) und welche daher der mindest vollkommenen Seligkeit genießen, obwohl sie selbst, wie wir gesehen, diesen Mangel nicht empfinden. In dem kleinen nur selten sichtbaren Mercur, weil er in der Regel von dem Glanz der Sonne überstralt wird, haben nach höchst sinnreicher Annahme Diejenigen ihren Aufenthalt, welche bei dem Guten, das sie im Leben gethan, zu sehr die eigene Ehre und den Nachruhm im Auge gehabt; es sei daher, wie der von Dante so hoch gestellte, nichts desto weniger aber von ihm in seiner Eitelkeit gar wohl durchschaute Justinian dort bemerkt, billig, „daß dieses Abirrens wegen die Stralen der wahren göttlichen Liebe sie minder hell treffen; allein in dem Bewußtsein, daß Dies gerecht sei, liege selbst schon Seligkeit; so empfänden denn auch sie keinen Mangel" (Par. VI, 116 ff.). Auf der Venus, dem lieb'erregenden Stern, erscheinen die Seelen, die Anfangs zu sehr der irdischen Liebe zugeneigt gewesen, zuletzt aber sich der himmlischen zugewendet haben und dadurch jenen Planeten und seinen Himmel zu einem Bilde der göttlichen Liebe machen, wie denn daselbst Folco von Marseille schön zu Dante sagt: „und dieser Himmel erhielt durch mich Gepräg, wie einst durch ihn ich" (Par. IX, 95).

Bis hieher ist eine deutliche Stufenfolge in der Ordnung der Seelen wahrzunehmen, nun aber folgt, nach dem ptolemäischen System, in der Reihe der Planeten die Sonne, die der Dichter natürlich als den vollkommensten unter den von den obersten Himmeln noch unterschiedenen Himmelskörpern zu betrachten hat und welche er zugleich, wie wir gehört, als das Sinnbild der wahren Erkenntniß ansieht; er muß also gleich hieher die Seelen setzen, welche sich in der erhabensten Aufgabe des Menschengeistes, in der Gotteskunde, hervorgethan, und in Bezug auf die in die nachfolgenden Wandelsterne Versetzten kann daher fortan zwar noch von einer Classificirung die Rede sein, die durch die Eigenschaften des jedesmaligen Sternes angedeutet wird, nicht aber von einer einen Stufenweg verfolgenden Rangordnung. Im Mars, dem zum Kampf anregenden Planeten, erscheinen demgemäß die Krieger, die für den christlichen Glauben gefallen sind; im Jupiter, dem Symbol der Gerechtigkeit, die gerechten Fürsten, und endlich im Saturn, dem Sinnbilde der goldenen Zeit, „wo noch alle Bosheit todt gewesen" (Par. XXI, 27), die Beschaulichen. Erst von hier aus, in dem Fixsternhimmel, dem Krystallhimmel und endlich dem Empyreum tritt dann wieder das Rangverhältniß einigermaßen hervor, indem in dem erstern Maria, die Apostel und Adam, in dem zweiten die Engel, in dem dritten die Gesammtheit der Seligen und der Engel sich kundgeben, wie sie Gott im Licht und in der Wahrheit anschauen. Denn die Seelen sind, wie wir gesehen, nicht an diejenigen Orte gebunden, an welchen sie in dem Gedichte vorkommen, sondern wohnen eigentlich im höchsten Himmel, und erscheinen nur sinnbildlich, nur um die Grade ihrer Seligkeit anschaulich zu machen, außerhalb desselben.

Fünfte Vorlesung.

Komödie hatte Dante sein Werk nach einem falsch aufgefaßten Begriff der alten Komödie genannt; den Beisatz göttlich fügte erst die Bewunderung seines Volkes hinzu. „Die Komödie," schreibt er kurz vor seinem Tod an Can grande della Scala, Fürsten von Verona, dem er das Paradies zueignet, „ist eine Art poetischer Erzählung, die sich von allen andern unterscheidet" *. Sie fange, fährt er fort, mit etwas Rauhem an, der Stoff aber ende glücklich; der Ausdruck, der in der Tragödie erhaben, sei in der Komödie niedrig und nachlässig, d. h. sich frei an die Wirklichkeit haltend, woraus erhelle, daß das vorliegende Werk Komödie genannt werden müsse, denn was den Stoff betreffe, sei es Anfangs grauenvoll, nämlich die Hölle, am Ende jedoch glücklich und wünschenswerth, nämlich das Paradies; sehe man aber auf den Ausdruck, so sei dieser nachlässig und niedrig, nämlich die allgemeine Sprache, in welcher sich auch die Frauen einander mittheilen. — In solch kindlicher Naivetät ringt sein gewaltiger Genius mit den maßgebenden Theorien seiner Zeit, denen gemäß er in der Divina Commedia die Aeneide Virgils, als im höhern Styl geschrieben, in offenbarem Gegensatze zu seinem eigenen Werk, Tragödie nennt (Hölle XX, 113). Wohl hatten Viele, z. B. der mehrerwähnte Johannes de Virgilio, auch ihm edlern Stoff und erhabenere Sprache, Letzterer namentlich die lateinische, anempfohlen; aber Dante wußte was er that, wenn er derlei Mahnungen abwies. Er fühlte, daß die Sprache der Natur, der Wirklichkeit, wenn er sie auch, der Doctrin jener Tage sich anbequemend, nachlässig und niedrig nennt, die wahre Sprache der Dichter sei, und daß was die Frauen nicht auszusprechen vermögen, auch im Munde der Musen keinen guten Klang habe. Nur die Natur kann zur Darstellung der Uebernatur gelangen, welche Dante's mächtiger Geist anstrebte; nur das Vermögen, tief und lebendig in das Sinnliche einzudringen, kann das Uebersinnliche ergreifend fassen [51], denn dieses

* Dante's prosaische Schriften, übers. v. Kannegießer, II, S. 215 f.

ist nur der Spiegel von Jenem, oder umgekehrt; während auf der andern Seite jene ekle Wahl des Ausdrucks sich zur lebendigen Schilderung des Menschlichen eben so unfähig erweist, als zur Schilderung des Uebermenschlichen. Hat doch eben der Mangel an Unmittelbarkeit der Auffassung die Poesie in Italien so häufig mehr zu einem Luxusgewande der Seele, als zur reinen Widerspiegelung derselben gemacht, und ist, wenn nicht die einzige, doch eine der hauptsächlichsten Ursachen, welche der Nation z. B. das eigentliche Vermögen zur Tragödie entzogen haben, während der Schatten dieser Dichtart schon mit erhobenem Haupte durch die Divina Commedia hinwandelt und nur auf den letzten, nahen Lebenshauch zu warten scheint, der ihn mit Fleisch und Blut überkleide. Gut für Dante, hätte er die Sprache, in welcher die Frauen sich einander mittheilen, auch in Bezug auf das in seinem Gedicht hervortretende scholastische Element festgehalten, das in ein poetisches umzugießen selbst einer Schöpferkraft wie die seinige keineswegs überall gelungen ist! Mit vollem Recht hielt er für diese Sprache, für die Sprache der Natur, gewisse Ausdrücke erlaubt, die er von dem höhern, tragischen Styl ausschließen zu müssen glaubt, wie er z. B. in der Abhandlung über die Volkssprache (II, 7) sagt, in der höhern Schreibart dürften rauhe Wörter, wie z. B. corpo, gar nicht gebraucht werden, seinerseits aber keinen Anstand nimmt, in Hölle V, 142 dieses durch den Zusammenstoß von r und p etwas harte Wort neben ein anderes zu setzen, worin das r wenn nicht mit einem p doch mit einem andern Consonanten zusammentrifft:

E caddi come corpo morto cade.

Er mag in Dem, was er sich für den „niedrigen" Styl aus den angedeuteten Gründen für gestattet hielt, hie und da nicht ganz glücklich gewesen sein, wie z. B. das Gleichniß in Parad. XXXII, 139 ff.

Doch weil die Zeit des Traumgesichts vergeht,
Laß hier uns, wie ein guter Schneider, enden,
Der, wie das Zeug er hat, so das Gewand näht,

Und woll' den Blick zur ew'gen Liebe wenden,
So daß im Schauen du zu ihr hinandringst,
So weit dein Aug' nicht ihre Blitze blenden —

in solchem Zusammenhang unedel wird. Aber nimmer konnte er sich so täuschen, daß während er in jener Abhandlung über die Volkssprache „kindische Wörter wie Mamma und Babbo" von der höhern Schreibart ausschließt, er das kindische Wortspiel mit B und ice, auf das wir später zu sprechen kommen werden, in der Divina Commedia für zulässig gehalten hätte, wenn es wirklich ein solches Wortspiel und nicht etwas Anderes wäre! —

Der Sinn seines Werkes aber, läßt er sich des Weitern in jener Widmung an Can grande heraus, sei nicht ein einfacher, sondern ein vielfacher. Der erste sei der wörtliche, der zweite der allegorische, welchem wiederum ein moralischer und ein anagogischer als Weiterungen beigefügt werden könnten. Zu besserm Verständniß möge man folgende Stelle des 114. Psalms betrachten: „Als Israel zog aus Egyptenland, des Haus Jakobs aus dem fremden Volk, da ward Judäa sein Heiligthum, Israel seine Herrschaft.“ Dem bloßen Wortsinne nach werde hier der Auszug der Kinder Israels aus Egypten bezeichnet, dem allegorischen Sinne nach unsre Erlösung durch Christus, dem moralischen Sinne nach die Umkehr der Seele von der Klage und dem Elend der Sünde zum Stand der Gnade, dem anagogischen Sinne nach der Ausgang der Seele aus der Knechtschaft dieses Verderbnisses zur Freiheit der ewigen Glorie [55]. So sei denn, fährt er fort, klar, daß auch der Gegenstand, auf welchen sich die beiden verschiedenen Bedeutungen bezögen, ein gedoppelter sein müsse, und man habe daher in Bezug auf den Gegenstand seines Werkes darauf zu achten, ob dasselbe in buchstäblicher oder in allegorischer Bedeutung aufgefaßt werde. Im ersten Fall sei der Gegenstand desselben der Zustand der Seelen nach dem Tode; werde es aber nach oben Gesagtem aufgefaßt, so ergebe sich, daß nach dem allegorischen Sinn der Dichter von jener Hölle handle, durch die wir als Wanderer ziehend verdienstlich oder verschuldend wirken. Im allegorischen Sinn aber (vielleicht Schreibfehler statt anagogischen oder moralischen?) erscheine als Gegenstand des Werkes der Mensch, je nachdem er verdienend oder verschuldend durch die Freiheit des eigenen Willens lohnender oder strafender Gerechtigkeit unterworfen [56]. Die Absicht des Werkes im Ganzen und Einzelnen aber, bemerkt er etwas weiter hinten *, sei die Lebenden schon in diesem Leben aus dem Zustande des Elendes heraus zu führen und zur Seligkeit zu geleiten. Diese Vielsinnigkeit, die nicht blos in dem Gedicht im Allgemeinen, sondern auch in der Bedeutung der einzelnen Hauptfiguren hervortritt, in Beatrice, Virgil, Mathilde und vor Allem in Dem, was der Dichter durch seine eigene Person ausdrücken will, gehört also nicht jener ärmeren Allegorie des Verstandes an, vermöge deren die unmittelbare Erscheinung einer Sache oder Person an sich gar nichts, sondern nur Hülle eines hinter ihr stehenden Gedankens ist; vielmehr kommt der ersten Erscheinung hier, wenigstens in der Regel, das Recht der Wirklichkeit eben so sehr zu, als allen Steigerungen ihrer ursprünglichen Bedeutung, wie denn jede wahrhafte Idee, ja man könnte sagen Alles, was wahrhaft lebt, ein unendliches Verständniß hat, und in jedem Erzeugniß der Natur wie in jedem echten Kunstwerk immerfort neue Beziehungen entdeckt werden können. Was der Geist erschaffen hat,

* Dante's prosaische Schr. übers. v. Kannegießer, II, S. 217.

das spricht in unerschöpflichen Worten zum Geiste. Doch wohnt allerdings die zweite und, wo eine solche vorhanden, die dritte Bedeutung auch bei Dante nicht immer so unmittelbar der ersten in, daß man durch diese selbst gleich auch jene hätte: vielmehr ruhen, wie zunächst hinsichtlich Beatricens geistreich bemerkt worden, „die beiden Gestalten in einander, gehen aber nicht in einander auf. Es gehört nicht viel Phantasie und gar keine Willkür dazu, beide sich getrennt und doch vereinigt zu denken. Das Symbol ist die feinere Linie, die ein und derselbe Künstler erkennbar in die feine gezeichnet hat" *.

Was ist nun, fragen wir, eben bei Beatricen als derjenigen Figur stehen bleibend, durch deren allseitige Ergründung uns zugleich der Sinn klar wird, welchen Dante's eigene Person für sein Werk hat, — was ist nun die allegorische Bedeutung, welche der Dichter der Geliebten seiner Jugend unterlegt? — Sie stelle die reine, von Irrthümern freie Lehre von Gott, die Theologie im eminenten Sinn, im Gegensatze zu der von Dante als unzureichend erkannten Philosophie dar, hat man lange in Italien und Deutschland gesagt, und sagt es zum Theil noch jetzt. In gewisser Hinsicht ist diese Auslegung richtig, denn allerdings belehrt Beatrice ihren Freund über die göttlichen Dinge; allerdings erscheint sie ihm beim ersten Wiederzusammentreffen, nachdem er sie auf Erden verloren, im Wagen der Kirche, wie deren belebende Seele sitzend: aber wie paßt der abstracte Begriff der Gotteslehre zu der Person von Beatrice Portinari, welche Tausende und aber Tausende in leiblicher Gestalt durch Florenz wandeln sahen, und mit welcher der Dichter selbst nie ein Wort gewechselt, so daß er, aller Wahrscheinlichkeit nach, gar nicht wußte, ob sie, so hold, so seelenvoll, so durchhaucht von zarter Demuth sie auch, seiner Versicherung nach, allen Menschen erschien, vermöge ihres Geistes irgend geeignet war, Organ der hohen Aussprüche über Gottes Wesen zu sein, die er in ihren Mund legt? Wie kann die Theologie zu Dante sagen, sie habe ihn eine Zeit lang, „ihm zeigend ihre jugendlichen Augen", auf Erden den rechten Weg geführt? — welche Worte wir doch von Beatricen, als sie sich in jenem Wagen der Kirche emporrichtet, vernommen haben. Wie kann die Gotteslehre den Ausdruck gebrauchen:

> Nie hat Natur, nie Kunst dich je entzückt,
> Wie dieser schöne Leib, der mich umschlossen,
> Auf dessen Staub jetzt längst die Erde drückt?

Wo wäre hier die feinere Linie der Allegorie, die des Künstlers Hand in die feine des Lebens gezogen? Sollte sich nicht, wenn wir neben der Divina Commedia noch die übrigen Werke Dante's zu Hülfe nehmen, aus denselben für den allegorischen Sinn der verklärten Geliebten die allmälige

* Wegele a. a. O. S. 394.

Entwickelung einer Idee nachweisen lassen, durch welche wir der Theologie, die nur vermöge eines aller Schöpfungskraft entbehrenden Gewaltschritts des allegorisirenden Verstandes sich mit der von der Erde geschiedenen jungen Florentinerin verschmelzen läßt, los würden, und uns zugleich für diese Letztere eine dehnbarere, geschmeidigere, dem innern Reichthum eines Dichterbildes entsprechendere Bedeutung aufginge, als die in feste Grenzen eingeschlossene Gotteslehre? Beatrice wird schon in mehrern Gedichten der Vita nuova, und zwar in solchen, die allem Anschein nach Ergüsse des unmittelbaren ersten Gefühles, nicht Ergebniß einer spätern Ueberarbeitung sind, als Diejenige bezeichnet, welche durch die Reinheit und Hoheit ihrer Seele in allen Andern die Empfindung des bessern Selbstes plötzlich hervorrufe. So z. B. in dem im sechzehnten Kapitel enthaltenen Sonett:

In ihrem Aug' trägt sie der Liebe Leben,
Drum wird geadelt Alles was sie sieht;
Nach ihr blickt Jeder, wo des Wegs sie zieht,
Und wen sie grüßt, deß Herz muß drob erbeben.

Daß er die bleiche Stirn nicht wagt zu heben,
Von seiner Mängel Kunde schnell durchglüht,
Und jeder Uebermuth und Zorn entflieht:
Helft mir, ihr Frau'n, der Ehre Preis ihr geben!

Jedweden süßen, milden Trieb sich regen
Fühlt schnell das Herz, wo ihre Töne wallten,
Und selig ist wer sie nur angeblickt;

Doch was sie sei, wann sie ein Lächeln schmückt,
Läßt sich nicht sagen, nicht im Geist behalten,
Solch neues Wunder ist's den ird'schen Wegen.

In einer ebenfalls wohl schon ziemlich früh entstandenen Ballate sagt er in Bezug auf den Eindruck, welchen die Geliebte auf ihn selbst hervorbringe:

Da ich nicht sättigen kann meine Augen
Zu schauen in Madonnas hold Gesicht,
Will ich drauf heften so der Augen Licht,
Daß ich durch ihren Anblick selig werde,
So wie der Engel durch die Lichtnatur
Hochstehend ob der Erdencreatur
Durch Gottes Anschau wird zum Seligen.

Im neunzehnten Kapitel der Vita nuova ist in einem Sonett, das allerdings vielleicht schon der Zeit angehört, wo das Büchlein einer Ueberarbeitung unterlag, von Beatricen und einer gewissen Johanna, der Geliebten Guido

Cavalcanti's, die wegen ihrer Lieblichkeit allgemein Frühling genannt wurde, die Rede, und Dante bemerkt in der Erklärung dieses Gedichtes in Bezug auf das Voranschreiten der Letztern vor der Erstern, worin er eine sinnbildliche Bedeutung findet: „Wenn ich daneben ihren ersten Namen betrachte, so will er eben so viel sagen, als dieser" (nämlich Frühling); „denn der Name Johanna kommt von jenem Johannes, der dem wahrhaften Lichte vorausging, wie er selbst sagt: Ego vox clamantis in deserto, parate viam domini" *. Hier wird Beatrice bereits mit Christus parallelisirt, doch bleibt unentschieden, ob der Dichter sie durch diese Hinweisung blos einfach als die Macht, die ihn zu Gott geführt, darstellen, oder ob er mit jener Parallele etwas Tieferes ausdrücken wolle. Endlich aber in der Divina Commedia, kurz nachdem die Gefeierte ihm gesagt, daß alle Seelen, die Seraphim, die sich am tiefsten in Gott senken, Moses, Johannes, Maria, wie Jeder und Jede, die in neuester Zeit gelebt, gleich alt, d. h. gleich von Ewigkeit her seien (Parad. IV, 28 ff. vgl. mit XXIX, 10 ff.), redet er die Auskunftgeberin mit unzweideutigen Worten als die Wiederspiegelung der Urseele an, die er sich, wie hievon später die Rede sein wird, in weiblicher Form denkt; als das Abbild jener Gespielin des Ewigen, die nach Salomo (Spr. 8) und Jesus Sirach (24) der Anfang seines Handelns und sein Ergötzen war, bevor er die Welt geschaffen:

> Du Göttliche, der Urlieb' zarte Braut,
> Du, deren Wort mich in des Busens Gründen
> Mit Lebensfluthen wärmer stets durchlaut,
>
> Es ist so tief ja nimmer mein Empfinden,
> Daß es für Huld genügend Dank dir böte,
> Doch den wirst du beim höchsten Danker finden (Par. IV, 18 ff.).

Die verklärte Beatrice, durch den Tod völlig in jenen anfänglichen Zustand der Seele zurückgekehrt, wo dieselbe die Vertraute und die Wonne des Ewigen ist, wird die Rückruferin des Urbewußtseins, die Wiederherstellerin der Urschöpfung auch in ihrem Freunde, soweit diese Schöpfung in ihm, der noch mit dem rauhen Stoff der Sterblichkeit verwachsen, lebendig zu werden vermag. Schon die auf Erden Geliebte war wenigstens ihrer Gestalt, ihrem holdseligen Benehmen, allen äußern Zeichen nach, durch welche der göttliche Lebensfunken sich zu erkennen gibt, das vollendete Wiederbild jener vorweltlichen Erscheinung der Psyche gewesen und hatte dadurch, wie momentan in allen Menschen, mit welchen sie in Berührung kam, so vor Allen in Dante die schlummernde Urseele geweckt. In noch weit höherem Grad aber ist Dies geschehen, als er nach ihrem Tode, nachdem eine lange Reihe von Verirrungen überwunden, zum Bilde der

* Nach Försters Uebers.

Verklärten zurückgekehrt. Jetzt weiß er, daß die Menschenseele, ihrer ursprünglichen Würde nach, über alle Himmel emporragt; jetzt sieht er, wie jenes Sonett am Schluß der Vita nuova ausspricht, jenseits der Sterne eine von Licht stralende weibliche Gestalt, welcher Alles Ehre erweist, und seine über die eigne Kühnheit fast noch erschreckende Ahnung flüstert ihm zu, dieses Bild der Seele — (daß Dante die Psyche ihrem Wesen nach als weiblich auffasse, wird, wie gesagt, zur Sprache kommen) — sei Beatrice. Ist dieselbe aber auch durch den läuternden Tod in den Urstand der Seelen zurückgekehrt, ist sie auch göttlich und zur „Braut des Urliebenden“ (amanza del primo amante) geworden, immer bleibt sie ein individuelles Wesen, in welchem sich nur ein individuelles Gottesbewußtsein ausspricht, daher sie, um Danten zu belehren, zu prüfen, zum höchsten Ziel zu führen, mehrmals Andre statt ihrer eintreten lassen muß, wie z. B. jene Seele, die, wie wir erst in der Folge hören werden, auf Beatricens Wunsch dem Dichter Auskunft über den Leib gibt, welchen die Seligen dereinst auf's Neue gewinnen (Parad. XIV, 37 ff.); wie ferner die drei Apostel Petrus, Jakobus, Johannes (Parad. XXIV—XXVI), und wie vor Allem den heiligen Bernhard (Parad. XXXI—XXXII), von welchem in dieser Hinsicht später ausführlicher die Rede sein wird. Mit Einem Wort, sie ist eine durch Rückkehr auf den ursprünglichen Standpunkt erleuchtet gewordene Seele, nicht aber, obwohl sie Dante beim ersten Wiederfinden mit dem Kranz Minervens umschlungen sieht (Fegef. XXX, 68), jene vollendete Weisheit selbst, von welcher Salomo und Jesus Sirach eigentlich sprechen, wie diese Auffassung des Dichters schon daraus erhellt, daß der gewaltige Eindruck, den Beatrice im Leben auf ihn und alle Menschen gemacht, nicht von ihrer Geisteskraft, sondern von ihrer Seelenhaftigkeit ausging, daß er sie überhaupt nur in letzterer Eigenschaft kennen gelernt, und daß kurz vorher, eh' er jene an Salomo und den Siraciden erinnernde Anrede an die Verklärte richtet, vom ursprünglichen Adel aller Seelen die Rede gewesen. Eben durch diese ihr ausdrücklich gewahrte Individualität aber fällt Beatrice, durch deren irdische Erscheinung Gott in dem neunjährigen Knaben zuerst Leben gewann, und welche nun, wie er im Convito (II, 2) bemerkt: „im Himmel mit den Engeln lebt, und auf Erden mit meiner Seele“, oder, wie er an andrer Stelle ausruft:

> Von der entspringt All' was ich dicht' und denke,
> Denn meine Seele hat die Wesenheit
> Von ihrem schönen Selbste angenommen — —

sie, durch deren Anblicken er, wie wir gesehen, immer höher in den Himmel erhoben wird, während sie für ihn verschwindet, sobald sich sein Geist durch Irrthum oder falsches Streben für einen Augenblick verdunkelt (S. 96) — eben durch diese ihr ausdrücklich gewahrte Individualität, sag' ich, fällt dieselbe mit dem Bewußtsein, das Dante persönlich von Gott hat, beziehungsweise zu haben fähig ist, zusammen; oder mit andern Worten, sie deutet die Gottheit an, soweit sie in Dante's Selbste persönlich geworden und mit ihm, als einem Sonderwesen, spricht; sie ist, allegorisch genommen, sein höheres Ich, sein individueller Christus. So übernimmt sie, wie wir in der vierten Vorlesung gesehen, für ihn die Antwort auf die Frage des Apostels Jakobus, was die Hoffnung sei:

> Und jene Heil'ge, welche meiner Schwingen
> Gefieder zu so hohem Flug bereitet,
> Wollt' ihm statt meiner rasch die Antwort bringen:
>
> „Nicht einen Sohn der Kirche, die noch streitet,
> Gibt's, der erfüllet wär' von höherm Hoffen,
> Wie Dies die Sonne weiß, die all' uns leitet*.
>
> „Drum steht das Land Egypten für ihn offen,
> Daß nach Jerusalem er komm' und schaue,
> Bevor des Streitens End' ihn noch getroffen" (Parad. XXV, 49 ff.).

Des Dichters höheres, göttliches Bewußtsein wagt es hier an der Stelle des sterblichen Menschen auszusprechen, daß seine Hoffnung, von der die ewige Sonne selbst Kenntniß nehme, so weit gehe, als die Hoffnung irgend eines noch Lebenden, nämlich dahin, Gott selbst zu schauen und somit, wenigstens für Augenblicke, demselben gleich zu werden. Und so tritt Beatrice noch mehrmals sprechend oder blos zeigend und Weg führend für Dante da ein, wo etwas blos durch das göttliche Princip in uns gefaßt oder auch gefordert werden kann, der sterbliche Antheil in uns aber vor der Kühnheit solcher Forderung zurückbebt, z. B. in Bezug auf das die Sterne überstralende, ursprüngliche Licht der Seelen, von welchem weiter hinten die Rede sein wird. Wo sich der Himmelswanderer dagegen über irdische Beziehungen, seien sie auch noch so wichtig für ihn selbst, wie z. B. über seine bevorstehende Verbannung und über die Angelegenheiten von Florenz belehren läßt (Parad. XV, XVI), da entfernt sich die Begleiterin etwas von ihm und gibt ihm lächelnd einen Wink, sich nicht zu tief in dergleichen zur Erde ziehende Dinge einzulassen, wie die entfernt stehende Freundin der Königin Ginevra dieser beim ersten Fehl — jenem von ihr geduldeten Kuß Lanzelot's — einen warnenden Wink gegeben (Parad. XVI, 13—15). — Ebenso bestimmt aber, als in Beatricen das vergöttlichende, von dem gemeinen, irdischen verschiedene Bewußtsein hervorgehoben wird, werden auch wieder ihre Beschränkung und Besonderung bemerklich gemacht: nur für Dante kann sie Gott vertreten, nicht für Andere. So heißt es z. B. im Anfang

* Gott.

des XVIII. Gesangs des Paradieses, nachdem der Dichter durch die ihm von Cacciaguida vorausgesagte Verbannung etwas erschüttert worden:

> Die Herrin doch, die mich zu Gott gelenket,
> Sprach: „Muth! es sei auf Den von dir gebaut,
> Der Die entlastet, die ein Unrecht kränket."
>
> Ich wandt' mich bei dem liebevollen Laut,
> Doch nimmer spricht ein Wort aus, welche Liebe
> Ich in den heil'gen Augen da geschaut;
>
> Nicht nur weil fern der Wirklichkeit es bliebe,
> Nein, weil so hochher rückkehrt kein Erinnern,
> Wenn fremde Hülf' nicht hell macht unsre Trübe.
>
> Das Einz'ge was ich sag' von jenen Schimmern,
> Ist, daß als ich an ihrem Blick gehangen,
> Jed' andre Sehnsucht in mir lag in Trümmern.
>
> Indem die Himmel, die mir aufgegangen,
> Mir gnügten, wie von diesem Angesicht
> Als Rückstral sie des ew'gen Himmels drangen.
>
> Doch mich besiegend mit des Lächelns Licht
> Sprach sie: „Blick um und hör', das Paradies
> Ist ja allein in meinen Augen nicht" (Par. XVIII, 4 ff.).

Dazu kommt noch, daß während Dante auf allen niedrigern Stufen des Lichtreichs, mit Ausnahme des schwach leuchtenden Mondes, die Gestalt der Seligen nicht zu unterscheiden vermag, und dieser Genuß ihm erst im höchsten Himmel, wo vollkommene Seligkeit, gewährt wird (S. 99 ff.), er Beatricens Züge, so sehr sie auch an Licht zunehmen, immer ganz deutlich sieht, offenbar weil sie sein eigenes Bewußtsein darstellt, und er in Bezug auf sie mithin stets im Zustand vollkommener Seligkeit sich befindet. Zwar erschrickt er häufig über den Glanz ihres Antlitzes, und vermag denselben nicht zu ertragen, allein Dies drückt nur aus, daß der Mensch „erschrickt vor seiner eig'nen Macht", d. h. daß er beim Wahrnehmen des Gottes in seinem Selbst erbebt.

Schon am Schluß der Vita nuova bemerkt Dante, wie wir gesehen, er habe ein Gesicht gehabt, das ihm den Vorsatz eingegeben, nichts mehr von jener Gebenedeiten zu sagen, bis er es würdiger zu thun im Stand sein würde. „Dahin zu gelangen," setzt er bei, „beeifre ich mich so viel ich kann, wie sie Dies wahrhaftig weiß." Die gestorbene Beatrice weiß also von den geheimen Bestrebungen seines Innern; sie lebt in ihm, fällt mit seinem Bewußtsein von den höhern Dingen zusammen, weil seine Seele ganz zu ihrer Seele geworden.

8

Diese Stelle ward, wie bereits bemerkt, wahrscheinlich nur kurz vorher niedergeschrieben, eh' die erste Hand an die Divina Commedia gelegt wurde. Deutlicher auf die Entwickelung der, der verklärten Geliebten unterlegten Idee läßt er sich in letzterm Gedicht ein. Nachdem ihn im irdischen Paradies die, noch durch einen Schleier verhüllte, Beatrice vorwurfsvoll angeredet und er vor ihr seine eigne tiefe Verschuldung bekannt hat, somit in sein eignes Selbst bis auf den Grund gedrungen ist, fährt er also fort:

Im Schleier schien am grünen Stromesrand
Ihr früh'res Selbst sie mehr noch zu besiegen,
Als sie im Staub einst Andre überwand.

Drob fühlt' ich so der Reue Nesseln fliegen
An's Herz mir, daß was sonst noch je ihm werth,
Es fern und feindlich sah jetzt vor sich liegen.

So ging durch mich der Selbsterkennung Schwert,
Daß ich besiegt hinsank, und wie ich worden,
Weiß Jene, die es gegen mich gekehrt (Fegef. XXXI, 82).

Unter den Schmerzen dieser Selbsterkennung wird er von Mathilden in den Lethe getaucht und sofort von den vier natürlichen Tugenden, die sein irdisches Verhältniß zu Beatricen vermittelt hatten, derselben abermals entgegengeführt, jedoch mit der Bemerkung, für das Licht, das nunmehr in den Augen seiner Geliebten strale (Christus), würden ihm erst die drei tiefer sehenden himmlischen Tugenden, Glaube, Hoffnung, Liebe, den Blick schärfen:

Vor ihre* Augen folge uns von hinnen;
Doch für das holde Licht drin wirst du Sehkraft
Erst durch die Drei, die tiefern Blicks, gewinnen (Ebend. 109 ff.).

Diese drei erst jetzt, seit er sie am Himmel stralen sah (Fegef. VIII, 89) und seit er durch Untertauchen im Lethe die Erinnerung an die irdischen Bande abgestreift, klar in des Dichters Bewußtsein getretenen Tugenden wenden sich, wie wir gesehen, an die Verklärte:

„Wend', Beatrice, wend' die heil'gen Augen,"
War ihr Gesang, „zu deinem Treuen wieder,
Der weit gewallt ist, um ihr Licht zu saugen.

„Aus Gnade für uns laß die Schleier nieder
Von deiner Stirn, damit sich ihm enthülle
Die zweite Schönheit der einst ird'schen Glieder." — —

* Beatricens.

O Wiederglanz der ew'gen Lichtesfülle,
Wer ist so hoch auf den Parnaß gestiegen,
Wer trank so tief aus seines Bornes Stille,

Daß ihm des Geistes Kraft jetzt würd' genügen
Zum Bild von dir, wie du dich mir erschlossen,
Als sank die Hülle von den süßen Zügen,
Um die jetzt Himmelsharmonien flossen! (Fegef. XXXI, 133 ff.)[57].

Offenbar handelt es sich hier, wenn wir von der Allegorie absehen, um eine im Bewußtsein des Dichters selbst vorgegangene Entwickelung. Infolge der durch sein eigenes Herz gedrungenen Selbsterkennung* faßt er Beatricen als etwas über ihr irdisches Selbst noch weit hinaus Ragendes auf. In den Urstand der Seele zurückgekehrt ist sie von selbst mit dem christlichen Gottesbewußtsein, als dem allein richtigen, eins geworden; allein auch Danten ist nach langen Kämpfen und Irrungen dieses Bewußtsein aufgegangen, und die christlichen Tugenden können sich daher für ihn bei Jener verwenden; es findet Gegenseitigkeit zwischen den Zuständen der beiden Seelen statt. Eben aber weil er die Seele der Geliebten auf jener Höhe der Erleuchtung annimmt, auf welcher blos ein christliches Bewußtsein möglich, kann sie, ohne deßhalb die Theologie selbst vorzustellen, gar wohl im Wagen der Kirche, als Inbild von deren echtem Geiste sitzen, während sich durch die Buhlerin, die den Wagen nachher einnimmt, das jenen Geist damals verdunkelnde Papstthum kennzeichnet. Aus gleichen Gründen kann der zum Himmel heimkehrende Gottmensch die zu ihrer ursprünglichen Göttlichkeit auf's Neue erhobene Seele zur Wächterin des Kirchenwagens in Gesellschaft der natürlichen und himmlischen Tugenden auf Erden zurücklassen, und abermals aus gleichen Gründen kann sie, eine Verbesserung des äußern Kirchenregimentes voraus fühlend und sich selbst gleichsam an Christi Stelle setzend, mit dessen Worten ausrufen: „Ueber ein Kleines werdet ihr mich nicht sehen, und aber über ein Kleines werdet ihr mich sehen." — Weniger allerdings will es zu dieser Bedeutung der verklärten Beatrice passen, wenn sie den noch vor der Zeit des Kaisers Constantin in den Wagen der jungen Kirche eingeschlichenen Fuchs, d. h. den Arianismus, verjagt, weil sie hier zwar wohl als das mit ihr identische christliche Bewußtsein, aber fast tausend Jahre vor ihrer irdischen Geburt handelt. Die Allegorie, wie ich sie aufgefaßt, hinkt hier und kann nur durch Unterlegung des Sinnes gerettet werden, das Gottesbewußtsein der von Beatricen repräsentirten Urseele, welches in weiterem Sinne auch dasjenige von Danten selbst ist, seit er sich der christlichen Lehre mit neuem Eifer zugewendet hat, habe das arianische Ketzerthum ausgestoßen. Beatrice, die sonst nur zur ursprünglichen Dignität der Seele zurückgekehrt erscheint, verschmilzt hier für einen Augenblick mit der abstracten Vorstellung der Urseele selbst, wird aus

* Tanta riconoscenza il cuor mi morse.

einer Person zu einer Idee. Allein diese Stelle, die, wie ich nicht in Abrede stelle, mehr dafür zu sprechen scheint, daß in der Geliebten Dante's dem allegorischen Sinne nach die Theologie dargestellt sei, jedoch auch für die von mir aufgestellte Bedeutung der verklärten Freundin des Dichters noch eine mindestens erträgliche Interpretation zuläßt, dürfte beinahe die einzige sein, durch welche letzterer Bedeutung mit erheblichen Gründen entgegengetreten wird, während gewiß über ein Dutzend Stellen der Göttlichen Komödie sich in die Annahme, als stelle jene Geliebte die Theologie dar, schlechthin nicht fügen wollen. — Daß Beatricen die vier natürlichen Tugenden, schon ehe sie den Himmel verlassen habe, zu Dienerinnen während ihres Wandelns auf Erden bestimmt gewesen, konnte Dante füglich sagen, ohne daß man deßhalb nöthig hätte, Jene zu einem abstracten Wesen wie die Theologie, abzuschwächen, denn er nahm, wie wir schon gehört, ein vorirdisches Dasein der Seelen an, wie Dies, außer der vorhin angeführten Stelle aus Parad. IV, 28 ff., die ebenfalls bereits erwähnten Worte andeuten:

> Es geht aus Dem, der, eh' sie noch geworden,
> Sie angelächelt, wie ein tändelnd Kind . . . . . .
> Arglos hervor die Seele (Fegef. XVI, 85 ff.).

Noch unzweideutiger weist auf solche Präexistenz die dem Statius in den Mund gelegte Aeußerung hin, der Läuterungsberg erzittere jedesmal, wenn der Himmel etwas, „das aus ihm stamme", wieder in sich aufnehme, nämlich eine im Fegefeuer wiedergeborene Seele; und damit einstimmend heißt es im Convito (IV, 28) „die edle Seele strebe im Tod zu Gott zurück, von welchem sie sich getrennt, um in's Meer dieses Lebens einzufahren"; mehrerer Stellen gleichen Inhalts aus derselben Schrift nicht zu gedenken. Ob die Psyche in jenem Vordasein bereits als Sonderwesen, oder nur als Bestandtheil der Gottheit mit der Anwartschaft auf künftige Besonderung aufzufassen, darüber freilich mag unser Dichter, wie wohl die Meisten, die mit ihm diesen die Menschheit adelnden Glauben theilen, nicht im Klaren gewesen sein [54].

Daß er durch die Liebe mit der Geliebten in Gott zu Eins verschmolzen sei und durch diese Vereinigung mit einem so hochstehenden Wesen, wie seine Herrin, das Bewußtsein von Gott erst lebendig in ihm geworden, spricht er schon im Convito, bei Erklärung jener Canzone, welche der Sänger Casella am Fuß des Läuterungsberges so reizend vorträgt, mit klaren Worten also aus: „Da es das Natürlichste ist, in Gott sein zu wollen, so will es die menschliche Seele natürlich mit großem Verlangen sein . . . . . . Und sofern in den Trefflichkeiten der menschlichen Natur die Natur sich göttlich zeigt, geschieht es, daß die menschliche Seele mit jenen sich auf geistigem Wege vereinigt . . . . . . Und dieses Vereinigen ist Das, was wir Liebe nennen, woraus man abnehmen kann, von welcher Beschaffenheit innen die Seele ist, indem man von außen Das sieht, was sie liebt. Diese Liebe, das heißt die Vereinigung meiner Seele mit dieser edeln Jungfrau (Donna), in welcher des göttlichen Lichtes sich mir so viel zeigte, ist jener Sprecher, von dem ich" (in der Canzone) „rede, da von ihm fortwährend Gedanken entsprangen, welche betrachteten und erwogen den Werth *dieser Jungfrau, die geistig mit meiner Seele Eins geworden war*" [59]. Zwar nimmt Dante, wie schon früher kurz berührt worden, hier die Miene an, die Jungfrau, von welcher jene Canzone spreche, sei die Philosophie und zwar die nackte Philosophie ohne Verschmelzung mit irgend einer hinter ihr stehenden lebendigen Persönlichkeit; dieser Behauptung widerstreitet aber nicht nur gänzlich die in der vollen Gluth sinnlicher Auffassung gehaltene Sprache des Gedichtes, das sich mehrmals auf Schönheiten der Gefeierten beruft, welche den sinnlichen Augen sichtbar seien (z. B. Che sue bellezze son cose *vedute*), sondern einer solchen Auslegung scheint sogar die so eben angeführte Stelle des Convito selbst entgegen zu stehen, indem es hier heißt, „die menschliche Seele vereinige sich mit den von ihr angeschauten *Trefflichkeiten der menschlichen Natur*", und man könne auf die innere Beschaffenheit einer solchen Seele schließen, „indem man Das *von außen* sehe, was sie liebe". Die Mehrzahl der neuern deutschen, wie italienischen Ausleger sieht daher in der Jungfrau, die in jener Canzone gefeiert wird, wenigstens dem ursprünglichen Gedanken des Dichters nach, eine wirkliche Dame, an welche denselben eine vorübergehende Neigung gefesselt [60], wie er denn selbst erzählt, durch die schöne Mitleidige, die über ihn geweint (S. 8 f.), sei Beatricens Bild eine Zeit lang aus ihm verdrängt worden [61], und wie ihn dergleichen, mitunter sehr leidenschaftliche Neigungen nach seiner eigenen Angabe später noch einigemal befielen *. Allein die Persönlichkeit, um welche sich's gerade in dieser Canzone und ebenso in derjenigen handelt, welche unmittelbar vor dieser im Convito erklärt wird („die denkend ihr bewegt der Himmel dritten" etc.), mögen in dieselbe auch Züge von andern Personen mitunter hinüber gespielt haben, dem Wesentlichen nach auf irgend eine andere Sterbliche als Beatricen selbst zu deuten, wäre beinahe eine Versündigung an Dante's Herzen. Von welcher Andern, als von ihr konnte er sagen:

> Jedweder Geist dort oben blickt auf sie,
> Und Alle, die hienieden Lieb' empfinden,
> In den Gedanken fort und fort sie finden? —

oder:

---

* Vgl. z. B. Fegef. XXIV, 37 und den Brief an Marcello Malaspina in *Kannegießers* Uebers. v. Dante's pros. Schr. II, S. 169.

Auf sie hernieder steigt die Gotteskraft,
Wie auf den Engel seines Angesichtes? —

oder:

Sie ist's, die jeden Uebermuth macht mild;
Sie dachte Der, aus dem das Weltall quillt! —

Von welchem weiblichen Wesen, an das ihn nur eine vorübergehende oder überhaupt eine zweite Neigung gefesselt, wär' es auch seine nachherige Gattin, Gemma di Donati, die „schöne Mitleidige" gewesen, die aber schon deßhalb nicht wohl gemeint sein kann, weil ihm die hier Besungene, wie es in der letzten Strophe heißt, mitunter auch mitleidlos und übermüthig (fera e disdegnosa) erschien, — von welchem weiblichen Wesen konnte er Worte gebrauchen, die so auffallend an Das erinnern, was in dem vorhin angeführten Sonett und noch mehr in der Canzone: „Ihr Frauen, die ihr Kunde habt der Liebe", in Bezug auf Beatricen selbst ausgesprochen wird*, in einer Canzone, die Dante in der Divina Commedia eigenen Mundes als eines seiner tiefst empfundenen Lieder andeutet (Fegef. XXIV, 51 ff.)? Da er nun aber im Convito selbst sagt, die Gefeierte sei nicht Beatrice, oder vielmehr nicht seine erste Liebe, so scheint eine Erklärung dieses Ausspruches beinahe nur in dem Sinn übrig zu bleiben, als werde hiemit zwar eine Aenderung in der Form der ersten Liebe, nicht aber in der Person der Geliebten bezeichnet; als sei letztere geblieben, aber in eine so neue Erscheinungsform eingetreten, daß sie für ein ganz neues Wesen gehalten werden konnte. Und damit dürfte denn auch des Dichters eigene Aeußerung im Convito (II, 13) noch am ehsten in Einklang zu bringen sein. Nachdem er nämlich dort bemerkt hat, das Buch des Boëthius de consolatione philosophiae, nebenher auch die Schrift Cicero's über die Freundschaft, hätten ihm nach Beatricens Tode Trost gewährt, und in seinem eigenen Gemüth die Liebe für Philosophie entzündet, fährt er fort: „wodurch ich, mich vom Gedanken der ersten Liebe erhoben fühlend zur Kraft derselben, gleichsam verwundert den Mund öffnete beim Aussprechen der voranstehenden Canzone." An die Stelle der unmittelbaren Holdseligkeit Beatricens, die ihn während ihres Lebens durch den bloßen Anblick zu Gott geführt, trat dem Verwaisten, durch den Tod der Geliebten auf's Tiefste Erschütterten jetzt die Idee der in der Verstorbenen offenbar gewordenen Kraft der Gottheit, und zwar die Kraft wie sie ihm durch die nunmehr erst kennen gelernte Philosophie verdeutlicht wurde; aber das concrete Bild Beatricens verschmolz doch immer wieder mit jener Idee und lieh ihr seine Lebensfarben, wie er denn selbst am gleichen Orte bemerkt, er habe sich die ihn über jene Kraft belehrende Philosophie als eine edle Jungfrau und in mitleidiger Haltung denken müssen. Dies lag ihm um

* Vgl. über dieses Lied die Anmerkung Nr. 13.

so näher, als auch Boëthius selbst in oben genannter Schrift die Philosophie die — (ganz wie Beatricens verklärte Gestalt gegenüber von Dante!), — offenbar nur den Ausdruck von des Verfassers eignem, höhern Bewußtsein bildet, als Person auffaßt und sich mit ihr in Gesprächen über die göttlichen Dinge ergeht[62]. Wenn es sich also in andern, als den beiden eben bezeichneten Canzonen, wenn es sich in solchen, die minder tief das Innerste von Dante's Seele aussprechen, in solchen, wo nicht von einer unmittelbaren Anknüpfung an die Gottheit die Rede ist, gar wohl um eine andre Erdentochter als um Beatricen handeln mag, scheint in jenen beiden Liedern, und in andern ähnlichen Inhaltes, das dort Beatricen entgegengestellte Bild zuletzt niemand Anderes zu sein, als wiederum Jene selbst; aber nicht die weiche, zarte Jungfrau, die den Dichter unter Lächeln zu Gott geführt, sondern die strenge, welche, der stoischen Lehre des Boëthius gemäß, Opfer um Opfer von dem Menschen fordert, um ihn zu einem kalten, seelenlosen Gottesbewußtsein zu führen. Bald jedoch mußte einem Gemüth wie Dante's diese Herzlosigkeit der Philosophie des Boëthius klar werden (vgl. die Anmerk. 62), was er vor Allem in der Canzone E' m'incresce di me 2c. ausspricht, die sich gleichfalls auf den Uebergang der irdischen Beatrice in jene durch die Philosophie vermittelte Gestalt zu beziehen scheint. Denn es heißt dort ausdrücklich, „seines Geistes höchste Kraft“ (d. h. das intellektuelle Vermögen, das ihn zur Philosophie trieb), „habe ihm gesagt: Einzieh'n wird an die Stelle der Einen, die ich sah“ (Beatricens in lebendiger Wirklichkeit), „das schöne Bild, das Bangen mir erregt“. Sollte diese Deutung der besagten Canzone aber auch falsch sein, so mußte dem Dichter über kurz oder lang jedenfalls das Unbefriedigende, das in solcher halb an ein abstractes Wesen gerichteten Liebe lag, zur Empfindung kommen, und so scheint jetzt das rührende, eine Menschenbrust suchende Sonett Parole mie, che per lo mondo siete etc. entstanden zu sein:

Ihr Lieder, die jetzt in die Welt geschritten,
Geboren als für Jene ich im Bann,
An die ich irrend einst das Lied begann:
„Die ihr im Geiste lenkt der Himmel dritten.“

Ihr kennt sie: geht mit eures Grames Bitten,
Bis eurem Schmerz ihr Ohr sie aufgethan!
Sagt ihr: „wir sind die deinen; doch fortan
Folgt nie ein Lied an dich mehr unsern Tritten.“

Bleibt nicht bei ihr, denn Liebe ist nicht dort;
Nein, wandert ringsumher im Trauerkleid
Nach eurer ältern Schwestern Art und Weise,

Und kommet ihr in würd'ger Frauen Kreise,
Seid demuthvoll zu grüßen sie bereit,
Und sprecht: „gesandt sind wir an diesen Ort."

Diese Antwortgeberin für das Herz fand er nun zwar in keiner lebendigen Menschenbrust, wenigstens nicht genügend und nicht für die Dauer, aber er fand sie in der verklärten Beatrice, als sie ihm, frei von der zwischen sie und ihn getretenen Stoa, wieder in ihrer ursprünglichen Seelenfarbe erschien. Daß er deßhalb die Hinneigung zur Philosophie nunmehr als Verirrung, als Abfall von seiner ersten Liebe angesehen, indem er in der Divina Commedia erst den Virgil und dann mehrmals Beatricen als Gegner jener Neigung auftreten läßt*, scheint mir nur in gewissem Sinne richtig zu sein. Die Philosophie an sich, die ihm in dem gegen 1309 erschienenen Convito „die Tochter Gottes" (II, 16, am Ende), „die Weisheit, welche Salomo und Jesus Sirach gepriesen, ja das ewige Wort selbst ist, das nach Johannes am Anfang bei Gott gewesen" (III, 14), galt ihm für all Dies, als er jedenfalls schon die ganze Hölle und die sieben bis acht ersten Gesänge des Fegefeuers gedichtet hatte, denn diese Partien der Divina Commedia wurden (vgl. Wegele a. a. O. S. 300, 302) noch vor 1310 vollendet. Allem nach scheint jedoch unser Dichter seine Ansichten über den hohen Werth der Philosophie überhaupt nicht bedeutend geändert zu haben, wie denn noch im Paradies (VIII, 120) Aristoteles als Meister der Denkkraft hervorgehoben wird, und ebendaselbst (XXVI, 25 und 37 f.) Dante eben jenem Verkünder des ewigen Wortes, dem heiligen Johannes, die Philosophie und wiederum den Stagiriten insbesondere als die berechtigten, von dem Heiligen nicht getadelten Führer bezeichnet, die ihn zuerst zu Gott gelenkt hätten, so daß denn auch Wegele (a. a. O. S. 171) bemerkt, der Dichter statte diese Philosophie mit so göttlichen Eigenschaften aus, daß man oft geradezu nicht mehr sehe, wo hier ein Abfall von dem Princip der ersten (heiligen, glaubensvollen Liebe liegen solle; eine Ansicht, welcher Witte mit andern Worten gleichfalls beipflichtet (a. a. O. II, S. 54). Nicht die Philosophie an sich, sondern nur deren Abwege, nur das Bestreben, Gott durch Menschenweisheit erfassen zu wollen, das schon im Convito selbst (III, 15) als irrig angedeutet wird, tadelt in der Divina Commedia zunächst Virgil, indem er der Richtigkeit solchen Bemühens zum Beweise sagt:

Fruchtlos sahst du ja dahin Manchen streben,
Deß Trieb gewiß gestillt sonst worden wäre,
Der ihm auf ewig nun zum Dorn gegeben.

Von Aristoteles und Plato's Lehre
Sprech' ich, und Andern (Fegef. III, 40 ff.).

* Vgl. Fegef. III, 40 ff.; XXXIII, 85 ff.; XXXI, 22 ff.; Parad. XXIX, 85 ff. und die dritte Vorlesung gegen das Ende.

Ebenso redet Beatrice, während andrerseits sie selbst und gleicherweise Johannes an der oben bezeichneten Stelle andeuten, daß es, um zu Gott zu gelangen, nicht blos der Philosophie, sondern „noch andrer Bande, welche zu ihm ziehen", noch andrer „Stiche, die die Liebe stacheln" (Parad. XXVI, 49—51), mit Einem Worte des Herzens oder der Seele bedürfe: aus diesen, nicht aus der Philosophie, geh' die lebendige Gottheit hervor. War Danten eine Zeit lang die Philosophie, die absolute Weisheit, als jene vertraute Gefährtin des Ewigen vor der Weltschöpfung erschienen, von welcher Salomo und Jesus Sirach sprechen, und hatte er das philosophische Bewußtsein von Gott mit dem Bilde Beatricens verschmolzen, so ist ihm nunmehr zu jener Vertrauten des Herrn, mit andern Worten zu dessen Correlat, etwas Lebendigeres als die Idee der Weisheit, nämlich die Menschenseele in ihrer ursprünglichen Reinheit, geworden, gemäß dem Ausspruch: „Selig, die reinen Herzens sind, denn sie werden Gott schauen", und in diesem Sinne redet er jetzt (Parad. IV) Beatricen als die „Braut der Urliebe" an.

Sollte jedoch in jenen beiden im Convito erklärten Canzonen (denn von den übrigen ist hier zunächst nicht die Rede) endlich sogar eine andere Sterbliche, als Beatrice, gefeiert werden, was aus Einer Bemerkung allerdings hervorzugehen scheint[63], so fände die aus dem Convito beigebrachte längere Stelle von „der Jungfrau, die geistig mit Dante's Seele Eins geworden", nichts desto weniger ihre Anwendung auch auf ein gleiches Einswerden mit Beatricen, denn der Dichter ließe in diesem Fall eben den nämlichen Vorgang, den er später in der Divina Commedia hinsichtlich Beatricens in sich entwickeln läßt, früher in Bezug auf eine andre Geliebte in sich vorgehen, wessen er freilich in der Folge nicht Wort haben wollte, und daher an die Stelle des Wesens aus Fleisch und Blut, das er mehr oder minder im Lichte der ihm jetzt aufgegangenen Philosophie betrachtet hatte, die Philosophie selbst setzen zu müssen glaubte. Ganz in gleicher Weise nämlich, wie durch die Jungfrau, von welcher im Convito und in jenen beiden Canzonen die Rede ist, fühlt Dante sich in der Divina Commedia durch die Liebe zu Beatricen zu Gott empor gehoben und mit der Geliebten vereinigt in der Ihnen bereits vorgelegten Stelle, wo er, anknüpfend an das Beispiel des Glaucus, sagt:

Das Uebermenschenthum faßt nicht der Laut
Des Menschenworts, und dieses Beispiel sei
Dem g'nug, deß Seele Gleiches hat geschaut.

Ob ich durch mich allein Der war, den neu
Du schufst, o Liebe, die den Himmel lenket,
Weißt du, durch den mein Flügel worden frei (Parad. I, 70 ff.),

d. h. nach einer bei Dante häufig vorkommenden Wendung: du weißt es, o Liebe, daß ich durch deinen Hinzutritt Das geworden, was ich dem Keime nach schon vorher gewesen, was aber ohne deine Schöpferkraft nicht zum Bewußtsein in mir gekommen wäre. Das Nämliche ist in den ebenfalls schon vorgetragenen Versen ausgedrückt, mit welchen er, die Stärkung der eigenen Sehkraft durch das Schauen in Beatricens Augen fühlend, ausruft:

> Wie aus dem Stral zurück ein zweiter fährt,
> Zu seinem Urquell wieder aufzusteigen,
> Dem Pilger gleich, der zu der Heimat kehrt,
>
> So durch ihr Thun fühlt' ich das Licht sich beugen
> Zurück in meinem Aug', und fester sah ich
> Zur Sonne als der Menschenkraft es eigen (Ebend. 49 ff.).

Beatrice ist das Licht, durch welches des Dichters höheres Selbst ihm bewußt wird, und wenn er, der Dichter, auf diese Trägerin seines höheren Bewußtseins schaut, vermag er sich selbst wiederum tiefer in Gott zu versenken, als die Mehrzahl der Menschen; d. h. die Seele weiß nur insofern und so weit etwas von Gott, als Gott selbst in ihr zum Bewußtsein gekommen; Das was in ihr von Gott weiß oder fühlt, ist nicht sie, sondern Gott. Diese eben so schön ausgedrückte als tiefsinnige Stelle, die in wenigen Worten das Geheimniß der ganzen Mystik, des Wechselverhältnisses zwischen Gott und Seele, darlegt, und namentlich das Gegenbild zu dem durch Hegel berühmt gewordenen Ausspruch von Dante's Zeitgenossen, dem herrlichen Meister Eckart, enthält: „das Auge, womit Gott von mir gesehen wird, das ist dasselbe Aug, womit Gott mich sieht: mein Aug und Gottes Aug ist Ein Aug" — diese Stelle, sag' ich, enthält zugleich das Geheimniß von Dante's ganzem Werke, worin übrigens dergleichen Brennpunkte des Verständnisses noch gar manche, nur immer wieder unter anderer Form, vorkommen, wie es, könnte man beifügen, in der Welt, von der jenes Gedicht eine beabsichtigte und unbeabsichtigte Rückspiegelung ist, nicht nur Eine, sondern viele Offenbarungen gibt, in welchen der über ihr schwebende Geist durchsichtig wird. Da aber jener Rückgang der Seele zu Gott, da unser Bewußtwerden Gottes nur Werk der Gottheit selbst, oder, frömmer und kirchlicher ausgedrückt, ein Akt der göttlichen Gnade und zugleich die Erschließung der Seligkeit eines höhern, ewigen Lebens ist, so widerspricht es meiner Ansicht von Beatricens Bedeutung nicht, wenn z. B. Philalethes*, Wegele**, Schlosser*** in Dante's verklärter Geliebten die vollendende Gnade Gottes, und beide Letztern zugleich die Seligkeit des ewigen Lebens erblicken; im Gegentheil, ich nehme diese Deutung als sich von selbst

---

* A. a. O. Vorrede zum dritten Band, S. V.

** A. a. O. S. 391.

*** Dante, Studien von Schlosser S. 241, 277.

ergebende Weiterung der meinigen dankbar auf. So wird z. B. in Bezug auf die in einer der beiden mehrerwähnten Canzonen vorkommenden Worte:

> Trost pflegt in's Herz zu strömen, das geplagte,
> Ein lieblicher Gedanke, der sich hob
> Empor zu Füßen eures Herrn oftweilen,
> Wo eine Frau er sah voll Preis und Lob,
> Von der er meiner Seele Süßes sagte —

von Dante im Convito (II, 8) bemerkt: „Ich sage demnach, daß das Leben meines Herzens ...... ein lieblicher Gedanke zu sein pflegt ...... welcher häufig hinweggeht zu den Füßen des Gebieters Derjenigen, zu welchen ich rede, welcher Gott ist, d. h. *daß ich denkend anschaute das Reich der Seligen*. Und ich sage ...... daß ich gewiß war und bin durch seine gnädige Offenbarung, daß sie“ (die Frau voll Preis und Lob) „im Himmel war, weßhalb ich denkend, so oft es mir möglich, hinweg ging, gleichsam entrafft“ *. Hier spricht der Dichter deutlich aus, daß Das, was ihn zu Gott, d. h. „in's Reich der Seligen“ führte, wo er jedesmal die verklärte Beatrice fand (denn von dieser ist hier, am Anfang der Canzone, jedenfalls die Rede) *sein eigener Gedanke*, sein durch Beatrice vermitteltes Bewußtsein gewesen. Das umgekehrte Bild, wonach später die Geliebte von dem Reich der Seligen herabkommt und ihrem Freunde dasselbe von Neuem erschließt, fällt mit vorliegender Allegorie in der angedeuteten Beziehung ganz zusammen: Dante's eigenes Bewußtsein ist es, was ihm unter der Gestalt Beatricens das Reich der Seligen aufthut; indem er sich vergegenwärtigt, was sie, in den göttlichen Zustand der Seelen zurückgekehrt und zur Braut Gottes geworden, nunmehr sei, wird er selbst der Gottheit näher gebracht und fühlt sich seliger. Ein weiteres Beispiel: Nachdem Dante das Gestirn der Zwillinge begrüßt hat, unter welchem er geboren ward und dem er, wie wir gesehen, alle Gaben seines *natürlichen* (nicht unmittelbar von Gott angeregten) Menschen zuschreibt (S. 94), fährt er also fort:

> „Nah' bist du dran, daß sich die letzten Höhen
> Des Heils,“ sprach Beatrice, „dir erschließen,
> Und klar muß jetzt und scharf dein Auge sehen.
>
> „Drum, eh' es jene Fülle darf begrüßen,
> Sieh hier hinab, was von dem Staubgebiet
> Bereits gelegt ich tief zu deinen Füßen.

---

* Die Stelle aus der Canzone, wie die in Prosa gehaltenen Worte aus dem Convito nach *Kannegießers* Uebers.

„Daß, zu des Himmels Wonnen aufgeblüht,
Sich zeig' dein Busen dem Triumphesheere,
Das selig durch das Aetherrund dort zieht." —

Da sank mein Blick hinab von Sphär' zu Sphäre
Zur Erde, daß ich still hin vor mich lachte,
Wie sie so armen, dürft'gen Ansehns wäre.

Und ich erklär', daß wer gering sie achte,
Der Bessre sei, und Der nur dürfe heißen
Ein Trefflicher, der nach was Andrem trachte (Par. XXII, 124 ff.).

Hier ist es offenbar wieder das eigene Bewußtsein, der in dem Dichter persönlich gewordene Gott, welcher das Staubgebiet tief unter dessen Füße gelegt. Aber es ist zugleich der über die bloße Naturbegabung (das Zwillingsgestirn) hinausragende Gott der vollendenden Gnade, der Erschließer der ewigen Seligkeit. Noch eh' Dante zum Anblick des Höchsten gelangt, wird er durch diese Gnade Gottes, die mit dem tiefern Eindringen in sein eigenes Selbst Hand in Hand geht, zur Schau Dessen geführt, was die Seelen sind, wann sie die Fesseln des Staubes gesprengt haben, was also auch er selbst nach solcher Sprengung dereinst sein wird; und ebenso zur Ahnung Dessen, was dieselben vor dem großen Falle der Schöpfung gewesen. Wir haben gesehen, daß die Geleiterin des Dichters nicht nur selbst immer lichter wird, in eine je höhere Welt sie eintritt, sondern daß umgekehrt zweimal auch die Himmelsregionen, welchen sie naht, durch diese Annäherung an Helle zunehmen, nämlich der Mercur (Par. V, 96), und wie es scheint, sogar der Fixsternhimmel (Par. XXIII, 18), falls letzterer hier nicht etwa durch die größere Annäherung des Wandererpaars an die Engelssonne heller erscheint, was nach den Textworten zweifelhaft bleibt. Es gilt also der gleich nach letzterer Stelle vorkommende Ausspruch über die mit Beatricen fortwährend auf deutliche, wenn auch ehrfurchtvolle Art parallelisirte Jungfrau Maria: „sie mache die himmlischen Sphären durch ihren Eintritt göttlicher" (ebend. 107 f.), nicht minder für Beatricen und für jede Seele, die ihr wahres Selbst wiedergefunden. Schon aus diesem Hellerwerden der Himmelskörper durch die Verklärte geht von selbst hervor, daß Beatricens eigene Lichtzunahme nicht vom Wiederschein jener Körper, sondern nur von der größern Annäherung der Seele an den Quell alles Lichtes, mit andern Worten von der Steigerung des eigenen Wesens, herrühre. Zudem wird aber ausdrücklich gesagt, die Verklärte habe stärker gestralt, als die Sonne, habe aus dieser durch das eigne Licht noch hervorgeglänzt. Als der Dichter nämlich auf letzterer anlangt, bricht er in folgende Worte aus, deren vier erste Zeilen wir bereits weiter vorne gehört:

> O Beatrice, die ich stets erblickt
> Gewandt von Glanz zu lichterm Glanz so schnelle,
> Daß sich in Zeit solch Wachsthum aus nicht drückt,
>
> Wie mußte sie durch sich nun werden helle!
> Doch Dem, was noch aus solchen Flammenherden
> Hervorstralt durch der eig'nen Stralen Quelle,
>
> Zur Schild'rung würde, was ich auch auf Erden
> Von Kraft und Kunst anriefe, nicht genügen;
> Geglaubt nur kann's und mag erhoffet werden.
>
> Und wenn zu niedrig unsre Kräfte liegen
> Zu so Erhabenem, ist es kein Wunder,
> Denn über Sonne ist kein Aug' gestiegen (Par. X, 37 ff.).

Desgleichen wurde bereits angeführt, daß Dante jenseits der Sonne und des Planetenkreises, gleich nachdem der Fixsternhimmel heller für ihn geworden, die wahre, unkörperliche Sonne, die Sonne der Geister oder Engel, stralen sieht. Beide Annahmen kommen mit der alten Ansicht der Mystik überein, welcher merkwürdiger Weise die Schöpfungssagen mehrerer nichtchristlichen Völker, z. B. der Tibetaner vor ihrem Uebertritt zum Buddhismus, entsprechen, daß Anfangs keine materielle, sondern nur eine geistige Schöpfung bestanden habe, mit andern Worten, daß ursprünglich keine Trennung der Einzelseele von Gott dagewesen, indem diese Scheidung von ihrem Urquell erst durch die Verstofflichung der Psyche, keineswegs schon durch ihre Constituirung zum Sonderwesen eingetreten sei. Wie wir bereits vernommen, bemerkt in dieser Hinsicht Dante selbst, Beatricen die Rede leihend:

> „Nun laß mein Wort das Augenmerk dir sein:
> Die Seele wie zuerst aus Gott sie trat,
> War Eins mit ihrem Schöpfer, gut und rein.
>
> Verbannt ward sie nur durch die eig'ne That
> Vom Paradies, weil sie sich abgewendet
> Von ihres Lebens und der Wahrheit Pfad" (Par. VII, 34 ff.).

Ebenso gleich nachher (79 ff.):

> „Nur Sünd' ist's, was die Freiheit ihr beschränket
> Und sie unähnlich macht dem höchsten Gut,
> Weil sie nicht g'nug mit Licht dann wird getränket."

Ursprünglich, fährt jene Lehre der Mystiker fort, sei alles Licht von den noch mit Gott vereinigten Seelen selbst ausgegangen; erst als diese durch eigene

Schuld oder fremde Verführung zur Körperlichkeit herab gesunken, sei die Sonne entstanden, die, obwohl nunmehr das ausreichendste Symbol der Gottheit, das es in der gefallenen Welt gebe, doch mit geborgtem Schimmer, nicht mit dem Urlicht leuchte, worin einst die Seelen gestralt [64]. Und in der That, wenn, wie allbekannt, die Geschwindigkeit, womit das Sonnen- und Fixsternlicht durch den Himmelsraum strömt, in der Zeit wahrnehmbar, wenn dasselbe mithin ein wirklich materieller Erguß ist, oder durch einen wirklich körperlichen Stoß auf den dadurch in Schwingung gesetzten Aether entsteht und sich fortpflanzt, ja wenn jene Geschwindigkeit von derjenigen der Elektricität und andrer unsichtbaren Agentien noch bedeutend übertroffen wird, diesen Kräften also an Immaterialität und Lebensfülle nachsteht, so bildet jenes Erzeugniß des Himmels nur ein sehr unvollkommenes Sinnbild der Gottheit, und für eine Dante's Geiste entsprechende Weltanschauung liegt die Folgerung nahe, dasselbe sei von seinem ursprünglichen Adel herabgesunken: das Licht, das gemessen werden kann, ist so wenig das ursprüngliche Licht, als der Name, der genannt werden kann, der Name Gottes ist. — Dante aber konnte sich zur Anschauung dieser ursprünglichen Zustände der Seele und der Welt, zu welchen sich das Gemüth zur Noth durch eigene Kraft emporzuschwingen vermag, durch Beatrice, d. h. sein höheres Ich, um so eher empor tragen lassen, als dieselbe hier eigentlich nur als Anregerin der visionären Gabe erscheint, welche er für sich selbst in Anspruch nahm, wie hierüber das Nähere später zur Rede kommen wird.

Indessen ist in Bezug auf die Weise, wie Beatrice für ihren Freund die Vereinigerin mit der Gottheit, die Erschließerin der Seligkeit geworden, noch ein besondrer Umstand hervorzuheben. Dante, wie er seine Zeit überragte, war, wie jeder echte Dichter, auch wieder Kind und Spiegel seiner Zeit. Diese hatte seit mehr als anderthalb Jahrhunderten in einem früher nie dagewesenen, später nie wieder gekommenen Grade dem weiblichen Element gehuldigt und dasselbe in der Person der ewigen Jungfrau wenn nicht dogmatisch, wenigstens dichterisch auf den Thron des Universums erhoben, indem sie dieselbe mit ihrem göttlichen Sohn, wegen der in Beiden der Strenge des Vaters entgegenstehenden Milde und Barmherzigkeit, dem Wesen nach beinahe zu Eins verschmolz, zugleich aber Alles was von Huld und Anmuth ersinnbar war, jedoch auf das rein göttliche oder auch das männliche Bild Christi, der Natur der Sache nach, nicht übertragen werden konnte, auf das der Sterblichkeit näher stehende der Mutter, fast zum Nachtheil des erstern, übertrug. So weit auch ein Geist wie Dante's von den Abwegen einer solchen Anschauung entfernt blieb: — wo derselben etwas Wahres zu Grund lag, folgte er ihr auf's Eifrigste, und die Marienpredigten des eben so tiefsinnigen, als seelenvollen, übrigens die unbefleckte Empfängniß der heiligen Jungfrau verwerfenden [65] Bernhard von Clairveaux scheinen keineswegs spurlos an ihm vorübergegangen zu sein; ja er war, selbst wenn ihn keine solche Zeitrichtung umgeben hätte, aus innerster Natur und wie infolge eines nothwendigen Gegensatzes zur vollendeten Männlichkeit des eigenen Wesens, zum ausgesprochensten Verehrer der weiblichen Weichheit und Milde geboren. Nur die Frauen, möcht' er nach der Vita nuova, sollten endlich das heilig bewahrte Geheimniß seiner Zuneigung zu Beatricen erfahren, als dasselbe, weil es sich zu deutlich in seinem Aeußern und seinem Benehmen ausdrückt, nicht länger verborgen bleiben kann, und mit den Worten: „Ihr Frauen, die ihr Kunde habt der Liebe" beginnt das schon erwähnte Lied, in welchem er sich über die Art seines Seelenzuges zu der Geliebten ausspricht, gleichsam als such' er in so zarten Herzen Schutz für die erhabene Natur desselben. Frauen sind es wiederum ausschließlich, welche er zu Zeugen seines Schmerzens über den Tod Beatricens will, und er endigt die Canzone, welche diesen Tod beklagt, mit dem Satze:

Geh denn Canzone, geh in deinem Weinen,
Die edeln Frauen suche dir jetzt leise,
Denen genahet sonst auf mein Geheiße
Sich deine Schwestern mit der Freude Tönen,
Und bleibe du, die Tochter meiner Thränen,
Trostlose, bleib in diesem zarten Kreise.

Während uns in der Divina Commedia zahllose Männer in Hölle und Fegefeuer begegnen, von welchen wohl nahezu die Hälfte unsern sittlichen Abscheu erregt, kommt in der ersten dieser beiden Regionen nur Eine Frau als sprechende Figur vor, und diese wird so zart, so schonend von dem Dichter behandelt, daß für sie, so lange sie mit ihm redet, die Hölle keine Hölle mehr ist — die unglückliche Francesca von Rimini, während deren Gespräch mit Dante der sie umhertreibende Sturm ruht. Kaum daß hier im Hintergrund noch einige andre weibliche Verdammte erscheinen, wie Semiramis, Helena, Dido, Kleopatra, und später (Hölle XXX, 38) die blutschänderische Myrrha und (ebend. 97) das Weib Potiphars, die falsch gegen Joseph gezeugt: sie sprechen nichts, sind unsrer Beachtung also schon dadurch ziemlich fern gerückt, und die vier mythischen oder halb mythischen Gestalten darunter können als solche unsre sittliche Entrüstung eigentlich nicht erregen, während die verführerische Königin von Egypten und noch mehr die Verleumderin des unschuldigen Joseph hiezu an sich, wenn sie der Einbildungskraft näher geführt würden, zwar wohl geeignet wären, als blos stumme Personen aber doch durch eine zu lange Zeit von der Gegenwart getrennt sind, um nicht ebenfalls jenseits des Gebiets der Indignation zu fallen[63]. Nur eine einzige weibliche Stimme ertönt an dem Ort, wo Christi Namen nicht genannt wird, und ihre Bemerkung in Bezug auf den nicht Genannten an den mitleidvollen Dichter:

Würd' uns noch Ohr des Weltalls Herr gewähren,
So würden wir für deinen Frieden beten —

ist so voll himmlischer Liebe und Milde, daß unwillkürlich die Empfindung in uns entsteht, dieses Wort müsse trotz den strengen Satzungen der Kirche zum Sitz des Erbarmens empor dringen. Auf dem Läuterungsberge begegnen wir nur zwei weiblichen Seelen, der Pia von Siena, die von ihrem Gatten wegen Ehebruchs heimlich ermordet wurde (Fegef. V. 130 ff.) und der Sapia aus der gleichen Stadt, die für Neid und Schadenfreude am Unglück ihrer Beleidiger Buße thut (Fegef. XIII, 106 ff.). Im Himmel dagegen ist eine Fülle weiblicher Bewohner; selbst irdische Sündhaftigkeit, wenn sie die zur Schwäche gewordene Erscheinung einer göttlichen Kraft war, gewährt Anspruch auf Seligkeit, wie denn Cunizza, die Schwester des furchtbaren Ezzelino, die, lange irdischer Liebe hingegeben, einen nichts weniger als strengen Lebenswandel geführt hatte, sehr sinnvoll in den Stern der Venus versetzt wird, wo sie, obwohl auf einer niedern Stätte des Gottesbewußtseins, doch Paradieseswonne fühlt und das für harte, nur nach der äußern That richtende Beurtheiler bedeutsame Wort ausspricht:

„Nicht glänz' ich in der höchsten Glorienreihe,
Weil dieses Sternes Licht mich einst besiegte,

„Auf dem ich wonnig jetzt mir selbst verzeihe
Die Ursach meines Looses, was wohl seltsam
Dünkt eures Pöbels richtendem Geschreie (Par. IX, 32 ff.).

Ja Dante, als könnt' er an weiblichen Gestalten für den Himmel nicht genug bekommen, zertheilt noch gewissermaßen die Erscheinung Beatricens in mehrere Personen, denn Lucia und Mathilde sind eigentlich nur Rückspiegelungen von Jener. Rossetti, der bedeutendste der neuern italienischen Ausleger der Divina Commedia, dessen Scharfsichtigkeit für die realen Beziehungen dieses Gedichtes mitunter eben so groß ist, als ihm der Sinn für die ideale oder gar halb mystische Richtung desselben und für die Herzenstiefe seines Verfassers nicht sowohl zu fehlen, als auf falsche Spur geleitet zu sein scheint — Rosetti stellt unter Anderem die seltsame Behauptung auf, Dante habe einem über ganz Europa bis auf die Jetztzeit herab verbreiteten reformatorischen Bunde angehört, dessen Mitglied auch der Schwede Swedenborg gewesen. Er sucht Dies unter andern Beweisgründen durch die weibliche, dem Leben der Liebe entsprechendere Form zu belegen, welche wie Dante, so auch Swedenborg der menschlichen Seele, oder Letzterer in der von Rossetti zunächst angedeuteten Stelle eigentlich dem menschlichen Geist, zuschrieben [67], nicht bedenkend, daß Gemeinsamkeit der Typik in Bezug auf Gegenstände, die, nicht unter die sinnliche Anschauung fallend, gleichwohl sinnlich faßbar gemacht werden sollen, noch keineswegs wirklich stattgefundenen Einfluß eines Geistes auf einen andern beweist, sondern sich in der Regel aus der Verwandtschaft des *Standpunktes* erklärt [68]. War Dante durch irgend etwas beeinflußt, so war er es, wie Dies Rossetti an einer andern Stelle selbst andeutet, durch die Ansichten der *Gnostiker*, soweit ihm diese durch die Scholastiker seiner Zeit, Thomas von Aquino u. s. w. zugänglich geworden sein mochten, und der italienische Kritiker hätte, wäre ihm der deutsche *Jakob Böhme* bekannt gewesen, mit noch weit größerem Recht auf diesen, seinerseits den Gnostikern selbst in mancher Hinsicht so nahe stehenden, wenn auch wahrscheinlich keineswegs von ihnen influirten Geist als einen Seelenverwandten Dante's, nicht nur in der Bevorzugung des weiblichen Elementes, sondern in seiner ganzen Weltanschauung, hinweisen können. Selbst in kleinen, aber bezeichnenden Abweichungen von der gnostischen Ansicht stimmt Böhme mit Dante auffallend überein, wie z. B. bei den Gnostikern Christus der Bräutigam, die Seele die Braut, bei Böhme aber die (ideale) Jungfrau die Braut ist, die auf den Menschen, ihren Bräutigam, im Paradiese wartet, wo sie, wann er das Irdische abgelegt, seine liebe Buhlin sein will (Drei Principien 15, 18), ganz wie Danten das Gleiche aus Beatricens Munde verkündet wird (Fegef. XXXII, 101 f.). Ist es ferner nicht als wolle Böhme auf die Divina Commedia anspielen, wenn er (a. a. O. 16, 1—3) sagt: „Wir suchten das Herz Gottes, uns darin zu bergen vor dem Ungewitter des Teufels. Als wir aber dahin gelangten, begegnete uns eine holdselige Jungfrau aus dem Paradiese und entbot uns ihre Liebe, sagend sie wolle sich mit uns verbünden als einem Gespielen, und uns den Weg weisen zum Paradiese, da wir sollten sicher sein vor allen Ungewittern. Und sie trug einen Zweig in ihrer Hand und sprach: diesen wollen wir setzen, so wird eine Lilie wachsen, *ich aber will wieder zu dir kommen. Davon bekamen wir eine solche Lust zu schreiben von der holdseligen Jungfrau. Da mußten wir gehen durch diese Welt und auch das Höllenreich*, und geschah uns kein Leid, und demselben nach schreiben wir." Um in's Paradies zu gelangen muß demnach auch Böhme durch Hölle und Erdenleben, und zwar wie Dante (der gleich Böhmen *das Herz Gottes sucht*, das ihm die Philosophie nicht zu geben vermocht hat), ohne Begleitung der holdseligen Jungfrau; erst beim Eintritt in's Paradies gesellt sich zu Beiden das zarte weibliche Element; erst durch dieses Element dringen Beide in's Herz Gottes ein. Geht, wie wir später noch besprechen werden, durch die ganze Divina Commedia die Allegorie, daß der Mond die ungenügende, wankende, die Sonne die wahre Erkenntniß darstelle, welch letztere bei Dante durch Beatrice vermittelt wird, so sagt Böhme, selbst in diesem Nebenzug mit Dante übereinstimmend (a. a. O. 13, 9 f.): „die Jungfrau als die göttliche Kraft stehet im Himmel und Paradies und spiegelt sich in der irdischen Qualität der Seelen als in der Sonnen, und nicht im Monden, verstehe im höchsten Princip des Geistes dieser Welt, und wollte gerne zu ihrem Bräutigam" (dem Menschen) „wenn nur nicht das irdische Fleisch .... im Weg wäre .... aber dem Wiedergebornen erscheint sie in hoch triumphirender Gestalt .... verteufet sich auch oft bis in die Tinctur des Herzensgeblüts, davon der Leib mit Gemüth und Sinnen so hoch zitternd und triumphirend wird, gleich als wäre er im Paradies." Man vergleiche damit wie Dante den Eindruck beschreibt, den Beatricens erster Anblick auf ihn gemacht. Die Jungfrau bei Böhme erweist sich durch das Gesagte als etwas keineswegs blos dem Weib, sondern auch dem Mann Zukommendes, gleichsam als die Urform der rein aus Gott hervorgegangenen Seele, und kam somit dem Adam vor dem Fall im höchsten Grade zu. „Als aber die vom Geist dieser Welt ausgehende Lust in ihm gesiegt, sank er in Schlaf (1. Mos. 2, 21); da wurde sein himmlischer Leib zu Fleisch und Blut, die Jungfrau trat in das Schattenleben, in den himmlischen Aether" (a. a. O. 13, 2) und, setzt Böhme später hinzu, das irdische Weib trat an ihre Stelle. Die Jungfrau ist bei ihm also „überhaupt das im Menschen wirkende höhere, geistige Princip; die Ursache, daß das Band, welches ihn mit Gott verbindet, nicht völlig sich auflöst, vielmehr auf's Neue geknüpft wird"*, ganz wie Dante durch Beatrice stets mit Gott zusammenhängt und endlich auf's Neue zu ihm geführt wird, in welchem Sinne denn auch Jener im Convito (III, 14) bei Erklärung einer der beiden früher erwähnten Canzonen bemerkt: „Unter schöner Jungfrau (Donna) versteh' ich die edle Seele des innern Lebens, die frei in ihrer eigenen Macht, d. h. dem Geiste, ist." Und wenn die Jungfrau sonach bei Böhme endlich „nichts Anderes als Christus selbst, die weibliche Form desselben" (Baur a. a. O.), ausdrückt, so legt ebenso Dante Beatricen häufig Worte in den Mund, die sich auf Christi Person beziehen, und ihre Einwirkung auf den Dichter tritt besagtermaßen gar oft da ein, wo nach andrem, mehr kirchlichen Ausdruck, Christus in dem Menschen geboren wird. Kurz, Dante unterscheidet sich von Böhme nur dadurch, daß was bei Diesem eine reine, von dem sterblichen Weib ausdrücklich unterschiedene Idee ist, von Dante zunächst in der irdischen Beatrice angeschaut, dann aber in noch höherem Grade, und mit Böhmen ganz übereinstimmend, auf die von der verklärten Geliebten repräsentirte Urseele übertragen wird. In diesem Sinn redet schon in Hölle II, 76 f. Virgil die zu ihm, um Dante's willen herabgestiegene Beatrice an:

> Herrin der Kraft [64], durch die allein hienieden
> Der Mensch ragt über Alles, was der Himmel
> Umfasset, dem der kleinste Kreis beschieden,

---

* Vgl. Baur, christl. Gnosis, S. 600.

d. h. wie wir sagen würden, der Kraft, die über Alles hinaus ragt, was unter dem *Monde* (dem Sinnbilde des Truges und Halbwissens) liegt, denn jener Himmel ist nach ptolemäischer Ansicht der zunächst um die Erde bis zum Mond kreisende. Deßhalb ist es auch in letzter Instanz die mit ihrem Sohn in gewisser Hinsicht zusammenfallende *Gottesbraut* Maria, der Gipfel aller Weiblichkeit, die Urform der Seele, welche gleich beim Beginn des Gedichtes Dante's verstorbene Geliebte bewegt, ihn zu Gott zurückzuführen, beziehungsweise durch Virgil rückführen zu lassen. Allerdings wird der Name Maria's hier nicht ausgesprochen, theils weil Dies in der Hölle überhaupt unzulässig, theils weil der Dichter nicht geradezu sagen will, die Gottgebärerin selbst sei es eigentlich, die ihn berufen habe; allein keine andre Frau im Himmel als Maria steht über der heiligen Lucia und hätte diese, wie hier erzählt wird, irgend wohin schicken können; ebenso zeigt der heilige Bernhard im Paradies (XXXII, 137 ff.) Danten nur die heilige Lucia als Die, welche ihm Beatricen zu Hülfe gesandt, wendet sich aber mit diesen Worten sogleich fürbittend an Maria, so daß sattsam erhellt, wer unter dem „zarten Weib" verstanden sei, die sich an Lucia gewendet*. Beatrice, in die Vorhölle herabgestiegen, sagt zu Virgil:

> Ein zartes Weib erbarmt im Himmel droben
> Des Irren sich, zu dem ich dich entsende,
> So daß sie bricht den harten Spruch da oben.
>
> Drum wählte sie, daß sie an mich sich wende,
> Die Lucia, und sprach: „dich braucht dein Freund [70],
> Deßhalb befehl' ich ihn in deine Hände."
>
> Und Lucia, jedweder Härte feind,
> Rasch eilend zu dem Ort auf solch Geheiß,
> Wo ich mit Rahel saß, zum Wort vereint,
>
> **Sprach: „Beatrice, Gottes wahrer Preis,**
> **Warum nicht hilfst du Dem, der so dich liebte,**
> **Daß er um dich trat aus der Niedern Kreis"? (Hölle II, 94 ff.).**

Ebenso wird auch das Ziel der ganzen Wanderung, die Anschauung Gottes, nicht mehr durch Beatricen, sondern, unter deren Zulächeln, durch Maria bewirkt, welche der heilige Bernhard mit den Worten anredet:

> O Jungfrau, Mutter, Tochter deines Sohns,
> Demüth'ger und erhab'ner als Natur,
> Du ewig Ziel des ew'gen Schöpferthrons,

---

* Vgl. Kopisch a. a. O. S. 9 in den Anmerkungen.

Durch dich ward so die Menschenkreatur
Geadelt, daß ihr Bildner nicht verschmähte
Ihr Bild zu werden auf des Todes Flur (Par. XXXIII, 1 ff.).

Jene, die Urgestalt aller zur Kreatürlichkeit herabgestiegenen Seelen, ist also eigentlich durch das ganze Gedicht hindurch die in letzter Stelle Handelnde, und Beatrice gewissermaßen nur deren Vertreterin, deren anderes Ich; denn wie mittelst Jener Gott überhaupt persönlich in das All getreten, indem er sich in ihr als seinen Sohn geboren hat, ist durch Diese Gott in Dante persönlich worden.

Uebrigens dürfen wir nicht vergessen, daß unser Dichter dem Weib nur der Seelenform nach einen Vorzug vor dem Mann einräumt, während er hinsichtlich des Geistes den Mann entschieden höher als das Weib stellt. In der Schrift über die Volkssprache (I, 4) bemerkt er in Bezug auf die Frage, welchem Menschen zuerst Sprache gegeben worden: „Nach Dem, was im Anfang des ersten Buchs Mosis gelesen wird ...... findet man, daß die Frau zuerst gesprochen, nämlich jene höchst vorwitzige Eva, als sie dem Teufel auf seine Frage antwortete ...... Aber obgleich die Frau in der Schrift früher gesprochen zu haben befunden wird" — (die Stelle scheint, so nahe hier eine leichte Ironie läge, mit großem Ernste niedergeschrieben) — „ist es dennoch wahrscheinlich, daß wir glauben, der Mann habe früher gesprochen, und nicht unangemessen glaubt man, daß eine so treffliche Aeußerung des menschlichen Geschlechts eher vom Mann als von der Frau ausgegangen sei" [71]. In Bezug auf den Vorrang aber, welchen Dante hinsichtlich der Seele, oder vielmehr der Seelenanlage, dem weiblichen Element vor dem männlichen zuweist, enthalte ich mich nicht, folgende Stelle aus Ruths Geschichte der italienischen Poesie (I, S. 299) beizubringen: „Zur Erklärung vieler Erscheinungen im italienischen Charakter müssen wir die Bemerkung vorausschicken, daß in Italien das weibliche Element überwiegend ist. Der italienische Himmel ist ein wahrer Weiberhimmel. Während der Mann dort von seiner Energie verliert, oder ein Geltendmachen derselben oft theuer mit seiner Gesundheit zahlen muß, wirkt Alles, Luft, Sonnengluth, Nahrung und Sitte auf das Blut und die Nerven, auf die Irritabilität, das wahre Element des weiblichen Charakters. Daher das Vorherrschen des weiblichen Geschlechts und die untergeordnete Stellung, das Aufwarten des männlichen; daher die Cicisbei, welche den Frauen beständig als Trabanten dienen, während der Ehemann selbst wieder Cicisbeo einer Andern ist. Sollte diese auffallende Stellung beider Geschlechter nicht von der stillschweigenden Anerkenntniß herrühren, daß das weibliche in Italien vollkommener ausgebildet, besser an seinem Platz ist, als das männliche? Viele Reisende kommen auch darin überein, daß das schöne Geschlecht, z. B. in Rom, durch seine charakteristische, sowohl körperliche als geistige Bildung sich vor dem männlichen auszeichnet [72]. Selbst das Wort donna macht uns auf den Unterschied der romantischen Zeit von der frühern aufmerksam. Der Römer war dominus, Herr, im vollen Sinn des Worts. In den galanten und romantischen Zeiten ging aber die ganze Prärogative auf die Frauen über ...... Das Wort dominus (romanisch donno) veraltete gänzlich, und es blieb nur die domina, die sich als donna bis jetzt erhalten hat und ihre Herrschaft in Italien so bald noch nicht abgeben wird."

Wohl paßt diese Schilderung mehr noch auf spätere Zeiten, als diejenige Dante's, indem uns hier neben des Dichters eigener Männerseele Naturen begegnen, wie Johann von Procida, wie der nach Dante's Schilderung auch in der Hölle nicht zitternde Farinata degli Uberti, wie Castruccio Castracani, wie Uguccione della Faggiola, wie der, väterlicher Seits freilich aus deutschem Blut stammende Roger de Flor, welcher, vom griechischen Kaiser zur Würde eines Cäsars erhoben, „in kurzer Zeit durch unbegreiflich kühne Thaten" *, das von den Türken entrissene Asien dem byzantinischen Reiche wiedergewann; wie endlich, allerdings schon vor Dante's Zeit, jener fast gleichenlos in der Geschichte der Seelen dastehende Enrico Dandolo, der neunzig Lebensjahre und geblendete Augen für kein Hinderniß hielt, ein fernes Kaiserreich zu stürzen, und der es wirklich gestürzt hat. Aber werden wir auch zugestehen müssen, daß die Natur, wie sie überall, wo sie ein Element in der Regel in etwas untergeordneter Erscheinung hervorbringt, durch einzelne, besonders hoch ausgestattete Vertreter desselben den Mangel hie und da gleichsam zu ersetzen sucht, so auch in Italien im Bereich des handelnden Lebens einen Dandolo, im Bereich des geistigen einen Dante, später einen Michel-Angelo u. s. w. als höchste Blüthen der Männlichkeit den mangelhaften Entwickelungen derselben gegenüber gestellt habe, so läßt sich doch eben so wenig in Abrede ziehen, daß, etwa mit Ausnahme des herrlichen Johann von Procida, die andern vorzugsweise männlichen Naturen, die vorhin als Dante's Zeitgenossen angeführt wurden, ihm in Einer — der höchsten — Aeußerung der Manneskraft, in dem Sinn für Parteilosigkeit und Einigung entgegenstehender Interessen, insgesammt nachstanden, ja dieses Sinnes vollkommen entbehrten. Farinata, Castruccio, Uguccione, Roger — sie sind im Grunde doch schon die Vorbilder jener Condottieri, die bald nachher, die Tapferkeit nur zu selbstsüchtigen Zwecken anwendend, das Vaterland immer mehr zerrissen. Da wo die männliche Kraft in Italien damals häufig noch am Imposantesten erschien, nämlich auf dem päpstlichen Thron, konnte sie Danten, der ihr anklebenden Flecken willen, natürlich nicht gefallen, und in seiner nächsten Umgebung, in der Demokratie von Florenz, that sich nach den einstimmigen Berichten der beiden florentinischen Geschicht-

* Worte Bartholds, Römerzug Heinrichs VII., I, S. 110.

schreiber Villani und Dino Compagni wirklich, neben der höchsten Leidenschaftlichkeit, eine solche Mannlosigkeit kund, daß ein kräftiger Charakter, wie z. B. Corso di Donati, eben so leicht als er den einen Tag von Haus und Hof gejagt werden, am andern Tag sich der Herrschaft bemächtigen konnte. Und so steht denn Dante mit jener Mannesforderung seines Gemüths unter den Zeitgenossen fast so allein, als er seiner dichterischen Kraft nach fast der einzige vorzugsweis männliche Geist unter seiner Nation ist [73]. Nicht als hätte kein Anderer das Uebel, das aus der Parteiung entstehe, eingesehen. Was er z. B. über die Entzweiung Italiens bei Gelegenheit jener Begrüßung zwischen Sordello und Virgil (S. 53), was er unmittelbar nachher über Florenz im stärksten Hohn sittlicher Entrüstung ausspricht (Fegef. VI, 127 ff.) und Manchem als übertriebene Auffassung des gekränkten Verbannten erscheinen könnte, wird von dem eben genannten florentinischen Chronisten Dino Compagni, einer stillen, milden Natur und, wie früher schon bemerkt worden, einem Guelfen, durch die Beschreibung, welche derselbe von den Umtrieben seiner Partei in Florenz gibt, als vollkommen richtig bestätigt [74]. Aber kein Anderer hatte den Muth, gegen das Uebel mit der ganzen Macht der Seele aufzutreten, und so konnte denn Dante wirklich jene berufenen Worte: „wenn ich gehe, wer bleibt? wenn ich bleibe, wer geht?“ ohne Anmaßung aussprechen. Später scheint er die Gesunkenheit unter der Mehrzahl der Männer seiner Nation, vor Allem deren Selbstsucht, noch stärker empfunden zu haben, und so immer mehr zu dem natürlichern, kindlichern, von Selbstsucht freiern weiblichen Geschlechte, das er somit nothwendig auch für dem Göttlichen zugänglicher ansehen mußte, hingezogen worden zu sein. In einer bereits erwähnten Canzone (Doglia mi reca nello core ardire) fleht er die Frauen an, sich fortan nicht dadurch zu entwürdigen, daß sie einem so versunkenen, vor Allem so der Habsucht und dem Geiz hingegebenen Geschlechte, wie die damaligen Männer, ihre Liebe schenkten. Nur der männlichen Tugend sei die weibliche Schönheit zum Preise bestimmt:

> Der Mann hat von der Tugend sich geschieden,
> Kein Mann mehr, nein ein Thier mit Manneszügen!
> O Gott, welch Wunder konnt' ihn so besiegen,
> Daß er zum Knecht vom Herrn herab will sinken,
> Vom Leben in den Tod! . . . . . . (Stroph. II, 1 ff.).

Bald nach dieser Stelle folgen dann die S. 24 aus jenem Gedicht bereits angeführten rührenden Verse, aus welchen abgenommen werden muß, daß dasselbe erst während der Verbannung entstanden sei. Ohne Zweifel ward der Verbannte — Dies geht aus der ganzen Canzone hervor — bei seinem Umherirren von den Frauen im Allgemeinen freundlicher aufgenommen, als von den Männern; zu dem ohnehin erregbarern Mitleide der erstern gesellte sich natürlich das Interesse für den Sänger Beatricens und des weiblichen Geschlechts überhaupt, denn durch seine Sonette und Canzonen war er schon bei Beginn seines Exils sehr berühmt, und er bemerkt ausdrücklich, dieser Ruhm habe ihm die Verbannung einigermaßen versüßt *. Allgemeines Mitleid wie besondere Theilnahme an dem Dichter überwogen dann auch wohl bei den Frauen häufiger als bei den Männern die Parteileidenschaft, die gegen den abtrünnig gewordenen Guelfen, gegen den „Verräther", als welchen man ihn unverständigerweise oft genug betrachtet haben mag, von Seiten seiner ehemaligen Ansichtsgenossen gewiß gar häufig hervortrat. Dabei übersah denn Jener, oder ignorirte wenigstens bei der hohen sittlichen Anlage, die er dem weiblichen Geschlecht fortwährend einräumt, daß trotz dem über die Parteigesinnung siegenden Mitleide der Frauen eben die Neigung zu politischen Spaltungen ein echt weiblicher Zug im Charakter seiner Nation ist; daß in den südlichen Ländern Frauen in der Regel den Parteien am glühendsten anhangen, wenn sie aber an denselben keinen Theil nehmen, gewöhnlich unter der Partei, viel seltener über derselben stehen, und somit bis auf die neueste Zeit wirklich das Abbild des ganzen italienischen Volkes waren. Erst jetzt scheint dasselbe die Manneskraft gefunden zu haben, die einzelnen Parteiansichten zu überwinden, und wenn die unter jenem Himmel so milde Natur dasselbe bisher in zu liebenden Mutterarmen getragen, als daß es jener Kraft früher hätte bewußt werden können, so scheint in diesem Augenblick (März 1861) mit nur leichter Abänderung des ursprünglichen Wortlautes folgende Stelle seines größten Dichters auf es anwendbar:

> So hat es einst geschüttert in Achille,
> So wandt' die Augen er, die aufgewacht,
> Ringshin, noch staunend welch ein Bild sie fülle,
>
> Als weg von Skyros, wo ihn hingebracht
> In weichem Schlummer einst der Mutter Arme,
> Die Griechen ihn entführten in die Schlacht (Fegef. IX, 34 ff.).

Möge diese Schlacht nie gegen das seine natürlichen Grenzen wahrende Deutschland gerichtet sein!

Gehen wir damit zu der nach Beatricen wichtigsten Figur des allegorischen Gerüstes, zu Virgil über, so war dieser das ganze Mittelalter hindurch eine viel besprochene, bald sagenhaft gewordene Gestalt. Er hatte in der vierten Ekloge, 40 Jahre vor der christlichen Zeitrechnung, und etwa 33 vor der wirklichen Geburt Jesu, die in der von uns angenommenen Aera bekanntlich etwas zu spät angesetzt ist, dem Ausspruch der cumäischen Sibylle gemäß, die Geburt eines Knaben verkündet, mit welchem „das eiserne Alter endigen werde, und

* Convito I, 13.

goldenes erstehen rings in dem Weltall". Obwohl er selbst diesen Ausspruch blos auf die bevorstehende Geburt eines Sohnes des Consul Pollio bezog, ohne daß der Dichter solche Beziehung vielleicht für viel mehr als eine dem hochsinnigen Vater gebrachte Huldigung, eine artige Wendung des allgemein bekannten Seherwortes genommen wissen wollte, hatte man doch schon sehr früh statt der Sibylle oder auch mit der Sibylle ihn selbst als wirklich prophetischen Künder von Christi Geburt, oder mindestens als Solchen gepriesen, der ohne sein Wissen dieselbe verkündet habe, wie denn Kaiser Constantin in einer noch vorhandenen Rede über die Beweise für das Christenthum mit besondrem Vergnügen auf eben genannter Ekloge und den sibyllinischen Versen verweilt *. Ja, die Sage hatte bald hinzugefügt, der Apostel Paulus sei bei seiner Reise durch Neapel theilnahmsvoll an Virgils Grabe verweilt, und noch heute soll in Mantua, dem Heimatsort des Dichters, bei der St. Paulusmesse ein hierauf bezüglicher Hymnus gesungen werden **, worin es unter Anderm heißt:

Ad Maronis mausoleum
Ductus fudit super eum
Pie rorem lacrymae:
Quem te, inquit, reddidissem,
Si te vivum invenissem,
Poetarum maxime![75]

Auch Dante betrachtet ihn als unwillkürlichen Zukunftskünder; auf dem Läuterungsberg fragt Virgil den Statius, was ihn zum Christenthum geführt habe,

Und er: „du hast auf des Parnasses Pfade,
In seinem Schuß zu trinken, mich gebracht,
Erleuchtend mich zunächst nach Gottes Gnade.

„Du thatst wie Der, der hinter sich bei Nacht
Ein Licht trägt, das ihm selber nichts kann frommen,
Doch ihm im Rücken Andern helle macht.

„Als du gesagt, im Sternkreis sei entglommen
Für Recht und neue goldne Zeit die Frist;
Ein neuer Sprößling werd' vom Himmel kommen.

„Durch dich ward ich ein Dichter, ward ein Christ"
(Fegef. XXII, 64 ff.).

Neben dieser Virgilen mit dem Christenthum in Verbindung bringenden Auffassung hatte sich aber auch noch ein anderer Sagenkreis um ihn her gebildet,

* Gibbon, decline and fall of the Rom. emp. c. 20, Vol. III.
** Wegele a. a. O. S. 332 f.

nach welchem er mit Zauberkräften in Verbindung gesetzt und schon sein Name von virga, Zauberstab, abgeleitet ward. Diese Märchen läßt Dante natürlich unbeachtet, außer wo dieselben von einem schon einmal stattgefundenen Hinabgang des römischen Dichters in die Hölle sprechen mochten, denn einer solchen, für uns jetzt verlorenen Ueberlieferung scheint der eigenthümliche Zug entnommen, wonach Virgil (Hölle IX, 22 ff.) bemerkt, er sei schon früher einmal durch Beschwörung der Zauberin Erichtho in die unterste Hölle hinabgesandt worden:

Ja, schon einmal war ich in diesen Höhlen
Durch der Erichtho zauberhaft Geheiße,
Die in den Leib zurück berief die Seelen.

Kaum erst gestorben ward zur grausen Reise
Nach diesen Mauern ich von ihr beschworen,
Zu holen einen Geist aus Judas Kreise.

Erichtho war eine thessalische Zauberin, von welcher Lucan (Pharsal. VI, 508 ff.) erzählt, sie habe, um dem Sohn des Pompejus über den Ausgang des Kriegs zwischen seinem Vater und Cäsarn Auskunft zu geben, den Schatten eines auf dem Schlachtfeld liegenden pompejanischen Soldaten aus der Unterwelt herauf gerufen, welcher der Zukunft, wie alle Verstorbenen, kundig, sofort die Niederlage des großen Pompejus vorausgesagt. Daß die Sage, welche unser Dichter hier vor sich hatte, den Virgil mit jenem Soldaten verwechselt habe, wäre möglich, aber der in dergleichen Dingen so genau unterrichtete Dante wußte wohl, daß die Zeit jener angeblichen Beschwörung 30 Jahre vor den Tod Virgils fällt, und konnte also die Tradition in diesem Sinn nicht brauchen. Dagegen liegt kein geschichtlicher Widerspruch darin, wenn Dante oder die Sage selbst annahmen, die Zauberin habe noch über jene 30 Jahre hinaus gelebt und dann erst den Schatten Virgils eine Seele zu irgend einem sonstigen Zweck aus dem tiefsten Abgrund holen lassen.

Seiner dichterischen, mindestens seiner epischen und plastischen Kraft nach wurde der Sänger der Aeneide von dem Verfasser der Divina Commedia und vom ganzen Mittelalter, ja, wie es scheint, bis heute vom größern Theil der romanischen Völker, bedeutend überschätzt. Derselbe steht, abgerechnet den Wohllaut und die Pracht der Sprache, ebenso tief unter seinem großen Schüler Dante, welcher ihn z. B. Parad. XV, 26 die größte Muse, d. h. die höchste Dichterkraft, nennt, als unter seinem „großen Meister, Homer, und war vor Allem nicht, wie Jener annimmt, ein Naturdichter, in welchem sich noch die göttlichen Tiefen des Instinktes erschlößen, sondern ein reiner Kunstpoet. Aber seine zarte, priesterliche Seele, seine Eingeweihtheit in die erhabenen Lehren der orphischen oder pythagoräischen Mystik und der von Dante im höchsten

Grad bewunderte Zauber seiner Rede gaben ihm, selbst abgesehen von dem in ihn gelegten Verhältniß zum Christenthum, und selbst wenn die Zeitgenossen seinen eigentlich dichterischen Werth richtiger aufgefaßt hätten, einen Nimbus, wie er für Dante's Gedicht erforderlich war. Nach diesem sollte, wie hierauf, meines Wissens, zuerst Rossetti aufmerksam gemacht hat, wenn Beatrice, die Oeffnerin des Himmels, die erschließende Einsicht in die Seligkeit des ewigen Lebens darstellt, zu welcher wir nur durch die Gnade Gottes gelangen, Virgil die Einsicht, das Bewußtsein von der in Gottes Rathschluß nicht minder beabsichtigten und durch das römische Kaiserthum möglich gemachten, vom Kirchenregiment völlig unabhängigen Seligkeit des irdischen Lebens darstellen, zu welcher Einsicht der Mensch schon durch die bloße Vernunft gelangt. Daß es für die Sterblichen diese doppelte Seligkeit gebe, spricht Dante in der Schrift von der Monarchie und im Convito ausdrücklich aus, z. B. in letzterem also: „die Menschennatur hat nicht nur Eine Seligkeit, sondern zwei, nämlich die des handelnden und die des beschaulichen Lebens". Gegen den Schluß des ersten Buches von der Monarchie aber bemerkt er: „Oben Gesagtes bestätigt eine merkwürdige Erfahrung, nämlich jener Zustand der Menschen, welchen der Sohn Gottes, als er zum Heil des Menschen den Menschen anziehen wollte, entweder erwartete oder ...... selbst anordnete. Denn ...... wir werden finden, daß nur unter dem göttlichen Augustus die Welt, als in einer vollkommenen Monarchie, ruhig gewesen sei. Und daß das Menschengeschlecht damals glücklich war ...... Das haben alle Geschichtschreiber, alle erlauchten Dichter, ja auch der Aufzeichner der Langmuth Christi" (der Evangelist Lukas) „für werth gehalten zu bezeugen ...... Wie es aber mit dem Erdkreise bestellt gewesen, seit jenes unzerreißbare Gewand" (nämlich die Einheit der Menschen als Angehöriger eines gemeinsamen Staates, und wiederum, wie aus dem Zusammenhang hervorgeht, die Einheit, das Ineinandergreifen der irdischen und ewigen Seligkeit; zugleich Anspielung auf das unzerreißbare Gewand Jesu und durch diese Hinweisung genugsam andeutend, wie der Verfasser in dem Kaiserthum eine nicht minder göttliche Anordnung erblicke, als in der Kirche) — „seit jenes unzerreißbare Gewand durch die Kralle der Begierde uranfänglich einen Riß erlitten, können wir theils lesen, theils (wollte Gott nicht!) mit Augen erblicken. O Menschheit, von welchen Stürmen ...... mußt du heimgesucht werden, seit du ein vielköpfiges Ungeheuer worden bist, und deine Einsicht, die eine und die andre, daniederliegt, und demgemäß auch der Trieb. Trotz unwiderleglicher Gründe achtest du nicht auf die höhere, trotz des Antlitzes der Erfahrung nicht auf die niedere Einsicht" *. — Diese niedere, durch bloße Vernunft erreichbare Einsicht, wie die menschliche Gesellschaft ein-

* Kannegießers Uebers.

zurichten, wie Gerechtigkeit auf Erden erstrebt und dadurch die **Grundlage** zur ewigen Seligkeit gewonnen werden soll, stellt Virgil dar.

Im zweiten Buche über die Monarchie werden eine Menge Stellen aus der Aeneide „unsres göttlichen Dichters Virgil“ für die Rechtmäßigkeit und göttliche Einsetzung der römischen Weltherrschaft angeführt: in der Divina Commedia sollte derselbe ebenfalls der, wenigstens **mittelbare**, Sprecher für die göttliche Einsetzung dieser Herrschaft, d. h. des Kaiserthums, und für das Glück sein, welches dasselbe auf Erden verbreite, so daß die goldne Zeit, welche Jener in der erwähnten Ekloge infolge der Geburt jenes Knaben entstehen läßt, von Dante auf das kurz vor Christi Geburt durch Gott eingesetzte, und absichtlich so nah' an diese gerückte[76] Kaiserthum bezogen wird, bei dessen Gründung die Welt, nach dem Evangelisten Lukas, sich in vollkommnerem Zustand befunden habe, als je (Convit. IV, 5). Letzteres ist, nach Ansicht des Dichters, so gut **ein Reich Gottes**, als das von Christo gegründete, ja, bis zu höherer Entwickelung der Menschheit, das einzige, welches auf Erden erreichbar, dasjenige, welches von Dante dem andern göttlichen Reich, von dem er durch seinen Aufflug zum Himmel Kunde geben will, ausdrücklich an die Seite gesetzt wird, unter Bedauern, daß so selten einer der Cäsaren nach dem ihm von der Vorsehung vorgehaltenen Lorbeer, nämlich der Herstellung jenes irdischen Reichs Gottes greife. Alle andern Versuche zu einer Weltherrschaft, der assyrischen, der egyptischen, der persischen und endlich der macedonischen, bemerkt er im zweiten Buche der Schrift von der Monarchie, seien mißglückt. Der Macedonier Alexander sei der Palme am nächsten gekommen, indem er, nach Livius, auch die Römer durch Gesandte zur Unterwerfung aufgefordert habe; aber mitten in seiner Laufbahn sei er gestorben, eh' er noch mit den Römern zusammengetroffen. Entrissen habe ihn die göttliche Vorsicht mitten von dem Kampfplatz, und so sei, wie Virgil in der Aeneide (I, 234 ff.) sage, das römische Volk, **und nur dieses** zur **Weltherrschaft** gelangt. Ja Dante nimmt keinen Anstand, Cäsarn, als er, den Ruf Gottes zur Gründung des Weltreichs in sich fühlend, rasch von der Belagerung Marsilias weg nach Spanien, zum Kampf mit den Pompejanern eilte, mit der heiligen Jungfrau zu parallelisiren, wie dieselbe, als sie den Gründer des himmlischen Reiches unter dem Herzen trug, rasch über das Gebirge zu ihrer Freundin Elisabeth ging:

> Rasch hat Maria sich zum Berg gewandt,
> Und Cäsar, um Ilerda zu bezwingen,
> Stach wund Marsilia, flog in's span'sche Land
>
> (Fegef. XVIII, 100 ff.).

Virgil, voll klarer Einsicht wie das Abbild des Ewigen sich in den Menschen fortwährend trübe, so lange sie nicht durch weise irdische Leitung gezügelt werden, und somit Wesen und Grund der Hölle und der Läuterung hell durchschauend, wie er hievon im sechsten Buch der Aeneide eigenen Mundes den besten, auf Dante mächtig einwirkenden Beweis gegeben, eignete sich insofern ganz zum Führer durch jene beiden Reiche der Nacht und des aufgehenden Lichtes. Er räumt die der Wanderung entgegenstehenden Hindernisse allenthalben weg; nur gegen diejenigen Dämonen vermag er nichts, welche Sünden zu bewachen haben, „die nicht aus Schwäche der menschlichen Natur, sondern aus Ueberhebung des Geistes und Mißbrauch der geistigen Anlagen stammen, gegen welche die bloße Vernunft unmächtig ist" *. Gegen diese muß ein Engel vom Himmel niedersteigen und den beiden Wanderern den Weg bahnen (S. 33). — Virgil und Beatrice aber stehen eben hiedurch in einem sich gegenseitig ergänzenden Verhältniß, so daß Jene zwar den höhern Pol bezeichnet, jedoch des niedrigern, durch Virgil ausgedrückten, nicht zu entbehren vermag. Auf Antrieb Beatricens, der Repräsentantin von Dante's höherer Seele, oder vielmehr desjenigen Bereiches von Dante's Seele, worin sich das Höhere, Göttliche freier entwickeln kann, führt Virgil seinen Schutzbefohlenen durch die Stätten der Finsterniß und der Reinigung, und da wo Beatrice endlich wieder in der Glorie des Himmels vor den Geläuterten tritt, verschwindet Virgil plötzlich geheimnißvoll: „aber selbst im irdischen Paradies" kann sich der Dichter, wie er ausdrücklich hervorhebt, der Thränen über dieses Verschwinden des Lehrers nicht enthalten, der schon durch blos menschliche Einsicht dahin gelangt war, die Geburt des Göttlichen vorauszuahnen, in dessen Regionen Beatrice jetzt führen soll; und noch auf allen Sternen, zu denen sich Dante von da emporschwingt, ja selbst im höchsten Himmel muß fortan Beatrice selbst, oder einer der andern Seligen, ja Heiligen, in Bezug auf das Reich Gottes, wie es auf Erden durch politische Anordnung sein könnte, leider aber nicht ist, Das aussprechen, was, der ihm übertragenen Rolle gemäß, eigentlich Virgilen in den Mund zu legen war. Beide Richtungen in Dante's Seele sind Schwestern: Virgil stellt, um uns an ein von Jenem selbst gegebenes Gleichniß anzuschließen, die Lea, Beatrice die Rahel dar, mit welcher Jene, wie wir gesehen, im Gespräch begriffen saß, als sie von Maria die Aufforderung bekam, dem Dante den Virgil, d. h. die richtige Einsicht über die beste staatliche Anordnung, zum vorläufigen Retter zu senden (vgl. S. 131). Hiebei müssen wir uns erinnern, daß der Dichter eben zur Zeit, worein er sein Gedicht verlegt, sich entschieden, wenn auch noch ohne äußere Parteiergreifung, der unter dem Namen der Weißen verhüllten oder wenigstens mit diesen gemeinsame Sache machenden kaiserlichen Partei genähert hatte und durch Einfluß eben jener Weißen zu einem der Prioren erwählt worden war, eine Thatsache, bei deren Anführung ich mir

* Wegele a. a. O. S. 379.

bereits erlaubt habe, Sie darauf hinzuweisen, als scheine es beinahe, Dante's Rückkehr zu der verklärten Geliebten, die ihm einst Führerin zu Gott gewesen, sei einigermaßen durch jene Emancipation seiner politischen Ansichten vermittelt worden (S. 16). — Oder, um noch einmal an das Gleichniß von den beiden Schwestern in Dante's Gemüth anzuknüpfen, Virgil stellt die männliche Sphäre in demselben dar, die Jenen mit der irdischen Welt verbindet, für das Heil dieser Welt besorgt ist, und selbst das Märtyrerthum für solches Heil nicht scheut; Beatrice dagegen bedeutet die weibliche, oder richtiger, die über dem Bereich der Materie stehende Richtung; mit andern Worten, sie vergegenwärtigt die nach Dante's Ansicht als weiblich zu bezeichnende Urform der Seele, welche auch dem edlern Mann, besonders allen männlichen Heiligen inwohnt, während sie umgekehrt dem irdischen Weib, trotz ihren Geschlechtseigenschaften, häufig fehlt, wie sich denn Dante in der Vita nuova (14. Kap.), da wo er von der Natur seiner Liebe zu Beatricen sprechen will, an diejenigen Frauen wendet, die „von edler Gesinnung und nicht blos Frauen dem Geschlecht nach" sind.

Es könnte als eine Ungehörigkeit erscheinen, daß Virgil, an welchem schon der von Dante viel gelesene Horaz das Weiche und Helle als besonderes Geschenk der Kamönen hervorhebt [77], und von welchem der, Jenem bei seinem Studium der Aeneide gewiß nicht minder bekannte Donat [78] erzählt, man habe ihn in Neapel, wo er gelebt, allgemein den Jungferlichen genannt [79], — somit, wenigstens seiner realen Auffassung nach, keinen lebendigen Gegensatz zu Beatricen bildet, zu welchem Zweck eher z. B. der, freilich in andrer Beziehung viel minder taugliche, Lucan den Vorzug verdient hätte, dessen Ausspruch über Cato:

Victrix causa Diis placuit, sed victa Catoni

wie aus Dante's innerster Seele genommen, und auch, wie man an dessen Aeußerungen über Cato wohl sieht, durch Dante's tiefste Seele gedrungen ist. Allein der Dichter wich jener Klippe ebensowohl mit bewußter Kunst, als durch Instinkt aus. Virgil ist bei ihm im Allgemeinen wirklich der Sanfte, Milde, wie ihn Horaz auffaßt (man vergleiche z. B. die freundliche Art, wie er dem zagenden Schützling zuspricht, sich in die Fegefeuerflamme zu wagen, Fegef. XXVII, 20—45, oder wie er ihn zart besorgt von der dritten Höllenbulge wieder auf den Felsenrand emporträgt und dort „sanft seine Last niedersetzt, sanft, um des rauhen, schründigen Felsens willen", Hölle XIX, 124—131) — er wird daher auch von Dante fortwährend sein „süßer Vater", dolce patre, genannt; aber gerade diese väterliche Freundlichkeit und Stille werden sehr geschickt zu Hervorhebung des providentiellen Elementes benützt, das sich in dem Führer durch Hölle und Fegefeuer darstellen soll, während, wenigstens in der Regel, in Dante selbst, so lange er jene beiden Regionen durchwandert, das männliche, den Gegensatz zu Beatricen bildende Princip hervortritt, welches in Virgil nur sein Correctiv erhält.

Im Fegefeuer erklingt z. B. aus Dante's Mund jener Zornesruf über Italien, weil es sich der von Gott eingesetzten politischen Ordnung nicht fügen wolle; erklingt jener Fluch über den deutschen Kaiser Albrecht, weil er, mißachtend die ihm vermöge seines Amtes gewordene göttliche Mahnung, nicht erscheine, um Italien das irdische Reich Gottes mit Gewalt aufzudrängen (Fegef. VI, 76 ff.). In der Hölle ruft der Dichter, schaudernd über den Hungertod von Ugolino's Kindern:

> O Pisa, Pisa, jeden Volksstamms Schmach
> Im schönen Lande, wo das si [40] erklinget:
> Seh'n deine Nachbarn dir die Strafe nach,
>
> Dann auf! Capraja und Gorgona [41], zwinget
> Als Damm den Arno rückwärts von der Mündung,
> Daß jedes Leben dort sein Strom verschlinget
> (Hölle XXXIII, 79 ff.),

eine Entrüstung, die, beiläufig gesagt, zugleich zeigt, wie unparteiisch Dante sich in Bezug auf seine eignen politischen Ansichten erwies, denn Ugolino war ein Guelfe, seine Mörder aber Ghibellinen gewesen; nichts davon zu sagen, daß der Dichter sich nicht bewegen ließ, diese Worte, die, wie die ganze Hölle, im Jahr 1309 oder 10 veröffentlicht wurden, zurückzunehmen, als Pisa später unter allen italienischen Staaten den regsten Eifer für den von ihm so hoch gefierten Kaiser Heinrich VII. beurkundete. — In ähnlicher Indignation wendet er sich gegen die Genueser, deren einer, Alberigo di Manfredi, wie wir gesehen, von ihm bezüchtigt wird, in die Hölle gefahren zu sein, während sein noch auf Erden wandelnder Leib von einem Dämon eingenommen worden:

> O Genueser, Menschen also fremd
> Jedweder Sitt' und voll von jeder Sünde,
> Was seid ihr aus der Welt nicht weggeschwemmt?
>
> Beim schlimmsten Schatten aus Romagna finde
> Ich eurer einen, der ob seiner That
> Versenkt schon ist in des Cocytus Gründe,
> Und noch zu wandeln scheint den Lebenspfad (Ebend. 151 ff.).

Dante soll wegen dieser rauhen Mahnung, daß sich das irdische Reich Gottes in Genua nicht finde, bei einem spätern Besuch in besagter Stadt Vieles zu erleiden gehabt haben. Allein wie sehr er bei dieser Schilderung im Rechte war, beweist eine Stelle des genuesischen Annalisten Jakob d'Oria zum Jahr

1293: „Es begannen innerhalb und außerhalb der Stadt die Mörder, Uebelthäter und Verräther der Gerechtigkeit immer häufiger zu werden; denn zur Zeit des gedachten Podestà verwundeten und tödteten sie einander Tag und Nacht mit Schwertern und Wurfspießen" *. So war die Welt, in welcher Dante lebte, und der er durch die Kaiserherrschaft den Frieden, die irdische Seligkeit bringen wollte! so der Boden, auf welchem das Bild der Hölle in ihm reifte! — Wieder und wieder bricht neben der ruhigen Hoheit Virgils der heilige Zorn seines Schützlings in lohe Flammen aus; nur im Paradies, wo ihm Jener nicht mehr zur Seite wandelt, hält es Dante, bedeutsam genug für die Stimmung der jetzt eben erst zum Himmel erhobenen Seele, angemessen, dergleichen Ausbrüche in der Regel von sich ab in den Mund Anderer zu verlegen. In Bezug auf Virgilen aber ist zu bemerken, daß dieser sich zwar von der blitzeschleudernden Sprache seines Begleiters, gemäß dem von ihm im Allgemeinen behaupteten Charakter stiller, priesterlicher Würde und Weisheit, fern hält, jedoch, wie es dem Führer durch das Geisterreich gebührt, auch häufig genug sich sehr männlich und kraftvoll vernehmen läßt, wie denn seine erhabene Aufforderung an Dante, nach Ruhm zu streben, d. h. im Zusammenhang der Textworte zunächst eine steile Felsenhöhe unverzagt empor zu klimmen, bereits früher angeführt worden (S. 57). Nach den schon mitgetheilten Versen fährt er an jener Stelle fort:

„Weit läng're Steigen ziemt's hinauf zu kommen:
Nicht g'nüget es von dieser sein geschieden.
Verstehst du mich, thu so, zu deinem Frommen!"

Auf stand ich, zeigend weniger Ermüden
Und mehr des Odems, als ich wirklich fühlte,
Und rief: „Stark bin ich, aufwärts von da nieden!"
(Hölle XXIV, 55 ff.).

Ebenso ruft er seinem Schutzbefohlenen gleich im zweiten Gesang der Hölle, als dieser vor der furchtbaren Wanderung durch das Jenseits erbebt, zu:

„Was also ist's? warum noch säumst du bang?
Was hegst du solche Niedrigkeit im Herzen?
Was hast du Freiheit nicht? nicht Thatendrang?

Wie er jedoch hier selbst zum Kühnsten auffordert, sobald das Wagniß dem göttlichen Weltplan nicht widerstreitet, so ist er, und der hierin mit ihm ganz einverstandene Dante, gegen jede, wenn auch an sich aus edeln und ruhmwürdigen Gründen hervorgegangene Kühnheit, durch welche gegen die dem

* Philalethes zu Hölle XXXIII, 153.

Menschen von Gott gesetzten Schranken angekämpft wird. Es ist als hätte der Verfasser der Divina Commedia die von ihm höchst eigenthümlich abgeänderte Sage von Odysseus, wonach derselbe auf der südlichen Erdhälfte bis in den Gesichtskreis des entflohenen irdischen Paradieses, oder zunächst des dasselbe tragenden Berges vordringt, welche beide kein von Gott hiezu nicht besonders ermächtigter Lebender sehen soll, erfunden um den strafwürdigen Gegensatz zu seiner — Dante's — eigenen Wanderung nach jenem Berg zu zeigen, wobei er sich an das Beispiel, das ihm Virgils Schriften gaben, noch besonders anlehnen konnte, sofern auch dieser seinen Aeneas kühn in die den Lebenden verschlossene Unterwelt hinabdringen läßt, während er das Befahren des Meeres (Eklog. IV, 32; Georg. II, 503) als etwas Vermessenes, den uns gesetzten Grenzen fast frevelhaft Widersprechendes darstellt; ebenso Horaz (Od. I, 3, 21) und die antiken Dichter überhaupt. Sei es erlaubt, diese Sage, die schon um ihrer Eigenthümlichkeit willen in einem Bericht über die Göttliche Komödie nicht übergangen werden darf, hier noch einzuschalten. Dante hat in der achten Bulge, wo die bösen Rathgeber umherwandeln, eine wandernde Doppelflamme erblickt und von Virgil erfahren, daß Diomedes und Ulysses, die vereint durch bösen Rath gesündigt, sich in derselben befänden. Er will mit denselben sprechen, Virgil aber sagt, er solle ihm, dem hiezu Tauglichern, das Wort an Jene lassen, und auf Aufforderung des römischen Dichters beginnt nun Ulysses also:

Als ich von Circe weg, die mich verweilte
Ein Jahr und länger bei Gaëta, eh'
Aeneas diesen Namen dort ertheilte*,

Mocht' Zärtlichkeit zum Sohn nicht, nicht das Weh
Des greisen Vaters, nicht die schuld'ge Liebe,
Die trösten sollte die Penelope,

In mir noch obzusiegen jenem Triebe,
Den ich zur Schau des Weltalls, eingesogen
Und wie der Mensch so Sünd' als Thatkraft übe.

Ich warf mich in des Meeres off'ne Wogen
Allein mit einem Schiffe und dem Rest
Der Freunde, die mit mir einst ausgezogen.

Die Ufer all' sah ich im weiten West,
Spanien, Marokko und Sardiniens Au,
Und andre Länder, die dies Meer benäßt.

---

* Aeneas benannte einen Hafenplatz nach seiner Amme Cajeta, woraus später Gaeta ward.

Ich und die Freunde waren fast schon grau,
Als wir gelangt zur Mündung jener Enge,
Wo Herkules gethürmt den Doppelbau,

Daß Menschenkraft nicht weiter vorwärts dränge:
Rechts war Sevilla hinter uns gebracht,
Zur Linken Ceuta's weiße Uferhänge.

„O Brüder," rief ich, „die so kühn ihr bracht
Durch tausend Schrecken bis zum Occident,
Verwendet jetzt die kleine Abendwacht *

„Der Sinneskraft die uns noch ist gegönnt,
Dem Weg der Sonne folgend zum Erspähen
Der Welt, die von den Menschen ist getrennt.

„Gedenket jetzt an eures Ursprungs Höhen:
Nicht für der Thiere Bahn seid ihr entsprossen;
Der Tugend nach sollt ihr, dem Wissen gehen."

Und zu der Fahrt hatt' ich in die Genossen
Durch dieses Wort geworfen solches Feuer,
Daß nichts von ihr sie jetzt hätt' ausgeschlossen.

Rasch ostenwärts gewendet unser Steuer **
Durchflogen wir die Fluth mit thör'ger Schnelle,
Und westwärts ward die See uns frei und freier.

Vom andern Pol schon sah bei Nacht ich helle
Die Sterne all', und unsern Pol so tief,
Daß er nicht aufstieg ob der Meereswelle.

Fünfmal erneut ward und fünfmal entschlief
Am untern Theil des Mondes unsre Leuchte *2,
Seitdem auf die verweg'ne Bahn ich rief,

Als unser Spähblick einen Berg erreichte,
Bleich in der Ferne, der von solcher Höh'
Wie keiner, den wir je geseh'n, uns däuchte.

Wir jauchzten drum, doch unsre Lust ward Weh,
Weil jach ein Wirbelwind vom neuen Land
An's Vordertheil des Schiffes schlug die See.

---

* A questa tanto picciola vigilia
De vostri sensi, ch'è di rimanente etc.

** D. h. also nach West, eigentlich Südwest die Fahrt gerichtet

10

Dreimal im Kreis zusammt der Fluth er's wand,
Dann senkte sich der Schnabel, und das Steuer
Stieg hoch auf, wie's gebot ihm eine Hand *,
Und ob uns schloß sich dicht des Meeres Schleier
(Hölle XXVI, 91 ff.).

Und so kann man endlich, will man das halb verwandtschaftliche, halb gegensätzliche Verhältniß zwischen Beatricen und Virgil noch unter einer weitern Erscheinungsform auffassen, in Jener das Christenthum, in Diesem das Heidenthum erblicken. Beide Richtungen sind in Dante's Seele, so wie er dieselben auffaßt, vorhanden, denn das Heidenthum, selbst dessen Mythologie, gilt ihm als vollkommen berechtigter Bestandtheil der Menschenentwickelung, man könnte fast sagen — wenn er selbst auch diesen modernen Ausdruck nirgends gebraucht — als nothwendiger Durchgang zum Christenthum. Ueberall stellt er die heidnischen Mythen keck neben die christliche Offenbarung, wie die eben berührte, von ihm veränderte, aber keineswegs dem Christenthum angenäherte Sage von Odysseus; ja er achtet es, mindestens da, wo er den Namen Gottes und Christi auszusprechen für unziemlich hält, wie in der Hölle und den niedern Gegenden des Läuterungsberges, für keine Entweihung, Jupiter, Phöbus u. dgl. an deren Stelle zu setzen. Die Weisheit des Aristoteles steht ihm über aller Weisheit, die von Christen ausgegangen, soweit diesen die Offenbarung nicht zu Hülfe kam; derselbe ist ihm der Philosoph der Philosophen, dem die Natur ihre Geheimnisse eröffnet hat; der Führer des Lebens und der menschlichen Vernunft (Convito). Die ganze Gegenwart mit ihren Rechten und Einrichtungen wurzelt für Dante noch in der Geschichte, ja selbst in den Sagen der heidnischen Völker, wie z. B. in der Sage von Aeneas u. s. w., und vollends das von dem heidnischen Cäsar ausgegangene, von dem heidnischen Virgil besungene Kaiserthum ist unsrem Dichter, wie wir gesehen, geradezu eine göttliche Anordnung.

Was sieht er nun aber, um zu einer neuen Frage überzugehen, als Hauptfrucht des von ihm so heiß gewünschten Kaiserthumes an? Zunächst für Italien Einheit, Freiheit, Macht und sittliche Wiedergeburt durch Niederhaltung der Parteien und Bändigung der Einzelstaaten. Dies spricht er deutlich auf dem Läuterungsberg in jener zornflammenden Klage über die Zerrissenheit und Unmacht des entsittlichten und durch Zwingherren gedrückten Landes aus, welche Zustände lediglich durch die Abwesenheit der Kaiser entstanden seien. Und in der That scheint in dem mittelalterlichen Italien, gerade wie in dem alten Griechenland, hart neben einer oft auf die höchste Spitze getriebenen Neigung zur Demokratie, in einzelnen, gewandten und kraftvollen Charakteren eine eben so starke Neigung zur Unterdrückung der Mitbürger und zur Vernichtung jedes

* D. h. die Hand Gottes, dessen Name in der Hölle nicht genannt werden darf.

rechtlichen Zustandes hergegangen zu sein. An einer andern Stelle sagt der Dichter in Bezug auf die sittliche Verschlechterung einzelner Landestheile (Trevisaner Mark, Lombardei und Romagna):

> Man pflog im Land, so Po und Etsch durchwallen,
> Sonst Männermuth und Adelssinn zu finden,
> Eh' Friedrich ward von Gegnern angefallen:
>
> Jetzt könnt' sich Jeder sicher durch dort winden,
> Der es aus Scham vermiede, ein Gespräch
> Mit irgend Wem, der gut ist, anzubinden (Fegef. XVI, 115 ff.).

Wirklich „erblicken wir am Ende des 13. Jahrhunderts, kaum ein Menschenalter nach dem Tode des Kaisers Friedrich, fast in allen Städten Lombardiens eine Zahl kleiner Tyrannen, welche, Anfangs besoldete Beamte und Träger der Volksgewalt, bei dem erschlafften Freiheitssinn der Städte *Signori* geworden, vereint gegen diejenigen Gemeinwesen standen, welche sich noch frei erhielten“ *. — Für die ganze Menschheit aber will Dante, wie er in der Schrift über die Monarchie ausspricht, durch jenes Weltkaiserthum ungefähr das Gleiche gewinnen, wie für Italien, nämlich Frieden, Gerechtigkeit und Freiheit, in Bezug auf welch letztere er den Ausspruch jenes großen deutschen Königs anticipirt, der ihm schon in der ersten Vorlesung vorübergehend an die Seite gestellt wurde. Der Kaiser, sagt er, ist nur der Diener der Menschheit. „Das menschliche Geschlecht ist einzig unter einem Monarchen sein selbst wegen und nicht eines Andern wegen da ...... Denn wenn Consul oder König hinsichtlich des Wegs die Herren der Uebrigen, sind sie hinsichtlich des Ziels die Diener der Uebrigen, und Das gilt zumal *von dem Monarchen*“ (im Gegensatz zum Consul), „der ohne Zweifel für den Diener Aller zu halten ist“ **. Dieses Kaiserthum, will Dante, soll vom Papst gänzlich unabhängig sein, denn es wurde *vor der Kirche* von Gott eingesetzt und hatte während der Nichtwirksamkeit derselben schon seine volle Kraft, wie Dessen Christus und die Kirche selbst zum Beleg dienen können. Jener, indem er sich einerseits unter Augustus zur Menschwerdung herabließ und dem Befehl zur Schatzung des Erdkreises Folge leistete, andrerseits sich bei seinem Tode dem Gericht des Kaisers Tiberius in der Person von dessen Stellvertreter Pilatus unterwarf (eine Beweisführung, die wir auch in der Divina Commedia dem Justinian in den Mund gelegt fanden); — die Kirche aber, indem der Apostel Paulus ausdrücklich an den Kaiser appellirt und der Engel des Herrn ihm gesagt habe: „fürchte dich nicht, du mußt vor den Kaiser gestellt werden“, was er nicht hätte sagen können,

* *Barthold* a. a. O. I, S. 61.
** Ueber die Monarchie, Buch I, nach *Kannegießers* Uebers.

wenn Letzterer nicht schon damals von Gott das Recht gehabt, alle weltlichen Händel zu richten *.

Dante fordert vollständige Freigebung des Staates von der Kirche, er will schlechthin nichts von einem s. g. christlichen Staate wissen, aber er unterscheidet sich von Denjenigen, welche diese Forderung in unsern Tagen geltend machen wollen, dadurch, daß er diejenige Staatsform, die er als die einzig zweckmäßige ansieht, nämlich die Weltmonarchie, unter deren Leitung nach seinem Dafürhalten auch Republiken stehen können und sollen[83], ebenfalls als göttliche Anordnung betrachtet, gegen welche anzukämpfen ein so großer Frevel sei, als die Auflehnung gegen die Kirche. Letztere, unter Oberleitung des Papstes, gilt ihm in gleichem Grade als heilig, und jede Ketzerei und Glaubenssonderung als verpönt; aber er bestreitet ihr jedes Recht zu weltlicher Herrschaft, ja er betrachtet, wie wir aus der Reihe der ihm im irdischen Paradies vorgeführten allegorischen Bilder über die Kirche ersehen, das Papstthum, seit es zu dieser weltlichen Herrschaft gelangte, d. h. seit der angeblichen Schenkung Constantins bis zur Verlegung des heiligen Stuhls nach Avignon, als in fortschreitender Entartung begriffen **. Darum, scheint es, versetzt er nicht einen einzigen Papst in den Himmel[84], während er, wie wir gesehen, mehrere in die Hölle verstößt. Seine für alles Große und Gewaltige so empfängliche Seele nimmt an dem weltlichen Besitz der kirchlichen Oberhirten solchen Anstoß, daß ihm von all' den mächtigen Gestalten, welche von Gregor VII. bis Innocenz IV. den päpstlichen Thron einnahmen, auch nicht eine einzige ein erwähnendes Wort abzunöthigen vermag. Nur den schon angeführten unbedeutenden Adrian V., welcher kaum etwas über einen Monat auf dem heiligen Stuhl saß, und erst dort das Verderbliche der Habsucht, der er sich bisher hingegeben, erkannte, findet er auf dem Läuterungsberg, mithin als künftigen Himmelsbewohner, auf dem Boden, das Antlitz der Erde zugewandt, liegen. Derselbe sagt ihm:

Nur einen Mond fühlt' ich, so wuchtig werde
Die Purpurtracht Dem, der sie wahrt vor Koth,
Daß flaumleicht schein' jed' andre Last der Erde.

Nur kurze Zeit zur Umkehr sich mir bot,
Doch als das Hirtenamt mir ward beschieden,
Erkannte ich dies Leben voller Tod.

Ich sah daß dort das Herz hat nimmer Frieden,
Und höher niemals steigt in solchem Leben,
Drum wandt' ich mich zum bessern von hienieden.

---

* Vgl. Wegele S. 286.
** Ebend. S. 438.

Schnöd war bis dahin meiner Seele Streben,
Von Gott geschieden, nur dem Staub vereint;
Jetzt bin ich drum der Strafe hingegeben.

Der Habsucht eignes Thun ist's, was erscheint
Hier in der Seele harten Läuterungen;
Und keine Buß' gibt's, drob man bitterer weint.

Wie unser Blick sich vormals nie geschwungen
Zur Höh, nur suchend niedern Erdenraub,
So wird er auf den Boden jetzt gezwungen;

Wie Geiz für jede Lieb' zum Guten taub
Uns machte, daß das Leben schmucklos schwand,
Drückt jetzt Gerechtigkeit uns hier in Staub.

Gebunden und umschnürt an Fuß und Hand
So lang' es des gerechten Herrschers Wille,
Sind regungslos wir nun hieher gebannt (Fegef. XIX, 103 ff.).

Neben Adrian wird auch noch des nicht viel bedeutendern Papsts Martin IV., als eines auf dem Läuterungsberg Anwesenden, gedacht. Dieser hat sich nicht von Habsucht, sondern von Schlemmerei zu reinigen, denn er war an Uebermaß von Fettigkeit gestorben und hatte Aale, um sie wohlschmeckender zu machen, in Bolsener Wein ersticken lassen. Zur Buße ist ihm das strengste Fasten auferlegt, das bei ihm, der als Schatten körperlicher Nahrung nicht mehr bedarf, freilich nur auf magischem Weg geschehen kann:

Der jenseits dort, noch mägrer als die Andern,

Schloß einst die Kirche in die Arme ein;
Er war von Tours und reinigt sich durch Fasten
Von den bolsener Aalen in dem Wein (Fegef. XXIV, 21 ff.).

Wendet sich übrigens unser Dichter schon von jenen mächtigen Herrschergeistern ab, so imponirt seiner lichtverwandten Natur noch viel weniger der wirkliche Materialismus der Kraft, mag sie in noch so titanenhafter Form erscheinen,

Weil, wo des Geistes Scharfblick sich verbindet
Mit bösem Willen und mit ird'scher Kraft,
Jedwede Schutzwehr dann der Menschheit schwindet
(Hölle XXXI, 55 f.).

Hätt' er in unsrer Zeit gelebt, er würde den Riesen, der auf St. Helena starb, nicht blos wegen seiner Gewaltschritte gegen Papst und Kirche, sondern auch wegen des vorherrschend elementarischen Zugs in seiner welterschütternden Seele, in den Abgrund versetzt haben.

Sechste Vorlesung.

Der Gestalt Virgils schließt sich am nächsten diejenige des römischen Dichters Statius an, welchen Dante, einem schon erwähnten, damals allgemein verbreiteten Irrthum gemäß, für einen Christen hält. Er tritt im Augenblick auf, wo, infolge der in ihm selbst vollendeten Läuterung, der Berg des Fegefeuers bis zum untersten Grund gebebt hat, und trägt, dem ersten Ansehn nach, hinter seiner unmittelbaren Persönlichkeit keine allegorische Bedeutung, sondern soll, wie es scheint, nur diejenige Virgils stärker hervorheben. Je höher nämlich dieser mit seinem Schutzempfohlenen am Reinigungsberge emporsteigt, d. h. je geläuterter in Letzterem die überirdische Natur hervortritt, um so weniger vermag die von dem Nichtchristen Virgil repräsentirte, blos irdische Einsicht ihm für jede Frage, die sich ihm aufdrängt, zu genügen. Immer bleibt ihm der Sänger der Aeneide noch ein höchst werthvoller Begleiter, veranlaßt und stärkt ihn noch für sich allein zu den wichtigsten Schritten, wie z. B. zum Durchschreiten des reinigenden Feuergürtels, welcher das irdische Paradies umschließt, eine That, vor welcher die sterbliche Natur erbebt, wozu sie aber doch die Kraft findet, wenn sie sich im Innersten zusammennimmt, und sich durch die Vernunft (Virgil) erinnern läßt, daß sie nur auf diesem Weg zu ihren höchsten Zwecken gelange. — Wie es scheint, will der Dichter damit andeuten, der Mensch habe schon im eigenen Busen das Vermögen, um irgend eines großen Entschlusses willen sein irdisches Selbst gänzlich zu überwinden und so wenigstens momentan in das von den Banden der Sterblichkeit freie irdische Paradies zurückzukehren, wohin ja auch Virgil, obwohl er der höhern Gnade nicht theilhaftig, voranschreitet, und über welchem die Sterne jener vier Tugenden stehen, die, selbst auf ihrer höchsten Höhe, durch bloße Menschenkraft erreichbar sind. Aber in der immer geistiger werdenden Natur Dante's (der übrigens, wie wir gesehen, nicht durch die Vernunft, sondern durch die Erinnerung an Beatrice zum Durchschreiten des Feuers bewegt wird) erwacht ein immer stärkerer Wissensdurst, welchen die blos irdische Einsicht, d. h. Virgil, nicht zu stillen vermag, so daß es von diesem einmal heißt:

> Und er: „was die Vernunft kund thut dem Staube,
> Kann ich dir sagen; Beatricens warte
> Für's Weitere, weil dazu Noth der Glaube" (Fegef. XVIII, 46 f.).

Und so bedarf es endlich des vom Christenthum zur höhern Anschauung geweihten Statius, in Bezug auf welchen Virgil zu seinem Schützling sagt:

> Doch daß du mögst von deinem Durst gesunden,
> Sieh Statius; den ruf' ich an und bitt' ihn,
> Daß er der Heiler sei für deine Wunden (Fegef. XXV, 28 f.).

Dabei scheint es nach Dem, worüber dieser nun Auskunft gibt, Dante wolle durch ihn vor Allem die vom Christenthum erleuchtete Philosophie, z. B. die Lehre des Thomas von Aquino, zur Sprache bringen *. Die Einleitung in Das, was in erwähnter Beziehung der neue Ankömmling über die Entstehung des Menschen sagt, trägt einen etwas scholastischen Anstrich, doch kommt darin das schon (S. 63) angeführte, eben so schöne als sinnreiche Gleichniß über die Bildung der Seele im ungebornen Kinde vor, ein Ausspruch, der freilich dem heidnischen Virgil, nach Dem, was in der Aeneide (VI, 724 ff.) und in dem Gedicht über den Landbau (IV, 220 ff.) von dem Alles durchströmenden göttlichen Lebensgeiste gesagt wird, eben so gut, oder besser hätte zugewiesen werden können, als dem Verfasser der Thebais. Ja wenn Ersterer noch eben vorher auf Dante's Frage, wie denn die Seelen der Schlemmer, welche er von ganz abgezehrtem Ansehn gefunden, abmagern könnten, da das Bedürfniß der Nahrung hier nicht mehr vorhanden sei, die wenn nicht genügende, doch immerhin sehr sinnige Antwort gegeben:

> „Besännest du dich, daß einst Meleager
> Durch eines Scheits Verbrennen ward verzehrt,
> So faßtest besser du, wie Jene hager;
>
> „Und dächt'st du, wie durch euer Abbild fährt
> In einem Spiegel euer leicht'stes Zucken,
> So würd' dir eh'r, was schwer dich deucht, erklärt"
> (Fegef. XXV, 22 ff.) —

so begreift man wirklich nicht, warum Virgil hievon noch Einsicht haben soll, nicht aber von Dem, was gleich drauf Statius vorbringt, es müßte denn sein, weil jenes Abmagern auf gleichsam magischem Wege geschieht und so von dem heidnischen Geiste eher durchschaut werden kann, Das aber, was Statius vorträgt, auf der legitimen, nur dem geläuterten Blicke vollkommen faßbaren Bahn der Natur erfolgt! Und so hat denn die Figur des Letztern, welche Danten durch den Feuergürtel, wie durch das irdische Paradies begleitet und zuletzt noch gemeinsam mit ihm von dem Wasser der Eunoë trinkt dann aber plötzlich für den ganzen weitern Verlauf des Gedichtes keine Erwähnung mehr findet,

---

* Philalethes zu Fegef. XXV, 29.

überhaupt keine rechte Nothwendigkeit in sich selbst, und erinnert ein wenig an den allenthalben im Gefolge des Aeneas erscheinenden überflüssigen fidus Achates in dem virgilischen Epos. Die Belehrung über Dinge, welche nur ein Christ zu durchschauen vermag, eine Belehrung die, streng genommen, Statius nicht einmal ertheilt, konnte, wie Dante selbst andeutet, bis zum Zusammentreffen mit Beatricen verschoben bleiben, und die herrliche Stelle über das Erzittern des Läuterungsberges, wenn eine büßende Seele wahrhaft wiedergeboren worden, ließ sich sehr leicht durch eine andere Vermittelung als die des Statius anbringen, so daß es fast scheint, der in Allem so umsichtige und planvolle Schöpfer der Divina Commedia habe Jenem denn doch noch irgend eine, bis jetzt dem Scharfsinn der Ausleger entgangene allegorische Bedeutung unterlegen wollen.

Cato, der Hüter des Läuterungsberges, scheint in allegorischem Sinn den vollendeten, von jeder Selbstsucht unberührten freien Willen und somit den vollendeten irdischen Menschen darzustellen, wie Beatrice den vollendeten himmlischen Menschen darstellt, in welcher Beziehung Dante selbst im Convito (IV, 28) sagt: „Welcher irdische Mensch war würdiger Gott zu bezeichnen, als Cato? gewiß keiner.“ „Unter seiner Obhut reinigen sich die Geister“ (Fegef. I, 65 f.), d. h. gelangen wieder zur Fähigkeit des freien Entschlusses (vgl. die aus Fegef. XXI, 61—67, S. 61 beigebrachte Stelle). Er selbst bedarf einer solchen Läuterung nicht. Gäb' es nur Menschen wie er und Beatrice, so wär' eine Divina Commedia, d. h. eine Schilderung, wie sich die Seele aus dem Dunkel zum göttlichen Licht erhebt, ein Unding; dann brauchte es auch keines Kaiserthums und keiner Kirche. Das Reich Gottes, welches durch das Kaiserthum in den irdischen Verkehr der Menschen erst eingebracht werden soll, wäre schon von selbst da, und in Bezug auf das himmlische Vaterland würde solch klares Gottbewußtsein in allen Seelen vorhanden sein, daß, seit Christus die Welt erlöst hat, alle an ihn Gläubigen ohne kirchliche Vermittelung, ja, da sie sich von nichts zu reinigen hätten, überhaupt sogleich nach dem Tod in die ewige Seligkeit eingehen würden, wie denn Beatrice nach des Dichters Ansicht nicht im Fegefeuer gewesen zu sein scheint (S. 62), eine Annahme, wofür sich vielleicht auch noch die Worte, die sie im zweiten Gesang der Hölle zu Virgil sagt, falls dieselben sich nicht blos auf den verklärten Zustand der Sprechenden beziehen, beibringen ließen:

> Gemacht hat Gott mich so in seinen Gnaden,
> Daß weder euer Leiden mich berührt,
> Noch jenes Brandes Flamme mir kann schaden (91 ff.).

Wichtiger für die Deutung des Ganzen sind die drei wilden Thiere, der Pardel, der Löwe und die hungrige Wölfin, welche Danten gleich beim Beginn des Gedichtes den Weg vertreten, und vor denen er bei Virgil Schutz sucht.

Dieselben erweisen sich zunächst als dem Propheten Jeremias entnommen, welcher 5, 6 sagt: „Darum wird sie der Löwe aus dem Wald überfallen, der Wolf am Abend sie zerreißen, und der Pardel, auf ihre Städte lauernd, Alle fangen die hinausgehen" (Vulgat.). Der ihnen unterliegenden Bedeutung nach haben wir sie zwar, wie sich versteht, rein sinnbildlich zu fassen, d. h. sie bezeichnen nicht, wie Beatrice, Virgil, Mathilde, Cato u. s. w. an sich, sondern blos als Träger des in sie gelegten Gedankens etwas, gehören also in dieser Hinsicht, wie bei einer Thiergestalt selten anders möglich sein wird, nur der niedern Allegorie an, haben aber als solche, scheint es, einen mehrfachen Sinn, der zu großen Streitigkeiten über die richtige Auslegung Anlaß gegeben. Ehe wir zu diesem Sinn gelangen, sei eine kurze Bemerkung über die hier herrschende Allegorie im Allgemeinen vorausgeschickt. Daß der Anfang der Divina Commedia rein allegorisch zu nehmen, darüber wird kein Mensch, der das Gedicht liest, auch nur einen Augenblick im Zweifel sein. Wer, der vom Verirren in einem wirklichen Wald spräche, würde beginnen:

Auf unsres Lebens halb zurückgelegtem Pfad
Sah einen dunkeln Wald ich mich umgeben,
Weil ich verirrt vom rechten Wege trat:

Ach, wie so schwer läßt sich zu Wort erheben,
Wie rauh, verwachsen, wild er mir gedroht,
Daß in Gedanken sich erneut das Beben.

Nur wenig bitterer ist selbst der Tod;
Doch um vom Heil, das da ich fand, zu sprechen,
Meld' ich was sonst sich dort dem Auge bot (Hölle I, 1 ff.).

Der Dichter setzt uns damit sogleich darüber in's Klare, daß jene in der Folge erscheinenden drei Thiere gleichfalls nicht als wirklich zu nehmen sind, und unstatthaft ist daher der Vorwurf, es sei unnatürlich, daß Jener im Augenblick, wo er von einer oder zwei reißenden Bestien bedroht werde, Demjenigen, an welchen er sich um Beistand wende, zurufe: „hilf mir, seist du ein Schatten oder wirklich ein Mensch!" — nicht minder unnatürlich sei, daß während die Gefahr noch fortdaure, der gewesene Mensch Danten nun weitläufig erzähle, woher er, der Schatten, auf Erden gestammt und was er besungen habe, worauf der von den Thieren Bedräute, ebenso unpassend für solchen Moment, in eine längere Lobeserhebung des in dem Schatten erkannten Virgil ausbreche. An Anspruch der Erzählung auf Wirklichkeit der hier geschilderten Verhältnisse ist nimmermehr zu denken; im Gegentheil aber liegt etwas Großartiges, an die Selbstkraft des Prophetenthums Erinnerndes darin, daß der Dichter den Leser des Gedichts, das in der Folge so mächtig, so erschütternd über das greifbare

Leben hinstreift, entgegen allen andern Dichtungen, die auf wirkliches Leben abzielen, ohne vorgängige Zurechtweisung, sondern als müss' es nun eben so sein, schon mit dem ersten Wort zu sich in ein Geisterreich erhebt, wie er auch am Schluß des Paradieses mit keiner Sylbe erwähnt, wie er von dort zur gemeinen Welt zurückgekehrt sei. Nur die dichterische, nicht die reale Anschauung hat für ihn ein Recht auf Anerkenntniß. — Der Wald bedeutet, nach einer damals üblichen, schon von Augustinus gebrauchten* Bezeichnung, die Welt, die Thiere aber zunächst ohne Zweifel die drei Hauptsünden, die das ganze Mittelalter hindurch vorzugsweise aufgezählt und auf welche die sieben, auf den sieben Abstufungen des Läuterungsberges abzubüßenden Todsünden zurückgeführt wurden**, nämlich der Pardel die Ueppigkeit oder Sinnenlust, der Löwe den Hochmuth, die trotzige Selbstüberhebung, und die Wölfin die Habsucht. In Bezug auf die beiden letzten Thiere begreift sich diese Allegorie leicht, wie denn schon im siebenten Gesang der Hölle, V. 8, Plutus, der dem Abgrund angehörige Gott des Reichthums, „verfluchter Wolf" genannt wird. Seine Gaben flößen nicht Befriedigung, nur neue Habgier ein:

Denn alles Gold, das unterm Mond hienieden
Ist oder war, von diesen müden Seelen
Gäb' es nicht einer einz'gen ihren Frieden (ebend. 64 ff.).

Schwerer sieht sich ein, wie der Pardel die Sinnenlust bedeuten solle. Derselbe, die kleinere Art des Panthers, ist jedoch in den Darstellungen der Alten das bacchische Thier***, eine Bedeutung, die sich auf Dante's Zeit vererbt zu haben scheint, wie Dies bei den noch unter der Herrschaft des Christenthums fortdauernden, ja bis heute nicht ausgestorbenen Nachklängen der heidnischen Bacchusfeier in Italien** sich auch ganz wohl denken läßt. Am gefährlichsten von den drei Ungethümen ist nach Dante die Wölfin, d. h. die Habsucht; sie scheucht ihn, nicht weil sie etwa, wie die beiden andern Triebe, in ihm selbst vorhanden wäre, sondern weil sie in seinen Feinden vorherrscht, wieder in die Nacht des Waldes, „wo die Sonne schweiget", zurück. Sie ist die verbreitetste Sünde, wie z. B. Fegef. XX, 7 ff. ausgesprochen wird, wo der Dichter der großen Menge Derer, welche für Habsucht büßen, ausweicht:

Die Schaar, aus deren Augen tropfend floß
Das Weh, das all' der Welt zur schwersten Wucht,
War's die den Weg am äußern Rand uns schloß.

---

* Wegele a. a. O. S. 323.
** Wegele S. 325.
*** Wegele S. 327.

O sei, uralte Wölfin du, verflucht,
Die mehr als alle andern Thiere raubt,
Mit deiner endlos, bodenleeren Sucht!

O Himmel, in deß Kreislauf, wie man glaubt,
Der Dinge Stand hier unten sich verändert,
Wann kommt Der, der dies Unthier trifft auf's Haupt?

Ebenso zweifellos als diese ethische Bedeutung der genannten Thiere scheint aber auch die zweite, zuerst von *Rossetti* nachgewiesene, oder doch mit neuen Gründen belegte, wonach zunächst der hell und dunkel gefleckte Pardel die in die Parteien der Weißen und Schwarzen getheilte, unruhige Demokratie in dem nach Parad. XV, 100 ff. sehr üppig gewordenen Florenz bezeichnet. Ohne diese in das Sinnbild der Ueppigkeit hineingelegte zweite Bedeutung ist es kaum begreiflich, wie Dante in Bezug auf das erwähnte Laster sagen könne:

So daß mir Anlaß war zu gutem Hoffen [66]
Bei diesem Thier mit lustig buntem Felle (Hölle I, 41).

Bezeichnet aber der Pardel zugleich die Stadt Florenz, so geben dem Dichter die hellen Flecken desselben als Abzeichen seiner Partei, d. h. der Weißen, oder auch das friedliche Nebeneinanderstehen von Schwarz und Weiß auf dem Pardelfell, Hoffnung. In dem gleichen Bilde mit gleicher Bedeutung bleibend sagt er in der schon in der Verbannung geschriebenen neunzehnten Canzone *:

Und wenn nach Schicksals Urtheil oder Zwang
Der Weltlauf *schwärzt* mit Grau'n
Blumen, die *weiß* zu schau'n,
Doch ist zu preisen wer erliegt mit Frommen —

d. h. wenn auch in Florenz (der Blumenstadt, nach der eigentlichen Bedeutung des Namens) die Schwarzen jetzt unter Gräueln zur Herrschaft gekommen sind, und die weiße Partei sich völlig in der schwarzen aufgelöst hat, so ist Der, welcher mit Edeln und Reinen fällt, doch immer zu preisen.

Der Löwe bezeichnet nach jener zweiten Bedeutung das den vaterländischen Bestrebungen Dante's so gefährliche französische Königshaus, welches dieses Thier neben den Lilien im Wappen führte, wie denn unser Dichter in solch heraldischer Beziehung in der schon angeführten Stelle den Bruder des Königs von Frankreich spöttisch einen *Löwen* nennt, der es nicht werde aufnehmen können mit dem Zeichen des Adlers:

---

* Nach *Fraticelli's* Zählung; nach *Kannegießers* Uebers., welcher die nachfolgenden vier Zeilen der Canzone entnommen sind, in der dreizehnten.

Nicht fallen wird's durch diesen Karl, den Neuen,
Und seine Guelfen; nein, er fürcht' die Klauen,
Die abgestreift das Fell schon stärkern Leuen (Parad. VI, 106 f.).

Die hungrige, gierige Wölfin endlich bedeutet in jenem zweiten Sinn das entartete, nach weltlichem Besitz lüsterne Papstthum, das als solches von dem Dichter gehaßt wird und seinerseits ihm feindlich entgegentritt. Die Belegung desselben mit diesem Namen oder dem eines Wolfes kommt in Dante's Schriften und in denen der damaligen Zeit überhaupt sehr häufig vor, wie z. B., um nur Eine Stelle anzuführen, im neunten Gesang des Paradieses, V. 130, von Florenz, wo die Blumen, d. h. die schon früher erwähnten Fiorinen (Gulden) geschlagen wurden, die auf der einen Seite das Bild Johannes des Täufers, auf der andern das einer Lilie zeigten, — gesagt wird:

Das die verfluchten Blumen aufgebracht,
Die von dem Weg gelocket Schaf' und Lämmer,
Indem den Hirten es zum Wolf gemacht,

anspielend auf die schon S. 89 erwähnte Begier, mit welcher namentlich Bonifaz VIII. nach diesen Goldgulden strebte. Die männliche Bezeichnung Wolf geht häufig zugleich auf die Anhänger der weltlichen Herrschaft des Papstes, nämlich die Guelfen, wie z. B. in der früher, in Ugolino's Traum angeführten Stelle:

Mir war's, Der da, den Herrscherkleidung schmückt,
Jag' Wolf und Wölflein auf des Berges Höhen,

in welcher Anwendung die den Papst bezeichnende Habgier aus dem Bilde wegfällt und die Benennung mehr zu einem Wortspiel mit dem Namen Guelfe wird, der, von dem deutschen Welf abstammend, ursprünglich in der That einen Wolf bezeichnet, wie den damaligen Italienern wohl bekannt war. Die weibliche Bezeichnung W ö l f i n beschränkt sich dagegen mehr auf die römische Curie allein, indem wegen ihrer Buhlerei mit fremden Fürsten, vor Allen mit den französischen Königen, nebenher auf die bekannte Bedeutung des Ausdrucks für Wölfin im Lateinischen angespielt wird.

In Bezug auf diese Wölfin sagt Virgil dem Dichter, wie bereits S. 26 bemerkt worden, er müsse einen andern Weg nach dem Berge des Heiles nehmen,

Denn dieses Thier, ob dem dein Schrei erklungen,
Läßt keinen Andern ziehen seine Straße,
Nein, hemmt sie ihm, bis es ihn hat verschlungen,

Und ist der Bosheit voll in solchem Maße,
Daß nimmer seine Gierde wird ermatten:
Nur stärker ist sein Hunger nach dem Fraße!

Mit vielen Thieren sieht man es sich gatten,
Und mehr noch werden's, bis hervor einst bricht
Der Bracke, der's hinabjagt zu den Schatten.

Nicht Erde wird ihn nähren, Gold ihn nicht,
Nur Weisheit, Lieb' und edle Manneskraft,
Und zwischen Feltr' und Feltro stralt sein Licht.

Er ist's, der Heil dem Reich Italien schafft,
Für das Camilla einst den Tod empfand,
Turnus und Nisus wurden hingerafft.

Er wird das Unthier aus dem schönen Land
Von Stadt zu Stadt bis in die Hölle scheuchen,
Von wo's der alte Neid heraufgesandt (Hölle I, 94 ff.).

Wir haben bereits gesehen, daß auf diesen Retter Italiens von der es zerreißenden Habgier im Allgemeinen, wie von der weltlichen Oberherrschaft des Papstes insbesondere, in der Divina Commedia mehrmals unmittelbar und mittelbar hingewiesen wird. Unmittelbar geschieht Dies z. B. an der vorhin angeführten Stelle:

Wann kommt Der, der dies Unthier trifft auf's Haupt?

Gleicherweise Parad. XXVII, 61, wo Petrus sagt:

Die hohe Vorsicht, die durch Scipio
Für Rom gerettet einst die ird'sche Ehre,
Hilft, wie ich es erkenn', bald wieder so —

d. h. dem Zusammenhang nach: die Vorsehung wird bald die kirchliche Ehre Roms in ähnlicher Art durch einen unerwartet hervortretenden Mann retten. Ebenso endlich spricht Beatrice Fegef. XXXIII, 37 ff., nachdem der Wagen der Kirche erst in ein Ungeheuer verwandelt und dann von dem Riesen weggeführt worden:

Nicht stets wird ohne Erben sein wie heute
Der Aar, der das Gefieder ließ im Wagen,
Drob dieser ward zum Unthier, dann zur Beute.

Denn schon seh' ich die Zeit (und darf's drum sagen)
Ob der die Sterne, Gunst gewährend, stehn
Und jedes Hemmniß endlich niederschlagen,

Daß tödten wird ein fünf und fünfmal hundert zehn,
Gesandt von Gott, die Buhlin sammt dem Riesen,
Den du mit Jener freveln hast gesehn.

Ohne Zweifel liegt hier eine wirkliche Prophezeihung, wahrscheinlich eine astrologische, und vielleicht die nämliche zu Grund, auf die wir gleich nachher zu sprechen kommen werden, wie es denn solcher Weissagungen damals eine Menge gab, unter Anderm die schon erwähnte auf den Untergang Philipps des Schönen von Frankreich und seiner Söhne, auf deren Verwirklichung Dante nicht nur Fegef. XX. 95 zu hoffen scheint, wo er den Hugo Capet auf sie anspielen läßt, sondern auch an der soeben angeführten Stelle, wo der Tod des Riesen verkündet wird, der mit der Buhlerin (röm. Curie) gefrevelt habe. Was das räthselhafte „fünf und fünfmal hundert zehn" bedeute, ist für uns gleichgiltig; vielleicht das lateinische Wort DVX (Führer), zusammengesetzt aus den römischen Zahlzeichen D (fünfhundert), V (fünf) und X (zehn); wahrscheinlicher, das X als das griechische Ch genommen, die Anfangsbuchstaben von Domini Xristi Vicarius (des Herrn Christi Stellvertreter). Wichtiger sind die vorhergehenden Worte, der Aar, der das Gefieder im Wagen gelassen, werde nicht immer ohne Erben sein, d. h. der weltliche Besitz, den die Kaiser an die Kirche gegeben, werde an dieselben zurückfallen. Dante glaubte, wenn er die Zeit, wo dieser Retter kommen werde, zuletzt auch, wie wir gesehen, ziemlich in's Unbestimmte hinausschob (S. 98), doch so fest an einen solchen, daß man, wie bemerkt worden ist, annehmen darf, er sei mit dem Bekenntniß dieses Glaubens auf den Lippen gestorben. Aber Wen dachte er sich als den Mann, den er in der ersten der hier mitgetheilten Stellen, wahrscheinlich abermals nach dem bildlichen Ausdruck einer ihm vorliegenden Weissagung, einen Bracken, oder ganz wörtlich einen Windhund (veltro) nennt? Die Lösung der Frage wird besonders schwierig durch die einen mehrfachen Sinn zulassenden Worte, derselbe werde zwischen Feltro und Feltro geboren werden, oder auch er werde sein Geschlecht da haben[87], was man zunächst geographisch auffassend auf die Stadt Feltro in der Trevisaner Mark und auf den Berg Feltro in der Romagna bezog, innerhalb welcher beiden Endpunkte sich nun aber Niemand fand, der zu Demjenigen recht paßte, den Dante, wie man annahm, schon als ganz deutlich gedachte Person im Bewußtsein getragen und eben durch jene geographische Bestimmung näher habe bezeichnen wollen. Andere, die sich blos an die Prophezeihung, die hier dem Dichter vorgeschwebt haben müsse, nicht an die Person, welche der Weissagung von ihm unterlegt worden, hielten, und in dem Ausdruck Feltro nicht ausschließlich eine geographische Bezeichnung erblickten, riethen auf alles Mögliche. Unter Anderen war man späterhin so scharfsinnig, aus dem Worte Veltro durch Buchstabenversetzung das Wort Lutero, d. h. die Person des deutschen Luther herauszubringen, indem die italienische Sprache statt des th immer nur ein einfaches t setzt. Daß man in neuester Zeit unter dem von Dante verheißenen Retter halb im Scherz, halb im Ernst den Helden Garibaldi, den Bedroher der weltlichen Herrschaft des Papstes, gesehen, auf welchen der

Aufenthalt oder das Hervorgehen zwischen Feltro und Feltro selbst dem geographischen Sinne nach zur Noth angewendet werden konnte, ließ sich erwarten. Dante selbst aber dachte sich unter dem Retter offenbar keine bestimmte Persönlichkeit, wie schon aus den vorhin angeführten Worten ersichtlich:

> O Himmel, in deß Kreislauf, wie man glaubt,
> Der Dinge Stand hier unten sich verändert,
> Wann kommt Der, der dies Unthier trifft auf's Haupt?

Noch entschiedener erhellt diese Unbestimmtheit der Person aus der Unbestimmtheit der Zeit, in welche Dante endlich, wie eben erinnert worden, das Auftreten jenes Retters hinausschiebt, eine Stelle, die allem Ansehn nach von Denjenigen ganz unbeachtet gelassen wurde, welche glauben, der Dichter habe bei seiner Verheißung einen bestimmten Mann im Auge gehabt. Mitunter freilich mag ihm eine bestimmte Individualität als die von der Vorsehung zu jenem Werk erlesene vorgeschwebt haben, wie er denn in dem Brief an die Fürsten und Herren Italiens, den er vor der Ankunft Heinrichs VII. schrieb, auf diesen Kaiser als Denjenigen hinzuweisen scheint, dem ein solcher, über menschliche Kraft eigentlich hinausreichende Sieg durch göttliche Gnade und die ihr dienende Gunst der Sterne gelingen dürfte, wobei es dem Briefsteller überlassen blieb, wie er sich die räthselhaften Worte von der Geburt oder dem Geschlecht zwischen Feltro und Feltro deuten wollte. Er sagt nämlich: „Traun, wenn von der Creatur .... die unsichtbaren Dinge Gottes durch Das, was gemacht ist, mit dem Verstande erblickt werden, und aus den uns bekannten die unbekannten, so ist der menschlichen Fassung gleichfalls dran gelegen, durch die Bewegungen des Himmels den Beweger und sein Wollen zu erkennen; leicht wird diese Vorherbestimmung auch den oberflächlichen Beobachtern erhellen. Denn wenn wir ...... die Vergangenheit wieder aufdecken ...... und die Thaten der Welt wieder zu schauen uns verlangt, so werden wir sehen, daß einige derselben allerdings die Gipfel der menschlichen Tugend (d. h. Kraft) überschritten und daß Gott durch Menschen, gleichwie durch neue Himmel, Manches bewirkt habe. Denn nicht immer ja handeln wir; vielmehr sind wir bisweilen die Werkzeuge Gottes, und die menschlichen Willensäußerungen, denen von Natur die Freiheit innewohnt, werden auch, von der niedern Begierde freigelassen, zu Zeiten geleitet und, dem ewigen Willen unterthan, sind sie ihm oft dienstbar ohne es zu wissen." — „Der Sohn Gottes aber," wird gleich darauf fortgefahren, „als er menschgeworden auf Erden das Evangelium verkündigte, sprach, indem er gleichsam zwei Reiche schied, sich und dem Cäsar das Gesammte zutheilend: „„daß Jedem gegeben werde, was sein ist"" (Kap. 8 und 9 nach Kannegießers Uebers.).

Indessen wird Heinrich hier, falls das große in Aussicht gestellte Werk wirklich, wie es allen Anschein hat, die Rückgabe der weltlichen Herrschaft des Papstes an den Kaiser sein sollte, doch nicht entschieden als Derjenige angedeutet, dessen eigene That jene Entweltlichung des heiligen Stuhls sein, sondern nur als Der, unter dessen Regierung sie eintreten werde, indem Gott durch irgend einen Impuls die Gemüther, d. h. hier zunächst die Geistlichkeit, „von der niedern Begierde freigelassen, dem ewigen Willen unterthan" mache. Und so scheint sich denn Dante eben an die Prophezeihung gehalten zu haben, die in vieldeutigen Ausdrücken von irgend Einem sprach, der Italien verjüngen werde; nebenher aber ließ er sich auch wohl von einigen jener schon erwähnten Visionen bestimmen, die ihm bei seinem großen Gedicht ganz entschieden zu Vorbildern gedient. Mehrere derselben, namentlich eine in Italien selbst aus dem Kloster von Monte Cassino, kurz vor Erscheinung der ersten Partien der D. C. hervorgegangene, sprechen von der gänzlich in Verfall gerathenen christlichen Kirche und von deren Priester, d. h. also dem Papste, der vom Altar durch Teufel weggegeißelt wird und wie ein Wolf heult. Weil er sich, wird bemerkt, „wie ein Wolf nur von Erde, Wind und Raub genährt" — (man erinnere sich hiebei der ganz entsprechenden Worte Dante's, jener Retter werde sich nicht von Erde und von Gold nähren!) — „weil er zeitlebens nur nach Irdischem getrachtet, leeren Wind gepredigt und Raub geliebt, sei nun seine Stimme in die eines Wolfes verwandelt". Neben dieser verdorbenen wird auf eine „stralende" Kirche hingewiesen, die — d. h. ohne Zweifel deren Gründer — Sanctus Candidus, der heilig Reine, heiße oder geheißen habe [84]. Dabei konnte sich der Dichter, gesetzt er habe auch einen Augenblick an die Möglichkeit gedacht, Heinrich könne jene Entweltlichung des Papstes durch eigene That herbeiführen, bei reiferer Ueberlegung unter Demjenigen, der nach seiner, Dante's, eigenen Auffassung, „nur genährt von Weisheit, Liebe und edler Manneskraft", die Wölfin in ihrer doppelten Bedeutung als weltliche Herrschaft des heiligen Stuhls und als Habsucht im Allgemeinen zur Hölle scheuchen werde, doch nicht wohl einen weltlichen Helden denken, wie einen Kaiser, oder den seit 1312 zum kaiserlichen Reichsvicar in der Lombardei ernannten und das Haupt aller dortigen Ghibellinen bildenden Can grande, auf welchen Viele gerathen haben, sondern nur entweder einen Papst, der aus eigenem Antrieb dem weltlichen Besitz zu Gunsten des Kaisers entsage und zur wahren Nachfolge Christi zurückkehre, oder einen andern Geistlichen, der durch sittliche Gewalt in dem Papst und der Mehrzahl der übrigen Kleriker jene Sinnesänderung bewirke. Schon einmal habe die Vorsehung, wird Par. XI, 28 ff. bemerkt, zur Rettung der Braut Christi zwei Seelenfürsten, deren Ziel die Armuth gewesen, hervorgerufen, den heiligen Franciscus und den heiligen Dominicus, die sich Beide dem geistlichen Stand geweiht;

ja in Bezug auf Letztern wird Par. XII, 60 ausdrücklich eines zukunftkündenden Traumes gedacht, den seine Mutter kurz vor seiner Geburt gehabt. Der Traum aber, den der Dichter hier als allgemein bekannt übergeht, bestand darin, sie werde einen, eine Fackel im Maul tragenden Hund gebären, was man auf den die Kirche hülenden Feuereifer des Heiligen deutete. Dieses Sinnbild der Vertheidigung der christlichen Heerde durch einen Hund, das sonach schon zur Zeit jener Geburt (1170) nicht ungewohnt gewesen sein dürfte, ward, wie es scheint, zur Zeit Dante's häufig angewandt, denn auf einem noch vor 1330 ausgeführten Gemälde in der Kapelle dei Spagnuoli in Florenz, welches eine Ketzerpredigt des heiligen Dominicus darstellt, sieht man unterhalb dieser Scene, als beigegebenes Symbol, die Heerde Christi von Wölfen angefallen und von Hunden vertheidigt; ebenso sind in derselben Kapelle Kaiser und Papst als Hüter der Kirche abgebildet, unter ihnen die Heerde Christi von zwei Hunden bewacht *.

Das Sinnbild des bewachenden, schützenden Hundes bezeichnete also damals jedenfalls, so wie den Kaiser, auch den Papst und überhaupt einen Geistlichen. Auf einen Geistlichen aber als Hüter und Retter der Heerde wird nun in mehreren jener Visionen hingewiesen, am deutlichsten in dem Gesichte des Tundalus, der im Himmel einen noch leeren Thron sieht, und erfährt, derselbe sei für einen Mönch, der noch lebe, hergerichtet **. Der Reiniger Italiens in eigener Person konnte Letzterer freilich nicht sein, denn Tundal, ein Irländer, hatte bereits vor mindestens zwei Menschenaltern gelebt, indem der Verfasser der mittelalterlichen Encyclopädie, in welcher diese Geschichte enthalten ist, Vincens Bellovacensis, ein Jahr, nach Andern neun Jahre, vor Dante's Geburt starb [59]. Aber einwirken auf Dante's Meinung, falls in der ihm vorliegenden Weissagung nicht schon von selbst auf einen Geistlichen hingezeigt gewesen sein sollte, konnte eine solche Mönchsgestalt, in Verbindung mit jenem Sanctus Candidus der italienischen Vision, gar wohl. Auch in der letztern ruht im irdischen Paradies Einer auf einem prächtigen Lager, zu dessen Haupt und Füßen Geistliche stehen, und dessen Namen der heilige Petrus dem Seher nennt. Dieser darf den Namen nicht aussprechen, erfährt aber zugleich, daß nur Der, welcher die drei Hauptsünden, Sinnenlust, Hochmuth und Habgier, gänzlich überwunden, in das Paradies (gerade wie in der Divina Commedia!) zu gelangen vermöge ***, was ziemlich klar darauf hinzuweisen scheint, daß jener von Geistlichen Umgebene selbst ein frommer Priester sei, der die Habgier u. s. w. unter seinen Standesgenossen, und den Menschen überhaupt, einmal ausgerottet hat oder, falls das Gesicht hier Prophezeihung sein sollte, wie

* Kopisch a. a. O. S. 324, Anmerk. 60.

** Ebendas. S. 473.

*** Ebend. S. 474.

aus dem Verschweigen des Namens beinahe geschlossen werden muß, ausrotten wird. Sollten indessen jene Visionen in der angegebenen Beziehung auch von gar keinem Gewicht auf Dante gewesen sein, so konnte er doch einen sittlichen Einfluß, wie er ihn jenem Retter Italiens beilegt, fast unmöglich von einem weltlichen Machthaber, wie dem Can grande oder einem Kaiser, erwarten. Allerdings setzt er den Letztern in der Abhandlung von der Monarchie der irreleitenden menschlichen Begierde geradezu entgegen, wie ihm denn überhaupt das Reich des Kaisers so gut für ein Reich Gottes gilt, als dasjenige, dessen Stätte im Himmel ist. Aber der Kaiser begegnet den sündhaften Trieben doch nur durch äußere Gewalt, wie sich Dante hierüber sehr klar ausspricht. „Diese Endpunkte und Mittel," nämlich die Seligkeit des irdischen und des ewigen Lebens, heißt es in jenem Werk, „würde die menschliche Begierde mit dem Rücken ansehen, wenn nicht die Menschen, gleichwie Pferde, die in ihrer thierischen Unvernunft umherschwärmen, auf ihrem Wege durch Zaum und Gebiß gebändigt würden. Daher bedurfte der Mensch hinsichtlich seines doppelten Zweckes einer doppelten Leitung, nämlich des Oberbischofs, der der Offenbarung gemäß das menschliche Geschlecht zum ewigen Leben führte, und des Kaisers, der es nach philosophischer Unterweisung", d. h. in Dingen, wo die bloße Vernunft zureicht, „dem zeitlichen Glück zulenkte" *. An den Kaiser wird daher auch, nach schon angeführten Worten, die weltliche Herrschaft von dem päpstlichen Stuhl zurückfallen, „der Adler, der sein Gefieder im Kirchenwagen gelassen, wird nicht immer ohne Erben bleiben." Aber jener Rückfall wird nach Fegef. XXXIII, 51 geschehen, „ohn' Schaden so an Heerden wie an Saaten", also auf friedlichem Weg, was nur bei einem freiwilligen Verzicht des Papstes denkbar war. Hätte ein Kaiser den Papst zur Abtretung der weltlichen Herrschaft zwingen wollen, so wäre Dies nicht ohne Ströme von Blut möglich gewesen, und würde doch nicht die Habsucht in die Hölle zurückgescheucht, vielmehr die gewaltsam aus ihrem Besitz getriebene nur neu aufgestachelt haben, nicht zu erwähnen wie die Macht, welche der Kaiser auf Italien anzuwenden vermochte, damals (was Dante deutlich aus dem Beispiel Heinrichs VII. entnehmen konnte, dessen unbefriedigender Römerzug dem Abschluß der Divina Commedia lange voranging) so dürftig zugemessen war, und wie dieser Macht so energische Kräfte entgegenstanden, daß sich an ein solches Unternehmen von jener Seite her kaum denken ließ. Was aber der Kaiser nicht, das konnte noch weniger der kaiserliche Reichsvicar ausführen, abgesehen davon, daß Can grande nach Parad. XVII, 80 f. in dem für die Divina Commedia angenommenen Jahr 1300 erst neun Jahre zählte, somit die Stelle vom Windhund, wenn sie sich wirklich auf Jenen bezöge, jedenfalls erst, als der zum Jüngling

* Ueber die Monarchie, III. Gegen das Ende. Nach Kannegießers Uebers.

Herangereifte seinen Fähigkeiten nach einigermaßen beurtheilt werden konnte, in den ersten Gesang der Hölle eingeschaltet worden sein müßte. Dazu kommt endlich, daß, wie Rossetti berichtet [*], ein dem Commentar des Boccaccio noch vorangehender ungenannter Ausleger der Göttlichen Komödie, ein Zeitgenosse ihres Verfassers selbst, Denjenigen, welcher versteckt sei unter dem „Fünf und fünfmalhundert zehn, der die Buhlerin in dem Wagen tödtet" (S. 157) erklärt als: „einen Boten Gottes, der die ganze Welt zu Gott zurückführen wird, und ist derselbe der Gleiche mit Dem, von welchem er (Dante) im ersten Gesang der Hölle sagt:

„Er wird das Unthier aus dem schönen Land
Von Stadt zu Stadt bis in die Hölle scheuchen."

Hiezu bemerken, wie Rossetti des Weitern anführt, die Paduanischen Herausgeber: „diese Erklärung dürfte sich als sehr gewichtig herausstellen, wenn man erfährt, daß jener Ausleger ein Vertrauter Dante's war." Das Nämliche versichert der Interprete selbst mit den Worten: „Ich, der Dieses schreibt, habe von Dante sagen hören ꝛc." Ein Bote Gottes, der die ganze Welt zu Gott zurückführen wird, kann nun, wenn auch mit einiger Uebertreibung, ein frommer Priester, der die Kirchenzucht wiederherstellt, genannt werden, es wäre aber höchst seltsam und widersprechend, wenn man einen Kaiser also bezeichnen wollte. Wir werden also schwerlich irren, wenn wir in Dante's Vorstellung jenen Retter Italiens als einen Geistlichen, wahrscheinlich einen Papst, annehmen, welcher der Habsucht, d. h. dem weltlichen Besitz der Klerisei entgegen trete, nachdem der Geist der wahren Nachfolge Christi unter dem ärmlichen Gewand geboren worden, in welchem dieser Priester, im Gegensatz mit jenen schon erwähnten prunkenden Geistlichen (Parad. XXI, 127 ff.) einhergehe. Hatte doch selbst der Sektirer Fra Dolcino im Jahr 1300 geweissagt, in drei Jahren würde ein neuer Papst auftreten, der die apostolische Armuth und Reinheit wiederherstellen werde. Diesen Schwärmer, der einen großen Anhang fand, verweist zwar, wie wir gesehen, Dante wegen sonstiger von ihm vorgebrachten Lehren in die Hölle (S. 98), aber in Bezug auf den von demselben verheißenen Reformator sieht man gleichwohl, daß der Gedanke an einen solchen Wiederhersteller des christlichen Sinnes der Kirche durch blos geistliche Einwirkung damals vielverbreitet sein mußte (vgl. Philalethes zu Hölle XXVIII, 60). Und so erblicken wir denn in der Hervorhebung jener Geburt oder jenes Geschlechts zwischen Feltro und Feltro nicht eine geographische Bestimmung, sondern mit Kopisch (während selbst Rossetti wenigstens den Can grande verwirft [96]), ganz dem Wortsinn von Feltro gemäß, die Andeutung der Geburt des wahrhaft

[*] Sullo spirito antipap. pag. 348 f.

11*

christlichen Geistes in einer Brust, die zwischen Filz und Filz, d. h. im härenen Gewande der freiwilligen Armuth, schlage, und geben demgemäß die vorhin angeführte Terzine im Deutschen jetzt also:

> Nicht Erde wird ihn nähren, Gold ihn nicht,
> Nur Weisheit, Lieb' und edle Manneskraft,
> Und zwischen Filz und Filz geht auf sein Licht.

Dabei ist nochmal zu erinnern, daß die etwas seltsamen Worte „zwischen Filz und Filz", beziehungsweise „zwischen Feltro und Feltro" ohne allen Zweifel nicht aus Dante's eigener Wahl hervorgegangen, sondern der Ausdruck der ihm vorliegenden Prophezeibung sind, in welche sie, gerade ihrer Vieldeutigkeit wegen, vollkommen paßten.

In Bezug auf Mathilden, die wir bereits in ihrer sinnbildlichen Bedeutung als Vergegenwärtigerin des irdischen und des himmlischen Paradieses, der handelnden und der beschaulichen Seligkeit kennen gelernt, bedarf es blos der Hinweisung, wer sie in der Wirklichkeit sei, und in dieser Beziehung ergibt sich seltsamer Weise keine andre Persönlichkeit, als jene durch ihre dem Kirchenstaat gemachte Länderschenkung bekannte Markgräfin Mathilde von Toscana, auf deren Schloß Canossa und in deren Gegenwart ihr Vetter, Kaiser Heinrich IV., sich der berüchtigten, ihm von Gregor VII. auferlegten Buße unterworfen hatte. Allerdings verband dieselbe mit schwärmerischer Frömmigkeit eine ungemeine Kraft für das handelnde Leben, schmückte ihre Städte, darunter Florenz, in derselben Zeit mit prächtigen Gebäuden, Kirchen, Schlössern, kühnen Brücken u. s. w., wo sie ihre mächtige Hülfe dem von Heinrich bedrängten Gregor zukommen ließ, und benahm sich in diesem ganzen für sie von Niederlagen nicht freien Kriege höchst unerschrocken, ja heldenhaft, so daß Dante insofern vollkommen berechtigt war, in ihr das beschauliche und thätige Leben zugleich anzudeuten. Aber sonderbar ist, daß er, dem die weltliche Herrschaft des Papstes sonst ein solcher Gräul ist, die weltliche Gebietsvergrößerung des heiligen Stuhls durch Mathilden gänzlich ignorirt; — daß er, der das kaiserliche Ansehn so hoch gestellt wissen will, die mit Hülfe und im Angesicht dieser Frau geschehene Demüthigung des Kaisers und ihre fortwährende Feindseligkeit gegen denselben mit gleichem Stillschweigen übergeht.

Gehen wir damit zu Dem über, was Dante, der, getragen von einem Ernst der Lebensauffassung und einer Kühnheit, wie sie bei wenigen andern Dichtern je vorgekommen, sich selbst zu einer der Hauptgestalten seines Gedichtes zu machen wagt, in der eigenen Person habe darstellen wollen, so folgen wir hierin am besten den Worten der Divina Commedia selber. Als Virgil seinen Schützling aufgefordert, ihm durch Hölle und Fegefeuer zu folgen, sagt er, wie wir bereits gehört, in den Himmel dürfe er, Virgil, als Heide jenen nicht führen. Dort sei die Stätte Gottes:

Allwärts gebeut er, doch er trägt die Krone
Nur dort; dort ist sein Stuhl, dort seine Stadt:
O selig, wen er wählt, daß er dort wohne! (Hölle I, 127 f.,

d. h. mit andern Worten, nur dort sei Gott wirklich Gott, nur dort sei Alles so, daß, wie der Dichter später im Paradies ausspricht:

Ein Lächeln schien mir, was ich da geschaut,
Des ganzen Weltalls, denn der Rausch der Wonne
Drang in mich durch das Aug' wie durch den Laut
(Parad. XXVII, 4 ff.).

In den Manifestationen auf der Erde dagegen sei die Gottheit noch nicht ihr höchstes Selbst. Zu Gott in dieser höchsten Potenz kann aber der Mensch lediglich durch freie That oder, näher bezeichnet, wann die entgegenkommende göttliche Gnade in ihm zur freien That geworden, gelangen. Daher fragt Virgil, als Dante ob der Größe seines Unternehmens ängstlich wird, und nun von Jenem gehört hat, Maria und Beatrice, d. h. die göttliche Gnade selbst, fordern ihn zu solcher Wanderung auf:

„Was also ist's? warum noch säumst du bang?
Was hegst du solche Niedrigkeit im Herzen?
Was hast du Freiheit nicht, nicht Thatendrang?"

. . . .

Und Blumen gleich, die von der nächt'gen Kühle
Gesenkt und schwer, sobald die Sonne schafft,
Geöffnet sich erheben auf dem Stiele,

Erhob ich mich aus meiner matten Kraft,
Und solcher Muth war mir in's Herz geflossen,
Daß ich begann, zerreißend jede Haft:

„O wie ist mild Sie, die mir zum Genossen
Hülfreich dich gab, und du der sich gebeugt
So schnell den Worten, die sie dir erschlossen!

„Du hast mein Herz in Sehnsucht so geneigt
Zu diesem Gang, zu dem dein Ruf erschollen,
Daß in mir auf der erste Vorsatz steigt.

„Geh: in uns Beiden ist das gleiche Wollen.
Mein Führer du, mein Meister und mein Hort!"
So ich, und folgte auf dem grauenvollen,
Tiefdunkeln Waldweg seinem Schritt von dort.

Sie treten durch das Thor der Hölle, die zwar, laut der Ueberschrift, von Gott, von dem Urgrund der Liebe, geschaffen ist, wo aber sein und Christi Namen nicht genannt werden, d. h. wo Gott nicht als Gott waltet. Er ist hier nur der harte Fels des Zornes, welcher den Kern des ganzen Abgrunds, den jeden Fluchtversuch zurückstoßenden Kerker der Gottlosen bildet; nur der Stein, auf welchem nach Matthäus (21. 44) Derjenige, der auf ihn stürzt, zerschellt, und welcher Den, auf den er trifft, zermalmt. Nur ein einzigesmal hat dieser Fels gebebt und ist sogar theilweise eingestürzt, nämlich bei Christi Tod, wo, wie wir den Virgil (S. 36) sagen hörten:

Von allen Seiten zitterten die Wände,
Des grauenvollen Schlundes, daß ich meinte
Als ob das ganze Weltall Lieb' empfände (Hölle XII, 40 ff.).

Auf den dadurch entstandenen Trümmern hat Dante schon in der Hölle mehrmal emporklimmen dürfen, wie es z. B. XXIV, 27 von Virgil heißt:

Also mich hebend auf das eine Felsstück

Wies er, wo in dem Weg ein andres lag.
Und sprach: „du mußt an dieses da dich klammern,
Doch prüf', ob es zu tragen dich vermag."

Ebenso hat der Fels dem Durchwanderer der Hölle mehrmal sogar zum rettenden Schirm gegen das Böse gedient, wie z. B. H. XXI, 58:

Der gute Meister sprach: „daß Niemand sehe,
Daß du hier bist, birg hinter diesem Felsen
Dein Antlitz, daß ein Schirm so vor dir stehe."

Ja Dante hat den Felsen einmal ergreifen müssen, um nicht zu den Sündern in die von dem Gestein umschlossene Schlucht hinab zu stürzen (H. XXVI, 43 ff.):

Zur Schau stand hoch ich auf des Felses Mitten,
Daß, hätt' ich nicht ein Stück von ihm gepackt,
Ich ohne Stoß hinunter wär' geglitten,

d. h. es brauchte nicht erst eines Stoßes, um mich hinab zu schleudern. So ist denn hier abermals ein Ausspruch jenes schon angeführten Angelus Silesius vorgebildet:

Wer sich an Gott anstößt — (er ist ein Felsenstein!) —
Zerschellt: wer ihn ergreift, kann ewig sicher sein.

Dabei bleibt nur zu beklagen, daß der Dichter, für dessen eigene Person der harte Fels auch in der Hölle schon die göttliche Natur durchblicken läßt, durch die strenge Kirchenlehre entschieden gehindert war, demselben die gleiche Eigenschaft gegenüber von denjenigen der dorthin Verdammten beizulegen, welche nicht völlig Gottlose sind, und so sein Gedicht zu einem mangellosen Ausdruck der zwischen Gott und der Seele stattfindenden Gegenbezüglichkeit zu machen. Was er durch solchen Rigorismus an tragischer Wirkung, an Furchtbarkeit gewinnt, verliert er an Befriedigung für sein eigenes Herz. Denn daß er jene Kirchenlehre, obwohl er sich derselben unterwirft, als hart, sehr hart ansieht, beweist der Zug, daß er sich, noch eh' er die Hölle betritt, gegen das Mitleid zu stählen sucht, dem er gleichwohl in derselben noch oft genug unterliegt; wie aber die Sachen nach seiner orthodoxen Ansicht nun einmal stehen, bleibt ihm nichts übrig, als wenigstens an sich selbst, der nicht als Verdammter den Abgrund durchwandelt, zu zeigen, wie jene Reciprocität zwischen der Seele und ihrem Urquell auch noch in der Hölle vorhanden sei, und eigentlich in Bezug auf alle dort Befindlichen, die der Gottheit nicht vollkommen abgestorben, vorhanden sein sollte. — Von hier gelangt er zum Läuterungsberg, über welchem er, gleichsam als Gegensatz zu jenen alle Hoffnung benehmenden Worten über dem Höllenthor,

Den schönen Stern, der Liebe tröstend Zeichen,

und dann jene vier zu den natürlichen Tugenden anregenden Sterne wahrnimmt,

Die nur das erste Menschenpaar gesehen.

Hier beginnt denn Gott in seinen göttlichen Eigenschaften hervorzutreten, die in der Hölle latent sind; der Fels, der dem Dichter schon dort mehrmals zur Zuflucht gedient, wird hier zu wiederholtenmalen geradezu Schutz, Zuflucht, oder wenn diese Bedeutung des italienischen Wortes grotta an den betreffenden Stellen nicht zutreffen sollte, wenigstens Höhle genannt [81], wie Fegef. III, 88 und XXVII, 85, während es in der Hölle (XXXIV, 9), da wo Danten der kalte Eishauch von Lucifern her entgegenweht und er sich deshalb hinter Virgilen, d. h. der irdischen Einsicht, birgt, ausdrücklich heißt, es sei, trotz der Gegenwart des Felsen, keine andre Höhle, kein andrer Schutz, dagewesen (chè non v'era altra grotta). Indem der Fels des Zornes diese mildere Bezeichnung für Diejenigen erhält, welche in der Läuterung, in der Rückkehr zu Gott begriffen sind, wird denn jetzt wirklich angedeutet, daß Gott und Seele, Gnade und freier Wille oder freie That als Correlate zu fassen, und dabei nur fortwährend sehr sinnreich darauf hingewiesen, daß selbst auf dem Reinigungsberge die meisten Seelen, statt sich in die heilbringenden Höhlen des Felsen zurückzuziehen und überhaupt an der Felsenwand zu halten, die von derselben abgewandte Seite des Weges vorziehen, was ihre Vereinigung mit Gott, die Gewinnung ihres eigentlichen Selbstes, weit in die Ferne hinausschiebt, wie z. B. schon weiter vorn die Stelle angeführt wurde, wo die für Habsucht Büßenden, die von ihrem unreinen Trieb am schwersten zu läutern sind, sich schaarenweise von dem Fels ab nach dem äußern Rande des zum Paradies leitenden Pfades wenden, so daß Dante und sein Begleiter schon durch diese ihnen den Wandel hemmende Menge genöthigt sind, hart an der Steinwand hinzugehen:

Die Schaar, aus deren Augen tropfend floß,
Das Weh, das all' der Welt zur schwersten Wucht,
War's, die den Weg am äußern Rand uns schloß
(Fegef. XX, 7 ff.).

An diesem Berg, der schon in der dritten Vorlesung einerseits als Symbol der Gottheit, andrerseits als Sinnbild der sich selbst zu Gott erhebenden Menschenseele bezeichnet wurde (S. 61), und welcher, wie beizusetzen kaum nöthig, der Idee nach der gleiche Berg ist, den der Dichter schon im ersten Gesang der Hölle besteigen will, hieran aber durch jene, einen mehrfachen Sinn in sich tragenden Thiere verhindert wird — an diesem Berg steigt er nunmehr, geleitet von Virgil, d. h. dem Repräsentanten der Vernunft, der menschlichen Einsicht, in dem Felsenriß der göttlichen Liebe, die das harte Gestein bei Christi Tod hier mit nachhaltigern Folgen gesprengt, als in der Hölle, rüstiger und willensfreier empor, als die ihm begegnenden andern Seelen. Die so eben bezeichnete Ansicht der Gegenbezüglichkeit von Gnade und eigenem Willen tritt aber jetzt noch stärker durch die Episode hervor, daß Lucia, die erleuchtende Gnade, die früher Beatricen bestimmt hatte, dem Freund zu Hülfe zu kommen, d. h. also die Gnade Gottes, welche mittelst Beatricens auf Dante's Gemüth einwirkt, den ob der mühsamen Wanderung endlich in Schlaf Gesunkenen, der Seele nach jedoch nur um so höher Erhobenen, eine weite Strecke bis zur Pforte des eigentlichen Läuterungspfades empor trägt, während Virgil hintendrein folgt. Während dieses Emportragens im Schlaf, dem der Eingeschlummerte nur deßhalb unterliegt, weil „Das was er von Adam an sich hatte", auf dem steilen Felsenpfad endlich besiegt worden, geräth er nämlich in Verzückung:

Im Traum war mir's, als säh' ich einen Aar
Am lichten Himmel goldbefiedert schweben,
Geneigt zu senken jetzt das Flügelpaar.

Dort schien's zu sein, wo von der Erde Leben,
Vom Haus der Seinen man den Ganymed
Zum Rath der Götter sah durch ihn erheben.

Und ich gedacht': „vielleicht wohl er verschmäht
Daß sonst wo, als hier am gewohnten Ort
Etwas durch ihn zum Himmel werd' erhöht."

Da kam, im Kreis erst wiegend sich noch dort,
Er furchtbar, wie ein Blitz, herabgefahren
Und trug empor mich zu dem Sonnenbord (Fegef. IX, 19 ff.).

Es ist ungemein sinnig, daß in dem Zustand, wo sich die Seele dem Bewußtsein ihrer Gottverwandtschaft nur dichterisch und noch halb elementarisch hingibt, nämlich im Traum, die Annäherung an das Reich des Lichtes einen stolzen und nebenher furchtbaren Charakter trägt, und sich in einem dem Heidenthum entnommenen Bilde ausspricht, während in der Wirklichkeit jene Annäherung auf höchst milde Weise erfolgt und zur christlichen Demuth und Buße führt. Lucia zeigt, wie wir gesehen, eh' sie verschwindet, dem Virgil, der irdischen Einsicht, das nicht leicht bemerkbare, schmale Thor zur Seelenreinigung (S. 55), vor welchem der Engel sitzt, der Danten die sieben Sündenzeichen auf die Stirn gräbt. Derselbe läßt die Beiden nur ein, nachdem er erfahren, daß sie durch ein himmlisches Weib hieher gewiesen worden, denn ohne daß der innerliche Antrieb zur Wiedergeburt im Menschen bereits begonnen hat, was immer nur infolge unmittelbarer göttlicher Einwirkung erfolgt, führt der Versuch zur Buße nur zum Unheil. Wohl aber ist diese Einwirkung bei einzelnen Menschen, und so namentlich bei der lebhaften Erregbarkeit und Aufschwungskraft einer Dichterseele, mitunter so mächtig, daß die Wiedergeburt weit schneller als bei Andern vor sich geht, und der durch die Gnade Angeregte wie Jener, der, am Kreuze büßend, den Sohn Gottes erkannte, noch am nämlichen Abend, oder doch, wie hier in Dante's Fall, am folgenden Abend im Paradies sein kann. Die Thür, durch welche die Beiden eingetreten, steht augenscheinlich in Beziehung zu dem Wort Christi (Joh. 10, 7): „wahrlich ich sage euch, ich bin die Thür zu den Schafen — — — ich bin die Thür; so Jemand durch mich eingeht, der wird selig werden." Christus, die Thür, steht hier Christo, dem Felsen (Matth. 21, 44), zu welchem der Wanderer in der Hölle gelangt war, als höhere Erscheinungsform gegenüber.

Jene steigen nach ihrem Eintritt weiter empor, und in Bezug auf einen andern Engel, der weiter oben, den Weg nach dem Gipfel zeigend, offenbar im Gegensatz zu dem im Traum geschauten Adler, zu ihnen tritt, heißt es:

In seiner Schönheit kam Er her geschwebt,
Den leuchtende Gewänder hell umfingen,
So wie des Morgens Stern aus Schimmern bebt,

Die Arme that er auf, that auf die Schwingen,
Und sagte: „Kommt, hier nahe sind die Stufen,
Und mühlos ist's von hier empor zu dringen;

„*Doch Wen'ge kommen, denen man gerufen*:
O Menschheit, sinkst du bei so dürft'gem Wind,
Die Gottes Händ' zum Aufwärtsschweben schufen?" (Fegef. XII, 88 ff.)

Der Wind, der schon mit seiner dürftigen Kraft abwärts zieht, ist der falsche Trieb zum Verkehrten, Selbstsüchtigen. Indem Dante so mit immer wachsender Freiheit und Selbstheit auf dem Pfade emporsteigt, den so wenig Andere betreten, und auf welchem diese Wenigen fast insgesammt noch fortwährend von der wahren Selbstheit durch Erdentriebe, durch Mißkennen der ihnen rufenden Gottesstimme, abgewendet wandeln, gelangt er endlich mit Virgilen zum irdischen Paradies, wo ihm dieser sagt:

Durch Kunst und Weisheit lenkt' ich dich hieher,
Jetzt nimm zum Führer deinen eig'nen Willen,
Bist auf der Mühen engem Weg nicht mehr
(Fegef. XXVII, 130 ff.),

und gleich darauf:

Nicht Wort noch Zeichen geb' dir fortan ich:
Frei ward und rein in dir, dem Erdensohne,
Der Wille; folg' ihm ganz; und über dich
Reich' ich dir jetzt die Mitra und die Krone (ebend. 139 ff.).

D. h. du bist nun durch deine Vernunft *dein eigener Papst und Kaiser geworden*, du hast dein wahres Selbst, den wahren Weg zur Erlösung gefunden, die jetzt durch fortgesetzte Richtung auf das Göttliche vollends in dir zu Stande kommen soll; *Gott ist in dir geboren worden*. In den meisten andern Menschen geht diese Wiedergeburt, welche, soweit sie sich auf das Himmlische in der irdischen Natur bezieht, den eigentlichen Kern, das wahre Wesen des Christenthums bildet, auf anderem, viel langsamer durchschrittenen, bei der Mehrzahl noch nach dem Tod zurückzulegendem Wege vor sich, und muß zunächst durch eine weise bürgerliche Gesetzgebung, welche die Leidenschaften und die Selbstsucht niederhält, d. h. durch Das, was Dante zur Aufgabe des Kaiserthums macht, angebahnt werden. Dies bemerkt er in der Abhandlung über die Monarchie ausdrücklich. Der schon vorhin dorther angeführte Ausspruch, daß das Menschengeschlecht der doppelten Lenkung durch den Oberbischof und den Kaiser bedürfe, schließt mit dem Nachsatz: „damit, da zu diesem Hafen entweder keine *oder nur wenige Menschen*, wenn gleich mit sehr großer Schwierigkeit und nur nach Besänftigung der Fluthen der blinden Leidenschaft (von selbst) gelangen können, das menschliche Geschlecht frei in sanftem Frieden ausruhe"*. Es gibt also *einige wenige Menschen*, welche, durch ihr

* Ueber die Monarchie III, gegen d. Ende. *Kannegießers* Uebers. Vgl. *Wegele* a. a. O. S. 390.

Selbst den rechten Weg findend, weder des Kaisers noch des Papstes bedürfen. Ein solcher Mensch war, wie bereits weiter vorne bemerkt wurde, in Bezug auf das irdische Leben Cato, dessen durch die Natur selbst vollkommen freigegeb'ner, edler Wille das Kaiserthum nicht nöthig hatte und sich daher für seine Person diesem göttlichen Institut mit Recht widersetzen konnte. Gott war in seinem Wollen, daher er von Dante als Hüter des Berges auserseheu wird, auf welchem die Freiheit und Reinheit des eigenen Willens wieder erlangt werden sollen. Ebenso aber, deutet der Dichter durch das Gleichniß über Krone und Mitra des Weitern an, würde auch Derjenige das Papstthum, ja das Christenthum, ganz falsch auffassen, der behaupten wollte, die Wiedergeburt des himmlischen Lebens, die Vereinigung mit dem Geiste Gottes könne nur durch die kirchlichen Gnadenmittel erreicht werden, welche den Sünder läutern und die Folgen der Erbsünde von ihm abwaschen. Es gebe Seelen, allerdings nur wenige, die auf anderm Weg, nachdem sie das Irdische in sich überwunden, zu jener Vereinigung, zur Findung ihres wahren Selbstes gelangen, indem sie die ihnen entgegen kommende Gnade Gottes freier zu gebrauchen verständen, als die Mehrzahl der Menschen; allerdings sei die auf solchem Weg errungene Einigung mit dem göttlichen Geiste dem Wesen nach die gleiche wie die vom Christenthum verlangte Einswerdung mit diesem Geist, aber der Vermittler zwischen Gott und der Seele brauche nicht ausschließlich der in der heiligen Schrift sich kundgebende Christus, oder dessen Stellvertreter, der Papst mit seiner Kirche zu sein; es könne diese Vermittelung durch jedes Wesen, welches das Bewußtsein von Gott lebendig in uns hervorzurufen vermöge, z. B. durch Beatricen oder durch die Idee Beatricens, geschehen. Was durch solchen Einfluß in uns geboren werde, sei dann doch Christus selbst, und jene kirchlichen Gnadenmittel jedenfalls nur äußeres Symbol Dessen, was endlich doch durch einen freien Akt in unsrem Innern erfolgen müsse. Daß der Mensch auf diese Höhe nicht leichten Weges gelange, wird später auch in einer Stelle der Divina Commedia ausgesprochen. Würde das durch Anschauung irdischer Schönheit unterstützte Gemüth den wahren Gott endlich noch früh genug finden, so kommt der Geist doch erst durch Ueberwindung von Zweifeln, durch Wegwerfung falscher, für wahr ausgegebener Sätze zu derjenigen Wahrheit, die er plötzlich, vermöge der ihm innewohnenden göttlichen Kraft, als jene richtige, sein ganzes Wesen beruhigende erkennt, zu welcher er bisher von Gipfel zu Gipfel ruhelos empor getrieben worden. In lebenskräftigem, tiefsinnigem Bilde bemerkt der Dichter in dieser Hinsicht Parad. IV, 124 ff.:

Ich sehe daß dem Geiste nichts genügt,
So lang' er fühlt, daß ihm das Wahre fehle,
Jenseits von welchem nichts was wahr ist, liegt.

Er ruht drin, wie das Wild in seiner Höhle,
Wenn er's erreicht, und Dieses kann geschehen,
Sonst wär' umsonst der heiße Durst der Seele.

Drum sproßt, wie Schosse um den Stengel stehen,
Am Fuß des Wahren Zweifel, und Natur
Ist's, die uns aufwärts treibt von Höh' zu Höhen.

Wenn Dante hier zu verstehen gibt, er sei nur durch eigene Forschung, nur als sein eigener Papst, zu der Einsicht gekommen, daß die Lehrsätze der christlichen Kirche jene höchsten Wahrheiten enthielten, durch welche sich der Geist vollkommen beruhige: so täuscht er sich allerdings absichtlich in Bezug auf einige Nebenpunkte, die er neben dem eigentlichen, von ihm hoch verehrten Dogma, offenbar nicht durch eigene Ueberzeugung annahm, sondern sich aufdrängen ließ, und die ihn insofern im Innern keineswegs befriedigen, wie z. B. neben der Unfähigkeit der tugendhaften Heiden zur Seligkeit, besagtermaßen auch das Unvermögen der Besseren unter den zur Hölle verdammten Christen jemals aus dem Abgrund wieder frei zu werden. Indessen konnten diese untergeordneten Fragen die von ihm auf's Lebendigste angeschaute Wahrheit der Hauptsätze der christlichen Lehre natürlich nicht erschüttern, und so scheint denn, wenn des Dichters eignen Worten zufolge die Divina Commedia, ihrem allegorischen Sinne nach, „von jener Hölle handelt, durch die wir als Wanderer ziehend, verdienstlich oder verschuldend wirken" — d. h. wenn der sinnbildliche Gegenstand des Gedichtes die gegenwärtige, diesseitige Welt, und wenn der Zweck desselben ist, „uns schon in diesem Leben aus dem Zustande des Elendes herauszuführen und zur Seligkeit zu geleiten" (S. 107), Dante in seiner eigenen Person zeigen zu wollen, wie diese Seligkeit, soweit sie in Verschmelzung mit der Gottheit, in Gewinnung des wahren, unsterblichen Selbstes besteht, erreicht werden könne[92]. Der Weg, auf dem er sein eigenes Bild in erwähnter Beziehung dahin schreiten läßt, ist eine Allegorisirung des Christenthums, eine Befreiung desselben von der Angst des Buchstabens, wie denn, wenn man den 8. April 1300 als den angenommenen Beginn der großen, welterklärenden Wanderung ansieht, dieser bedeutsam mit dem Charfreitag genannten Jahres, dem Jahrestag der That, durch welche die Menschheit erlöst wurde, zusammenfällt, wenn man aber den 25. März als jenen Anfangspunkt betrachtet, derselbe zugleich der von der Ueberlieferung angenommene wirkliche Todestag Christi und ebenso der Tag ist, an welchem Marien die Empfängniß Christi verkündet ward, denn zwischen dem 25. März und 25. December liegen gerade neun Monate.

Der Mensch mit seinen Götterrechten, die er durch eine aller Zeit vorangegangene That verloren hat, die er aber, wenn nicht der Ausübungsfähigkeit nach, wenigstens in dem ihn mit der Gottheit vereinigenden Bewußtsein schon hienieden, sei es auch nur momentan, wieder zu erringen vermag, und jenseits, falls er auf dem eingeschlagenen Wege fortwandelt, auf ewig festhalten wird, ist die Lösung des Räthsels, welches Himmel, Erde und Abgrund, welches das ganze, zu einer einzigen Sphinx vereinigte Weltall uns nach der Divina Commedia aufgeben [93]. Selbst die Hölle deutet, wie wir eben gesehen, die Möglichkeit dieser Wiedervereinigung deutlich genug an, und würde sie noch stärker andeuten, wäre der Dichter hier nicht durch den kirchlichen Lehrsatz, dem er sich gehorsam, wenn auch gegen sein innerstes Gefühl unterwirft, in Banden gehalten. Aus dem Antlitz Gottes schauen Dem, der es gefunden, die Menschenzüge entgegen (S. 103), und der Mensch, der tief und immer tiefer in sein eigenes Antlitz blickt, findet in diesem Spiegel, wie uns das Beispiel der Rahel, der „auf den Grund oder den Anfang Sehenden“, zeigt, die Züge Gottes (S. 70). Zart und leicht, als etwas sich gleichsam von selbst Ergebendes, nicht erst durch besondern Schöpfungsakt Vollbrachtes, wie der rückgestralte zweite Regenbogen aus dem ersten hervorgeht, ist die Seele ursprünglich aus Gott hervorgegangen. Ob Dante eine anfänglich immaterielle Schöpfung angenommen, d. h. eine solche, deren Stoff nur ein ätherartiges, lichtverwandtes Gewebe gewesen, wird wohl nicht mit Bestimmtheit aus ihm selbst zu entnehmen sein; eine solche Annahme scheint sich aber durch den schon früher (S. 66) erwähnten Ausspruch anzudeuten, daß selbst die Seligen im Paradies am jüngsten Tag wieder den ursprünglichen Leib erhalten würden, der heller strale, als aller Glanz, der sie jetzt umgebe:

> So wird dem Lichte, das uns schon entquillt,
> Von jenem Leib der Sieg noch abgewonnen,
> Den Tag für Tag die Erde noch umhüllt.
>
> Ermüden wird uns nicht solch Bild der Sonnen,
> Denn dieses Leibs Organe werden stark sein
> Zu Allem was kann mehren unsre Wonnen (Parad. XIV, 55 ff.).

Jedenfalls könnt' es für den Glauben an eine Anfangs unkörperliche Schöpfung keine zartere Verbildlichung geben, als jenes Gleichniß vom Wiederschein des Regenbogenschimmers. — Von der ursprünglichen Einheit mit Gott wurde zwar die Menschheit durch eigene Schuld losgerissen (S. 125); aber fort und fort ist sie noch von allen Seiten in Gott getaucht: sie ist von ihm, nicht er von ihr gewichen. Wie das harte Felsgestein in der Hölle, das die Verdammten auf ewig einkerkert, für Danten selbst — weiter durfte er, wie gesagt, nicht gehen! — für ihn, weil er das Bewußtsein von Gott noch in sich trägt, zum Schutz, zum Pfad, auf welchem er wieder aufwärts zum Lichte klimmt, sich hergibt, mithin von der dem rauhen Kern stets noch inwohnenden göttlichen Seele zeugt: so wird umgekehrt das göttliche Licht für Den, der sich von ihm abgewendet, zur quälenden Flamme, ohne daß es sein eigenes Wesen änderte. Alle Qualen der verdammten oder der sich läuternden Schatten sind nur die sich von selbst ergebende Fortsetzung ihres eigenen, von Gott geschiedenen Thuns, nur die Kundgebung ihres eigenen Selbstes, das dem Höchsten, welcher sie fortwährend umgibt und gleichsam umhüllt, absichtlich entgegentrat, wie es z. B. in Bezug auf die Doppelflamme, in welcher sich die wegen Mißbrauchs der Geisteskraft, nämlich wegen bösen Rathes, verdammten Seelen des Ulysses und Diomedes befinden, heißt:

> Der Führer, der mein Auge sah gespannt,
> Sprach: „in den Feuern sind die Seelen, jede
> Hüllt sich in Das, wovon sie wird gebrannt" (Hölle XXVI, 46 ff.).
>
> . . . .
>
> Er gab zur Antwort mir: „da drin umfassen
> Ulyß und Diomed sich, gehen in der Qual
> Zusammen, wie gegangen sie im Hassen" (ebend. 55 ff.).

Wo diese Zwei hinblicken, zeigt ihnen ihr Bewußtsein nichts, als das von ihnen gemißbrauchte Licht; sie selbst *hüllen sich gleichsam darein*. Hat daher eine Seele noch das Vermögen, langsamen oder schnellen Ganges ihr eigenes Wesen wieder Gott zuzuwenden, *so ist dieser bereits bei ihr*, denn er war schon vorher da, und nichts hindert sie, endlich bis zu dessen *höchster Höhe* empor zu steigen. Wenn der schon angeführte Zeitgenosse Dante's, Meister Heinrich *Eckart* sagt: „Das höret der ewige Sohn von dem Vater, Das hat er uns geoffenbart, daß wir *derselbe Sohn* seien, wie er. Gott gibt dir Gewalt, *mit ihm selber zu gebären dich selber*"; — oder wenn Angelus Silesius ausruft:

> „Maria ist hoch werth, doch kann ich höher kommen,
> Als sie und alle Schaar der Heiligen und Frommen,"

so geht Dante von der gleichen Ansicht aus. Beatrice, d. h. der in ihm persönlich gewordene Gott, wird Christo und Marien als gleichen Wesens zur Seite gestellt, und wenn die über alle Himmel hinaufsteigende Kühnheit, womit der Dichter in dieser Beziehung von der Geliebten seiner Jugend spricht, innerhalb des Rahmens der christlichen Lehre gehalten ist und daher, so wenig als die eben vorgelegten Worte des Angelus Silesius, je eine kirchliche Anfechtung erfahren hat, so zeugt sie gleichwohl, bei der ungemeinen Treue, ja Aengstlichkeit, mit welcher der Verfasser der Divina Commedia andrerseits am eigentlichen Dogma festhält, nicht minder von der hohen Selbstkraft seines Geistes, die, ohne die geoffenbarte Heilslehre irgendwie zu überschreiten, sich innerhalb derselben eigenen Weg bahnt, und wo Millionen in dürftiger Passivität das

Ueberkommene festhalten, aktiv und das Ueberkommene erweiternd wird. Könnte er in dieser Hinsicht beinahe wie Paulus Ephes. 3, 8 f. sagen: „Mir ward verliehen, den ursprünglichen Reichthum Christi zu verkündigen“, so hat er dagegen für Verwirklichung der andern Seligkeit, der irdischen, welche durch das Kaiserthum herbeigeführt werden soll, nur fromme Wünsche; er kann nur zeigen, wie sie erreicht werden soll, nicht an der eigenen Person nachweisen, daß sie erreichbar ist.

Wie aber faßt Dante jene Vereinigung mit der Gottheit, gegenüber dem wirklichen Leben, der irdischen Seligkeit, auf? Noch hat er, als er im irdischen Paradies bereits zum Bewußtsein seines wahren Selbstes gekommen und von Virgil, dem Repräsentanten der Vernunft, mündig gesprochen worden, alle Himmel zu durchwandern, und wirklich ist in ihm selbst ein Trieb, der von der Erde weg und sich in das Reich des Lichtes versenken will. Wird er demselben nachgeben? In der That fühlt er die heiligen Schauder einer neuen Schöpfung in sich. Schon im ersten Gesang der Divina Commedia, noch vor der Begegnung mit Virgil, hat er bedeutsam bemerkt:

> Der Morgen scheuchte leis des Thales Trübe,
> Aufstiegen jene Sterne mit der Sonnen,
> Die bei ihr waren, als die ew'ge Liebe
>
> Des schönen Weltalls Sphärenflug begonnen (Hölle I, 37 ff.) —

d. h. es war zur Zeit, wo die Sonne in das Zeichen des Widders (nebenher das Symbol des Gehorsams gegen Gott und des Bündnisses mit demselben) eingetreten ist und der Frühling begonnen hat, eine Jahresperiode, mit welcher, alter Annahme nach, einst die Schöpfung der Welt anfing. Jetzt, sechs Tage später — so lange hat, wie gesagt, die Wanderung zu und durch Hölle und Fegefeuer gedauert — am Tag der vollendet gewordenen Schöpfung, um Mittag, schwebt er mit Beatricen den Himmeln zu, im Augenblick wo der schaffende Geist der Sonne die stärkste Einwirkung übt:

> Den Sterblichen steigt aus verschiednen Schlünden
> Des Weltalls Leuchte, doch auf jenen Wegen,
> Wo sich vier Kreise in drei Kreuzen binden,
>
> Tritt sie mit bessern Sternen, besserm Segen
> Hervor, und mehr nach ihrer eignen Weise
> Kann auf das ird'sche Wachs die Form sie prägen (Par. I, 37 ff.) —

d. h. eben in jenem Zeichen des Widders, wann die Sonne in dem Punkt steht, wo die vier größten Kreise der Himmelskugel, die Ekliptik (Sonnenbahn), der Horizont, der Aequator und die Coluren sich schneiden und drei Kreuze bilden, ist der günstigste Ort für alles Werden und Beginnen[94]. Wohl weiß der

Sänger, daß dem Triebe zu dieser Neuwerdung, der ihn nach oben trägt, nicht Jeder zu folgen vermag. Das Meer der unmittelbaren Gottheit ist nicht für Jeden befahrbar; nicht Jeder weiß die göttliche Gnade da, wo sie ihm außerhalb des kirchlichen Weges entgegentritt, zu fassen. Jener ruft daher:

Ihr Hörbegier'gen, die in kleinem Kahn
Vielleicht euch meinem Fahrzeug habt genaht,
Das mit Gesang hinzieht die Wogenbahn,

Kehrt, daß ihr wiedersehet das Gestad;
Im hohen Meer nicht folget meiner Spur:
Verlierend mich, verlört ihr wohl den Pfad.

Ich fahr' auf Fluthen, wo kein Andrer fuhr;
Minerva haucht, Apoll gibt raschen Flug,
Und neue Musen weisen zum Arktur.

Ihr Wen'gen doch, die früh ein Sehnsuchtszug
Zum Brod der Engel gerne hätt' getragen,
Das man dort speist, nie speisend deß genug,

Ihr könnet in den Ocean nun wagen
Den Lauf des Schiffes, haltend meine Furche,
Bevor die Wasser neu zusammenschlagen (Parad. II, 1 ff.).

Also selbst die Wenigen, die nach dem Brode des ewigen Lebens wirklich hungern, würden, wenn er ihnen den Weg nicht zeigte, nicht leicht zum Genuß desselben gelangen: Beweises genug für die Richtigkeit der vorhin aufgestellten Ansicht über Das, was Dante in seinem Verhältniß zu Beatricen, soweit dasselbe in der Divina Commedia hervortritt, für die tiefer nach dem höhern Leben Trachtenden darstellen will! Dabei fühlt er, daß unter den verklärten Seelen ein fortwährender Drang sei, sich immer inniger an das Ewige anzuschließen, jede Spur der Geschaffenheit von sich zu werfen; ja daß dieser Trieb zur Rückkehr eigentlich das wahre Leben der Seele überhaupt bilde, sobald sie ihres wahren Selbstes inne geworden, wie wir Dies schon in dem Bild von dem gleich einem Pilger zum Himmel heimkehrenden Rückstral angedeutet fanden, und wie es Parad. VII, 142 ff. heißt:

Doch unvermittelt haucht uns ein das Leben
Die höchste Huld, und tränkt es so mit Liebe,
Daß sehnsuchtvoll nach ihr wir immer streben.

Als der Dichter in dem Fixsternhimmel ist, schwebt Maria, die sich eben dort befunden, von da zu dem Krystallhimmel oder primum Mobile, zu deutsch

„erst Bewegtem“ empor, so genannt, weil, nach ptolemäischer Ansicht, von ihm, dem einfachen, Gott gleichsam gehorsamsten, alle übrigen Himmel ihre mehr und mehr zusammengesetzten Bewegungen erhalten und er mithin das um alle Phasen körperlicher Erscheinung gelegte Königsgewand genannt werden kann.

Der königliche Mantel aller Hüllen
Der Welt, der mehr entbrennt und mehr empfaht
Von Gottes Hauch und seinem heil'gen Willen,

Wölbt' ob uns sein inneres Gestad
Annoch so fern, daß seine Götterhelle
Da, wo ich stand, mir noch nicht kund sich that.

Drum waren meine Augen machtlos, von der Stelle
Mit der gekrönten Flamme aufzuschweben,
Die stieg, daß ihrem Sohn sie sich geselle.

Doch wie ein Kind man nach der Mutter streben
Sieht mit den Aermchen, wann es Milch gesogen,
Voll Zugs zu Der, die neu gestärkt sein Leben:

Sah ich, daß all' die Lichter nun sich zogen
Aufwärts mit ihren Gipfeln, kündend wie
All' ihre Lieb' Marien nachgeflogen (Parad. XXIII, 112 ff.).

Hier ist wieder das weibliche, nach Hingabe an etwas Höheres strebende Element der Seelen, das von Maria, ihrerseits dem Gipfel aller Weiblichkeit, aufwärts gezogen wird. Diesem Trieb aber, der nach der Einen Seite zu auch in Dante selbst so stark vorhanden ist, gänzlich Folge zu leisten, treten in Letzterem die dichterische, an der Erscheinung klebende, und die männliche, zum Kampf bestimmte Kraft viel zu mächtig hervor. Er nimmt die Erklärung des wahren Paradieseslebens als Zusammenfassung der beschaulichen mit der thätigen Seelensphäre, wenn die Thätigkeit auch nur für das irdische Paradies bestimmt ist (vgl. S. 70), mit sich hinüber in den Himmel. Die Sorge für das geliebte Vaterland, der Schmerz über die ungelöste Aufgabe, die er dort zurücklassen muß, könnten einen Geist wie den seinigen aus der Region des höchsten Lichtes wieder auf die dunkle Erde zurücktreiben, wie sie ihm in dem Gedicht, ganz das wirkliche Bild seiner Seele aussprechend, schon hart am Ziel, wo er Gott von Angesicht schauen soll, noch Anlaß werden, seinen heiligen Zorn über den Mangel an Gottheit auf der Erde in Petri Mund zu legen. Eben weil Gott in ihm ist, treibt es ihn aus dem Reich Gottes in höchster Potenz wieder zum Reich Gottes in niedrer Potenz zurück. Obwohl, wie Beatrice ihn belehrt, ein anerschaffener Zug des Lebens alle geläuterten Seelen von der Erde weg zum Ewigen trage, und es, wenn eine solche sich nicht dorthin erhöbe, eben so unnatürlich wäre, als wenn lebendiges Feuer träg am Boden bliebe (Parad. I, 141) — ist doch auch die centrifugale Bewegung der Seele, die Richtung zur irdischen Wirksamkeit, gleich berechtigt, sobald es sich darum handelt, auf der Erde von Gottes Kraft zu zeugen; sobald die Seele, indem sie in die Welt hinaustritt, nicht dem Zug der gefallenen Schöpfung folgt, die von der Gottheit, wenigstens in deren höchster Erscheinungsform, getrennt ist, sondern den Zug der ursprünglichen, reinen Schöpfung zum ihrigen macht, wo mit diesem Hinaustreten noch keine Trennung von Gott verbunden war, wo noch über der Erde jene zu gottähnlicher Wirksamkeit entflammenden Sterne gestralt haben,

Die nur das erste Menschenpaar gesehen (Fegef. I, 24).

Um Gottes willen trennt sich Dante von Gott; zelus domus ejus me comedit, „der Eifer um sein Haus verzehrt mich", sagt er, die Worte des 69. Psalm gebrauchend, in dem Schreiben an die Cardinäle, dessen früher gedacht worden ist, und durch dieses Streben unterscheidet er sich wesentlich von fast allen Andern, welchen sich die Seligkeit des Lebens im Ewigen erschlossen hat. Mögen sie die Vereinigung mehr auf moralischem und theosophischem Weg anstreben, wie Meister Eckart und Jakob Böhme, oder mögen sie in mehr dichterischer Anschauung sich im Triumph in das Selbst aller Selbste stürzen, wie jene persischen Sufi's, Dschelaleddin, Attar, Saadi u. s. w., welche durch Hammer, Rückert, Tholuck u. s. w. den Deutschen zugänglich geworden, immer wird für uns Andere die oft unendliche Erhabenheit ihrer Auffassung durch eine gewisse Kälte, um nicht zu sagen Unbarmherzigkeit gegen die übrige Welt gestört werden, die noch so tief unter der Höhe, welche sie selbst einnehmen, ja mitunter in völliger Nacht steht, ohne daß das Seligkeitsgefühl dieser gotterfüllten Gemüther dadurch den geringsten Eintrag erlitte. Es fehlt ihnen das kämpfende, reformatorische, erlösende Princip, das in Dante so mächtig hervortritt [85], und wenigstens in den zwei erwähnten abendländischen und christlichen Mystikern billigerweise etwas stärker bemerklich werden sollte. Und wirklich wird es schwer sein, irgend einen Zweiten aufzufinden, in welchem sich in einem Grade wie bei dem Verfasser der Divina Commedia der Sinn für das Ueberirdische, für die ursprüngliche Göttlichkeit der Seele und die Nichtigkeit alles Irdischen, wenn man es jener Göttlichkeit gegenüber hält, vereinigt hätte mit dem glühenden Antheil an den Angelegenheiten der Erde, mit der Begeisterung für Vaterland, Heldenthum, Kunst, Wissenschaft, staatliche Freiheit, kurz für Alles, was die Menschheit in ihrem gefallenen Zustand noch Schönes und Großes aufzuweisen hat. Man könnte versucht sein, ihm die Propheten des alten Bundes, in welchen der heilige Eifer für Gott mit demjenigen für ihr Volk Hand in Hand ging, an die Seite zu stellen, aber in Jenen war das Bewußtsein von dem Fall der Menschheit, das in Dante ganz entschieden hervortritt, noch nicht vorhanden, und die Seligkeit, die goldene Zeit, welche sie verkünden, bezieht sich, wenigstens zunächst und in buchstäblichem Sinn, blos auf die irdische Welt.

Und so läßt sich denn von Dante, in welchem die Empfänglichkeit für beide Welten in gleich mächtigem Grad vorwaltete, sagen, er sei auch in dieser Beziehung unter dem Gestirn der Zwillinge geboren und jene Geburt vorbildend für seinen Beruf gewesen: wie einen einst zugleich aus der gleichen Mutter hervorgegangenen Bruder legt er den Staub dem Himmel an die Brust. Damit hängt seine höchst bezeichnende Ansicht von der Seligkeit genau zusammen. Damit jede Seele das für sie höchste Ziel, die Einheit mit Dem, was für sie Gott ist, erreiche, fordert er durchaus nicht von jeder Seele den gleichen Sinn für das Himmlische, die gleiche Vertiefungsfähigkeit in Gott. Jede fühlt deßhalb doch in gleichem Grade ihren Himmel in sich; ja Gott selbst will diese Verschiedenheit der Seelen, wonach die Einen ganz in ihm sind, die Andern noch mehr der Natur, der Geschaffenheit anhängen. Im dritten Gesang des Paradieses sagt Piccarda, Corso Donati's Schwester, zu dem Dichter:

„Wenn wir von Stufe sind vertheilt zu Stufe
Durch dieses Reich, siehst gleiche Wonn' du füllen
Uns, wie den König, der nach seinem Rufe

„Uns lenket: unsre Freude ist sein Willen;
Das Meer, das alle Dinge in sich hält,
Die aus Gott selbst und der Natur entquillen."

Klar ward durch dieses Wort mir jetzt erhellt:
Wie überall im Himmel Paradies ist,
Wenn Gottes Gnad' auch gleich vertheilt nicht fällt
(Parad. III, 82 ff.).

Die Gnade bedeutet hier selbstverständlich keine willkürliche Bevorzugung durch Gott, sondern, wie überall bei Dante, den mit der Uranlage jeder Seele in sich von selbst ergebendem Verhältniß stehenden Geist Gottes, wie gleich aus dem nächsten Gesange hervorgeht, wo diese nach der Verschiedenheit der Seelen sich richtende Verschiedenheit der Begabung durch den göttlichen Geist oder Hauch als Schmuck, als Blüthe des obersten Himmelskreises bezeichnet wird, zu welchem alle Seligen das gleiche Recht haben, und den sie nur mit den niedrigern Himmeln und den Planeten vertauschen, um zu zeigen, welche Stufe des himmlischen Lebens sie dem höchsten Seligen, nämlich Gott selbst gegenüber, einnehmen:

Sie machen all' den ersten Kreis erblühen,
Und haben unterschieden süßes Leben,
Dem mehr und minder ew'gen Hauchs geliehen.

Hier* zeigen sie sich nicht, als wär' gegeben
An sie nur diese Sphäre; nein, zum Zeichen
Daß minder hoch im Himmelsgeist sie schweben (Parad. IV, 34 ff.).

Damit wird ein vollendeter Gegensatz zu den meisten andern Mystikern ausgesprochen, welche die Spuren des Geschaffenen in den Gemüthern möglichst vertilgen möchten und völlige Versenkung in Gott als Bedingung der Seligkeit von jeder einzelnen Seele fordern, verlangend daß kein Bild zwischen ihr und dem Ewigen stehe, eben als ob schon in der Constituirung der Seele zum Sonderwesen ein Abfall von Gott läge. Es ist aber klar, daß Dante's Ansicht wenigstens mit dem Ausspruch Christi: „in meines Vaters Haus sind viele Wohnungen" mehr stimmt, als jene Forderung. Erst nach dem jüngsten Gericht, wo alle Seelen, auch die im Paradiese, wieder Leiber erhalten und die Welt zu dem ursprünglichen Stande der Vollkommenheit zurückkehrt, scheint Dante bei sämmtlichen Seligen jenes tiefere Schauen der Gottheit anzunehmen, wozu für jetzt nur wenige besonders Begnadigte fähig sind; doch muß aus seinen Worten beinahe geschlossen werden, daß auch dann noch nicht die Verschiedenheit der Himmelsbewohner ganz aufgehoben sei. Im XIV. Gesang des Paradieses wird ihm nämlich, als er erfahren möchte, ob das Licht, in dessen Hülle die Seelen ihm jetzt erscheinen, denselben ewig verbleibe, von einer nicht näher bezeichneten Himmelsflamme, wahrscheinlich von der Seele Salomo's, die Antwort über den dereinst wieder zu erhaltenden Leib ertheilt, aus welcher bereits vorhin (S. 173) einige Verse angeführt wurden, die wir hier weglassen:

So lange währen wird die Seligkeit
Des Paradieses, wird sich unsre Liebe
Ringsum bestralen hell mit diesem Kleid.

Gemäß ist ihre Klarheit ihrem Triebe,
Dem Trieb gemäß das Schau'n, je nach der Art,
Wie Gottes Gnad' erleuchtet unsre Trübe.

Doch wenn auf's Neue einem Leib gepaart
Aus heil'gem Stoffe wird die Kraft der Seelen,
Wird sie vollkomm'ner sein, weil ganz sie ward.

Drum wird uns dann das Wachsthum nimmer fehlen
Im Licht, das uns das höchste Gut gewährt,
Im Licht, durch das wir jenem uns vermählen (Par. XIV, 37 ff.).

Damit sind wir zu dem Punkt gekommen, den letzten charakteristischen Zug in dem göttlichen Gedicht in nähere Betrachtung zu ziehen. Dante ist,

* Im Mond, wo Dante sich eben befindet.

sein eigener Papst und Kaiser, dem in seinem Innern unter Beatricens Gestalt sich offenbarenden Gott folgend, bis zur Schau jener in's Unendliche ausgebreiteten, von Engeln umschwärmten Paradiesesrose, d. h. bis zur Anschauung der höchsten Seligkeit erschaffener Wesen gelangt; nur wo es sich um die Anschauung Gottes selbst handelt, bleibt die Begleiterin ihm zwar sichtbar, und lächelt ihm freundlich zu, aber Vermittlerin zwischen ihm und dem Höchsten ist sie nicht mehr. Ihr Auge hat dem Gefährten noch den Weg zu weisen, ihr Geist ihm noch die gewünschte Auskunft zu geben vermocht, als Gott in scheinbar weiter Entfernung wie ein einziger Punkt über ihnen stand (S. 99); jetzt aber, wo sie in die unvermittelte Nähe des Ewigen gekommen, reichen jene Kräfte nicht mehr aus.

Ringshin des Paradieses Sonnenhelle
Hatte bereits mein Auge überflogen,
Doch nicht geweilt an einer festen Stelle;

Da mit der Sehnsucht neuen Flammenwogen
Schaut' ich nach Beatricen, viel zu fragen,
Worüber Zweifel durch mein Innres zogen.

Doch einen Andern hört' ich Antwort sagen;
Ich suchte Jene, doch ein Greis stand bei mir
Im Lichtkleid, wie die Seligen es tragen (Par. XXXI, 52 ff.).

Dieser Greis ist, wie wir bereits in der vierten Vorlesung erfuhren, der heilige Bernhard von Clairveaux, die Krone der Mystik seiner Zeit, welcher hinsichtlich der mit Gott zu erstrebenden Einheit aussprach: „Wir werden Das sein, was er ist. Denn welchen die Macht gegeben, Gottes Kinder zu werden, denen ist auch Macht gegeben nicht zwar daß sie Gott selbst seien, wohl aber daß sie Das seien, was er ist.“ Offenbar hat Dante, wie es dem Dichter gebührt, der seiner Natur nach stets an Bild und äußerer Erscheinung hängen muß, empfunden, daß der Gipfel der s. g. mystischen Union mit der Gottheit, das Schauen ihres Angesichtes, über sein eigenes Bewußtsein hinaus liege, und daher für Beatricen, obwohl diese selbst es war, die seine Hoffnung auf solchen Vorzug laut ausgesprochen und statt ihres Freundes hierin das Wort ergriffen hat (S. 112), den Heiligen eintreten lassen, der über jene Vereinigung so ergreifend gesprochen. Daraus geht aber, wie bereits weiter vorne bemerkt worden, auf's Neue hervor, daß Beatrice keinenfalls die Gotteslehre darstellen kann, denn diese vermöchte ohne Widerspruch mit ihrem eigenen Begriff dem Gottesgelehrten Bernhard nicht den Platz zu räumen; aus gleichen Gründen kann sie in diesem besondern Fall auch nicht die erleuchtende Gnade oder die Erschließerin der Seligkeit des ewigen Lebens sein, zwei Bezeichnungen, die sonst in der Mehrzahl der Fälle auf sie anwendbar sind; und ebensowenig kann sie endlich trotz ihrer Zurückversetzung in den erleuchteten Zustand der Urseele und trotz den vielen Aufschlüssen, die sie dem Dichter gibt und damit ihre hochstehende Einsicht beurkundet, die Weisheit an sich oder auch nur eine Seele bezeichnen, über welche hinaus es nichts Höheres gäbe. Nichts bleibt übrig als eine Seele, die Dante's eigener Bewußtseinsfähigkeit von Gott entspricht, eine Seele, welche den Gott vergegenwärtigt, der in Danten persönlich geworden ist, aber nicht so persönlich, nicht so deutlichsprechend, wie in dem heiligen Bernhard.

Ein neben diesen Allegorien noch herlaufender, von ihnen wohl zu unterscheidender Geheimsinn der Divina Commedia und der andern Dante'schen Gedichte, welcher, der Menge ausdrücklich verborgen gehalten, nur den Höherstehenden sich enthüllen sollte, wie einen solchen Mehrere, neurer Zeit vor Allen Rossetti angenommen, dürfte vielleicht keineswegs unbedingt in Abrede zu stellen, wohl aber die Erklärung, die der eben genannte, sonst mitunter sehr scharfsinnige Ausleger von jenem Sinne gibt, unbedingt zu verwerfen sein. In der Vita nuova, am Schluß der Canzone: „Ihr Frauen, die ihr Kunde habt der Liebe", bemerkt Dante selbst: „Wer indessen nicht mit so viel Scharfsinn begabt ist, um mit Hülfe des bereits Gegebenen die Canzone zu verstehen, von dem soll es mir nicht mißfallen, wenn er dieselbe ganz ruhen läßt; denn fürwahr ich befürchte durch die vorstehenden Eintheilungen, die für den Fall gemacht sind, daß Viele meine Canzone hören könnten, schon allzu Vielen das Verständniß derselben eröffnet zu haben" *. - Wird man schon durch die hier geäußerte Besorgniß auf einen absichtlich versteckten Sinn hingewiesen, so geschieht Dies noch weit mehr z. B. durch eine Stelle im siebenten Gesang des Paradieses. Hier erlaubt sich der Dichter mitten in Besprechung des ernstesten Stoffes und mitten im erhabensten Tone der Darstellung eine dem Anschein nach eben so platte als kindische Wortspielerei. Er bemerkt, er hätte seine Führerin gern um die Lösung einiger Zweifel gebeten,

> Allein die Ehrfurcht, die mir immer inn
> In tiefster Brust vor B schon und vor ice,
> Hielt mir gleich Dem, den Schlaf umhüllt, den Sinn.
>
> Nicht lange ließ mich also Beatrice (13 ff.).

Nach der buchstäblichen Auffassung wären hier in der zweiten Zeile entweder der Anfangs- und die Endlaute des Wortes Beatrice gegeben, oder gar auf die italienische Abkürzung dieses Namens, nämlich auf das Wort Bice hingewiesen, was noch unerträglicher, weil in letzterm Fall die Trennung des B

* Vit. nuov. Cap. 14. Nach Försters Uebers.

von den drei Buchstaben i c e rein s i n n l o s sein würde. Schon in frühester Zeit hat man an dieser unbegreiflichen Abgeschmacktheit des sonst so geistreichen Dichters den höchsten Anstoß genommen; über zwei hundert Jahre nach Dante's Tod aber, in der zweiten Hälfte des sechzehnten Jahrhunderts, schrieb Jakob M a z z o n i eine Vertheidigung Dante's gegen Die, welche denselben nicht verstanden hätten, und kommt dabei auch auf erwähnte Stelle der Divina Commedia zu sprechen. „Ihr tadelt," sagt er, „weil ihr ihn nicht versteht. Leset nicht i c e, sondern setzet nach jedem Buchstaben einen Punkt. Mehr kann und darf ich nicht sagen; wer es noch nicht versteht, der verzeihe mir" *.

In der That ist es geradezu eine Versündigung gegen Dante's Geist, hier am Buchstaben festzuhalten, und die Achtung vor dem Dichter legt uns die Pflicht auf, nach einem Sinn hinter dem Buchstaben zu suchen. Was ist aber dieser Sinn? R o s s e t t i nimmt im Allgemeinen zwei Tendenzen an, welche Dante in seinen Gedichten versteckt niedergelegt: einerseits die Hinneigung zum Kaiserthum und die Hoffnung, das Papstthum werde durch dasselbe auf Das, was es sein solle, nämlich auf die rein kirchliche Oberherrschaft, zurückgeführt werden; andrerseits das Bestreben, im Anschluß an die damals in Europa aufgetauchten und selbst in Italien eingedrungenen antikatholischen Sekten auch in kirchlicher Beziehung das Regiment des Papstes abzuschütteln. Allein das erste dieser beiden Momente spricht Dante allenthalben ganz offen mit der schonungslosesten Kühnheit aus; warum also nebenher noch versteckt und für die Menge absichtlich nicht faßbar andeuten, was er mit allen Donnern seines Zornes laut in die Welt hinaus zu rufen bemüht war? Die Verhüllung wäre hier der größte Widerspruch mit seiner eigenen Absicht gewesen! Das zweite Moment hätte allerdings ein leiseres Auftreten nöthig gemacht. So ungemein nachsichtig die römische Curie nämlich über den Tadel, ja die Invectiven wegsah, die sich gegen die Personen der hohen Geistlichkeit und selbst der Päpste richteten, so unerbittlich streng verfuhr sie gegen den leisesten Schein der Ketzerei, gegen den geringsten Zweifel an der Unfehlbarkeit des kirchlichen Oberhirten und den sonstigen Grundlagen des katholischen Christenthums. Allein ein Bestreben, gegen diese Elemente anzukämpfen, war bei Dante schlechthin nicht vorhanden. Ich kann nicht beurtheilen, ob Dergleichen bei Boccaccio, Petrarca und den vielen Andern, welche von Rossetti in dieser Hinsicht dem Dichter der Divina Commedia an die Seite gestellt werden, im Hintergrund gelegen; aber bei Dante lag es ganz gewiß nicht unter. Dies beweisen seine sämmtlichen poetischen und prosaischen Schriften unwiderleglich, wo er durchweg die tiefste, wenn auch mitunter gegen sein eigenes Gefühl ihm abgedrungene Unterwürfigkeit

---

* Bericht über R o s s e t t i s Ideen zu einer neuen Erläuterung des Dante rc. (Von M e n d e l s o h n.) Berlin 1840. S. 55.

unter das katholische Dogma, durchweg die entschiedenste Verwerfung jedes Sektenthums ausspricht. Er, der schon verlangt:

> Der Wahrheit, die das Antlitz trägt der Lüge,
> Soll, wie er kann, der Mensch die Lippen schließen,
> Weil ohne Schuld er Schande von ihr trüge (Hölle XVI, 124 ff.).

würde hier umgekehrt der Lüge den Schein tief verehrter Wahrheit leihen, und die Göttliche Komödie zu einer „Komödie der Irrungen" machen! Wir haben gesehen, wie entrüstet er über die dem Papst Bonifacius, seinem persönlichen Gegner, durch König Philipp widerfahrene Schmach ist, und wie er sich an einer andern Stelle der Divina Commedia vor der Seele des auf dem Läuterungsberg büßenden Papsts Adrian V., trotz dessen Sünden, „um der Würde des von ihm einst bekleideten Amts willen", niederwerfen will (Fegef. IX, 127 ff.). Bis zur völligen Evidenz aber tritt Dante's Anhänglichkeit an das Institut des Papstthums aus seinem Brief an die Cardinäle hervor. Hätte er sich von der Oberherrschaft des heiligen Stuhles losreißen wollen, so wäre die Verlegung desselben nach Avignon, gegen welche er dort so flammend eifert, hiezu der beste Weg gewesen! Das Papstthum schien ihm zu dem großen Reich der irdischen Seligkeit, des Friedens, das er auf Erden hergestellt wissen wollte, ebenso unbedingt nothwendig, als das Kaiserthum; jenes sollte die Menschen in kirchlicher, dieses in weltlicher Hinsicht zu Einer großen Gemeinde verbinden. Tritt nun gleichwohl ein Versteckthalten gewisser Ansichten in Dante fast unwidersprechlich hervor, so scheint mir, er habe — minder bedeutende, an bestimmte Personen gerichtete Aeußerungen in den lyrischen Gedichten abgerechnet, wo er allerdings auch hie und da auf das von ihm so hochgestellte und so heiß gewünschte Kaiserthum hindeuten mag [96] — etwas Andres verstecken wollen, als Rossetti ihm unterlegt, wobei jedoch nicht geleugnet werden soll, daß wenn er, nach Angabe des besagten Kritikers, Andre zu Genossen solcher Verhüllung hatte, diese Andern wirklich nebenher gegen die kirchliche Gewalt des Papstes angekämpft haben mögen, denn um Dies geradezu in Abrede stellen zu können, bin ich mit denselben viel zu wenig bekannt. Nur sei meine Ansicht als eine Vermuthung aufgenommen, die keine Ansprüche auf tiefere Begründung macht, und welche ich selbst, so nahe sie auch liegt, nur deßhalb zur Sprache bringe, weil die in Dante's Werken hie und da gar zu deutlich hervortretenden Anzeichen geheimen Sinnes von mir nicht ohne irgend einen Erklärungsversuch übergangen werden durften. Zur Zeit unseres Dichters hatte die schon bei den Neuplatonikern sich findende und damals eben wieder bei den persischen Sufi's im vollen Schmuck der Poesie aufgetauchte Annahme, daß der Mensch im Augenblick hoher Seelensteigerung mit der Gottheit zusammenfließe, gleichsam selbst zu Gott werde, zahlreiche Anhänger.

So sagt der Italiener Jacopone da Todi (geb. um 1240, gest. 1306), der angebliche Verfasser des Stabat mater[97], von seiner Seele:

> In Christum umgewandelt ist sie Christus,
> Mit Gott vereint ist selbst sie göttlich worden[98].

Gleicherweise ruft Dante's andrer Zeitgenosse, der Deutsche Heinrich Eckart aus: „Wer in der Gerechtigkeit" (d. h. in der vollkommenen Richtung zu Gott) „ist, der ist in Gott und er selber ist Gott". Ebenso Tauler (1290 bis 1361): „Und wird der Mensch nun also vergottet, daß Alles was er ist und wirkt, nun Gott in ihm wirket und ist." Gleiche Ansicht spricht ein dritter Deutscher, Suso (eigentlich Seuß, 1300—1365) aus. In Italien scheint, falls den Forschungen Rossetti's vertraut werden darf, ein eigener Bund dieser Gottesfreunde bestanden zu haben. Daß in Deutschland ein solcher bestand, ist nachgewiesen*; jedoch bildete sich dort die Verbindung im engern Sinne, welcher Tauler selbst angehörte, erst gegen 1328, kurz vor Eckarts und sieben Jahre nach Dante's Tod. Ihr Gründer, Nikolaus von Basel, war der italienischen Sprache vollkommen mächtig, hatte einflußreiche Freunde in Rom**, und zwei seiner vertrautesten Schüler waren Italiener***. Ueber Papst und Kaiser dachten die Verbündeten sehr frei†; die Priester unter ihnen hatten allein das Recht die Messe zu feiern, in allem Uebrigen aber bestand kaum ein Unterschied zwischen den Mitgliedern, denn da ihr Verhältniß zu Gott ein individuelles und unmittelbares sein sollte, bedurften sie der priesterlichen Vermittelung nicht†† — ein Zug, der an die individuelle Beziehung, welche Dante zwischen sich und Gott annimmt, und an den Ausspruch, daß er, der Dichter, sein eigener Papst geworden, erinnert. Möglich, daß der von Rossetti angenommene italienische Geheimbund, besonders, falls sie richtig sein sollten, dessen reformatorische Bestrebungen in der That in späterer Zeit mit dieser deutschen Gesellschaft, deren hauptsächlichste Führer endlich wegen ketzerischer Ansichten verbrannt wurden†††, in einigem Zusammenhang standen; ursprünglich jedoch fand nach allen Anzeichen zwischen der deutsch-italienischen Verbindung und der rein italienischen, welche letztere, falls sie wirklich existirte, bedeutend älter gewesen sein müßte, als jene, keine Berührung statt. Vielmehr nahm, allem Anschein nach, in Italien, dem Charakter der Nation gemäß, und sehr abweichend von dem Ausspruch Eckarts, der (in eigener Person freilich nur ein Vorgänger, nicht ein wirkliches Mitglied des Bundes) kein Bild, nichts Erschaffenes zwischen die Seele und Gott gestellt haben will, jene Ansicht von der Vergöttlichung

* S. Nicolaus von Basel und die Gottesfreunde. Von Prof. Karl Schmidt. In dem 1856 erschienenen Werk: Basel im vierzehnten Jahrhundert, S. 255 - 302.

** Ebend. S. 273, 287. — *** Ebend. S. 277.

† Ebend. S. 280. — †† Ebend. S. 261. — ††† Ebend. S. 281, 282.

in Kurzem ein sinnlicheres, ihre Ausdrücke der geschlechtlichen Liebe entnehmendes, und hierin bald conventionell gewordenes Gepräge an, wonach sich der Liebende in die Geliebte verwandelt [99], oder sich mindestens als gleichen Wesens mit ihr darstellt, werde als dieselbe nun gleich vornherein die Gottheit selbst betrachtet und sei daher der Ausdruck Donna, Jungfrau u. dgl. nur allegorisch zu nehmen, oder sei die Geliebte ursprünglich in der That eine Sterbliche, welche der Liebende erst durch die Liebe als Ausfluß der Gottheit erkennt, und mit welcher er erst infolge dieses Erkennens zu Einem Wesen verschmilzt. Cecco d'Ascoli (1327 als Ketzer verbrannt), Francesco da Barberino (geb. 1264, gest. 1304 und gleich Danten ein Schüler Brunetto Latini's), Boccaccio (1313—1375), Petrarca (1304—1374) führten eine solche Sprache [100].

Eigentlich verfolgt von der Kirche ward, scheint es, jene Ansicht nicht, so lange sie innerhalb der Grenzen der Vernunft blieb und sich nicht in dem schwärmerischen Sinne kund that, als werde der Mensch wirklich der Person nach zu Gott [101]. Unterschied sich dieselbe doch z. B. von der Mystik des allgemein hoch verehrten Bernhard von Clairveaux blos dadurch, daß sie Das, was dieser mehr nur wie ein fernes Ideal aufstellte, als in einzelnen Momenten erreichbar und bereits erreicht auffaßte. Daß aber die Kirche da, wo mit jenen Gedanken Mißbrauch getrieben wurde, einzuschreiten hatte, und daß es, wenn nicht Vorschrift der Kirche, mindestens Pflicht des religiösen Zartgefühls war, dergleichen dem Mißverständniß und Aergerniß so nahe liegende Ansichten vor dem großen Haufen zu bergen, liegt auf der Hand. Es klingt daher nicht unwahrscheinlich, daß die Anhänger derselben sich damals in Italien einer geheimen Sprache bedient, wie Rossetti eine solche entdeckt haben will, ihr aber eine falsche Auslegung zu geben, oder wenigstens eine Nebensache zur Hauptsache zu machen scheint. Daß unser Dichter jener Ansicht nicht fremd gewesen, wenigstens eine nah verwandte selbst gehabt habe, geht sattsam aus dem früher Gesagten hervor, wie denn z. B. selbst Witte, welcher der Ansicht Rossetti's im Allgemeinen entschieden entgegentritt, als selbstverständlich zugibt, daß unter dem Ausdruck Frauen, Jungfrauen, donne, gioveni donne, bei Dante nicht selten der Speculation fähige Seelen verstanden werden *. Daß Letzterer mit mehrern jener eben genannten Männer in vertrautem Umgang gestanden, ist theils erwiesen, wie z. B. bei Cecco d'Ascoli, der später sein Gegner wurde, theils höchst wahrscheinlich, wie bei Barberino, der, nur ein Jahr älter als Dante, unweit Florenz geboren und, wie gesagt, gleich Jenem, ein Schüler Brunetto Latini's war. Dabei möge nicht übersehen werden, daß von den andern Italienern Keiner die Sache so ernst genommen zu haben scheint, wie Jacopone, oder wie vielleicht jene italienischen Mitglieder des deutschen Bundes:

* Dante Al. lyr. Ged. übers. u. erkl. v. Kannegießer und Witte, II, S. 97.

es war jenseits der Alpen, wenn auch viel von einem der Vereinigung mit der Geliebten vorangehenden Tod (Morte) gesprochen ward, wohl nur selten von jener Vernichtung des Creatürlichen die Rede, die in Deutschland angestrebt wurde (vgl. die Anmerk. 100), eine Vernichtung, welche unsern Dichter schon als solchen, und noch mehr infolge des so mächtig in ihm hervortretenden Triebes zu vaterländischer und überhaupt staatlicher Wirksamkeit, einem derartigen Bund entfremdet haben würde, wobei jedoch immer möglich, daß, falls er in der That einer solchen Gesellschaft angehörte, sein entschiedenes Hinweisen auf die Lea, d. h. auf das thätige Leben, als Bedingung der irdischen Seligkeit, durch die Versenkung in Gott hervorgerufen sein könnte, welche jener Bund als Bestimmung des edlern Menschenthums anzudeuten schien, habe derselbe diese Versenkung nun als einziges Ziel aufgestellt oder dabei auch, wie Rossetti will, eine praktische Richtung verfolgt.

Wenn nun aber Rossetti die Buchstaben ice, deren Geheimsinn Mazzoni nicht angeben durfte, als „Jesu Christo Enrico“ und sonach mit Vorsetzung des B (Beatrice) den ganzen Inhalt des Satzes als: (Kaiser) „Heinrich, der Erlöser der Menschen, die wahre Beatrice,“ auffaßt, so ist, falls der ganze Zusammenhang der betreffenden Stelle nicht gewaltsam umgedeutet wird, nicht abzusehn, wie einerseits dort überhaupt von jenem Kaiser die Rede sein, andrerseits wie er daselbst noch als wirksam angeführt werden könne, da Heinrich bei Herausgabe des Paradieses längst todt war, die geheime Sprache aber, wenn ihre Absicht irgend einen Effect haben sollte, sich an die Wirklichkeit, nicht an erfundene Situationen, wie das dichterisch angenommene Jahr 1300, zu halten hatte. Dagegen dürfte sich die Auslegung des J. C. als Jesus Christus allerdings vertheidigen lassen [102], und nur anzunehmen sein, daß das E. etwas Anderes als was Rossetti unterlegt, etwa das lateinische est oder esto, oder irgend eine ähnliche Affirmation ausdrücken solle, kurz daß die Buchstaben ice das auf irgend einen voranzustellenden Namen bezügliche Erkennungswort der Anhänger jener Vergöttlichungslehre aussprächen, welches gelautet hätte: „Jesus Christus ist“ (oder soll sein u. dgl.), „Jesus Christus est“ (oder „esto“ rc.), vor welche allgemeine Formel Dante im vorliegenden Fall ein B, andeutend Beatrice, gesetzt hätte. Diese Auslegung paßt jedenfalls eher in den Zusammenhang, als die Beziehung auf Kaiser Heinrich, denn wirklich ist am betreffenden Ort von der Erlösung durch Christum die Rede, und es ergäbe sich, also gedeutet, ungefähr folgender im Hintergrund liegende Sinn: nachdem die Möglichkeit der Erlösung im Allgemeinen durch Christum gegeben, sehe sich Dante für seine Person durch Beatrice, oder vielmehr durch Das, was die Idee Beatricens in ihm gewirkt, als erlöst an [103].

Was die Bemerkung des Dichters zu jener Canzone in der Vita nuova betrifft, er bedaure, das Verständniß dieses Gedichtes vielleicht gar zu Vielen eröffnet zu haben, so wird in demselben die Geliebte so unverholen als unmittelbarer Ausfluß der Gottheit hingestellt, daß man von dem Verfasser eher darüber Verwunderung erwarten sollte, wenn noch irgend Jemand das wahre Verständniß der Canzone nicht hätte, und jenes Bedauern scheint somit eigentlich in dem Sinn aufzufassen, er hätte jenes Gedicht lieber nicht der Menge zugänglich machen sollen. — Sollte aber Dante wirklich nicht nur für seine Person in Beatricens Einwirkung auf ihn das unmittelbare Walten der Gottheit gefühlt haben, wie er Dies z. B. in der Vita nuova (24. Kap.) deutlich genug auch durch den Ausspruch zu erkennen gibt, die Geliebte sei die Zahl Neun gewesen, als deren Wurzel sich die Drei, nämlich Vater, Sohn und heiliger Geist, ergäben, — sondern hat er in der That einer Gesellschaft nahe gestanden, welche das Streben, sich mit Gott zu einigen und zur lebendigen Wiedergeburt zu gelangen, unter dem Bilde der Liebe zu irgend einer meistens wirklich geliebten Jungfrau ausdrückte, und sich daher, wenn sie von dieser Geliebten sprach, unter einander wohl verstand, den Uneingeweihten aber in mancher Hinsicht dunkel bleiben mußte, — so würden dadurch mehrere schwierige, ja völlig unverständliche Stellen in der Vita nuova plötzlich Licht erhalten, Stellen, die wahrscheinlich erst bei der spätern Ueberarbeitung dieses Büchleins, von welcher in der ersten Vorlesung die Rede gewesen, in dasselbe eingetragen wurden, nämlich erst als Dante mit jenem Kreis von Männern in Berührung gekommen[104]. So z. B. gleich im Eingang zur Vita nuova die eigenthümliche Bemerkung: „Neunmal schon nach meiner Geburt war der Himmel des Lichts ...... beinahe zu derselbigen Stelle zurückgekehrt, als meinen Augen zum erstenmale die glorreiche Herrin meines Geistes erschien, die von Vielen, welche sie nicht anders zu nennen wußten, Beatrice genannt ward“[105]. So im achten Kapitel das Gesicht, worin dem Dichter Amor in Gestalt eines Jünglings in glänzend weißem Kleid erscheint und ihm weinend zuruft: Fili me, tempus est ut praetermittantur simulacra nostra (mein Sohn es ist Zeit, daß die Trugbilder von uns verschwinden). Auf die Frage des Angeredeten, warum er, der Jüngling, weine, wird dann beigesetzt: ego tanquam centrum circuli, cui simili modo se habent circumferentiae partes; tu autem non sic (ich bin der Mittelpunkt des Kreises, zu dem sich die Theile des Kreises in gleicher Weise verhalten; du aber nicht also). Hier scheint auf das in der Mystik aller Zeiten wiederkehrende Bild angespielt zu sein, daß Gott der Mittelpunkt des Lebens oder der Seelen sei, welchem der Umkreis, d. h. die andern Seelen, gleich werden (sich vergöttlichen) müßten. Der Gott der geschlechtlichen Liebe, der, in diesem Moment über seine gewöhnliche Sphäre hinaufsteigend, zu Christus oder richtiger zur Idee Christi potenzirt wird, und daher in der heiligen Sprache der Vulgata redet, weint, daß der Dichter noch nicht Eines Wesens mit ihm geworden, sondern zu sehr an Trugbildern, zu sehr an der blos irdischen Erscheinung hange. Dante aber vermag diese Forderung der unmittelbaren

Gottheit noch nicht zu fassen, sie ist ihm „sehr dunkel“, daher der lichte Jüngling sogleich von der Idee Christi wieder zum Amor herabsinkt und, Dessen zum Zeichen, statt in der Sprache der Vulgata, nunmehr, wie ausdrücklich hervorgehoben wird, „in gemeiner Landessprache“ dem Liebenden aufträgt, die in Beatricens Seele über ihn geworfenen Mißverständnisse aufzuklären, wobei nun die oben erwähnten „Trugbilder“ blos im Sinn der von Dante fingirten Liebe zu einer andern Dame genommen zu werden scheinen.

So ferner der Umstand, daß auch noch bei einer andern Gelegenheit, nämlich im zweiten Kapitel der Vita nuova, der in einem Gesicht erscheinende Amor die feierliche Sprache der Vulgata redet. Mit den Worten: ego dominus tuus (ich bin dein Herr) naht er sich, Etwas in der Hand haltend, das über und über brennt, und sagt dem Dichter: vide cor tuum (siehe dein Herz); dann bewegt er die in seinem Arm liegende Beatrice dieses Herz zu verschlucken und entschwebt mit ihr zum Himmel. Hier scheint der Liebesgott abermals zu Christus, oder wenigstens zu einem unmittelbaren Ausfluß der höchsten Gottheit, gesteigert zu sein, durch welchen die künftige Einigung der Personen von Dante und Beatrice bewerkstelligt werden soll [106]. Bei allen andern Gelegenheiten, wo Amor nicht in dieser gesteigerten Bedeutung erscheint, z. B. in der anmuthigen Fiction des sechsten Kapitels, wo er dem Dichter als Pilger begegnet, spricht er in italienischer Sprache. In der lateinischen drücken sich im ersten Kapitel zwar auch die (nach der Lehre des Thomas von Aquino angenommenen) animalischen und sensitiven Geister Dante's bei dessen erstem Zusammentreffen mit Beatricen aus, aber blos weil sie die Gottheit in derselben und ihre eigene Unmacht einer solchen Erscheinung gegenüber empfinden, also so gut als der lateinisch redende Amor, auf die Einigung des Dichters mit dem göttlichen Princip hinweisen. Ecce deus fortior me, veniens dominabitur mihi (siehe ein Gott stärker als ich, er kommt und wird über mich herrschen), ruft der Geist des Lebens; apparuit jam Beatitudo nostra (unsre Seligkeit ist jetzt erschienen), sagt der Geist der sinnlichen Empfindung, sich vor Allem an die Geister des Gesichts wendend; und heu miser, quia frequenter impeditus ero deinceps (ich Armer, denn häufig werd' ich hinfort behindert sein!) ruft der Geist der niedern, materiellen Lebenssphäre, in welcher die Nahrungssäfte bereitet werden.

Endlich fällt, wenn sich Dante in der überarbeiteten Vita nuova wirklich neben den gewöhnlichen Lesern an Männer gewandt haben sollte, für welche ein geheimeres Verständniß seiner Worte und Bilder anzunehmen wäre, noch Licht auf eine vielbesprochene Stelle im 24. Kapitel, wo er sagt, er könne von Beatricens Tod unter Anderem auch deßhalb nichts Näheres berichten, weil er, falls er Dies thäte, „sein eigener Lobredner werden müßte“. Dies würde im Sinn jener Gottesfreunde heißen, weil seine Seele sich mit der in Beatricens Seele wohnenden Gottheit geeiniget habe [107].

Mit widerstrebendem Herzen bin ich diesen Spuren eines Bundes gefolgt, zu welchem Dante in näherer oder entfernterer Beziehung gestanden hätte, und habe es, wie gesagt, nur gethan, weil die Spuren mitunter gar zu deutlich hervortreten. Daß der Dichter in der Geliebten die unmittelbare Einwirkung Gottes auf ihn, die erlösende Wiedergeburt seiner Seele, erkannt habe, steht außer Zweifel; aber er erscheint größer und dichterischer, wenn er auf diesen Gedanken lediglich durch sein eigenes Gemüth, nicht erst durch fremde Anregung oder wenigstens mit Beihülfe einer solchen, gelangte. Und so ist es denn eine wesentliche Genugthuung, wahrzunehmen, daß die Mehrzahl der Männer, welche die Liebe ungefähr in gleichem Sinne, wie Dante, auffaßten, später geboren war, als er, und daß Rossetti selbst darauf hinweist, die andern Genossen der geheimen Verbrüderung (die übrigens, wie gesagt, nach Rossetti's Ansicht etwas Anderes anstrebte, als jene erlösende Wiedergeburt der Seele), vor Allen Boccaccio, hätten den Dante so ziemlich als den Schöpfer ihrer Schule angesehen [108], wonach denn dieser der Hauptsache nach durch eigene Geistesmacht zu seinen Anschauungen gekommen wäre, und in welchen Jene, wie sich von selbst versteht, auch wieder Manches hineingelegt haben werden, was nicht, wenigstens nicht ausdrücklich, seine Ansicht war, während die Wenigen, die ungefähr gleichen Alters mit ihm waren, mitunter von ihm abweichende Ansichten geltend machten, wie wir Dies vorhin von Cecco d'Ascoli gehört. Ward also Dante von jener Geistesrichtung seiner Zeit, die sich, ohne daß man sie deßhalb geradezu einem Geheimbund vindiciren müßte, doch gewisser gemeinsamen Schlagwörter bediente, beeinflußt, was sich kaum wird ableugnen lassen, so wurde er es doch nur in der Art, wie jeder Dichter von dem Geist seiner Zeit influirt ist, und er setzte jener Richtung, nicht die Richtung ihm, den Lorbeer auf.

Noch bleibt übrig, hier ein Wort beizufügen über das von Dante so oft als Bestandtheil seines Wesens angedeutete visionäre Element, in dessen Folge er die Divina Commedia selbst mehrmals, z. B. Parad. XVII, 128 und indirekt Parad. XXXII, 139 ein Gesicht nennt. Daß er zunächst fremden, ihm vorgelegenen Visionen manche Züge seines Werkes entnommen, wird Jeder zugeben, der diese von Kopisch weitläufig aufgeführten Gesichte unbefangen nachliest: der Zusammenhang zwischen denselben und Dante's Gedichte ist unwidersprechlich. Allein Jeder, der letzteres kennt, wird auch bemerken, mit welcher Freiheit der Dichter bei Benützung jenes fremden Stoffes verfuhr, und wie diese Benützung seiner Schöpferkraft so wenig Abbruch thut, als je irgend einem Poeten solche Kraft deßhalb abgesprochen wurde, weil er überhaupt irgend einen vorliegenden Stoff benutzt hat. Ohne eine derartige Grundlage wird sich auch das höchste Genie in's Wesenlose verlieren, und gerade solche den ganzen Gehalt ihrer Zeit umfassende Gedichte, wie die D. C., sind immer nur die Blüthe

Dessen, was schon seit mehrern Menschenaltern in den Gemüthern gekeimt und dort seine Vorkläuge gefunden hat. Ohne daher bei der Thatsache jener Entlehnung, obwohl sie aus falschem Eifer für Dante's Originalität von Manchen bestritten wird, länger zu verweilen, sei hier gleich bemerkt, daß unser Dichter jenen Gesichten mit einer Schärfe des Urtheils, die für seine wundergläubige Zeit schon im Allgemeinen, und noch mehr für sein eigenes frommes, dem Jenseits zugewandtes Gemüth merkwürdig genug ist, nur im Allgemeinen, keineswegs aber in den einzelnen Zügen eine innere Wahrheit zuschreibt, oder mit andern Worten, daß er in ihnen zwar eine gewisse Realität anerkennt, aber nur eine durch und durch von dem eigenen Ich des Sehers bedingte, wie diese Ansicht bis auf den heutigen Tag von einer vernünftigen Kritik über derlei Erscheinungen festgehalten worden ist. Er verwendet die ihm sowohl hinsichtlich des Himmels als der Hölle dargebotenen Farben vollkommen frei, und ganz so wie sie ihm, mit oft ganz entschiedener Abweichung von der Art, worin sie die ursprüngliche Vision vorbringt, zu seiner Ansicht von der andern Welt und zu seinem Zweck gerade passend erscheinen. Daß er selbst dabei nur eine Allegorie, kein irgendwie auf Wirklichkeit Anspruch machendes Gemälde des Jenseits geben wolle, und z. B. Niemanden zumuthe zu glauben, der Satan halte in der That neben dem Judas die beiden Mörder Cäsars, den Brutus und Cassius, zwischen den Zähnen, braucht keiner Auseinandersetzung, denn er selbst gibt sein Gedicht, wenn es auch zum Theil nach wirklichen Visionen bearbeitet ist, nur im dichterischen, nicht im buchstäblichen Sinn für eine Vision.

Wie verhält es sich aber mit jenen Gesichten, die er selbst gehabt zu haben in der Vita nuova so oft versichert, und auf welche er auch in der Divina Commedia mehrmals, z. B. Fegef. XXX, 133 f., zurückkommt? An eigentliche Verzückungen ist hier keinesfalls zu denken, denn so nahe die poetische Kraft der wirklichen Hellsicht in mancher Beziehung steht, werden beide Wirksamkeiten doch nie in dem gleichen Menschen vorkommen, vielmehr, wenn je dem Keime nach beide vorhanden sein sollten, die eine die andre unterdrücken, weil die eine mit der höchsten Selbstthätigkeit verbunden ist, zur andern eine gewisse Passivität nöthig scheint. Keineswegs aber wird sich leugnen lassen, manche Kundgebungen seines Innern seien bei Dante mit solcher Lebhaftigkeit erfolgt, daß sie einer Vision ziemlich nahe kamen und vielleicht nicht ohne wirkliche Zukunftsahnung waren, wobei wir nicht vergessen dürfen, daß die Mehrzahl derselben, nach des Dichters Versicherung, in Träumen erfolgte, also in einem Zustande, wo dergleichen Steigerungen des Gemeingefühls auch bei wirklichen Dichtern immer noch weit denkbarer sind, als im Wachen. Einige jener angeblichen Gesichte, wie z. B. gleich das erste in der Vita nuova erzählte von dem glühenden Herzen, welches, in einem Traum Dante's, Amor der in seinem Arm liegenden Beatrice zu kosten gibt, sind zu eigenthümlich, als daß sie nach Willkür erfunden sein könnten, wenn auch zu dem ursprünglichen Kern später noch Manches frei hinzugefügt worden sein mag. Zudem läßt in Bezug auf jenes erste Traumgesicht die Mittheilung desselben an die andern Dichter und die Bitte, es zu deuten, den Gedanken an willkürliche Erfindung lediglich nicht zu. Andere, wie das im achten Kapitel erzählte Gesicht von dem Jüngling, der sich selbst mit dem Mittelpunkte des Kreises vergleicht, sind höchst wahrscheinlich mehr oder minder ausgeschmückt, obgleich sich schwer bestimmen läßt, wie weit im Traum — denn ein solcher liegt auch hier wieder, wie Dante bemerkt, vor — die Objectivirung des Subjektes, d. h. die unter irgend einem bildlichen Ausdruck erfolgende Anschauung unsres uns im Wachen nicht klar bewußten Innern und der Ansprüche, die es zu machen hat, gehen kann, ohne daß gleichwohl der Träumende dadurch zum eigentlichen Visionär würde. Menschen, die sonst durchaus nichts Visionäres an sich hatten, haben das eine oder andremal in ihrem Leben dergleichen zusammenhängende, sie in die Tiefen ihres Selbsts und ihrer Zukunft versenkende Träume gehabt. — Andere, angeblich im Wachen erfolgte Visionen, wie im sechsten Kapitel diejenige von dem pilgernden Amor, im fünfunddreißigsten die nicht näher bezeichnete, die dem Dichter den Vorsatz eingab, zunächst nichts mehr von der Geliebten zu sagen, und vor Allem im zweiunddreißigsten die von Jenem selbst nicht unter der Benennung „Gesicht", sondern richtiger als „lebhafte Einbildung" (forte immaginazione) eingeführte von der Erscheinung Beatricens als Kind, — beweisen nur, wie ungemein selbstthätig die Phantasie Dante's war, und wie er somit, unbeschadet der Idee, zu welcher ihm die verklärte Beatrice später wurde, sich fortwährend in lebendigem Verkehr mit der persönlichen, einst auf Erden geliebten, glauben, fortwährend zu ihr, wie wir gehört haben, in den Himmel „entrafft" (S. 123) werden konnte.

So haben wir denn in einer Folge, die zu rasch und auf zu kurze Zeit beschränkt war, um erschöpfend sein zu können, wenigstens in seinen Hauptzügen eines der großartigsten, tiefsinnigsten und trotz allen über das Leben hinaus ragenden oder hie und da auch wohl nicht von der echten Lebenskraft durchhauchten Bestandtheilen desselben, eines der lebenvollsten Werke, die der Menschengeist hervorgebracht, an uns vorüber gehen lassen. In den zwei nächsten Vorlesungen werde ich mich nun bestreben, Ihnen, soweit meine Kraft zureicht, auch noch auf anderm Wege als dem des bloßen Auszugs aus dem überreichen Inhalt und der unter meiner Behandlung vielleicht nicht immer zureichend gewesenen Kritik, ein Bild von Dante, von seinem großen Gedicht und von seiner Zeit, durch die er selbst erst ganz verständlich wird, zu geben. Allerdings läßt sich über manche poetische Werke ein in Prosa abgefaßter Bericht, ja selbst eine Kritik denken, bei welcher der Leser oder Zuhörer ein verwandtes Gefühl hätte, wie wenn er das Gedicht selbst durchgienge. So z. B. über manche der ausgezeichnetern Shakespearischen Stücke. Hier hindert —

gesetzt dieselben gehören nicht zu speciell der Geschichte an, und nehmen daher bei ihrer Erklärung nothwendig auch die geschichtliche Kritik in Anspruch — den Berichterstatter nichts, daß er seinem Publikum einen rein poetischen Eindruck mache; daß er bei Wiedergebung Dessen, was er empfindet, selber, soweit sein inneres Vermögen reicht, in gewissem Sinn zum Dichter werde, denn jene Schauspiele selbst sind rein aus der schöpferischen Kraft ihres Verfassers hervorgegangen, und ihre unendliche Tiefe öffnet ewig neue Wege für ihr poetisches Verständniß. Anders aber bei Dante. Zwar ist dieser so tief als der Brite, und wo die rein dichterische Natur in ihm hervortritt, darf er sich jenem Heros der Poesie kühn als einen der wenigen Ebenbürtigen an die Seite stellen. Allein sich über die Divina Commedia mit jenem fortwährenden Nachzittern des schöpferischen Eindruckes zu verbreiten, den die gelungensten von Shakespeares Dramen auf uns machen, eines Eindruckes, über welchem selbst kleine Unwahrscheinlichkeiten, Nachlässigkeiten und sonstige Mängel des englischen Dichters füglich übersehen werden können, hindern zwei Momente, eines das der dichterischen Wirksamkeit an sich zwar keineswegs unbedingt entrückt ist, welches jedoch bei dem Versuch es in einem Bericht zu verdeutlichen und ihm in der Seele des Zuhörers einen lebendigen Halt zu geben, jedenfalls noch andere Kräfte, als die rein dichterischen in Anspruch nimmt; — und ein zweites, das an sich der Poesie leider gar nicht angehört. Nämlich Dante's Gedicht bewegt sich einem bedeutenden Theil seines Inhaltes nach einerseits um einen zu hohen, der gewöhnlichen Anschauung und Empfindung zu entlegenen Gegenstand, der zwar nicht selten durch einen genialen Gedanken des Dichters noch in den wirklichen Bereich der Poesie hereingezogen wird, häufig aber auch durch das Bestreben, ihn poetisch darzustellen, einer Verstandeskünstelei des Verfassers anheimfällt; andrerseits ist das Werk zu sehr mit dem von jener Zeit nun einmal unabtrennbaren scholastischen Geist verschmolzen, um Demjenigen, welcher von dem poetischen Gehalt ein poetisches Rückbild geben möchte, vollkommen freie Hand zu lassen. Ich sage nicht, Dante habe jene Scholastik nie in Poesie verwandelt; im Gegentheil, er hat manche Schönheiten, mitunter seine höchsten, gerade jenem Element abgewonnen [109]; allein so etwas ist bei ihm dann doch nur freie That des Genius selbst; Derjenige, welcher das Bild nachzuzeichnen hat, fühlt sich schon durch die umständliche Erklärung, die er, eben um den Werth desselben hervorzuheben, von seiner Genesis geben muß, einigermaßen aus der poetischen Sphäre verdrängt, nicht zu gedenken daß die Dichterkraft des Verfassers an gar manchen andern Stellen über jenes scholastische Beiwesen eben doch nicht gesiegt hat.

Selbst der erklärteste Verehrer der Divina Commedia wird zugeben, daß wenn er von dem unendlich poetischen und tiefen, ja in mancher Hinsicht einzigen und gleichenlosen Gesammteindruck dieses Werkes mit höchster Bewunderung spreche, er hiebei die mitlaufende Scholastik und ebenso jene Bemühungen, durch den Verstand auf die Phantasie des Lesers zu wirken, eher nur *ignorire*, als daß er sie für seine eigne Empfindung in einen wirklich dichterischen Factor zu verwandeln vermocht hätte. Dazu kommt, daß die oft ungemein feinen und sinnvollen Beziehungen des Ganzen nicht selten sehr weit von einander abliegen und daher erst, nachdem man das Werk drei bis viermal gelesen, vollkommen durchsichtig werden, so daß es sehr schwer hält, die vielfaltige Dichtung in Einen unzerstückelten Fortklang zu fassen. Und endlich tritt das Bestreben des Dichters, sich in der Fülle seines mannigfachen Wissens, vor Allem aber als vollwichtigen Theologen zu zeigen, der poetischen Freiheit seines Geistes nicht selten sehr fühlbar entgegen. Wo ihn diese Fesseln nicht binden, dringt sein Dichterblick in das tiefste Mark der Dinge und seine Kühnheit kennt keine Grenzen; ja es ist eine Frage, ob die bei allem Tiefsinn mehr elementarische Seele Shakespeare's nicht vor einer Einheitsforderung mit der Gottheit, wie Dante sie aufstellt, als etwas für den Sterblichen zu Vermessenem zurückgebebt sein würde. Wo Letzterer aber, statt durch die Unmittelbarkeit der poetischen Empfindung, nach den Ansichten irgend eines theologischen oder philosophischen Systems, oder wohl auch, um mit einer an sich richtigen Vorstellung von der Gottheit in einem untergeordneten Punkt nicht in Widerspruch zu gerathen, nach seiner eigenen Verstandesdoctrin die Welterscheinungen, z. B. das Schicksal (S. 30 dieser Vorlesungen) zu deuten sucht, da steht der hierin vollkommen dem eigenen Genius überlassene Engländer eben so hoch über dem Italiener, als dieser über jenem, wo es sich von den Forderungen, die der Sterbliche an seinen Urquell zu machen berechtigt ist, überhaupt von dem richtigen Verhältniß zwischen Gott und Menschen, handelt.

Zum Beleg des innern Zwanges, womit Dante sich den erwähnten Theorien mitunter fügt, sei hier noch ein von mir in der zweiten Vorlesung übersehenes Sonett über das *Schicksal* angeführt, das unsrem Dichter freilich von der Kritik mehrfach abgesprochen wird, weil es in zu auffallendem Widerspruch mit der in der Divina Commedia niedergelegten Ansicht über jene geheimnißvolle Macht steht und weil allerdings auch die beiden, über die gewöhnliche Form des Sonettes hinausgreifenden Schlußzeilen dem von Dante sonst eingehaltenen Gebrauch widerstreiten, welches aber der gründliche, in Italien selbst als solcher anerkannte Kritiker *Witte* nichts desto weniger unter Dante's echte Dichtungen mit aufgenommen hat. Und allerdings tritt der Widerspruch mit der Divina Commedia schon in der von mir S. 31 angeführten, dem Dichter unwidersprechlich zugehörigen Stelle aus dem Convito, wenn auch in etwas minder starken Ausdrücken, doch dem Wesentlichen nach so entschieden, als in diesem Sonett hervor, in dessen beiden Schlußzeilen die in der D. C. als unmittelbare (nicht etwa *mittelbare*) Dienerin Gottes dargestellte Fortuna nun wirklich, wie ich Dies S. 32 als Dante's wahrscheinliche Empfindung anzudeuten mich für berechtigt hielt, wie eine gegen den göttlichen Gedanken in Empörung begriffene, sich selbst an dessen Stelle setzende Potenz dargestellt wird. Da mir die Urschrift fehlt — denn weder Fraticelli, noch Krafft* haben das Gedicht aufgenommen — erlaube ich mir dasselbe nach Wittes Uebersetzung zu geben:

O schlechte, blinde Welt, an Trübsal reich,
Fortuna trügerisch und wandelbar,
Der Frohen Feindin, alles Friedens baar,
Die an Beständigkeit den Winden gleich!

Nicht Klug noch Edel kann, nicht Arm noch Reich
Entgeh'n dem Unheil, das dein Rad gebar;
Zum Knecht machst du Den, der Gebieter war,
Und, Den du selbst erhöhtest, kummerbleich.

Wer nachdenkt, wie du thatest dem Gemahl
Der Hekuba, wie der Thebaner Stadt
Und Andern, die du stürztest, ohne Zahl,

Der fühlt was er von dir zu hoffen hat,
Die du voll Seufzer bist und voller Qual
Und standhaft wie am Baum ein schwankend Blatt.

Drum wer auf dich sein Lebenszutrau'n stellt,
Verliert den Einen, der das All erhellt.

Ist insofern Dante's große Schöpfung ein minder günstiger Gegenstand für einen solchen Berichterstatter, welcher vor Allem einen dichterischen Eindruck zu machen wünscht, so eignen sich dagegen Dante's Person und Leben, sein an poetischen Beziehungen überreiches Werk und seine von hohen, wie niedern Kräften bewegte Zeit in bedeutendem Grad zu einer erzählenden dichterischen Darstellung, welche auf ihrem Weg und unabsichtlich den Leser zuletzt wenn nicht zur gleichen, doch zu einer verwandten Empfindung führen würde, wie ein mehr dem kritischen Vermögen entnommener Bericht über die Divina Commedia. Zwar bleibt es ein sehr großer, nicht wegzuräumender Nachtheil für solch' epische Behandlung, daß die Hauptgestalt, nämlich Dante selbst, zu vereinzelt dasteht; daß sich zu wenige Nebenfiguren um dieselbe gruppiren, besonders zu wenig solche, an welchen die näher liegenden, von dem hohen Flug jener Hauptgestalt wieder in's gewohnte Menschenhaus zurückführenden Beziehungen hervorträten, ja daß selbst die Gestalt Beatricens nur zur Seele, nicht zum äußern, unmittelbaren Leben des Dichters in einem Verhältniß steht,

* Die in Anmerk. 60 angeführte Uebersetzung von Krafft, die durch Beifügung des italienischen Textes sehr empfehlenswürdig wird.

wonach denn dieser nicht nur dem Meisten, was er zur Schilderung des eigenen Selbstes auszusprechen hat, blos in Monologenweise Wort zu leihen vermag, was schon an sich störend wirkt und nicht zu oft angebracht werden darf, sondern wonach auch infolge jener Isolirung nothwendig eine gewisse Monotonie und eine Lockerheit des Zusammenhangs zwischen den einzelnen Partien des Ganzen hervortreten muß. Allein dergleichen Mängel wenigstens einigermaßen zu verstecken bieten wiederum die Fülle von weiter entfernt stehenden Personen, das bunte, brausende Leben der damaligen Zeit und die dargebotene Möglichkeit neben dieser Unmittelbarkeit des Lebens an dessen höchste Interessen anzuknüpfen, so viele Wege dar, daß der Versuch einer solchen poetischen Erzählung, welche, der verschiedenartigen Bestandtheile wegen, nothwendig in eine Reihenfolge einzelner Romanzen zerfallen müßte, doch vielleicht gewagt werden darf; besonders da diesem Stoff, wenn man ihn in einiger Ausdehnung nimmt, der so seltene Vortheil zukommt, den Gestalten des Südens deutsche Größe und Herrlichkeit, vor Allem die mächtigen Bilder der Hohenstaufen und die Figur des luxemburgischen Heinrich, zwar unter der Gewalt des auf ihnen lastenden tragischen Schicksals, aber auch in der ganzen Glorie zur Seite stellen zu können, worin sie von einem nichtdeutschen Auge widergespiegelt werden, von einem Auge, wie wenig andre über die Menschheit hingeblickt haben, nämlich demjenigen Dante's.

Erläuterungen.

[1] Wörtlich: „Wie mit (daß mir) durch dich etwas in den Sinn kommt" (sicchè per voi mi vien cosa alla mente), welchen etwas undeutlichen Ausdruck italienische und nicht italienische Ausleger auf die, durch die bleiche Farbe des Mädchens (die oben berührte „Farbe der Liebe") hervorgerufene Erinnerung an Beatrice beziehen.

[2] Das „Herz" bezeichnet bei den ältern italienischen Dichtern nicht selten den Sitz der Leidenschaft, den Quell der Liebe, soweit diese im Blut oder wenigstens, wie bei Dante hier und auch z. B. in der Canzone E'm'increscе di me si malamente etc. zunächst nur in Aeußerlichkeiten, nur in den Augen gegründet ist, und bildet insofern einen Gegensatz zu der Seele. So sagt Michel Angelo zu Vittoria Colonna, welche er in rein platonischer Zuneigung eine lange Reihe von Jahren hindurch gefeiert: „Es ist mein Herz nicht meiner Liebe Leben, Denn ohne Herz ist meine Lieb' zu dir" — La vita del mio amor non è'l cuor mio; Che l'amor di ch'io t'amo è senza cuore.

[3] Nach Balbo, vit. d. Dante I, S. 186.

[4] Nach der von der Erzählung der Alten abweichenden Darstellung Dante's, der in Hölle XXVI, 56 ff. einen ganz neuen Mythus für Ulysses schafft.

[5] In einem von Leonardo Aretino mitgetheilten Bruchstück eines Briefes, der seinem Inhalt nach nicht vor dem Herbst 1300 geschrieben sein kann, erklärt sich Dante selbst als einen Mann, der keiner Partei angehöre, como uomo senza parte.

[6] Dino Compagni, ein mit Dante gleichzeitiger Geschichtschreiber von Florenz, und zwar ein Guelfe, bemerkt: „Die Feinde der Cerchi fingen an, sie bei den Guelfen zu verleumden, indem sie sagten, daß sie sich mit den Aretinern und Pisanern und den Ghibellinen verständen, und Das war nicht wahr. Und sie wandten sich ihnen entgegen ...... indem sie ihnen Falsches andichteten ...... weil sie glaubten, deshalb mehr gefürchtet zu werden" u. s. w. Uebers. v. Dönniges, S. 200 ff.

[7] Parad. XVII, 50 wird in Bezug auf die bevorstehende Verbannung des Dichters gesagt:

> Dies will man und nach diesem Ziel gewandelt
> Wird schon, und bald erreicht es Der, der's aussann, dort,
> Wo Christus alle Tage wird verhandelt.

Der, der es aussann, ist nach dem Zusammenhang der Stelle Bonifaz VIII. Hält sich aber Dante hier, wie fast immer, genau an die Zeit, in welcher er die Divina Commedia, wie wir gleich sehen werden, verlegt, nämlich in das Frühjahr 1300, so konnte er um diese Zeit eine derartige Absicht des Papstes nur in Folge persönlichen Verkehrs mit demselben inne geworden sein, denn ohne solchen hätte Jener auf die ihm mißfälligen Gesinnungen des Dichters, zumal dieser noch nicht einmal sein Priorat angetreten, kaum aufmerksam werden können, man müßte denn etwa annehmen, Bonifaz habe ohne Unterschied Jeden, der sich der Sache der Cerchi zugeneigt, aus Florenz verbannt wissen wollen, was doch offenbar zu weit gegangen wäre.

[8] Hölle XVIII, 28 ff. heißt es:

> So wie die Römer die gewalt'ge Menge
> Im Jubeljahre über jene Brücke
> Weg schaffen lernten, theilend das Gedränge,
>
> So daß die Einen richten ihre Blicke
> Gen das Castell und wallen nach San Pietro,
> Die Andern zieh'n von dort zum Berg zurücke.

Diese Theilung der Engelsbrücke in zwei neben einander hinlaufende Hälften, die auch von andern gleichzeitigen Schriftstellern berichtet wird, scheint hier Allem nach aus eigener Anschauung geschildert zu werden, wie denn der Dichter sich in seinem Bericht der gegenwärtigen Zeit bedient.

[9] Daß das Jahr 1300 gemeint sei, erhellt aus den Anfangsworten der Göttlichen Komödie: „Als ich auf halbem Wege unsres Lebens" rc., denn die Hälfte des Menschenlebens ist nach Ps. 90, 10 das 35. Lebensjahr, Dante aber war 1265 geboren Daß es Frühling gewesen, geht aus Hölle I, 37—43 hervor, und da sich aus Hölle XXI, 112 ff. überdies ergibt, daß der Dichter Christi Todestag als die Zeit des Aufbruchs zu Beatricen angesehen wissen will, so haben wir als Monat entweder den April, auf dessen 8ten der Charfreitag von 1300 fiel, oder den März, auf dessen 25sten nach alter Annahme der wirkliche Todestag Christi fällt. Vgl. Dante Alighieri's Göttl. Com. metr. übertr. v. Philalethes. Hölle I, Anmerk. 4.

[10] Vgl. Wegele a. a. O. S. 105 und Witte in den Anmerk. zur Uebers. von Dante Al. lyr. Ged. v. Kannegießer und W. II, S. 8. Damit soll jedoch nicht gesagt sein, die ganze Vita nuova sei erst nach jenem geistigen Wiederfinden Beatricens niedergeschrieben; vielmehr hat, wie Wegele S. 106 annimmt, höchst wahrscheinlich eine letzte Ueberarbeitung Manches an der ursprünglichen Gestalt des Büchleins verändert, und waltete überhaupt bei der ganzen Composition, wie sie jetzt vorliegt, mehr dichterische Absichtlichkeit, als man gewöhnlich anzunehmen pflegt. Gleicher Ansicht ist Witte a. a. O. Seine Auffassung hat in die verworrene Sache zuerst Licht gebracht.

[11] Nach Wegele a. a. O. S. 126 wären die Prioren je vor dem Februar auf das ganze Jahr durch eine engere Wahl vorausbestimmt worden und hätten sich dann durch das Loos in die sechs zweimonatlichen Amtsperioden getheilt. Ich weiß nicht, auf welche Quellen sich diese Angabe, wonach Dante im März 1300 von seiner Erwählung bereits hätte unterrichtet sein müssen, stützt. Undeutlich, wenigstens für mich, und jedenfalls von einer spätern Zeit sprechend, ist Villani XI, 106. Was aber Dino Compagni anführt, scheint mit Wegeles Ansicht jedenfalls in Bezug auf die Zeit und vielleicht auch in Bezug auf die Art der Wahl in Widerspruch zu stehen. Nach Dino wurden die neuen Prioren, von welchen, den Gonfalionere di Giustizia mitgerechnet, seit 1292 jedesmal sieben das zweimonatliche Amt ausübten, von den abtretenden alten, mit Beiziehung von Vertrauensmännern, gewählt (che i Signori vecchi con certi arroti avessano a eleggere i nuovi) Lib. I, pag. 33 ed Milan. econom. und Dönniges in der Uebers. dieses Schriftstellers S. 173. Dabei wird nicht deutlich gesagt, ob sich diese Wahl

nur auf die nächsten zwei Monate, oder auf das ganze Jahr bezog, so daß im letztern Fall 42 gewählt worden wären, die sich dann nach dem Loos in die sechs Amtsperioden getheilt hätten. Im zweiten Buche jedoch bemerkt Dino: „So standen die Sachen, als in Florenz (im Oktober) die neuen Signoren (Prioren) erwählt wurden fast einstimmig von beiden Parteien", Dönniges S. 204 (in questo stante furono eletti i nuovi Signori quasi di concordia d'amendue le parti), und gleich drauf setzt er hinzu: „Die Signoren, welche am 15. October 1301 eintraten, waren diese" (folgen die Namen aller Sieben, worunter Dino Compagni selbst) ...... „Sie gingen, wie sie gezogen waren" (d. h. ihre Namen aus einem Beutel — tratti), „nach S. Croce, weil das Amt der Andern noch nicht ganz aus war." Bildet das Wort tratti hier, wie allerdings anzunehmen scheint, einen Gegensatz zu eletti, so wäre die Wahl für das ganze Jahr im Oktober, nicht wie Wegele angibt, im Frühjahr, vorgenommen und die sechs zweimonatlichen Amtsperioden sofort durchs Loos vertheilt worden; aber aus einer weiter hinten folgenden Stelle muß man beinahe abnehmen, die neuen Prioren seien jedesmal nur für die nächsten zwei Monate durch Einwerfen der Namen in einen Beutel bestimmt worden, und das Wörtchen tratti bedeute somit, wie es auch Dönniges S. 205 übersetzt, gewählt, nicht verloost. Dino sagt nämlich: „Die (am 15. Oktober eingetretenen) Signoren wurden" (in Betracht der damals sehr unruhigen Zeit) „von den größern Bürgern stark angetrieben, neue Signoren zu wählen, obwohl Dies gegen die Gesetze war, weil jetzt nicht die Zeit zum Wählen. Wir wurden (aber) einig, sie zu ernennen" (Dönniges S. 215) ...... „und wir wählten sechs Bürger gemeinschaftlich, drei aus den Schwarzen und drei aus den Weißen. Den Siebenten, welchen man nicht theilen konnte, erwählten wir von so wenigem Werth, daß Niemand seinetwegen Bedenken trug" (ebend. S. 216). Diese „neuen Prioren traten am 1. Tag des November ein" (ebend. S. 227), was Balbo a. a. O. I, S. 326 nach einer Urkunde in den 11. November verbessert, beisetzend, die Amtsdauer dieser Neugewählten habe, wie gewöhnlich, „bis zum 15. December gewährt, wo nach dem Gesetz neue Wahlen eintraten"; also auch nach Balbo's Ansicht keine bloße Verloosung der Amtsperioden von bereits Gewählten.

[12] Im zweiten Buche der Schrift von der Monarchie sagt er: „So wunderte ich mich einst, daß das römische Volk sich auf Erden an die Spitze gestellt, indem ich glaubte, daß es widerrechtlich, nur durch Waffengewalt zu diesem Vorzug gekommen. Doch als mich die überzeugendsten Merkmale belehrten, daß Dies Wille der göttlichen Vorsehung gewesen, trat an die Stelle der Verwunderung eine fast in Spott übergehende Nichtachtung, wenn ich bemerkte, daß die Völker gegen diesen Vorrang des römischen Volkes murrten, und sah, daß die Leute Eitles redeten, wie ich selbst gethan; wenn ich vor Allem die Könige und Fürsten mitleidig betrachtete, die blos darin einig sind, daß sie sich gegen ihren Herrn und gesalbten römischen Herrscher auflehnen." Nach Kannegießers Uebers.

[13] Wenn nicht dieser Zeitpunkt für die endliche Veröffentlichung der Vita nuova, so scheint sich wenigstens die Thatsache, daß einzelne Partien aus diesem Werk zur öffentlichen Kunde kamen, ehe dasselbe ganz erschien, und sonach der Verfasser mit der Herausgabe desselben ziemlich gezaudert haben dürfte, auch aus der Divina Commedia zu ergeben. Hier (Fegef. XXIV, 49 ff.) fragt der Schatten des lucchesischen Dichters Buonagiunta den Dante:

Ma di, s'io veggio qui colui, che fuore
Trasse le nuove rime cominciando:
„Donne ch'avete intelletto d'amore",

was sowohl heißen kann: „Aber sprich, seh' ich hier vor mir Den, welcher jene neue Art der Dichtung bekannt gemacht, die mit den Worten beginnt: Ihr Frauen, die ihr kundig seid der Liebe“, als: „Aber sprich, seh' ich hier vor mir Den, welcher jene neue Art von Gedichten bekannt gemacht, an deren Spitze dasjenige steht: Ihr Frauen, die ihr kundig seid der Liebe.“ Buonagiunta (der, wenn ihn Dante im Frühjahr 1300 unter den Schatten trifft, freilich schon längere Zeit vorher gestorben sein kann), erwähnt hier eine sehr bekannte, in der Vita nuova vorkommende Canzone, scheint aber von dem unter eben genanntem Titel veröffentlichten Werke nichts zu wissen, sondern spricht gerade so, als ob schon vor demselben entweder jene Canzone für sich allein, oder an der Spitze einer größern Sammlung von Liedern, zu welchen in letzterem Fall auch die beiden Fegef. II, 112 und Parad. VIII, 37 erwähnten, in die Vita nuova nicht aufgenommenen Canzonen gehören würden, herausgekommen wäre. — Wenn, um Dies hier beizufügen, Wegele a. a. O. S. 106 der Ansicht ist, die oben berührte, in der Vita nuova noch in die Lebenszeit Beatricens gesetzte Canzone sei in ihrer gegenwärtigen Form erst nach Beatricens Hintritt und zwar zu einer Zeit entstanden, wo Dante bereits über sein großes Gedicht nachzudenken angefangen, weil in ihr von dem bevorstehenden Tode der Geliebten doch zu bestimmt gesprochen werde, als daß sich Dies blos dem Ahnungsvermögen und der Phantasie ihres Verfassers zuschreiben ließe, während zugleich die Höllenwanderung des Dichters sich schon offenbar andeute und man ihn und Beatricen schon ganz in die direkte Verbindung mit der Gottesmutter Maria gebracht sehe, wie in der göttlichen Komödie, — so stimme ich dem scharfsinnigen Beurtheiler zwar darin nicht unbedingt bei, daß der Tod der Geliebten hier schon so bestimmt hervortrete, bin aber mit ihm in der Hauptsache vollkommen einverstanden. Aeußerungen wie: „Der Himmel, dem nichts fehlt als sie, fordert sie von seinem Herrn für sich zurück und jeder Heilige fleht ihn um sie an. Nur Mitleid nimmt sich unsrer“ (der Erdbewohner) „an, denn Gott sagt: ihr Lieben, gebt euch ruhig darein, daß die von euch Erhoffte so lange es mir gefällt noch dort sei, wo Einer sie zu verlieren gewärtig ist, der einst den Mißgeschaffnen in der Hölle sagen wird: ich habe die Hoffnung der Seligen gesehen“ -- drücken endlich doch vielleicht nur die Empfindung aus: „Ein so himmlisches Geschöpf ist für den Himmel geboren, und ich müßte, falls das strenge Recht entschiede, eigentlich fortwährend auf ihren Tod gefaßt sein, wenn nicht Gottes Mitleid für mich und die übrigen Erdebewohner spräche und sie deshalb uns ließe“. Die wirkliche Erwartung, daß Beatrice sterben müsse, liegt wenigstens nicht nothwendig in diesen Worten. Wohl aber deutet sich der Gedanke zu der Höllenwanderung schon an, und wollte man endlich auch annehmen, dieser habe in dem Dichter schon damals vorhanden sein können, wo seiner Angabe in der Vita nuova nach die fragliche Canzone entstand, d. h. zu einer Zeit, wo ihm die Einsicht in die wahre Bedeutung Beatricens, von welcher das oben mitgetheilte Sonett handelt, noch nicht aufgegangen, so würde doch, wenn ihm die Geliebte damals schon all' Das gewesen wäre, was die Canzone zu verstehen gibt, eben jenes Sonett von dem in himmlischem Licht stralenden Frauenbilde nichts Neues für die Anschauung seines Verfassers bieten, und man sähe nicht ab, warum dieser über die ihm plötzlich gewordene neue Einsicht so erstaunt, ja dieselbe noch gar nicht recht zu fassen vermögend sein soll.

[14] Johannes de Virgilio, ein lateinisch schreibender Poet und Professor in Bologna, forderte in einem noch vorhandenen Gedichte Danten, als dieser längst in der Verbannung war, auf, selbst in lateinischer Sprache zu dichten, und, sobald er mit dem Gang durch Hölle, Fegefeuer und Himmel fertig, sich angemessenern Gegenständen zuzu-

wenden, als deren einen er den Schiffszug König Roberts von Neapel nach Genua am 20. Juli 1318 hervorhebt. Diese Epistel kann also nicht älter sein, als die zweite Hälfte eben genannten Jahres. Hierauf erwidert Dante in ebenfalls lateinischen Versen, daß zwar die Hölle vollendet sei, Fegefeuer und Paradies aber noch nicht, wonach sich denn, da unser Dichter am 21. Sept. 1321 starb, die Ausarbeitung jener zwei letzten Drittheile seines Werkes, von welchen zur Zeit, als er sich an Johannes wandte, freilich schon gar Manches fertig gewesen sein wird — (denn ohne Zweifel schrieb er an den verschiedenen Theilen zugleich, nicht Gesang um Gesang hinter einander vom ersten der Hölle bis zum letzten des Paradieses) — in die kurze Frist von drei Jahren zusammendrängt (vgl. Witte a. a. O. S. 215); wie es denn auch bekannt ist, daß Dante erst von Ravenna aus, wohin er zu Anfang des Jahrs 1320 kam, und wo er im nächsten Jahre starb, die eben vollendete Divina Commedia mit einem Zueignungsschreiben an Can Grande nach Verona schickte.

[15] S. den Brief bei Kannegießer II, S. 165. Sowohl dieses Schreiben, als das gleich nachher citirte Convito sind zwar älter, als der Brief an jenen florentinischen Freund, die Empfindungen Dante's, als er den letztern schrieb, hatten sich aber, wie aus Allem hervorgeht, keineswegs geändert.

[16] S. Dante Aligh. prosaische Schriften, übers. v. Kannegießer II, S. 226, und Witte in der Einleitung zu Thl. II v. Dante Aligh. lyr. Ged. S. XXXVII, übers. v. Kannegießer u. W.

[17] Die gänzliche Hoffnungslosigkeit auf Rückkehr in die Vaterstadt, die sich in der Canzone l'oscia ch'i'ho perduta ogni speranza ausspricht, ist, den im Text angeführten Beispielen muthigen Glaubens gegenüber, für mich der Hauptgrund, jenes Gedicht nicht, wie neben Andern auch Witte thut, für ein Werk Dante's zu halten. Zwar könnte man sagen, der Tod des Kaisers Heinrich, auf welchen sich, falls die Canzone von Dante herrührt, dieselbe nothwendig beziehen muß, habe den Dichter so erschüttert, daß er für einen Augenblick seinen Starkmuth verloren; aber als weiteres Moment ist doch auch in die Wagschale zu legen, daß die Trauer für eine Seele wie Dante's sich hie und da etwas zu weich ausspricht und, wie der ebengenannte verehrte Kritiker selbst (a. a. O. Einleitung, S. LII) zugibt, „die Gedanken nicht durchgängig des Sängers der göttlichen Komödie würdig scheinen."

[18] Nach Kannegießers u. Wittes Uebers. v. Dante's lyr. Ged. Das Wort blond (im Lateinischen flavescere), wie dort das Haar bezeichnet wird, ist wohl nur im Sinn von hell, glänzend zu nehmen, denn nach Boccaccio's Angabe hatte Dante schwarze Haare. Ich habe daher gesetzt licht.

[19] Wörtlich: „im Gram, wie dich dein Lehrer kann bescheiden", nämlich der Römer Boethius in dem Buch de consolatione philosophiae, welches Dante, wie wir später sehen werden, sehr eifrig studirt hatte. — Da obige Worte bei einem mündlichen Vortrag abermals Manchem unverständlich gewesen sein würden, oder eine widerliche Unterbrechung zum Zweck des Erklärens hervorgerufen hätten, wurden sie in die von mir gewählten umgewandelt.

[20] Wörtlich: „Galeotto war das Buch und der's geschrieben." Galeotto, eigentlich Gallehaut, heißt nämlich der Kuppler oder doch Gelegenheitsmacher in dem von dem Liebespaar gelesenen Roman, und nach Jenem nannte man damals in Italien jeden Kuppler einen Galeotto.

[21] Wörtlich: „Allein nicht fünfzigmal wird neu entzündet des Weibes Antlitz, die hier unten herrschet", d. h. der Mondsgöttin Hekate, die über die Unterwelt regiert. Die

Worte wurden aus dem Grund, der schon bei den frühern Abweichungen vom Buchstaben des Textes angeführt worden, abgeändert.

[22] Der Strom ist der Montone, der bis zu jenem Wasserfall Aquacheta (Stillwasser) heißt. Das Kloster San Benedetto nell' Alpi gehörte damals dem Grafen Ruggieri von Davadola, bei welchem Dante sich einige Zeit aufgehalten haben soll. Dieser hatte nach Boccaccio's Behauptung die Absicht, bei jenem Kloster eine Stadt zu gründen; die Ausführung scheiterte aber am Tode des Unternehmers. Nach Andern will Dante sagen, das Kloster selbst sei so groß, daß tausend Mönche dort Raum finden würden. Vgl. Philalethes zu Hölle XVI, 102.

[23] Das Wort Bulge kommt auch im Deutschen vor, z. B. für einen ledernen Wasserkasten oder Wassersack. Es stammt nach Adelung von dem lateinischen oder vielmehr altgallischen Bulga, welches nach Festus einen ledernen Schlauch bedeutet. Im Schwäbischen war Bulg für Ledersack ehemals ganz gewöhnlich. S. Schmids schwäb. Wörterb. u. d. W. Bulg.

[24] Wie Pier Crescencio, Dante's Zeitgenosse, berichtet, brannte man damals Papyrusdochte, worauf sich das gebrauchte Gleichniß eigentlich bezieht. Unser jetziges Papier war damals noch gar nicht erfunden.

[25] Daß Blindheit sehr häufig eine dem Hungertod vorangehende Erscheinung sei, ist bekannt. Natürlich beruht dieser Zug, so wie Alles, was Dante von den Vorgängen im Thurm erzählt, nur auf seiner eigenen Erfindung, denn kein überlebender Zeuge war bei dieser Schauderscene zugegen; man sieht aber aus der Erfindung, wie genau der Dichter sich an Das hielt, was ihm von der Natur bekannt war.

[26] Daß er nichts von diesem nur auf der südlichen Halbkugel sichtbaren Sternbilde gewußt, welches überhaupt erst im Jahr 1679 in den Sterncatalog eingetragen ward (vgl. Philalethes zu Fegef. I, 24), könnte auch aus dem Umstand gefolgert werden, daß nach Dante's Annahme nur das erste Menschenpaar jene vier Sterne gesehen. Verstand er unter denselben das südliche Kreuz, so müßte sonach das Paradies selbst nach seiner Ansicht auf der südlichen Halbkugel gelegen haben; aber das Paradies befand sich nicht seiner ursprünglichen Lage nach dort, sondern wurde erst durch Satans Sturz hinüber geworfen. — Jedenfalls wußte Dante wohl nichts von der kreuzförmigen Stellung jener Sterne, denn hätte er hievon Kunde gehabt, so würde er dieses sich ganz von selbst ergebenden verklärten Wiederbildes zu dem Kreuz das dem Purgatorium gegenüber auf Golgatha gestanden, ohne Zweifel gedacht haben. — Ein wunderliches Spiel des Zufalls ist es übrigens auch, daß die Stelle, wohin er Fegefeuerberg und irdisches Paradies versetzt, nämlich der Gegenfüßlerpunkt von Jerusalem, in den großen Ocean, nahe zu dem Eiland Pitcairn, unweit der Gesellschaftsinseln fallen würde (vgl. Stielers Planiglob der Antipoden), also dorthin, wo der Brodfruchtbaum zu Hause ist, in dessen der rauhen Feldarbeit überhebender, durch ein ewig mildes Klima gesicherten, von keiner reißenden oder giftigen Thierart gefährdeten Umgebung, wie, mein' ich, Linné irgendwo bemerkt, der menschliche Mensch, der Mensch des Paradieses, fortzudauern allein sich in der Lage befunden haben würde.

[27] Die Jungfrau (Donna), welche in dieser liebeglühenden Canzone, die mit den Worten beginnt: „O Liebe die zu mir im Geiste redet“, Beatricen entgegengesetzt wird, soll nach Dante's Erklärung in der dritten Abtheilung des Convito die Philosophie sein. Was er damit sagen wolle, wird in der fünften Vorlesung zur Sprache kommen. Jedenfalls scheint mir aber Kopisch, wenn er annimmt, der Dichter deute durch die

Anführung dieses Liedes und durch das Wohlgefallen, welches er am Vortrag desselben finde, an, daß ihn hier, am Fuß des Läuterungsberges, noch einmal die irreleitende Liebe zur Philosophie überfallen (a. a. O. S. 495, Sp. 2), doch vielleicht etwas zu weit zu gehen, denn zur Zeit, wo Dante diesen Theil der Divina Commedia verfaßte, sah er die Liebe zur Philosophie an sich wohl noch nicht als eine Verirrung an, wenn er diese Liebe überhaupt je als eine solche betrachtete. Vgl. die fünfte Vorlesung. — Milton, dessen Kenntniß und Bewunderung der Divina Commedia größer war, als seine Fähigkeit, etwas ihr Aehnliches hervorzubringen, weist in einem schönen Sonett an den Musiker H. Lawes auf die Aufforderung Dante's an Casella zum Gesang hin, was jedenfalls darthut, daß schon damals das Werk unsres Dichters ziemlich bekannt in England gewesen sein muß.

[28] Wieder eine Hindeutung auf die göttliche Einsetzung des Kaiserthums.

[29] Die Ermordung des Kaisers Albrecht, im Mai 1308, die nach dieser Stelle dem Dichter bereits bekannt sein mußte, wird, weil er der Fiction nach im April 1300 spricht, in welche Zeit er seinen Gang durch die drei Welten legt, als eine Verkündigung oder ein Fluch zu Wort gebracht.

[30] Das Bestreben, die eigene Hausmacht zu vergrößern, hielt, will Dante sagen, sowohl den Albrecht, als seinen Vater Rudolf ab, der Pflicht des Römerzuges nachzukommen.

[31] Santafiore, eine zu den Guelfen haltende Grafschaft im Gebiet von Siena, war damals durch Straßenraub höchst unsicher.

[32] So die Deutung der drei Stufen, wenn man in denselben die verschiedenen Bestandtheile der Reue nach scholastischer Theologie erkennt. Zur Reue gehören nämlich die Erkenntniß der Sünde, der Schmerz über dieselbe und der Wunsch der Besserung. Etwas anders wird die Auslegung, wenn man die Stufen für die verschiedenen Acte der Buße, nämlich die Reue, Beichte und Genugthuung nimmt. Vgl. Philalethes zu Fegef. IX, 63.

[33] Der goldene, kostbarere Schlüssel ist derjenige, den Thomas von Aquin die ganz auf dem Verdienst Christi beruhende potestas judicandi nennt, nämlich die Macht loszusprechen oder die Lossprechung zu verweigern; der silberne Schlüssel derjenige, den Jener als scientia discernendi bezeichnet, nämlich als die Fähigkeit, den Würdigen vom Unwürdigen zu unterscheiden. Vgl. Philalethes zu Fegef. IX, 126.

[34] Der äußerste Fixsternhimmel, der nach dem von Dante angenommenen ptolemäischen System 36,000 Jahre braucht, seine schiefe Bewegung (die s. g. Verrückung der Nachtgleichen) zu vollenden.

[35] Vgl. Philalethes zu Ges. XI, 99 des Fegef. Daß Guido Cavalcanti unter Demjenigen verstanden sei, welcher den andern Guido verdrängt habe, könnte zwar nach den Worten Lorenzo's de' Medici: Riluce dietro a costoro (Guittone e Guido Guinicelli) il dilicato Guido Cavalcanti, und nach dem großen Lob, das er Letzterem zutheilt (bei Ruth, Gesch. d. italien. Poesie I, S. 346), geschlossen werden, ist aber nicht wahrscheinlich, theils weil von den Schriftstellern über jene Zeit nur Guittone und Guinicelli als in einem Verhältniß der Nachfolge zu einander stehend bezeichnet werden, theils weil Cavalcanti, Dante's Busenfreund, von diesem doch nicht ohne eine gewisse Impietät als Derjenige zu bezeichnen wäre, der nunmehr von ihm selbst (s. die folgende Anmerk.) aus dem Nest gejagt werden würde. — Bei dieser Gelegenheit sei zugleich bemerkt, daß es sehr schwer hält, über das Lebensalter dieses Freundes von Dante völlig in's Klare zu kommen. Nach Balbo's Ansicht (vit. di Dante I, S. 91) wäre er, da Farinata

degli Uberti ihn im Jahr 1266 mit seiner Tochter verheirathet haben soll, um durch diese Ehe, wie durch mehrere andre, die damals zwischen Ghibellinen und Guelfen abgeschlossen wurden, eine Versöhnung beider Parteien herbeizuführen, wenigstens 20 Jahre älter gewesen, als der 1265 geborene Dante. Andrerseits aber bezeichnet der Geschichtschreiber Dino Compagni noch im Jahr 1300, oder höchstens 1299, bei Gelegenheit eines zwischen Corso di Donati und Guido Cavalcanti ausgebrochenen Streites den Letztern als einen adlichen jungen Mann (giovane gentile), eine Bezeichnung, die freilich ungenau ist, da nach Dante's eigener Angabe (Convito IV, 24) der italienische Sprachgebrauch das Jugendalter blos bis zum 25. Lebensjahr annimmt, welche aber insofern mit Dante's eigenen Worten wieder einzustimmen scheint, als auch diesem, in der S. 34 unsres Textes gegebenen Scene sein Freund Guido, nach der ganzen Haltung der Erzählung, als ein Mann vorschwebt, der nicht bedentend älter als er selbst ist, folglich, da er selbst damals 35 Jahre zählte, deren höchstens etwa 40 gehabt hätte. Die Angabe, Farinata, der schon 1266 gestorben sein soll (vgl. Biographie universelle u. d. W. Ubaldini), habe den Guido mit seiner Tochter verheirathet, auf eine Verwechselung mit irgend einem andern Gliede des äußerst zahlreichen Geschlechtes der Cavalcanti hinauszuführen läßt sich deßhalb nicht wohl, weil Dante selbst in der erwähnten Scene eben durch den Gegensatz, den er den Farinata zu Guido's Vater spielen läßt, als Beide den Tod des jungen Mannes zu vernehmen glauben, deutlich auf ein nahes verwandtschaftliches Verhältniß zwischen Letzterem und Farinata hinweist. Es bleibt also nur der Ausweg übrig, Farinata habe im Jahr 1266 seine Tochter nicht wirklich mit Guido verheirathet, sondern blos einen Eheversprüch zwischen dem damals fünf- bis sechsjährigen Knaben und dem in verhältnißmäßigem Alter stehenden Mädchen gestiftet.

36 Der bei Dante stets wiederkehrende Gedanke, daß Herzensadel (cor gentil) und Liebe das Gleiche seien, den er schon in dem frühesten seiner Gedichte, nämlich jenem Sonett über das von Beatricen handelnde Traumgesicht, andeutet, den er dann klar in einem spätern Sonett ausspricht, welches eben mit den Worten beginnt: „Ein Wesen nur sind edles Herz und Liebe" (amor e'l cor gentil son una cosa), und den er auch der unglücklichen Francesca von Rimini in den Mund legt (amor, ch'al cor gentil ratto s'apprende, „Liebe, die schnell in's edle Herz sich gräbt"), — dieser Gedanke findet sich ursprünglich in einer Canzone Guido Guinicelli's also ausgedrückt:

Al cor gentil ripara sempre amore,
Siccome augello in selva alla verdura;
Non fè amore anzi che gentil core,
Nè gentil cor anzi ch'amor natura.

Zugleich zeigt die ganze, von Ruth a. a. O. I, S. 338 ff. mitgetheilte Canzone, an deren Eingang diese Worte stehen, so wie ein ebendaselbst S. 271 gegebenes Sonett, daß Guinicelli ein Danten sehr verwandter Geist war, wie, außer Dante's eigenem Zeugniß in Fegef. XXVI, auch aus Lorenzos Urtheil über ihn hervorgeht, der ihn di filosofia ornatissimo, grave e sentenzioso, lucido, soave ed ornato nennt, beifügend, er sei gewiß der Erste, von dem die italienische Sprache die süße Färbung erhalten, zu welcher Guittone kaum den Schatten angelegt (Ruth a. a. O. I, S. 337). Nebenbei ergibt sich hieraus, daß auch Lorenzo ihn als Denjenigen ansah, der in Guittones Fußstapfen getreten sei, diesen aber bald weit hinter sich gelassen habe. Gleiches Verhältniß in Bezug auf Guinicelli und sich selbst anzunehmen, war nun aber Dante, bei aller Ehrfurcht, die er in Fegef. XXVI für denselben ausspricht, vollkommen berechtigt, und eben wegen dieses sichtbaren Einflusses, den Guinicelli auf das noch in der Entwickelung begriffene Talent

Dante's geübt, wird der Nachgedanke wahrscheinlich: auch hier hat wieder der Schüler den Meister überboten! — Daß dagegen Guinicelli auf Guido Cavalcanti solchen Einfluß gehabt, scheint wenigstens nicht bewiesen werden zu können.

[37] Gleicher Ansicht ist Philalethes zu Fegef. XX, 93. Wurde der Orden auch mit päpstlicher Zustimmung, also nicht ohne Vollmacht, aufgehoben, „so war diese Zustimmung doch, mindestens nach Dante's Meinung, eine erschlichene". Andre Erklärer, die wegen des Ausdrucks vollmachtlos (senza decreto) Anstand nehmen, die Worte auf jene Aufhebung zu beziehen, sehen in denselben blos einen Hinweis auf die Thatsache, daß Philipp sich ohne päpstliche Erlaubniß vieler Kirchengüter angemaßt habe; allein Dergleichen war auch schon vor Gefangennehmung des Bonifaz geschehen, während das Verfahren gegen den Tempel als etwas bezeichnet zu werden scheint, das erst nach derselben erfolgen wird. Ueberdies wäre der Ausdruck „der blut'ge Sinn des neuen Pilatus" (il nuovo Pilato si crudele) in solchem Fall doch nicht ganz am Platze, obwohl das Wort crudele freilich auch blos ruchlos bedeuten könnte.

[38] Wie die Sonnenwärme nichts Neues in den Rebensaft bringe, will der Dichter sagen, sondern nur das im Keim Vorhandene zur Entwickelung führe, so steigere sich durch den Anhauch Gottes die materielle Kraft zur Seele. Vgl. Philalethes zu Fegef. XXV, 78.

[39] Nämlich entweder zum Ufer des Acheron, um von Charon in die Hölle geführt zu werden, oder zum Ufer des Läuterungsberges, um diesen zu ersteigen. Von einem im zweiten Fall auch noch denkbaren andern Gestade s. gleich nachher.

[40] Vgl. über diese ganze Nachweisung Kannegießer Uebersetzung d. göttl. Komödie. Anmerk. zu Fegef. II, 80.

[41] Manche Ausleger nehmen als jenes dem Acheronufer entgegengesetzte Gestade wirklich eine Stelle am Meer der nördlichen Halbkugel an, z. B. die meisten italienischen Commentatoren die Ausmündung der Tiber in die See. Aus den Worten Casella's, er habe sich, um endlich die Ueberfahrt zu gewinnen, an die Tibermündung begeben, und vor Allem aus dem Beisatz: „weil immer dort sich sammelt, was nicht zum Acheron hinunterstürzet" (Fegef. II, 100—105), schließen sie nämlich, Dante nehme immer und für alle Seelen, die nicht zur Hölle bestimmt seien, jene Mündung als Sammelort an, indem er damit andeuten wolle, daß nur wer im Schoß der römischen Kirche gestorben, selig werden, d. h. zunächst nach dem Läuterungsberg überfahren könne. Dieser Ansicht scheint aber einerseits entgegenzustehen, daß Casella's Seele nach ihren eigenen Worten erst dann zur Tibermündung sich begab, als ihr die Ueberfahrt mehrmals verweigert worden war (Fegef. II, 96 vgl. mit 101), und daß die folgenden Worte: „seit drei Monden nahm er (der Engel) mit sich, wer nur eintreten wollte" (98 f.), sich offenbar auf das mit Weihnachten 1299 angefangene Jubeljahr beziehen, andeutend, wie es scheint, daß nun erst viele Seelen an die Tibermündung, als die günstigste Stelle geströmt, um dort des Ablasses, den jenes Jahr ertheilte, um so gewisser theilhaftig zu werden. Ja Casella hätte, wenn die Abfahrt von der Tibermündung sich von selbst verstand, gar nicht hervorzuheben gehabt, daß seine Seele sich an diese Mündung begeben; bezieht sich aber der Ausdruck, er habe sich zum Tiberstrand gewendet, darauf, daß er noch als lebend nach der Jubelstadt gepilgert, wie Dies z. B. Balbo, Vit. d. Dante I, S. 263 annimmt, wonach die vorhergegangene Verweigerung der Ueberfahrt nur allegorisch als eine gleichfalls dem Lebenden widerfahrene Verweigerung des wahrhaft bußfertigen Zustands des Gemüthes erklärt werden müßte, so beweist die Abfahrt der einzelnen Seele wieder

nichts für die Einschiffung aller zur Seligkeit bestimmten Seelen an jenem Ort. Andrerseits konnte Dante das Tiberufer als den allgemein verständlichen Abfahrtsort der Verstorbenen doch nicht aufstellen, falls er sich hiebei nicht auf irgend eine Volkstradition zu stützen vermochte; eine solche scheint sich aber bei den italienischen Commentatoren nicht zu finden, und wird auch in Grimms deutscher Mythologie, wo, im 26. Kapitel, die hier einschlägigen Sagen sehr vollständig aufgezählt sind, nicht angeführt, wohl aber eine andre italienische oder wenigstens in Italien aufgenommene Ueberlieferung aus den, noch vor Dante's Exil als Sammlung herausgegebenen, den einzelnen Stücken nach aber weit ältern cento novelle antiche, 81, wonach ein Fahrzeug „ohne Segel, ohne Ruder, nur kaum das Wasser berührend", also ganz wie Fegef. II, 32 u. 42 das Schiff beschrieben wird, auf welchem Casella ankommt, eine Verstorbene zum Hof des in die Gewässer versenkten Königs Artus bringt.

[42] Das Schema ist sonach folgendes:

Nacht	Erdoberfl.	1
Tag (Charfreitag)	Erdoberfl.	
Nacht	Hölle	2
Tag	Hölle	
Nacht (abgekürzte)	Hölle	3
Tag (Ostersonntag)	Fegef.	
Nacht (erster Traum)	Fegef.	4
Tag	Fegef.	
Nacht (zweiter Traum)	Fegef.	5
Tag	Fegef.	
Nacht (dritter Traum)	Fegef.	6
Tag	Fegef.	
	Parad.	
Nacht (auf Erden)	Parad.	7
Tag	Parad.	

[43] In der fünften Vorlesung, wo von der allegorischen Bedeutung Beatricens die Rede ist, wird diese Scene ausführlicher besprochen werden.

[44] Vgl. Philalethes zu Fegef. XXXII, 153 und 156. Blos Philipp den Schönen unter dem Riesen erkennen zu wollen, scheint deßhalb nicht annehmbar, weil hier offenbar von einem größern Zeitabschnitt und von einem System, nicht blos vom Verfahren eines einzelnen Königs die Rede ist, abgesehen davon, daß die Vergleichung des Obengenannten für sich allein mit einem Riesen nach der Art, wie Dante sonst von ihm spricht, minder passend wäre. Auch wird Fegef. XXXIII, 43—45, anspielend auf die schon erwähnte Prophezeihung vom Untergang des ganzen französischen Königshauses, gesagt, ein Gesandter Gottes werde den Riesen tödten, während Dante den natürlichen Tod der einzelnen Person Philipps noch sieben Jahre überlebte. Kopisch, welcher im Herausfühlen der symbolischen und allegorischen Beziehungen oft ungemein sinnreich ist, zuweilen aber auch zu viel Symbolik in das Werk hinein legt, sperrt sich hier gegen die offen daliegende geschichtliche Bedeutung, indem er in dem Riesen keine Hinweisung auf die französische Macht, und in dem Wegführen des Kirchenwagens vom Baum des Lebens nicht die Verlegung der Curie nach Avignon, sondern in jenem Losreißen eben überhaupt die Sprengung des Bandes, durch welches die Kirche an Gott geknüpft wird, in dem Riesen aber das weltlich-gewaltige Papstthum, und in der Hure die entartete

Roma erblickt, welche, sobald sie ihren Blick einem Ghibellinen zuwende, von dem Papstthum gegeißelt werde.

[45] Wenigstens greift Dante nicht nur hier, sondern auch Hölle XXV, 97 auf die Metamorphosen, wie auf ein allgemein bekanntes Buch, zurück. Ebenso führt er dieselben im Convito blos unter der nachläßigen Bezeichnung des größern Ovid, d. h. des größern Werkes von Ovid, mithin als etwas sehr Bekanntes, das keiner nähern Bezeichnung bedarf, an (III, 3).

[46] Barthold, Römerzug König Heinrichs von Lützelburg I, S. 303, 304, 314, 315.

[47] S. Philalethes in der zum ersten Gesang des Paradieses gegebenen Abhandlung über Kosmogonie und Kosmologie nach den Ansichten der Scholastiker, Bd. III, S. 12 ff.

[48] D. h. die Kirchengesetze, aus welchen zu ersehen, in welchen Fällen die Geistlichen Geld von ihrer Heerde fordern können.

[49] Nämlich eben den auf den Goldgülden schimmernden Johannes den Täufer. Villani VIII, 6 bemerkt, Bonifaz, obwohl aus ghibellinischem Geschlecht, sei ein eifriger Guelfe deßhalb geworden, weil ihn Dies bereicherte und in den Stand setzte, seine Familie zu bereichern.

[50] In der Abhandlung über die Monarchie heißt es (Buch II) freilich: „Es gibt Urtheile Gottes, zu welchen die menschliche Vernunft aus eigener Kraft gelangen kann .... aber auch Rathschlüsse Gottes, zu welchen sich die Vernunft, obwohl sie aus eigener Kraft nicht dahin gelangen kann, durch Hülfe des Glaubens an Das erhebt, was in der heil. Schrift gesagt ist. Ein solcher ist, daß Niemand, obwohl durch sittliche und Verstandesvorzüge und nach Charakter und Werkthätigkeit vollkommen, ohne Glauben errettet werden kann, vorausgesetzt, daß er niemals von Christus gehört hat. Dies kann die Vernunft an sich nicht einsehen, durch Hülfe des Glaubens aber kann sie es. Denn es steht im Briefe an die Hebräer: Ohne Glauben ist es unmöglich, Gott zu gefallen" (Kannegießers Uebers.). — Man sieht, wie gewaltig dieser Widerspruch mit der göttlichen Gerechtigkeit Dante's Seele umtrieb. In der Schrift über die Monarchie, die wenigstens zehn Jahre vor Beendigung des Paradieses fällt, scheint er noch, troß dem eigenen Widerstreben, an Verdammniß der tugendhaften Heiden zu glauben; bei Niederschreibung obiger Stellen der Divina Commedia war er vielleicht milderer Ansicht geworden, falls er nicht diese letztere auch schon in der Abhandlung über die Monarchie versteckt andeuten sollte.

[51] Mit welch stolzem Selbstgefühl das Zugeständniß dieses Bebens sich in unsrem Dichter vereinige, ersieht man aus der Abhandlung über die Volkssprache, wo es (II, 4) heißt: „Vor Allem demnach sagen wir, daß Jeder (Dichter) ein gemäßes Gewicht von Stoff auf seine Schultern nehmen müsse, damit nicht etwa die zu sehr beschwerte Kraft derselben in den Schmutz niedergezogen werde." Offenbar sind vorliegende Verse im Hinblick auf jenen Ausspruch gedichtet, oder umgekehrt. Des Dichters Schulter bebt zwar unter seiner Last, aber zu schwer ist diese ihm doch nicht. Er vermag sie zu tragen, während die Schulterkraft jedes Andern wahrscheinlich in den Schmutz niedergezogen werden würde.

[52] In der Abhandlung über die Volkssprache I, 12 sagt er z. B.: „Freilich die berühmten Helden, Kaiser Friedrich und sein trefflicher Sohn Manfred, Adel und Gradheit ihrer Gestalt entfaltend, so lange das Glück ihnen treu blieb, trachteten dem Menschlichen nach, das Thierische verschmähend, weßhalb die an Herzen Edlen und mit Anmuth Begabten der Majestät so großer Fürsten anzuhangen versuchten, so daß zu ihrer Zeit Alles, was die edelsten Lateiner (d. h. Italiener) unternahmen, ursprünglich am Hofe so

großer Kronenträger an's Licht trat. — — Was tönt jetzt die Trommele des letzten Friedrich (Königs von Sicilien)? was die Schelle des zweiten Karl (von Neapel)? was die Hörner der mächtigen Markgrafen Johann und Azzo? was die Flöten der andern Magnaten, als: Kommt, Scharfrichter, kommt Hochmüthige, kommt Habsüchtige!" (Nach Kannegießers Uebers.). Auf das Lob, das hier aus Dante's Mund auf zwei Fürsten deutschen Blutes erschallt, dürfen wir mit unendlich größerer Befriedigung hinblicken, als auf seinen vorhin angeführten Glauben an die fortwährende Gerechtigkeit und Sieghaftigkeit des deutschen Kaiserthums. Was Dante bewog, den so hoch von ihm gefeierten Friedrich gleichwohl in die Hölle zu versetzen, scheint neben dessen allerdings ziemlich ungebundenem Leben besonders sein Unglaube an die Unsterblichkeit gewesen zu sein, der ihm wenigstens von den italienischen Schriftstellern schuldgegeben wird. Ricordano Malaspini sagt von ihm: „Aber er war sehr der Wollust ergeben und hielt viele Kebsweiber und Mameluken nach Art der Saracenen, gab sich allen leiblichen Genüssen hin und führte einen epicureischen Lebenswandel, nicht thuend als ob es je ein zweites Leben gäbe."

[53] Die Oriflamme (Auri flamma, Goldfahne), bekanntlich die heilige Fahne der Abtei von St. Denis, wurde der Legende nach als unbesiegbares Zeichen der Christenheit durch einen Engel vom Himmel gebracht. Wer im Geiste der die heilige Jungfrau kennzeichnenden Demuth sich an die Gottheit wendet, scheint der Dichter sagen zu wollen, wer gleich ihr, der „Mutter des Erbarmens", an den Barmherzigen sich wendet, der wird durch sie unfehlbar zum Frieden, d. h. zu Christus, gelangen, wie ja unter ihrer Anführung das gläubige Heer der Kirche seine friedlichen Siege, im Gegensatz zu seinen blutigen, durch Waffen und Märtyrerthum errungenen, erkämpft hat. — Uebrigens wird der Name jener Fahne von Einigen gleich vorn herein auf die heilige Jungfrau selbst bezogen, indem er nicht Auri flamma, sondern Orientis flamma bedeute, und auf die nach Luc. 1, 78 „vom Aufgang aus der Höhe" gekommene Barmherzigkeit Gottes, d. h. in bildlichem Sinn eben auf Maria, die Mutter des Erbarmens, angespielt haben soll.

[54] „Dante redete zu den äußern Sinnen," bemerkt Ruth a. a. O. I, S. 205, „und vermied eine Sprache der Einbildungskraft (?). In seinem Gedicht zeigt sich wohl ein Gewebe der Phantasie, aber ihm fehlt die Phantasiesprache; es ist voller Gemälde und Bilder, aber die Sprache kehrt immer zur sinnlichen Beschreibung zurück." — Damit aber, sollte man meinen, sei auch Alles gewonnen, falls anders die Sprache sich zu dieser Sinnlichkeit eignet. Je ärmer an scharf auffassenden, scharf zeichnenden sinnlichen Ausdrücken eine Sprache, desto ärmer ist sie auch an übersinnlichen, wie die französische, für welche die Rhetorik und die mathematische (vom Verstand gegebene), keineswegs aber die sinnliche Schärfe da sind; je reicher an sinnlichem Ausdruck, desto reicher auch an übersinnlichem, wie die griechische.

[55] Dante's pros. Schr. übers. v. Kannegießer II, S. 214 f. Damit Dante's Ansicht hier klar werde, ist nöthig zu wissen, daß einerseits die katholische Kirche diesen Psalm zum Schluß der Sonntagsfeier am Ende der Vesper singt, und andrerseits in der Divina Commedia selbst (Fegef. II, 46) jene zur künftigen Seligkeit bestimmten Schatten, welche ein Engel auf einem Schiff dem Läuterungsberg zuführt (s. dritte Vorlesung am Anfang), den genannten Psalm zum Zeichen ihrer Befreiung aus den Banden des Leibes, des Irrthums und Verderbens ebenfalls singen.

[56] Kannegießer gibt diese Stelle auf S. 215 etwas abgekürzt, und läßt namentlich die Worte weg: „von der Hölle, durch die wir als Wanderer ziehen", was offenbar heißt: von unsrem Leben schon auf Erden, werde damit die äußere

Welt oder der Zustand im Innern der Menschenbrust bezeichnet. Der lateinische Text lautet hier: Si vero accipiatur ex istis verbis, colligere potes, quod secundum allegoricum sensum poeta agit de Inferno isto, in quo, peregrinando ut viatores, mereri et demereri possumus. — Ist — dies beiläufig noch zu bemerken — nach des Dichters eigenen Worten der allegorische Sinn der Divina Commedia die Darlegung unsres Verdienstes oder unsrer Verschuldung nach der Freiheit unsres eigenen Willens (per arbitrii libertatem), so muß hieraus abermals geschlossen werden, Dante habe die endliche Seligkeit der tugendhaften Heiden, die wir im XXVII. Gesang des Paradieses angedeutet zu finden glaubten, im Stillen nahezu angenommen.

57 Vorliegende Stelle ward in dem Bericht über die Scenen des irdischen Paradieses (dritte Vorlesung) nur kurz besprochen, um bei der nachfolgenden allegorischen Deutung nicht schon Gesagtes wiederholen zu müssen, was ich, bei der mir nur spärlich zustehenden Zeit, auf jede Weise zu vermeiden hatte.

58 Vgl. die schon mitgetheilte Stelle über Entstehung oder Bewußtwerdung der Seele im ungeborenen Kind, Fegef. XXV, 74 ff.

59 Convito III, 2. Uebers. v. Kannegießer. Statt Frau (Donna), wie K. überträgt, ist Jungfrau gesetzt worden, da der italienische Ausdruck beide Bedeutungen zuläßt, das Wort Frau aber zu Mißverständnissen führen könnte.

60 So unter den Deutschen neben Wegele auch Floto (Dante Alighieri, sein Leben und s. Werke, Stuttgart 1858), der treffend bemerkt, ungefähr eben so gut als unter der in jener Canzone besungenen Dame die Philosophie, könnte unter dem „lieben, losen Mädchen", das Göthe mit den Worten einführt: „Herz, mein Herz, was soll das geben?" die — Farbenlehre verstanden werden! (S. 70). — Gleicher Ansicht ist Krafft (Dante Alighieri's lyr. Gedichte, Regensb. 1859), der sein Werk mit einem schönen Sonett gegen das Bestreben des Dichters eröffnet, „Das was Liebe sang, anders deuten zu wollen."

61 Er selbst sagt im Convito II, 2 von dieser neuen Neigung: „So ereignete sich, bevor diese neue Liebe vollkommen wurde, mancher Kampf zwischen dem Gedanken, der ihr zur Nahrung diente, und demjenigen, welcher ihm entgegen war, der noch durch jene hochherrliche Beatrice die Burg meines Geistes einnahm. Nun fand der eine Unterstützung von Seiten des Anblickes von vorne her, der andre von Seiten des Gedächtnisses von hinten her, und die Unterstützung von vorne her wuchs mit jedem Tage, was bei der andern nicht der Fall war." Kannegießers Uebers.

62 Dante, wie das ganze Mittelalter, hielt diesen im Jahr 524 nach Chr. auf Befehl des Königs Theodorich hingerichteten edeln Römer für einen Christen, ja die Kirche hat ihn unter die Heiligen versetzt, weil man ihn fortwährend mit einem andern Boëthius, dem Verfasser mehrerer theologischen Werke, verwechselte. Später haben sich gegen das Christenthum desselben mehrfache Zweifel erhoben, aber erst der neueste Herausgeber der Schrift de consol. philos., Obbar, hat den heidnischen Glauben ihres Autors durch unwiderlegliche Beweise dargethan, vor welchen selbst das Motiv, von dem Paulys gründliche Encyclopädie der Alterthumswissensch. bei Festhaltung der gegentheiligen Ansicht ausgeht, zurücktreten muß. Wäre jedoch Boëthius sogar ein Christ gewesen, so steht jedenfalls seine Philosophie, obwohl sie die Idee der Gottheit über Alles, namentlich über jede Forderung des menschlichen Selbstes, stellt und insofern negativ mit dem Christenthum vollkommen übereinstimmt, positiv entschieden in Widerspruch mit dem Geiste desselben. Sie ist die Lehre der alten Stoa in ihrer ganzen Erhabenheit, aber auch ganz in ihrer trostlosen Unvereinbarkeit mit dem wirklichen Leben. B. sucht nachzuweisen, daß

14

der Mensch nur im Unvergänglichen, das wiederum nur in der Tugend zu finden, sein Glück zu suchen habe, weßhalb nur der Gute glücklich genannt werden könne. Er bestrebt sich, die Vereinbarkeit der göttlichen Güte mit der Zulassung des Uebels, der göttlichen Vorsehung mit der menschlichen Freiheit darzulegen, allein seine Gottheit ist zuletzt ein todter Begriff, seine Tugend, so wenig er sich dessen bewußt wird, oder werden will, entweder eine ewig nach Vereinigung mit Gott strebende, nie zu Gott werdende Verbannte in den Staub, oder eine kalte Resignation, eine vornehme, das eigene Herz belügende Verachtung der Wirklichkeit. Gleichwohl scheint, wie aus dem ganzen Convito hervorgeht, die unbestreitbare Hoheit, die in jener stoischen Anschauung liegt, die Göttlichkeit oder Gottesfähigkeit, die sie von der Menschenbrust fordert, der Heroismus, mit welchem sie sich den Uebeln der Welt unterwirft, einen mächtigen, durch's ganze Leben anhaltenden Eindruck auf Dante's Männerseele gemacht zu haben, wie er sich denn noch im Jahr 1316 in jenem S. 23 angeführten Schreiben an einen florentinischen Freund mit stolzem Selbstgefühl einen Vertrauten der Philosophie nennt, der nichts ihrer Unwürdiges thun werde; wie ferner in der Divina Commedia mehrere Aussprüche der Schrift de consol. phil. entlehnt sind, z. B. Par. II, 133—138, Hölle V, 121—122; und wie die noch im Text anzuführende Stelle, wo Beatrice ihren Begleiter vom Himmel auf die Planeten und besonders auf die kleine, der Verachtung werthe Erde herab schauen läßt, wenn auch zunächst auf eine jener schon erwähnten, für Dante vorbildlich gewordenen Visionen hinweisend, doch, mindestens dem Hauptgedanken nach, ganz einem der in das Werk des Boëthius eingestreuten dichterischen Ergüsse sich anschließt. Dort sagt die Philosophie, d. h. das höhere Bewußtsein, zu dem Verfasser, wenn die Seele ihre, der Philosophie, Schwingen anlege, so verachte sie alsbald die Erde und steige über alle Himmel bis zum Haus der Sterne empor, wo sie sich dem Sonnenweg vereine:

„Wenn dein Weg dich dorthin rückführt,
Der vergeß'ne, wirst du sagen:
Ich erkenne meine Heimath,
Hier geboren bleib' ich hier."

Endlich aber war Dante, obwohl er den Boëthius für einen Christen, ja einen Heiligen ansieht, jedenfalls eine zu dichterische, für die Wirklichkeit des Lebens empfängliche Natur, um nicht zuletzt den in mancher Hinsicht blos doctrinären, im Kampf mit den irdischen Begegnissen nicht stichhaltigen Geist jener Lehre zu durchschauen und so zu Abweichungen von derselben gebracht zu werden, wie Dies vielleicht in den die Philosophie tadelnden Bemerkungen Beatricens mit angedeutet sein soll, während jedenfalls der Dichter in eigener Person in der Divina Commedia bezüglich des anderweitig von ihm hochverehrten Lehrers den vorsichtigen Ausdruck gebraucht, derselbe fördere nur Den in Erkenntniß der Wahrheit, „der ihn richtig höre" (auffasse, chi di lei ben ode):

Im Schau'n des Heils ist Jener dort verklärt,
Der, wie so falsch der Lauf der Welt hienieden,
Dem offenbar macht, der ihn richtig hört.

Der Leib, aus welchem ihn Gewalt geschieden,
Ruht unten in Ciel d'oro, und aus Marter
Und Bannung kam die Seele hier zum Frieden (Parad. X, 124 ff.).

63 In der Canzone: „die Liebe, die im Geiste mit mir redet", kommen St. II, 1 ff. die Worte vor:

Die Sonne, die die ganze Welt umkreist,
Sieht nichts so Edles als in jenen Stunden,
Wo sie dem Orte leuchtet, dem verbunden
Die Herrin, die mich Amor feiern heißt.

Dies kann auf die bereits verstorbene Beatrice allerdings nur mit Zwang bezogen werden.

64 Eine eigene, höhere Sonne für die verklärten Seelen nimmt übrigens schon Dante's Vorbild, Virgil, an. In der Aeneide heißt es (VI, 638 ff.):

Kamen sie . . . . . .
. . . . . . zu den seligen Sitzen der Frommen.
Lachender hüllt der Aether in Purpurlicht die Gefilde,
Eine eigene Sonn' erkennen sie, eigene Sterne (Neuffers Uebers.).

Ja Virgil folgt hierin, als Zögling pythagoräischer Weisheit, nur dem noch weit ältern Pindar, der in einem auf uns gekommenen Fragment von den Seligen sagt:

Ihnen stralt drunten auch Sonnenerguß,
Bei nächtlicher Weile für uns,

und zum Erweis, daß er hiemit nicht etwa unsere, während der Nacht unterhalb der Erdoberfläche leuchtende Sonne verstehe, heißt es Olymp II, 61 ff.:

Gleich in den Nächten stets,
Gleich an den Tagen die Sonne schauend,
Führen ein mühlos Leben die Sel'gen.

Endlich spricht bekanntlich der sogar noch über Pindars Zeit hinauf ragende Jesaias 60, 19 oder wer sonst Verfasser dieser Stellen ist, von einem göttlichen Licht, das nicht im Lande der Seelen, sondern auf dieser Erde selbst, die Sonne und den Mond einst verdrängen werde.

65 Dante seinerseits scheint auf den ersten Anblick diesen Glaubenssatz eher angenommen zu haben, nach dem Parad. XXV, 127 vorkommenden Ausspruch, nur Christus und Maria seien mit dem irdischen Leib in den Himmel eingegangen; solche Annahme aber wäre bei ihm nicht consequent, da er, nach der ganzen Weise, wie er die mit Maria mehrmals von ihm parallelisirte Beatrice behandelt, und wie er sich selbst zur Anschauung Gottes, d. h. zur momentanen Vergöttlichung, gelangen läßt, eher des Glaubens sein mußte, der Mensch könne sich blos durch rechte Anwendung der göttlichen Gnade zur ursprünglichen Reinheit wieder erheben. Sonach dürfte er wohl nur der Ansicht gewesen sein, Marias Leib sei durch die Einwohnung Gottes, nicht aber durch unbefleckte Empfängniß, so geheiligt worden, daß er mit der Seele in's Paradies übergehen konnte.

66 Von der Buhlerin Thais, die Hölle XVIII, 130 ff. vorkommt, kann, als einer blos einem Terenzischen Lustspiel entnommenen Gestalt, noch weniger die Rede sein. Ebenso wenig von der rein mythischen Prophetin Manto, der Mutter des angeblichen Gründers von Mantua, welche Hölle XX, 55 ff. ohne allen persönlichen Tadel als Insaßin der vierten Bulge erwähnt wird, während sie nach Fegef. XXII, 113 f. sich mit Virgil und den andern antiken Dichtern und Helden sogar in dem, fast dem Himmel nahe kommenden lichten Aufenthalte der berühmten Heiden, im s. g. Limbus befindet. Mit dieser auffallenden Schonung des weiblichen Elementes verfährt der Dichter die ganze Divina Commedia hindurch. Kaum daß uns irgend einmal ein leichtes Achselzucken über weibliche Schwäche begegnet, wie Fegef. VIII, 76 der Richter Nino hinsichtlich seiner wieder in die Ehe getretenen Witwe bemerkt:

An ihr ersieht man leicht, wie lang' sich bündet
Der Liebe Gluth dem Weibe, wenn nicht Auge
Sie und Berührung öfter neu entzündet; —

und wie Hölle XVI, 44 f. Rusticucci beinahe komisch ausruft, mehr als alles Andre habe ihn sein fühlloses Weib in die Verdammniß gebracht. Nur über die Unzüchtigkeit der Florentinerinnen wird mehreremale, z. B. Fegef. XXIII, 94 ff., 101 ff. Parad. XV, 100 ff. starke Klage geführt, so daß man auf die Vermuthung kommen könnte, der Dichter möge hier in eigner Person ungünstige Erfahrungen gemacht haben; doch nennt er auch hier außer einer gewissen Cianghella (Parad. XV, 128), die eine Witwe von sehr üppigem Lebenswandel gewesen sein soll, keinen Namen und gibt überhaupt nicht zu erkennen, welche bestimmte Persönlichkeiten ihm dabei vorgeschwebt, während er sich über die männlichen Bewohner von Florenz allenthalben mit der schonungslosesten Offenheit herausläßt.

61 Sullo Spirito antipapale etc., disquisizioni di G. Rossetti, pag. 33: „È cosa mirabile come questi misteri si sieno continuati e conservati da quel tempo sino a Swedenborg, che nel secolo passato scrivea la stessa cosa, cioè che l'Intelletto umano prende forma di Donna, atta alla vita dell' amore."

62 Am auffallendsten zeigt sich die Uebereinstimmung der Bilder in visionären Zuständen, welcher Religion und welchem Lande die Schauenden angehören mögen, so daß es fast scheint, als falle die Menschenseele, sobald sie zur Seherin des Jenseits wird, unter eine gewisse Gemeinsamkeit der Typik, was, da die Bilder, die sie hier gebraucht, im Durchschnitt nur eine symbolische Bedeutung haben, d. h. Sprache eines höhern Bewußtseins mittelst der Organe eines niedrigern sind, wenigstens theilweise aus der Unzulänglichkeit und Gemeinsamkeit dieser Werkzeuge selbst sich erklären ließe. Zunächst findet sich bei Allen, die das Jenseits gesehen haben wollen, ein Führer; sodann, wenn nicht immer, doch in der Regel, eine von Gold und Edelgestein schimmernde Stadt, ganz das Abbild des von Johannes geschauten himmlischen Jerusalem, z. B. bei den indischen Visionären, längst vor Entstehung der Apokalypse, so gut als bei den christlichen. Dante, der sich jenen Aussagen in Bezug auf den Führer anschloß, gibt von dem in ihm waltenden Dichtergeiste Zeugniß, wenn er von dem Bilde dieser Stadt, welches in den ihm vorgelegenen Visionen keineswegs vergessen ist, als einem nur der niedern Intuition angehörigen, unpoetischen Bestandtheil der meisten Paradiesesgeschichte, fast gänzlich Umgang nehmend, dasselbe nur im ersten Gesang der Hölle, 126 und 128, mit einem flüchtigen Worte berührt und dagegen an die Stelle desselben das dichterische Bild der weißen, sich zur Unendlichkeit ausbreitenden Himmelsrose setzt, eine Reinheit der Auffassung, wodurch er sich, beiläufig gesagt, von dem prosaischen Swedenborg, den Rossetti mit ihm zusammenstellt, wesentlich unterscheidet. Wie sehr die Beschreibungen, die uns durch Entrückte von dem Jenseits zukommen, einander auch in weitern Zügen, sowohl in Bezug auf die Hölle als den Himmel, entsprechen, kann z. B. hinsichtlich derjenigen Gesichte, die auf Dante's Darstellung eingewirkt, bei Kopisch a. a. O. S. 468 bis 475 nachgelesen werden, und es wird dadurch klar, wie Dante in manchen Bildern auch mit Dem übereinstimmen mag, was Swedenborg von der andern Welt gesehen haben will, ohne daß deßhalb der Letztere irgendwie in einem geistigen Zusammenhang mit dem Erstern stände. Noch ist aber bei dieser Gelegenheit einer Schrift, ebenfalls zum Theil visionären Inhaltes, zu gedenken, die jedoch weniger in solcher Beziehung, als überhaupt wegen ihres auffallenden Einklangs mit Dante's Richtung und Anschauungen hier einer Erwähnung verdient, zumal ich unter den Werken, die möglicherweise auf die Divina Commedia eingewirkt, dieses Buch bis jetzt nirgends angeführt gefunden. Es

ist der Hirte des Hermas (Hermae pastor), ein (nach Ewald, Gesch. d. Volks Israel VII, S. 306, 2. Ausg.) zu Anfang des zweiten Jahrhunderts nach Chr. einem gewissen „prophetisch gestimmten und prophetisch thätigen" Hermas, einem Aeltesten der römischen Christengemeinde, in den Mund gelegtes Werk über die damalige christliche Kirche, besonders über die durch Reue und Buße zu erlangende Wiedergeburt und die Herrlichkeit, welche auf diesem Weg allen einzelnen Christen, wie dem ganzen Reich Christi, bevorstebe. Ob das Buch zu Dante's Zeit viel gelesen worden, habe ich nicht in Erfahrung gebracht. Dasselbe zerfällt in drei Abtheilungen, nämlich Gesichte, Ermahnungen und Gleichnisse. Erstere beginnen damit, daß Hermas in dem Gedanken an eine schöne ehemalige Geliebte einschläft. Im Traum wird er auf einem, Menschen nicht betretbaren, steilen, abschüssigen, unten durch ein Wasser abgeschlossenen Felsenpfad (wie Dante's Läuterungsberg) zu einer Ebene entrückt, wo der Emporgehobene, seine Sünden bekennend, Buße thut. Da öffnet sich der Himmel und er sieht dort oben die Geliebte, die ihn grüßt und beisetzt, sie sei hier um seine Sünden dem Höchsten anzuzeigen. „Wie, Herrin (Domina), du zeugst gegen mich?" fragt er im Traum. „Nein," erwidert sie, „aber Gott zürnt dir, weil du gegen mich gesündigt." „Wo oder wann hätt' ich," fragt er, „auch nur ein einzig ungeziemendes Wort gegen dich vorgebracht? hab' ich dich nicht stets als Herrin geachtet, als Schwester geehrt?" Darauf entgegnet Jene lächelnd: „In deinem Herzen hat sich die Begierde zur Sünde erhoben. Der Gerechte wird Gott in jeder Angelegenheit zum Schützer haben, wer aber nach Schlimmem trachtet, gewinnt Tod und Knechtschaft. Bete zu Gott und er wird deine Sünden heilen." Da die allgemeine Sündhaftigkeit des Hermas hier als Sünde gegen die Geliebte bezeichnet wird, so fällt auch sie, wie Danten gegenüber Beatrice, mit dem höhern Bewußtsein des Liebenden zusammen. Sofort schließt sich der Himmel und Hermas bleibt in großer Traurigkeit zurück, als er plötzlich ein hochgewachsenes Weib in stralenden Gewändern, ein Buch in der Hand, auf einem Stuhl sitzen sieht, die ihm Anfangs furchtbare Worte vorliest, welche er nicht im Gedächtniß festzuhalten vermag, aber mit der freudevollen Versicherung schließt, daß Gott seine Kreatur jetzt mit Würde umgeben habe und eine neue, schönere Welt aus der alten schaffen werde (vgl. Hermae Pastor, in: Patrum apostol. opera, ed. C. H. Hefele, Tüb. 1839, S. 137 ff.). Diese Frau bedeutet die Kirche, durch welche der Träumende vorbereitet wird, die Offenbarungen zweier ihm später nahenden Engel zu empfangen. Der eine ist, wie die verklärte Beatrice gegenüber von Dante, des Hermas eigener, besserer Geist, der ihm als Hirte (daher der Titel des Buchs) entgegenkommt; aber wie der Mensch Hermas „vor diesem seinem bessern Selbst verschwinden muß" (Ewald a. a. O. S. 308), so wird er diesem Hirten doch nur von dem obersten Hirten, nämlich Christus, übergeben (wie Dante Beatricen, d. h. seinem bessern Ich, von Marien), der Jenem in einem zweiten Engel, dem Christusengel, naht, von welchem zuletzt Alles ausgeht, wie Dante einen solchen Christusengel Fegef. XXVII, 58 ff. ebenfalls anzunehmen scheint. Der erste Hirte theilt seinem Schutzbefohlenen ausführliche Ermahnungen für das christliche Leben mit, die zuletzt immer mit den Fragen über Reue und Buße in Zusammenhang stehen, wie den Dante nur der auf dem Läuterungsberg durchwandelte Pfad der Buße zum Leben in Beatricen zurückführt. Durch das Werk läuft eine fortwährende Zahlenmystik; wie für Dante die Zahl 9, ist hier die Zahl 7, vor Allem aber die 10 und 12 mit ihren Theilungen bedeutsam. Wie Dante 7 Tugenden, 4 natürliche und 3 christliche, aufstellt, so werden hier 7 christliche Tugenden zusammengereiht. Die Kirche erscheint (ganz in Dante's Geist!) als ein ungeheurer, bis in den Himmel ragender Thurm, an dem noch immer gebaut wird, und der wegen der Sünden der Christen seine Vollendung noch nicht hat. Er ist wie aus Einem Stein, und doch aus unzählbaren zusammengesetzt; aber nur solche, die zu seiner Bauart passen, und vom Bauherrn nicht verworfen worden, werden in ihn eingefügt. Mit dem Bilde des Thurmes wird das zu jener Zeit schon übliche von Christus als dem Felsen und der Thüre, das wir auch bei Dante hervorgehoben gefunden, so gut es geben will zu vereinigen gesucht. Oft fragt Hermas die ihm anfangs erscheinende Frau (die Kirche) und später die beiden Engel um die Bedeutung der ihm vorgerückten Bilder; diese wird ihm dann zwar gegeben, aber jedesmal mit dem Bemerken, er sollte eigentlich nicht fragen; er würde, falls er recht in sich gehen und sich im Innersten fassen wollte, Das, was er hier sehe, schon durch sein eigenes Bewußtsein zu deuten vermögen.

69 Der Ausdruck der Urschrift: O Donna di virtù läßt sich in entsprechender Kürze im Deutschen schwer geben. Er bezeichnet zugleich, daß Beatrice Besitzerin jener Kraft, und daß sie es durch das in ihr vorherrschende weibliche Element, daß sie es deßhalb ist, weil sie der Seele nach als Jungfrau, als weiblich in höchster Potenz, geschaffen worden.

70 Nach der Bemerkung von Dante's Sohn, Pietro, hegte derselbe besondre Verehrung für die heilige Lucia, wahrscheinlich weil er die Wiedergenesung von einer Augenkrankheit, die ihn in der Jugend befallen, dem Einfluß dieser Schützerin der Augen zuschrieb. Vgl. Wegele a. a. O. S. 339.

71 Nach Kannegießers Uebers. Für Bibelkenner braucht es nicht der Bemerkung, daß Dante hier einen Verstoß begeht, indem Adam nach 1. Mos. 2, 20 nicht nur vor Eva's Erschaffung schon alle Thiere mit Namen benannte, sondern auch (ebend. 24) als Eva geschaffen war, zuerst ausrief: „diese ist Bein von meinem Bein" u. s. w.

72 Der Verfasser verweist hier auf die Stimme eines Italieners selbst in der Schrift: **Perchè in Roma le Donne sono più belle, più attentive e più perspicaci degli Uomini? Memoria di G. d'A. 1825.**

73 Alfieri möchte einer sein, aber er gibt, so wenig geleugnet werden soll, daß mit diesem edeln Geiste die endlich in unsern Tagen so fühlbar gewordene Wiedergeburt Italiens beginnt, nur das Zerrbild der Männlichkeit; es fehlt ihm das schöpferische Vermögen, das neben einem männlichen Gemüth vorhanden sein muß, wenn der Dichter jenen lebendigen Eindruck von Männlichkeit (durch welche die höchste Zartheit nicht ausgeschlossen wird) auf uns machen soll, den Dante in so hohem Grade hervorbringt. Umgekehrt genügt aber auch das schöpferische Vermögen allein nicht zu diesem Eindruck: Shakespeare ist ein noch größerer Dichter als Dante und an poetischer Schöpferkraft wohl das Höchste, was die Menschheit, mindestens die abendländische, hervorzubringen vermocht hat, aber er ist in weit geringerem Grade ein männlicher Geist als Jener; das sittliche Princip, das in Dante wie ein zum Kampf berechtigendes Schwert, so mächtig und doch mit so vollkommener Freiheit, so gänzlich ledig von aller Pedanterie und Compendiums-Moral, hervortritt, und eben dadurch dem Dichter ein so entschieden männliches Gepräge aufdrückt, erscheint bei Shakespeare nicht, wie bei Dante, mit der Forderung des obersten Rechtes, nicht als Wurzel der Welt. Wohl ist die Kraft dieses Princips auch ihm, dem Alleswissenden, bewußt, aber sie liegt in seinen Dichtungen doch mehr nur, wie sie auch in der Natur und dem blos von der Natur gelenkten Menschengemüth vorhanden ist, indirekt und halb unabsichtlich; auch jene Dichtungen bringen, wie die Natur und die der Natur überlassene Menschheit, in ihren Schrecken, ihren Kämpfen, in der Pracht und Gewalt ihres sich selbst hingegebenen Vermögens, einen moralischen Eindruck hervor, wäh-

nen an die göttliche Idee; aber der Eindruck ist meistens ein halb unversöhnter; aber jenes Princip wird nicht, oder wenigstens nicht mit königlichen Befugnissen, *auf den Thron* erhoben; es wird ihm fast immer etwas von dem dunkeln Hintergrunde mitgegeben. Natürlich ist hier nicht die Rede von den lieblichen, allen Paradieseszauber in die ungeschminkte Gewöhnlichkeit der Dinge einführenden und ihn einem Caliban und Klaus Zettel ohne Beeinträchtigung an die Seite stellenden Lustspielen, sondern von den Tragödien, in welchen die Kraft des Genies sich, wo möglich, noch wundervoller kund gibt, als in jenen: aber wer die Leidenschaften zu solchen Wirkungen anzuwenden vermag, ohne das sittliche Bewußtsein in gleichem Grad zum Brennpunkte der Dichtung zu machen — (von einer sittlichen *Tendenz* wird hier nicht gesprochen; eine absichtliche oder wenigstens eine als absichtlich *hervortretende* Tendenz ist immer unpoetisch, denn nur Der, welcher die Sache selbst poetisch *nicht* hat, hat eine solche sich bemerkbar machende Tendenz) — neigt sich, bei aller Titanenhaftigkeit, doch endlich mehr dem weiblichen Elemente, freilich nicht in dem Sinn, wie dieses von Dante und Böhme aufgefaßt wird, als dem männlichen zu; vergegenwärtigt trotz aller in ihn niedergelegten geistigen Unerschöpflichkeit, zuletzt doch mehr die *Natur, als den Geist.*

74 „Erhebt euch," sagt er, eh' er auf den Einzug Karls von Valois zu sprechen kommt, „boshafte Bürger, voll des Aergernisses, und nehmt Feuer und Schwert zur Hand ...... zögert nicht länger; geht und wandelt in Ruinen die Zierden eurer Stadt. Verspritzt das Blut eurer Brüder, entkleidet euch des Glaubens und der Liebe, Einer versage dem Andern Hülfe und Dienst ...... — Also getrennt fingen die Bürger von Florenz an Einer den Andern zu verleumden in den benachbarten Städten und beim Papst Bonifacius mit falschen Nachrichten ...... Und so weit brachten sie es mit besagtem Papst, indem sie sagten, daß die Stadt in die Hände der Ghibellinen zurückkehren und ein Zufluchtsort der Colonna's sein würde, und eine solche Masse Geldes wurde mit falschen Worten gewechselt, daß er, dem man gerathen den Uebermuth der Florentiner niederzudrücken, versprach, den schwarzen Guelfen die große Macht Karls von Valois zu leihen ...... welchem er schrieb, er wolle ihn zum Friedensfürsten machen in Toscana gegen Die, welche Zwietracht haben mit der Kirche. War der Name besagten Auftrags sehr gut, so war die Absicht das Gegentheil, weil er die Weißen erniedrigen und die Schwarzen erhöhen wollte, und die Weißen zu Feinden des Hauses Frankreich und der Kirche machen."

75 Zu deutsch etwa:

Kommend zu Virgilens Grabe
Brachte dort als Todtengabe
Fromm der Thränen Thau er dar:
„Welchen Kranz hätt' ich dir wunden,
Wenn ich lebend dich gefunden,
Dichter, wie kein Zweiter war!"

76 Vgl. die aus Parad. VI, 55, S. 63 angef. Stelle. Der Dichter findet übrigens nicht nur das Nebeneinanderfallen von Christi Geburt und der Gründung des römischen Kaiserthums, sondern auch die Gleichzeitigkeit, welche nach seiner Ansicht zwischen *David*, dem Stammvater Jesu, und *Aeneas*, dem Stammvater Roms (und Cäsars) herrschte, höchst merkwürdig. Hieraus, sagt er im Convito IV, 5, sei offenbar die göttliche Erwählung des röm. Reichs durch Entstehung der heiligen Stadt, die gleichzeitig gewesen mit der Wurzel des Stammes der Maria.

77 *Molle atque facetum*
Virgilio annuerunt gaudentes rure Camenae. Sat. I, 10, 45.

[78] Donat's Leben des Virgil findet sich fast allen Handschriften des Letztern, mithin auch schon zu Dante's Zeit, beigefügt. Ein anderer Donat ist der Grammatiker Aelius Donatus, welchen Dante in die Sonne, zu Thomas von Aquino u. s. w. versetzt, Parad. XII, 137.

[79] Cetera sane vita et ore et animo tam probum fuisse constat, ut Neapoli Parthenias vulgo appellaretur. Vit. Virg. 20.

[80] Die romanischen Sprachen wurden damals nach den verschiedenen Bezeichnungen für den Ausruf Ja in die Langue de si, d. h. die italienische, die Langue d'oc, d. h. die provenzalische (daher das heutige Languedoc), und die Langue d'uoi, d. h. die französische, getheilt.

[81] Zwei Meeresinselchen nahe an der Mündung des Arno; erstere nicht zu verwechseln mit der im Augenblick (März 1861) so viel genannten kleinen Insel Caprera, dem Wohnort Garibaldi's

[82] Der untre Theil des Mondes ist der der Erde zugewandte Theil; der Ausdruck bedeutet also: es wurde fünfmal Voll- und fünfmal Neumond, oder mit andern Worten: es verflossen fünf Monate. Von den Säulen des Herkules (Cadiz) bis zum Punkt, wohin der Läuterungsberg fallen würde (s. Anmerk. 26), beträgt die Entfernung ungefähr 2050 Meilen, so daß die Schiffenden etwa 13 Meilen des Tags zurückgelegt haben würden. Vgl. Philalethes zu Hölle XXVI, 131.

[83] Ueber die Monarchie III: „Hier ist zu bemerken, daß wenn ich sage, das menschliche Geschlecht könne und solle von Einem Oberherrn regiert werden, Dies nicht so zu verstehen, daß von diesem Einzigen alle besondern Gesetze und Einrichtungen der besondern Staaten ausfließen könnten. Jedes Volk, jeder Staat, jede Stadt hat besondere Eigenthümlichkeiten (proprietates), welche durch besondere und verschiedene Gesetze geordnet werden müssen."

[84] Die beiden unmittelbaren Nachfolger Petri, Linus und Cletus (Anacletus), sowie Sixtus (119—127 nach Chr.), Pius (142—157), Calixt (219—222), Urban (223—230) werden zwar Parad. XXVII, 41 ff. von Petrus als Märtyrer im Himmel erwähnt, und es ist insofern anzunehmen, Dante setze auch sie selbst als dort anwesend voraus; in Person aber treten sie nicht auf. Ueberdies können diese Männer noch nicht im eigentlichen Sinne, namentlich nicht in dem von Dante festgehaltenen, Päpste genannt werden, da sich zur Zeit ihres Lebens das Principat des römischen Bischofs über alle andern Oberhirten der Christenheit noch nicht entschieden hatte.

[85] Vgl. den Schluß des Art. Liber pater in Pauly's Realencyclopädie der class. Alterthumswissensch.

[86] Wollte man etwa sagen, er habe gehofft, sein bisher, wenigstens nach seiner eigenen Ansicht, etwas üppig gewesenes Leben fortsetzen zu können, oder, falls ihm in dieser Gestalt nicht eigene, sondern fremde Sündhaftigkeit entgegentritt, die Genossen jenes Lebens würden stets seine Freunde bleiben, so widerspricht Dies nicht nur der Zeit, in welche die Divina Commedia fällt, da damals jene Periode der Hingabe an sinnliche Freuden bereits hinter ihm lag, und namentlich sein Begleiter auf diesem falschen Wege, der einflußreiche Forese di Donati, nach Fegef. XXIII, 78 schon vor nahezu fünf Jahren gestorben war, sondern jeder Gedanke an Hoffnung auf fürderhin zu befriedigende Sinnenlust, oder doch auf das Wohlwollen, das die üppigen Freunde dem Dichter noch bewahren würden, widerstreitet auch durchaus den unmittelbar vorhergehenden Versen:

Es stieg die Sonn' empor mit jenen Sternen,
Die bei ihr, als die gottgeborne Liebe

Zuerst die schöne Welt einst hat beweget.

D. h. es war der Tag, an welchem, einer alten Annahme nach, einst die Schöpfung der Welt begann. Wie könnte der Dichter, für dessen eigene Wiedergeburt aus den Hüllen der Nacht jener Schöpfungstag offenbar symbolisch sein soll, hier noch auf irgend ein mittelbares oder unmittelbares Verwandtschaftsverhältniß zur Sinnenlust hoffen? — Sollte endlich gar nur der Gedanke unterlegt werden wollen: „in einer so schönen, gotterfüllten Stunde hoffte ich, werde mir auch das Thier mit lustig buntem Fell nichts zu Leid thun," — so begreift man nicht, warum dann trotz dieser Stunde der Löwe und die Wölfin dem Wanderer Schrecken einjagten, wie unmittelbar nachher gesagt wird.

87 E sua nazion sarà tra Feltro e Feltro.

88 Vgl. Kopisch a. a. O. S. 475. Wie sehr die Italiener selbst anerkennen, daß namentlich diese Vision Danten mitunter zum Vorbilde gedient, erhellt daraus, daß dieselbe dem zu Rom im Jahr 1817 erschienenen Werk „Le principale cose appartenente alla Divina Commedia", ganz einverleibt ist.

89 Biographie universelle, art. Vincent de Beauvais, S. 120.

90 Nach Schlosser a. a. O. S. 212 bezog Rossetti in seinem Commentar zur Divina Commedia, der mir nicht zur Hand ist, den Windhund Anfangs ebenfalls auf Can grande; in der Schrift sullo spirito antipapale hat er diese Ansicht abgelegt, und bemerkt bei Gelegenheit einer italienischen Sage von den Tartaren, die zum Führer Einen aus ihrer Mitte erwählt hätten, der unter armem Filz (Feltro) hervorgezogen und Hund (Cane) genannt worden sei, was in ihrer Sprache einen Kaiser bedeute: „ich weiß nicht, ob dieser Cane genannte und unter armem Filz hervorgegangene Tartarenkaiser etwas mit jenem andern Cane (Hund) zu thun hat, der zwischen Filz und Filz geboren werden soll: ich weiß nur daß Alles, was von jenen Tartaren erzählt wird, blos Ausdrücke einer Geheimsprache sind." A. a. O. S. 420 f. Schon vorher, S. 269, hat er darauf aufmerksam gemacht, daß er sich getäuscht, wenn er den Windhund auf den Can grande bezogen.

91 Kopisch a. a. O. S. 486 erklärt das Wort grotta geradezu als Schutz, Zuflucht, und übersetzt es an den betreffenden Stellen auch so. Freilich hat dasselbe im Italienischen neben der Bedeutung von Höhle, und somit im weitern Sinne von Schutz, Bergung, auch diejenige von Fels, allein der letztern liegt dann doch wohl, wenigstens der ursprünglichen Auffassung nach, der Gedanke an einen zerklüfteten Felsen zu Grunde, wie schon aus der wahrscheinlichen Abstammung von dem lateinischen crypta, mittellateinisch crota, hervorgehen dürfte.

92 Im Convito (I, 2) bemerkt er: „Indeß sage ich . . . . . . daß von sich zu reden gestattet ist . . . . . . wenn dadurch, daß man sich über sich selbst ausläßt, einem Andern auf dem Wege der Belehrung der größte Nutzen erwächst, und diese Ursache bewegte den Augustinus in seinen Bekenntnissen von sich zu sprechen, damit er durch den Fortgang seines Lebens, welcher vom Schlechten zum Guten und vom Guten zum Bessern und vom Bessern zum Besten geschah, daran ein Beispiel und eine Lehre gebe, welche durch kein zuverlässigeres Zeugniß zu erhalten war." — Man bedenke, daß Dante diese Stelle, wie überhaupt das Convito, niederschrieb, während er an der Divina Commedia, diesem dem Augustinischen Vorgang im Aufsteigen vom Dunkeln zum Hellen entsprechenden Selbst-

bekenntniß im höchsten Styl, längst arbeitete, ja daß das ganze Convito mit fortwährendem Hinblick auf die D. C. abgefaßt ist.

[91] Zwar bemerkt Dante von den himmlischen Intelligenzen, „welche das Volk Engel nennt," im Convito (II, 5): „Daher, sofern die menschliche Natur nicht blos Eine Seligkeit hat, sondern zwei, nämlich die des bürgerlichen und die des beschaulichen Lebens, würde es unvernünftig sein, wenn wir annähmen, daß Jene (die Engel) die Seligkeit des thätigen Lebens ...... und nicht die des beschaulichen hätten, welches vortrefflicher und göttlicher ist ...... Und weil dieses Leben göttlicher und ...... gottähnlicher, so ist offenbar, daß dasselbe mehr von Gott geliebt ist ...... und so hat er ihm mehr Leben zugetheilt, als dem andern" (Kannegießers Uebers.). Allein diesem Ausspruch, der auch in der Divina Commedia, Par. XXIX, 130 ff. vorkommt (s. S. 99 unsres Textes), steht die Aeußerung im Convito IV, 19 entgegen: „fürwahr im Ernst wage ich zu sagen, daß der menschliche Adel hinsichtlich seiner vielen Früchte den des Engels übertrifft, obgleich der englische in seiner Einheit göttlicher ist."

[94] So nach Schlosser a. a. O. S. 247, der diese von Dante's astronomischen Kenntnissen zeugende, dem gewöhnlichen Leser schwer verständliche Stelle der Urschrift in die kürzeste Erklärung zusammenfaßt.

[95] Dante selbst sagt in dieser Hinsicht im Convito (I, 1): „O beglückt diejenigen Wenigen, welche an jenem Tische sitzen, wo man das Brod der Engel genießt, und elend Jene, welche mit dem Vieh gemeinsame Speise haben! Doch da jeder Mensch von Natur eines Jeden Freund ist, ... so sind Diejenigen, welche an so erhabenem Tische gespeiset werden, nicht ohne Mitleiden gegen Die, welche sie auf die Weide des Viehs gehen sehen ...... Und insofern ...... theilen Diejenigen, welche die Erkenntniß besitzen, immer freigebig den wahren Armen mit von ihrem schönen Reichthum und sind gleichsam die lebendige Quelle, mit deren Wasser jener obengenannte natürliche Durst gelöscht wird." Kannegießers Uebers. Fast mit den gleichen Worten läßt er Parad. XXIV, 1 ff. Beatricen in Bezug auf ihn selbst sagen:

O Tischgenossenschaft zum großen Mahle
Vom reinen Lamme, das euch speist, geladen,
So daß eu'r Dürsten schlürft aus voller Schale,

Wenn Der hier kostet still durch Gottes Gnaden
Von Dem, was ab von eurem Tische fällt,
Eh' ihn der Tod rief von der Erde Pfaden,

Blickt auf die Sehnsucht, die das Herz ihm schwellt,
Und gebt ihm ein paar Tropfen; ihr ja trinket
Ewig vom Born, draus all' sein Denken quellt.

[96] So z. B. in der wahrscheinlich erst später hinzugesetzten Schlußstrophe der Canzone „Io sento si d'Amor la gran possanza," wo es heißt: „Zwei grüße und den Dritten sei bemüht von schlimmer Sippschaft vorerst abzuziehen."

[97] Durch die kraftvolle Weise, in welcher er die in seinen Dichtungen eingeführten Todten und Verdammten sprechen läßt, sowie durch seine heftigen Angriffe gegen Bonifaz VIII. als Dante's Vorgänger und Geistesverwandter zu betrachten.

[98] In Christo trasformata quasi e Christo,
Cum (con) Dio unita tutta sta divina.

Der Gesang, worin noch mehrere Stellen gleichen Inhalts vorkommen, wurde früher dem heil. Franciscus zugeschrieben, gehört aber nach neuern Forschungen dem Jacopone da Todi an. Vgl. die Lieder d. h. Franciscus v. Assisi, von J. F. H. Schlosser.

99 Dürfte man annehmen, die religiösen Ansichten der Morgenländer haben damals als Nachwirkung der Kreuzzüge und des, orientalischen Einflüssen in so mancher Beziehung hingegebenen Hofes von Kaiser Friedrich II. und Manfred, sowie mittelst der mit den Orientalen in so enger Berührung lebenden Templer, die nach Rossetti mit dem auf Reform des Papstthums hinwirkenden italienischen Geheimbund in engem Zusammenhang gestanden hätten, auf Europa zurückgewirkt, so würden die kurz vor Dante's Zeit fallenden, oben erwähnten Gesänge der persischen Sufi's, worin jene momentane Verwandlung in die Gottheit unendlich dichterisch ausgesprochen wird, auf eine, freilich nur als sehr mittelbar zu denkende Weise das Ihrige zu solcher Geistesrichtung in Italien beigetragen haben.

100 Cecco d'Ascoli (eigentlich Francesco Stabili) sagt z. B. von einer solchen Donna:

Così da questa vien la dolce luce,
Ch'alluma l'alma del desio d'Amore,
Togliendo Morte ed a Vita conduce;
Così fa questa a chi la porta in core,
Sentendo del divin splendor la luce ....
Bello è tacer di cotanta cosa,
Considerando il mio poco intelletto.

Boccaccio läßt die Venus sagen:

Io son Luce del cielo unica e trina,
Principio e fin delle create cose ....
La diva Luce, quale, in tre persone
Ed una essenza, il ciel governa e'l mondo.

Barberino sagt:

O gran Signor Amore ....
Che per tua gran virtù trasformi l'uomo
In quella cosa principal, ch'egli ama ....
Vita de'morti, e morte de' non degni.

Der Nämliche bedient sich in einer Canzone des seltsamen Ausdrucks:

Dico Signori, a voi saggi e coperti,
Però che m'intendete,
Voi, Donne, poche siete,
A cui la mente mia avvisse Amore,

über welchem Gedicht, wie Rossetti bemerkt, in einer alten Handschrift steht: „Barberino verfaßte diese dunkle Abhandlung über die Natur der Liebe, damit sie nur von einigen seiner Freunde, vornehmen Männern in Toscana, verstanden würde." — In einem Gedicht des Cecco d'Ascoli, worin dieser behauptet, Dante sei in der tiefen Ergründung der Liebe noch nicht weit genug gegangen, heißt es:

Contra tal detto dico quel ch'io sento
Formando filosofiche ragioni,
Se Dante poi le solve io son contento. —
È naturale ciò che l'uom qui muove
E ciò non prende mai contraria faccia,
Finchè non torna in qualitati nuove.

Se questa trina Luce amor compone,
Non vedo che accidenti lui disfaccia,
Di ciò son certo, senza opinione.
Io son nel terzo ciel trasformato
In questa donna, che non so che fui,
Per cui mi sento ognora più beato.
Di lei comprese forma il mio intelletto,
Mostrandomi salute gli occhi sui,
Mirando la virtù del suo cospetto.
Dunque Io son Ella, e se da me si sgombra,
Allor di morte sentiraggio l'ombra.

Derselbe endlich an einer andern Stelle:

Questa è la donna che mai non coverse
Sembiante dell' umana qualitate,
Avvegnachè nel mondo qui converse. —
E pur crescendo muta nel suo stato;
Al mondo non ne fù mai più che Una,
Nel oriente spande suo volato. —
Come del Pellicano tien figura
Per li peccati de' primi parenti
Risuscitando l'umana natura.
E noi bagnati di sanguinea croce
Risuscitiamo da morte dispenti,
Di servitute lasciando la foce.
Si che da morte riprendiamo vita
Che per peccato fu da noi partita.

Rossetti, sullo spirito antipapale, dem diese Stellen entnommen sind, führt daselbst S. 332, 347, 372 noch viele andre Dichter jener Zeit an, die sich in ganz gleichen Ausdrücken ergingen, wie den Pannuccio dal Bagno Pisano, Guido delle Colonne, Dante da Masano, Guido Cavalcanti u. s. w. Mögen übrigens die Poeten, die eine solche Sprache führten, einen wirklichen Geheimbund gebildet haben oder nicht, Das sieht man jedenfalls, daß sich schon hier und namentlich bei Dante selbst die gleiche oder wenigstens eine sehr verwandte Geistesrichtung kundgibt, wie sie in Italien im 15. Jahrhundert mittelst der erst jetzt näher bekannt gewordenen Philosophie Platons abermals zum Ausdruck der Poesie wurde; ein Beweis, daß diese Anschauung dem bildnerischen Naturell der Italiener, im Gegensatz zu dem strengen, vom Sinnlichen ganz absehenden Charakter, welchen die Versenkung in Gott in Deutschland annahm, angemessen war. Platonische Sätze, wie: „Liebe ist das Allen inwohnende Trachten nach Seligkeit; Anschauung und Vereinigung mit der Schönheit gewährt die höchste Seligkeit, bringt erst die wahre Tugend hervor und macht unsterblich; irdische Schönheit ist nur ein Abbild Gottes; die Seele war, eh' sie sich mit dem Leib vereinigte, rein im reinen Lichtglanz" u. dgl. konnten schon aus jenen Ergüssen des 13. und 14. Jahrhunderts herausgefunden werden, wie denn auch wirklich die Männer dieser frühern Periode zwar nicht aus Platon unmittelbar schöpften, aber möglicher Weise durch die Neuplatoniker mittelst der Scholastiker beeinflußt sein konnten. Michel Angelo machte unter dem Einfluß platonischer Ideen die von ihm besungene Vittoria Colonna ungefähr zu dem gleichen Gedankenbild, wozu Dante die verklärte Beatrice unter dem Einfluß seiner Zeit erhob.

[101] Cecco d'Ascoli wurde zwar in Florenz verbrannt, aber aus andern Gründen; Jacopone da Todi ward von Bonifaz VIII in's Gefängniß geworfen, aber nicht wegen jener Selbstvergöttlichung; Meister Eckart, der seine oft ausnehmend kühnen

Ansichten in, wahrscheinlich allgemein zugänglichen, Predigten vortrug, ward zu einem Widerruf, vielleicht auch nur einer genügenden Erklärung, angehalten, scheint aber keine weitere Verfolgung erfahren zu haben; der Stifter des engern deutschen Bundes, Nikolaus von Basel, und drei seiner Schüler mußten den Scheiterhaufen besteigen, aber nicht der „Vergottung" wegen, sondern weil sie sich „des Gehorsams gegen die Kirche für entbunden gehalten, weil sie behauptet hätten, ein in Sünde befangener Priester könne das Sacrament nicht verwalten" u. dgl. (Schmidt a. a. O. S. 282). Dante selbst soll, wie sein freilich erst nach mehr als hundert Jahren über ihn berichtender Biograph Philelphus sagt, „von Böswilligen der Ketzerei angeklagt worden sein," ohne daß sich jedoch hieraus schlimme Folgen für ihn ergaben.

102 Schon deßhalb, weil nach Mazzoni's Aeußerung der Sinn der beiden Buchstaben ein ganz naheliegender wäre, der den Meisten sogleich beifallen werde, sobald man hinter jeden derselben einen Punkt gesetzt. Welcher Sinn der zwei durch Punkte getrennten Buchstaben J. C. läge aber einem katholischen Volke näher, als der von Jesus Christus, in welcher Bedeutung es jene beiden Zeichen allenthalben in Kirchen, auf Grabmälern, auf sonstigen durch Religion geweihten Gegenständen erblickt?

103 Als wirkliche Abkürzung für Beatrice kommt das Wort Bice in dem Sonett im 19. Kapitel der Vit. nuov. vor; möglich aber daß es hier neben eben genannter Bedeutung doch auch wieder jenen Geheimsinn hätte. Daß es nicht ohne besondre Absicht dastehe, scheint schon daraus hervorzugehen, daß es dort ohne irgend ein Hinderniß durch das weit edlere Wort Beatrice hätte ersetzt werden können; sodann aber heißt es in jenem Sonett, wie bereits früher bemerkt worden, Beatricen sei die schöne Johanna vorangegangen, von welcher Dante in der in Prosa beigefügten Erklärung bemerkt: „ihr Name kommt von jenem Johannes, der dem wahrhaften Lichte vorausging." Also, wie hierauf schon S. 110 hingewiesen wurde, auch hier wieder Parallelisirung Beatricens mit dem Erlöser.

104 Daß damals eine große Zahl ausgezeichneter Geister in Italien unter den Bildern der geschlechtlichen Liebe etwas Anderes als diese selbst dargestellt habe, ist keineswegs blos von Rossetti bemerkt worden. — „Rossetti ist übrigens nicht der Erste, dem bei der steten Wiederholung von donna und amore in den lyrischen Gedichten jener Zeit etwas unheimlich geworden ist. Ginguené" (in seiner schon 1811 erschienenen Histoire littéraire d'Italie) „sagt in Bezug auf Cino da Pistoja, Dante's Freund: Ces mêmes recueils contiennent des vers de quelques autres poetes du même age, un Bindo-Bonichi, un Antonio da Ferrara, un Francesco degli Albizzi, un Sennuccio del Reno, intime ami de Pétrarque, avec qui tous les autres eurent aussi des liaisons d'amitié. Ce qui reste d'eux nous les fait voir tous occupés du même sujet, qui est l'amour, et l'on pourrait en quelque sorte les croire tous amoureux du même objet, puisqu'aucun d'eux ne dit le nom de sa maîtresse, aucun ne la peint avec des traits particuliers et sensibles. Tous parlent de même de leurs peines, de leurs soupirs, de la mort qu'ils implorent, de la pitié, qu'on leur refuse" etc. (Mendelssohns) Bericht über Rossettis Ideen, S. 77. Daß Dante's Liebe, wenn er auch mit diesen Männern in Verbindung stand, eine ganz andere, eine sehr individuell ausgedrückte gewesen, braucht keines Beisatzes.

105 Försters Uebers. — Etwas Unklares bleibt auch hinsichtlich des Briefes zurück, den Dante nach Beatricens Tod an die Fürsten der Erde (Kap. 24), d. h. an die Prioren, oder doch an die angesehensten Männer von Florenz, geschrieben haben will, mit Vorsetzung der Worte des Jeremias: Quomodo sola sedet civitas etc. Nicht als

ob ein solcher Gedanke nicht seiner mächtigen Seele entsprochen hätte, und nicht als ob der Ausdruck „Fürsten der Erde“ sich nicht auf Florenz beziehen ließe; denn das Wort terra kommt auch in der Div. Commedia und sonst in der Bedeutung von Stadt vor. Aber darin scheint Rossetti Recht zu haben, daß sich nicht absehn lasse, warum Dante vom Inhalt dieses Briefes nichts Näheres anführe, unter dem wunderlichen Vorwand, derselbe sei lateinisch geschrieben gewesen, während doch er selbst den Amor in der Vita nuova sehr oft lateinisch sprechen läßt. Er hätte ja mindestens die Hauptsache in der Landessprache anführen können, da er doch einmal das Bedürfniß empfand, sich über sein Schweigen zu entschuldigen! Sollte daher der Brief an Mitglieder des Geheimbundes, die er, als Geister, die nicht dem gemeinen Haufen angehören, mit dem Ausdruck Fürsten benennt, gerichtet gewesen sein? Daß er sich selbst als Einen betrachtete, der durch die Liebe aus dem gemeinen Haufen weggetrieben wurde, weil er in ihr etwas Göttliches empfand, wird, wie wir gesehen, schon im zweiten Gesang der Hölle, 105, ausgesprochen. Vgl. S. 131.

[106] Diese Stelle war bereits niedergeschrieben, als ich fand, daß Boccaccio in dem gleich nachher zu erwähnenden Roman Filocopo, in welchem er, dem Rossetti zufolge, eine Art versteckten Commentars zur Divina Commedia und zur Vita nuova gibt, die Bedeutung Amors in ähnlicher Weise auffasse, indem er demselben im dritten Himmel, d. h. also wo er in seiner höhern Potenz erscheint, ein Herz in der Hand halten läßt, auf welchem das Wort Christus steht. Vgl. Rossetti a. a. O. S. 190. — — In dem auf jenes Gesicht bezüglichen Sonett, welches Dante andern Dichtern vorlegt und von denselben eine Deutung des Gesehenen fordert, ist der Vorgang weit einfacher erzählt, und gibt hier ohne Zweifel den Inhalt eines wirklichen Traums. Amor schwebt noch nicht zum Himmel, und nimmt auch Beatricen noch nicht mit sich fort, sondern geht allein weinend weg (approsso gir no lo vedea piangendo). Dieses Weggehen unter Thränen, während durch das Beatricen zur Nahrung gebotene Herz des Dichters die innigste Vereinigung seines Wesens mit dem ihrigen angedeutet wird, scheint für Jenen anfänglich das Merkwürdige und zugleich Besorgnißerregende gewesen zu sein, und wird von ihm, nach Beatricens Tod, natürlich auf diesen bezogen, indem er am Schluß des zweiten Kapitels der Vita nuova sagt, jetzt (nach Beatricens frühem Hintritt) sei die Bedeutung des Sonettes, d. h. des in demselben berichteten Gesichtes, auch dem Einfältigsten offenbar. Die weitern Züge des Traumbildes dagegen, wie sie der später verfaßte prosaische Text jenes Kapitels anführt, dürften so gut spätere Zuthat sein, als Dies selbstverständlich die Sprache ist, welche den sogleich zu erwähnenden Lebensgeistern Dante's beim Zusammentreffen des neunjährigen Knaben mit der achtjährigen Beatrice im ersten Kap. der Vit. nuov. in den Mund gelegt wird.

[107] Blos aus eigenem Gefühl dieser Einigung, ohne Bezugnahme auf einen Kreis von Männern, welche den Sinn jener räthselhaften Worte verstanden, konnte Dante so, falls er damit wirklich das oben Gesagte ausdrücken wollte, nicht sprechen. Jenen Freunden gegenüber war eine solche Hinweisung keine Profanation, wohl aber gegenüber dem gewöhnlichen Leser, während gerade die höchste Scheu vor Profanirung seines Gefühls den bezeichnenden Zug in der Liebe Dante's zu Beatricen bildet. Hat daher ein solches, auf jeden Fall unerweisliches Verhältniß des Dichters zu einer Gesellschaft vertrauterer Genossen nicht, oder wenigstens noch nicht bei Ueberarbeitung der Vita nuova stattgefunden, so beziehen sich jene Worte auf etwas ganz Anderes, wahrscheinlich auf eine von Beatricen noch in ihren letzten Stunden ausgesprochene Befriedigung über den ihr von Dante auf so unselbstsüchtige Weise dargebrachten Liebesdienst, vielleicht sogar auf

eine ihrerseits kundgegebene leise Herzensneigung zu ihrem Sänger. Darauf paßt auch besser der nachfolgende Ausspruch, er, Dante, überlasse daher, um nicht sein eigener Lobredner werden zu müssen, den Bericht über Beatricens Tod Andern. Soll darunter nicht etwa blos der Bericht im Allgemeinen, sondern die Angabe Dessen verstanden sein, was zu Dante's Lob gereichte, so konnte ein Anderer natürlich nicht über Das berichten, was tiefstes Geheimniß von Dante's Seele war. — Nur Das sei noch bemerkt, daß wenn der Dichter wirklich einer Verbündung, wie die erwähnte, angehört hat, er derselben wohl schon vor der letzten Redaction der Vita nuova beigetreten sein muß, da diese Schrift mit Dem, was in seinen sonstigen Dichtungen für den Glauben an eine momentane Einswerdung des Menschen mit der Gottheit zu sprechen scheint, schon vollkommen einstimmt.

108 Boccaccio vor Allem in dem Roman Filocopo oder Filocolo, an dessen Schluß er zu dem Buche sagt: che come picciolo servitore dee seguire molto riverente il **Fiorentino Dante**, nel narrare le avventure di Biancofiore e Florio. Vgl. Rossetti a. a. O. S. 183.

109 Wegele a. a. O. S. 391: „Man wird es kaum glauben, und doch ist es wahr, die hochpoetische, herrliche Scene des irdischen Paradieses beruht auf scholastischer Unterlage. Die Beichte, welche Dante vor Beatrice ablegt, bewegt sich völlig nach den Vorschriften oder Ansichten der orthodoxen Theologie; sie ist die dritte Art Pönitenz, die zur völligen Reinigung, zum Vergessen der frühern Sündhaftigkeit, zur absoluten Aussöhnung mit Gott und zur unmittelbaren Richtung auf Gott als nothwendig erklärt, wodurch der Staub von dem Golde der erlangten Unschuld weggewischt wurde. Selbst die Quelle Eunoë, die die Erinnerung an die vor der Sünde vollbrachten guten Thaten wieder erweckt, ist ein bereits in der Theologie vorhandener Gedanke."